cmz

... oder die Erfindung Kanadas!

Mit besten Grüßen

[illegible]

Juni '85

Literaturwissenschaftliche Monographien

Herausgegeben von
Manfred Geier, Klaus P. Hansen und Thomas M. Scheerer

Band 2

David Eisermann

Crèvecœur
oder
Die Erfindung Amerikas

Ein literarischer Gründervater der Vereinigten Staaten

With a Summary in English
Avec un résumé en français

CMZ-Verlag
Rheinbach-Merzbach
1985

CIP-Kurztitelaufnahme der Deutschen Bibliothek

Eisermann, David:
Crèvecœur oder die Erfindung Amerikas : e. literar. Gründervater d. Vereinigten Staaten ; with a summary in English ; avec un résumé en français / David Eisermann. — Orig.-Ausg. — Rheinbach-Merzbach : CMZ-Verl., 1985.

(Literaturwissenschaftliche Monographien ; Bd. 2)
ISBN 3-922584-35-7 kart.
ISBN 3-922584-40-3 Gewebe

NE: GT

Originalausgabe

CMZ-Verlag Winrich C.-W. Clasen
Schlebacher Str. 3, 5308 Rheinbach-Merzbach

Umschlag:
Peter Kaczmarek, Leverkusen

Gesamtherstellung:
Richard Schwarzbold, Witterschlick b. Bonn

ISBN 3-922584-35-7

INHALTSVERZEICHNIS

6. Kapitel

GESAMTÜBERBLICK ZUR EDITIONSLAGE UND FORSCHUNG

Anhang

Abkürzungen

(B)	Brief(e) an den Verfasser
Rez.	Rezension über einen Autor
Rpt.	Reprint
(4:367)	Band 4, Seite 367
(261n.)	Seite 261, Fußnote

Vorwort

Crèvecœur oder Die Erfindung Amerikas ist die erste deutsche Untersuchung über einen Autor des 18. Jahrhunderts, dem noch unsere eigene Gegenwart konstitutive Teile ihres Bildes von den Vereinigten Staaten verdankt. Den Anstoß für die vorliegende Arbeit erhielt ich von Thomas Philbrick, der mich in Pittsburgh vor vielen Jahren zum ersten Mal auf Crèvecœur aufmerksam machte, diesen französischen Einwanderer, der sich so gründlich von den Schriftstellern der Kolonialzeit absetzte und doch seine Erfahrung Amerikas viel charakteristischer ausdrückte als jeder seiner einheimischen Landsleute.

Erwin Koppen, Lehrstuhlinhaber der Bonner Abteilung für Vergleichende Literaturwissenschaft, hat mich später angeregt und über drei Jahre immer wieder dazu angehalten, die singuläre Zweisprachigkeit dieses frühen amerikanischen Autors komparatistisch zu untersuchen.

Mein Verleger, Winrich C.-W. Clasen, und die Herausgeber der *Literaturwissenschaftlichen Monographien* des CMZ-Verlags haben dem Unternehmen am Ende soviel Interesse entgegengebracht, daß es möglich wurde, einem breiteren Kreis fachlich interessierter Leser diese Überlegungen und Ergebnisse vorzulegen.

Aber wenn es jemandem zu danken ist, daß aus den schmalen Vorarbeiten in den USA am Ende ein deutsches Buch geworden ist, dann meinem Vater für seine Geduld und meiner Mutter für ihre Zuversicht.

* * *

Im Lauf der Arbeit an dieser Untersuchung habe ich Unterstützung, Zuspruch und fachlichen Rat von mehr Menschen erhalten, als ich an dieser Stelle erwähnen könnte. Ich möchte jedoch den Versuch machen, stellvertretend für alle einige von ihnen zu nennen.

Mein Lehrer Erwin Koppen hat die entscheidenden Fassungen des Manuskripts gelesen und stets hilfreich beurteilt. Erst seine Ermutigung, seine Vorschläge und Hinweise haben die abchließende Form möglich werden lassen.

Lothar Hönnighausen, von dem ich soviel über amerikanische Literatur gelernt habe, hat das gesamte Manuskript gelesen. Teile des Buches wurden von János Riesz, Hans Galinsky und Klaus Hansen gelesen und kommentiert. Für den Verlag hat Thomas M. Scheerer den gesamten Text noch einmal einer eingehenden Prüfung unterzogen, von der ich in vieler Hinsicht profitiert habe. Horst Rüdiger bin ich besonders für die Aufmerksamkeit dankbar, die er meinem Manuskript unter denkbar schwierigen Umständen gewidmet hat.

Für ihren fachlichen Rat bin ich zudem Everett Emerson, Horst Dippel, Jürgen Jacobs und Maria Moog-Grünewald dankbar. Patricia Oster und Florian Steinbiß halfen mir dabei, entlegenes Material in den Vereinigten Staaten zu ermitteln. Claire Lüsebrink hat die abschließende Zusammenfassung ins Französische übertragen.

Stephen C. Masters und Pamela White haben mir bei dem Auktionshaus *Christie, Manson & Woods International* freundlich geholfen (in dem Rahmen, der gegenüber dem völlig unkooperativen Eigentümer der Crèvecœur-Manuskripte möglich war). Ich schulde auch der Bibliothek *Nantucket Atheneum* und vor allem Edouard Stackpole von der *Nantucket Historical Association* Dank für das Entgegenkommen, das sie mir bei meiner Suche nach historischen Informationen über die Insel Nantucket gezeigt haben. Paul G. Sifton, der *Early American History Specialist* in der Handschriftenabteilung der *Library of Congress*, hat mich mit großer Geduld auf dem Briefweg immer wieder fachkundig orientiert.

In den Bibliotheken von New Haven (vermittelt durch Amy Colin), Paris und Nizza, in denen ich arbeiten konnte, erfuhr ich professionelle Unterstützung. In Pittsburgh wurde mir großzügig in der *Hillman Library* und der *Darlington Rare Books Collection* seltene und wichtige Crèvecœur-Ausgaben zur Verfügung gestellt. Besonders dankbar bin ich der Bonner Abteilung für Vergleichende Literaturwissenschaft, die mir über die Seminar-Bibliothek immer wieder teures oder schwer erhältliches Material über Crèvecœur zu beschaffen half. In gleicher Weise bin ich auch in der Universitätsbibliothek Bonn über lange Zeit in Magazin, Fernleihe, Information und Lesesaal mit sehr viel Entgegenkommen unterstützt worden.

Meine Freunde Bettina Kopelke, Georg und Sabine Ivanovas und vor allem Regine Roland haben mich durch alle Stadien meiner Arbeit mit ihrer Kompetenz, aber auch mit großer Aufmerksamkeit und Zuneigung auf dem richtigen Weg gehalten. Meinem Bruder Tobias, der stets da war, denn ich ihn brauchte, verdanke ich, daß diese Studie durch einen romanistisch geschärften Blick am Ende ins Lot kam.

Für alle Versäumnisse oder korrekturbedürftigen Stellen wird der Leser indes allein den Verfasser verantwortlich machen müssen.

Bayreuth, im Mai 1985 David Eisermann

L'homme semble se multiplier
en raison du nombre des langues qu'il parle.
Crèvecœur in *Cultivateur* (3:43)

The French have always believed in putting a good face on things,
inventing one's life to make up for life's disappointments.
William Pfaff

Trotz englischer Beschriftung stammt diese Karte der frühen USA aus einem deutschen Buch, *Reise durch einige der mittleren und südlichen vereinigten nordamerikanischen Staaten nach Ostflorida und den Bahama-Inseln in den Jahren 1783 & 84.* Der Verfasser war Johann David Schöpf, einer der besten deutschen Autoren, die sich im 18. Jahrhundert mit Amerika beschäftigten.

Im Norden ist das alte französische Kanada mit Québec, Montréal und den Großen Seen abgebildet, das 1763 britische Kolonie wurde. Rechts der Verlauf der heutigen Ostküste der USA, im Norden Neuengland, im Süden der Beginn der Halbinsel Florida. Nach Westen und Norden grenzten die USA an spanisches und britisches Kolonialgebiet. Während im Osten, in Kanada, Virginia, South Carolina, New York und der Chesapeake Bay die europäische Besiedlung bereits 170 Jahre und länger zurückreichte, gab es im westlichen Hinterland weder Städte noch Straßen. Das wilde Land, unbeeinträchtigt von der Zivilisation, galt in den USA teils noch als *back country*, teils umgekehrt schon als *frontier,* eine Grenze, die es zu erweitern galt.

Crèvecœur, der als erster amerikanischer Autor in Europa dieses moderne Konzept der Grenze der Besiedlung als Symbol für zukunftsträchtigen Fortschritt bekannt machte, kannte viele der dargestellten Gebiete aus eigener Erfahrung. Seine Reisen führten ihn durch Kanada an die Großen Seen und zu den Flußläufen des Ohio und Mississippi. Besonders lange hielt er sich in Pennsylvanien und New York auf. Vielleicht kam er im Süden bis nach South Carolina. Die kleine Insel Nantucket vor der Küste von Massachussetts, die Crèvecœur ausführlich in seinen Büchern geschildert hat, ist auf dieser Karte nicht verzeichnet.

Erst wenige Amerikaner hatten den Mississippi mit eigenen Augen gesehen, und über die Gebiete westlich davon war kaum etwas bekannt. Kein Weißer hatte den Kontinent bisher in Ost-West Richtung durchquert. Weil nicht bekannt war, wie groß die Ausdehnung der Landmasse war, nahm der Kartenzeichner an, der Fluß am rechten Bildrand fließe bereits in den Pazifik. Der Ausschnitt der Karte spart die heutige Westküste der USA vollständig aus. Obwohl Vorstöße von Spaniern, Briten und Russen bereits nach Kalifornien, Oregon und Alaska geführt hatten, wäre zu dieser Zeit niemand auf die Idee gekommen, diese Gebiete mit den USA in Verbindung zu bringen.

1. Kapitel

EIN UNBEKANNTER KLASSIKER

Einführung

Der erste literarische Autor der Vereinigten Staaten, dem in Europa ein durchschlagender Erfolg gelang, war Michel-Guillaume Jean de Crèvecœur, Verfasser der zwölf Prosatexte *Letters from an American Farmer* (London 1782), erzählerischer, in Ansätzen durch romanhafte Züge verbundener Essays.[1] Crèvecœur verbrachte nach einer Kindheit in der Normandie und einem England-Aufenthalt im Alter von 19 Jahren den Großteil seines Lebens in Nordamerika. In New York ließ er sich 1765 als John Hector St. John einbürgern (später prägte er selbst den Doppelnamen St. John de Crèvecœur) und lebte lange im Hinterland der Hafenstadt als erfolgreicher Bauer, der neben seiner Feldarbeit vor allem damit beschäftigt war, den Boden der Neuen Welt auch mit literarischen Mitteln zu erschließen.

Auf dem Gebiet der frühen amerikanischen Literatur machen Leser mit St. John de Crèvecœur sicher eine zentrale Entdeckung, die zu verstehen hilft, wie die Amerikaner sich und ihr Land mythisiert haben. Bisher galt die Frühzeit der USA wohl als eine politisch ungemein aktive Epoche, aber die kulturelle Dynamik dieser Zeit ist im allgemeinen Bewußtsein wenig bekannt. Amerikanisten haben zwar mittlerweile das komplexe Feld der frühen amerikanischen Literaturgeschichte gut erschlossen, das sich in bestimmter Weise als archetypisch erweist: wie eine koloniale Nation zu sich selbst findet. Aber in einschlägigen Anthologien wird Crèvecœur bisher meist versimpelt und als Vorläufergestalt zurechtgestutzt präsentiert. Erst neuere Kritiken haben gezeigt, daß Crèvecœur in vieler Hinsicht der wichtigste Autor war, den die amerikanische Literatur vor Brown, Irving, Poe und der sogenannten Renaissance im 19. Jahrhundert aufzuweisen hatte. In einem bisher nicht bekannten Maß ist Crèvecœur ein Gründervater amerikanischer Identität.

Folglich müßte der franko-amerikanische Autor in jeder Untersuchung des «amerikanischen Traums» im europäischen Bewußtsein eine zentrale Stelle einnehmen. Das ist aber bis heute nicht der Fall. Der Verfasser des

American Farmer, dem die Zeitgenossen ihre Anerkennung nicht versagten, ist heute weitgehend unbekannt. Nicht zuletzt darin liegt der Anlaß für die vorliegende Untersuchung, die aber neben einem biographischen Überblick vor allem spezielleren Problemen einen breiten Platz einräumt, deren Lösung zu einem präziseren Verständnis von Crèvecœurs Texten beitragen soll. Dabei wurde auch versucht, die zumeist weit verstreute und teilweise kaum bekannte Sekundärliteratur zu Crèvecœur maßgeblich zu erfassen, zu verarbeiten und nach ihrem gegenwärtigen Stand zu befragen. Es hat immer wieder Kritiker gegeben, die Crèvecœurs Bedeutung erkannten und verschiedene Ansätze unternahmen, sie herauszuarbeiten. Aber neben den beiden Studien von Rice und Philbrick blieb das meiste vor allem im Bereich kurzer (und sehr kurzer) Ergänzungen.

So ist Crèvecœur heute ein weitgehend übersehener Klassiker, der möglicherweise der Spezialisierung zum Opfer fiel. Sie hat ihn zwar in einer Art von komparatistischem Randbereich der neueren englischen und amerikanischen Literaturwissenschaft bekannt gemacht, ihn in dieser Abteilung aber vornehmlich unter der Sigle «Early American Literature» vor einer größeren Zahl von Lesern verborgen gehalten, die durch die sehr vielfältigen Bezüge in Crèvecœurs gesamtem Werk angesprochen sind. Gerade der *Farmer* übertrifft die Texte von Franklin und älteren kolonialen Schriftstellern an literarischem Interesse. Diesem ästhetischen Aspekt in Crèvecœurs Werk widmet vor allem Philbricks Studie gründliche Aufmerksamkeit. Der Vergleich mit den übrigen (und nicht unerheblichen) Vertretern der frühen amerikanischen Literatur fällt eindeutig aus, wenn Philbrick vor dem Hintergrund der Zeit die herausragende Stellung des *American Farmer* betont: «It transcends, as their works often do not, the goals of persuasion and exposition and achieves the self-sufficiency of art» (1970, 165). Gegenüber dieser ästhetisch orientierten Studie verfolgt die vorliegende Untersuchung eher einen vergleichenden und historischen Ansatz.

Wer unter Crèvecœurs Namen zur Information nachschlägt, begegnet immer noch unvollständigen oder widersprüchlichen, manchmal falschen oder zumindest korrekturbedürftigen Angaben. Selbst eher zuverlässige Lexikonartikel müssen sich auf Ergebnisse einer Forschung stützen, die in der literarischen Biographie des Autors vieles noch nicht hat entscheiden können. Nicht zuletzt, weil bis heute weder eine kritische Ausgabe auch nur *einzelner* Texte vorhanden ist, noch überhaupt Zugang zu dem beträchtlichen Nachlaß Crèvecœurs besteht, ist alles im Fluß. Die Grundlage, die Rice vor fünfzig Jahren in seiner intensiven Beschäftigung mit dem Nachlaß geschaffen hat, konnte daher noch nicht ausgebaut werden.

Der Autor des *Farmer* lieferte als erster in bewußt amerikanischem Englisch einen originellen Beitrag, der nicht nur den kolonialen Ursprung der Literatur des neuen Landes exemplarisch nach Bedingungen und Inhalten reflektierte, sondern ästhetisch darüber hinausweisen konnte. Sein gemischtes englisches und französisches Œuvre erweist sich zwei Jahrhunderte später als nach wie vor ergiebiges Objekt literarischer Kritik und Untersuchung. War Crèvecœur einerseits der Prototyp des kolonialen Autors, der als junger Einwanderer das Amerika von Benjamin Franklin (und später Thomas Jefferson) intensiv assimilierte und dann selbst als Autor aus kultureller Abhängigkeit zu nationaler Unabhängigkeit fand, wurde er in Europa andererseits in seiner Verbindung oder Parallele zu Themen der französischen Aufklärung zum wichtigsten Vermittler der Vereinigten Staaten und ihrer spezifisch modernen Bedeutung. Echeverria hat in ihm zu recht eine Schlüsselfigur ausgemacht, «the key figure in the idea of America as the union of virtue and enlightenment» (144).

Als amerikanischer Schriftsteller französischer Herkunft war Crèvecœur sicher auch ein Sonderfall. Er mußte sich seinen Gebrauch der englischen Sprache erst als Erwachsener in England und dann in Nordamerika aneignen. Beeinflußt durch einen Paris-Aufenthalt schrieb und publizierte er nach 1781 nur noch auf Französisch, was seine Rolle als Vermittler Amerikas in Europa jedoch nur stärkte. In Paris erschienen 1784 zweibändig und 1787 um einen dritten Band erweitert die beiden Ausgaben seines Amerika-Buchs *Lettres d'un Cultivateur américain,* das im Kern eine Übersetzung oder Version seiner englischen Essays darstellte, hauptsächlich aber neues Material enthielt. In einer materialreichen Untersuchung zum Verhältnis der Vereinigten Staaten und Frankreichs im 18. Jahrhundert rekurriert Faÿ sehr oft auf *Cultivateur* und hebt den singulären Erfolg heraus, den Crèvecœurs erstes französisches Buch hatte, «le plus grand succès de ces années» (154). Genauer, «un succès d'un charactère grave et profond. On en fut ému, bouleversé» (155).

Obgleich ein Sonderfall, war Crèvecœur auf seine binationale Art doch nicht ungewöhnlich zu einer Zeit, in der die amerikanischen Verhältnisse in politischer, ethnischer und vor allem literarischer Hinsicht gerade im Begriff waren (und nicht zuletzt durch ihn selbst), definiert zu werden. Ein anderer amerikanischer Autor europäischer Herkunft, der politische Schriftsteller Thomas Paine, saß während der Französischen Revolution wie selbstverständlich als anerkanntes Mitglied in der Nationalversammlung.[2]

Farmer und *Cultivateur* machten gerade zu einer Zeit ihren bleibenden Eindruck auf die Europäer, als das neue Interesse an den USA auf seinem Gipfel war. Die Signifikanz Crèvecœurs ist insofern kaum zu überschätzen, da es sich um den Augenblick handelte, als das europäische Amerikabild aufgenommen und festgehalten wurde, wie es Philbrick 1970 ausdrückte (161). Nur am Rande soll hier darauf hingewiesen werden, daß sich viele Leser im 18. und 19. Jahrhundert von Crèvecœur ein Bild machten, das erst durch die Literaturwissenschaft des 20. Jahrhunderts völlig umgewertet wurde. Man identifiziert ihn heute nicht mehr mit der oft durchaus naiven Figur des Erzählers seiner Bücher. Es ist zugleich verblüffend und bezeichnend für die historische Entwicklung, unter welchen wechselnden Signaturen seine Titel klassifiziert wurden. Ordnete man sie früher als Sachprosa über die frühen USA ein, gelten sie heute durchweg als literarische Texte im essayistischen Genre, oft fiktional, aber auch mit umfangreich eingeschobenen Sachtexten versetzt. Das Schwergewicht kritischer Aufmerksamkeit liegt hier offensichtlich auf dem englischen Teil seines Werks, der im Vergleich zu den französischen Texten eher schmal, aber vergleichsweise besonders ergiebig ist. Dabei ist es wichtig, für die literarische Biographie Crèvecœurs das Jahr 1781 als die zentrale Rißstelle zwischen den beiden Teilen seines Werks zu erkennen. Während seine französischen Bücher ausnahmslos nach 1781 geschrieben wurden, waren sämtliche englischen Texte, auch die erst posthum 1925 veröffentlichten *Sketches of Eighteenth Century America* 1781 abgeschlossen.

In diesem Zusammenhang ist bisher auch zu wenig beachtet worden, daß Crèvecœur erst spät zu schreiben begann, als er bereits kein junger Mann mehr war, was seine literarische Leistung ganz wesentlich geprägt hat. Als mit dem *Farmer* sein erstes Buch erschien, war er 47 Jahre alt. Er war nicht nur ein nachdenklicher und neugieriger Autor, fähig zu sprachlich und ästhetisch sehr kalkulierten Nuancen, sondern nach eigener Einschätzung lebenslang ein Anfänger, ein verhinderter Künstler, auf wenig überlegte Weise unbefangen in seiner Arbeit, mit grundsätzlichen Schwierigkeiten, sein literarisches Handwerk zu beherrschen oder einzelne Gedanken verständlich zu machen. Dagegen zeigt aber gerade die Verzweiflung, die in seinen *Sketches* zum Ausdruck kommt, seine humane und reife Grundansicht der menschlichen Situation. Die Weise, *wie* er bei aller Betroffenheit und persönlicher Bedrohung über die Auswirkungen des Unabhängigkeitskriegs auf seine Landsleute schrieb, ist für die amerikanische Literatur ohne Beispiel.

Während die *Sketches* zu Crèvecœurs Lebzeiten praktisch unbekannt blieben, gewann er durch den großen Erfolg seiner Bücher *American Farmer* und *Cultivateur* einen breiten Einfluß auf das Amerikabild in den europäischen Ländern. Zahlreiche moderne Vorstellungen über Amerika gehen auf Crèvecœur zurück: das Bild der USA als Land der Freiheit und individuellen Selbstverwirklichung durch eigene Arbeit, gekennzeichnet durch die ständig westwärts verlagerte Grenze der Besiedlung, *frontier*, ein Kontinent «unbegrenzter Möglichkeiten» und eine zukünftige Weltmacht, bewohnt von einem neuen Menschenschlag ohne feudale Klassengegensätze, der wie ein «Schmelztiegel» Einwanderer unterschiedlichster Herkunft zu neuen Amerikanern vermischt.

Während der napoleonischen Ära wurde die Popularität des «amerikanischen Farmers», wie Crèvecœur zeitgenössisch nach der Erzählerfigur seiner Bücher tituliert wurde, stark zurückgedrängt. Im Lauf des 19. Jahrhunderts, als herausragende Autoren wie Cooper, Melville und Twain den literarischen Ruf der USA begründeten, geriet Crèvecœur als ihr Vorläufer in Vergessenheit. Durch Neuausgaben gerade auch seiner nachgelassenen Texte begann die wissenschaftliche Kritik erst an der Wende zum 20. Jahrhundert damit, den Autor des *American Farmer* als einen Autor wiederzuentdecken, der ein entscheidendes Thema in einer entscheidenden Zeit behandelt hatte. Darin, und nicht im rein ästhetischen Bereich, liegt auch seine Bedeutung für diese Untersuchung.

Arbeitsziele

In Europa ist die einzige Monographie über Crèvecœur bis heute die 1933 in Paris veröffentlichte Dissertation des Amerikaners Rice geblieben. Fünfzig Jahre später stellen sich am Beginn dieser Untersuchung entsprechend pragmatische Anforderungen: die Lektüre muß zunächst mit einem Autor und seinen Texten bekannt machen, über den bisher eine Darstellung in deutscher Sprache fehlt. Doch dies kann nur die Grundlage für die Aufgabe bilden, die strukturellen und biographischen Probleme im zweisprachigen Werk von St. John de Crèvecœur zu erörtern, die den widersprüchlichen Charakter seiner Bücher ausmachen. Diese als «Probleme» bezeichneten Fragen ergeben sich aus dem gespannten Verhältnis zwischen Crèvecœurs idealisierter Darstellung Amerikas und einer im Vergleich dazu diskrepanten historischen Situation der Neuen Welt im 18. Jahrhundert. Von diesem Informationsniveau aus soll es möglich sein, die zugespitzt als «Erfindung Amerikas» formulierte These zu diskutieren, daß Crèvecœurs Sichtweise der Vereinigten Staaten im Kern auf die eigenen (und größtenteils enttäuschten) Idealvorstellungen von Leben und Kunst gerichtet war und, mit dem Erfolg von *Farmer* und *Cultiva-*

teur, eine kulturell ebenso grundlegende wie zwiespältige Funktion angenommen hat. Das Amerikabild beispielsweise der zentralen Kapitel des *American Farmer* bietet ein letztlich inadäquates Bild der Neuen Welt, dessen besonders populäre Elemente gleichwohl nationale Mythen geworden sind.

Der wesentliche Zweck der vorliegenden Untersuchung liegt darin, mit den hier erarbeiteten Ergebnissen, vor allem zu den Spezialgebieten Kanada und Nantucket, klären zu helfen, warum dieses historisch oder politisch «inadäquate» Bild gleichzeitig das für Crèvecœur einzig mögliche Bild Amerikas sein muß. Über den hier ausgeführten Rahmen hinaus soll damit das notwendige Handwerkszeug für eine Diskussion über Crèvecœur und amerikanische Mythen in der Literatur, Geschichte und politischen Kultur der Vereinigten Staaten bereitgestellt werden.

Der Auslöser dafür lag allerdings kaum in der Absicht, die Ergebnisse einer rein textbezogenen Lektüre von Crèvecœurs Werken in die laufende Fachdiskussion einzubringen. Am Anfang stand die zugegeben historische Fragestellung, wie Crèvecœurs zweisprachiges Œuvre überhaupt möglich war. Anders als bei Autoren lyrischer, politischer oder satirischer Texte im Amerika des 18. Jahrhunderts, etwa Philip Freneau, Thomas Paine oder John Adams, gibt es keinen Zeitgenossen, der sich Crèvecœur einleuchtend vergleichen ließe. Als *franko*-amerikanischer Schriftsteller steht er für sich allein, doch sein Werk bietet gleichzeitig die Möglichkeit für einen vergleichenden Ansatz *in sich selbst.*

Die Aufgabenstellung einer ausführlichen Untersuchung Crèvecœurs ist so von vornherein komparatistisch bestimmt, und zwar in einem ganz offensichtlichen Sinn. Schon die Arbeiten von Mitchell 1916 und Rice 1933 entstanden als komparatistische Dissertationen. Seitdem ist diese spezifisch binationale Komponente aber immer mehr zugunsten einer starken Beschäftigung mit dem *American Farmer* außer acht gelassen worden. Das hatte immerhin den Vorteil, Crèvecœur auf seine Weise bei der Kritik als den ersten amerikanischen Erzähler von nationaler Bedeutung zu etablieren und das alte Konzept zu erledigen, der Autor sei als «französischer Reisender» unterwegs gewesen.

Im komparatistischen Zusammenhang stellt sich für diese Arbeit zudem die Frage nach Crèvecœurs Verhältnis zu Deutschland, die beispielsweise für amerikanische Kritiker kaum von vergleichbarem Interesse ist. Auch über diesen Einzelaspekt findet sich hierzulande keine Darstellung, als ob unbekannt geblieben wäre, wie viele deutsche Leser Crèvecœur fand und wie lange er sich an Orten wie Hamburg oder München aufhielt.

Eine zentrale Anforderung an die Untersuchung lag darin, die französischen Texte des Autors nicht nur mit *Cultivateur,* sondern auch mit seinem Spätwerk *Pensylvanie* gründlich zu berücksichtigen. Die dabei zu überwindenden Hemmnisse ließen erkennbar werden, warum Crèvecœurs französisches Werk bisher weitgehend vernachlässigt wurde. Wenn schließlich der *Farmer* auch im Mittelpunkt dieser Untersuchung steht, wird damit der Tatsache Rechnung getragen, daß am *Farmer* nicht vorbeizugehen ist. Die zwölf Prosastücke oder «Briefe» stellen in Inhalt und Form die gelungenste Arbeit des franko-amerikanischen Autors dar. Wenn die Untersuchung auch mit dem essentiell nationalen Text des *Farmer* ihren Focus erhält, ist sie doch von ihrem komparatistischen Ausgangspunkt her grundsätzlich auf die binationale Dimension Crèvecœurs ausgerichtet.

Inhaltliche Übersicht

Das erste Kapitel soll für die Leser eine Einführung bieten, die sich den historischen Zusammenhang gegenwärtig machen wollen, vor dem Crèvecœurs franko-amerikanische Existenz zugleich exemplarisch und singulär wirkt. Gleichzeitig werden in diesem Kapitel die Aufgaben der Untersuchung, ihre Zielsetzung und Gliederung besprochen. Dabei sollen der Aufbau und seine inhaltlich verbindenden Züge vorgegeben werden, also die Funktion der insgesamt sechs verschiedenen Abschnitte im Gang der Untersuchung. Schließlich liegt den einzelnen sechs Kapiteln die Überlegung zugrunde, daß sie auch unabhängig voneinander zu verwerten sein müssen, um dem zielgerichteten fachlichen Benutzer nicht den Weg zu den Ergebnissen zu erschweren. Dabei ist im gesamten Verlauf der Arbeit eine bestimmte Redundanz, mit der Erläuterungen und Hinweise auf den Gang der Untersuchung gegeben werden, von vornherein beabsichtigt. Andererseits gilt, daß, soweit möglich, auf eine präzise aber bündige schriftliche Fassung der Untersuchung geachtet wurde. Vor allem soll aber der «unbekannte Klassiker» Crèvecœur auf eine Weise eingeführt werden, die den Ausgangspunkt der Arbeit verdeutlicht.

Das zweite Kapitel geht bereits von Crèvecœurs spezifisch amerikanischer Bedeutung als einer akzeptierten Größe aus. Zunächst führt dies zu einem biographischen Problem: was hat den Franzosen Crèvecœur zu einem archetypischen Nordamerikaner gemacht, einem Einwanderer, in jeder Hinsicht darum bemüht, seine europäische Herkunft vergessen zu lassen und die amerikanischen Verhältnisse zu assimilieren? Die Lösung der Frage, an welcher Stelle genau Crèvecœur Amerika als die Heimat seiner Wahl entdeckte, wird nicht in den Vereinigten Staaten selbst, sondern in

Kanada gesucht. Crèvecœur war unmittelbar Zeuge der historischen Entwicklung, die das eigentliche Kanada, die heutige Provinz Québec, aus einer französischen Kolonie in ein englisch beherrschtes Land verwandelte. Dies geschah so nachhaltig, daß die *Canadiens* selbst später weder einen Anschluß an die aufständischen US-Amerikaner noch die Rückkehr zu Frankreich wollten. Obwohl Crèvecœur sich womöglich zuerst für ein Leben als franko-kanadischer Nordamerikaner entschieden hatte, war er doch später bereit, seine Sprache und seine Herkunft völlig aufzugeben und sich den anglophonen Verhältnissen weiter südlich anzupassen.

Wenn das 18. Jahrhundert eine so dominante und attraktive Phase der französischen Kultur darstellte, wie kam gerade ein nicht untypischer Franzose dazu, Amerikaner zu werden, zumal ein englischsprachiger Autor? Die Kritik hat bisher auf diese Fragen kaum ausreichende Antworten entwickelt. Das zweite Kapitel stellt die hier notwendige Spezialuntersuchung der historischen Quellen an, die eine neue Antwort auf die Frage ermöglicht, was mit Crèvecœur in Québec 1759 geschah. Obwohl 1759 die folgenreichste Entscheidung für das Leben des späteren Schriftstellers fiel, wurden die biographischen Quellen dafür bisher noch nie analysiert, seit Rice sie vor fünfzig Jahren fast kommentarlos und mißverständlich verkürzt zuerst referiert hatte. Das Problem «Crèvecœurs Kanada» stellt aber auch eine bisher von keinem Leser verfolgte Frage an das zweisprachige Werk: wie erscheint Kanada in den englischen Texten einerseits und den französischen Texten andererseits? Gab es darin eine Entwicklung, und was könnte sie über den strukturellen Charakter des zweisprachigen Werks sagen? Kanada, über das Crèvecœur andeutungsvoll schrieb «Wenn Ihr dieses Land so kennen würdet wie ich», soll als ein übergreifendes Thema unmittelbar einen Blick auf die verschiedenen Teile des Gesamtwerks möglich machen.

Erst im dritten Kapitel wird dann einem inhaltlichen Vergleich aller veröffentlichten Bücher Crèvecœurs ausführlicher Platz gegeben. Nachdem zuvor die auslösenden Momente für die Zweisprachigkeit des Werks herausgearbeitet wurden und der uneinheitliche Strukturcharakter am Beispiel des Themas Kanada angedeutet wurde, soll im dritten Kapitel problematisiert werden, wie sich das Werk aus kritischer Sicht konstituiert. In welchem inhaltlichen Verhältnis zueinander stehen die Strukturen von *Farmer* und von *Cultivateur*? Das Spätwerk *Pensylvanie* wird nicht als «Reisebericht», sondern als ein erzählerisch intendierter Zusammenhang analysiert. Eine wichtige Hilfe für den Benutzer soll im dritten Kapitel der Versuch darstellen, die ungewisse Entstehungsgeschichte für das abschließende Konzept des *Farmer* zu klären. Im Mittelpunkt der Auseinandersetzung mit den hier besonders spärlichen Quellen steht der Brief eines frühen «Kritikers», des Generals Pattison.

Der Blick über das gesamte Werk soll helfen, die spezielle Perspektive vorzubereiten, unter der im vierten Kapitel am Beispiel Nantuckets die These von der «Erfindung Amerikas» untersucht wird. Nantucket gibt den Ausschlag, weil dieser inhaltliche Schwerpunkt im *Farmer* bisher so gut wie keine kritische Aufmerksamkeit erfahren hat. Dieser Ansatz ist nicht nur neu, er zwingt auch zu mühsamen Recherchen, deren Ergebnisse aber einigen Nutzen für Leser des *Farmer* und von *Cultivateur* versprechen. Das vierte Kapitel macht auch das Ausmaß von Problemen klar, vor das künftige Herausgeber einer kritischen Ausgabe Crèvecœurs allein durch die Erläuterungen gestellt werden könnten. Damit wird eine Problematik herausgearbeitet, die in der Untersuchung durchgehend als typisch für Crèvecœur aufgefaßt wird, i.e. die Spannung zwischen Dokumentation und Fiktionalität. Zunächst läßt sich diese Fiktionalität nur postulieren, und sie muß zudem in Texten verfolgt werden, die den am wenigsten erzählerischen Teil des Werks auszumachen scheinen. Die prinzipiellen Schwierigkeiten der Lektüre Crèvecœurs sollen deutlich, aber auch als lösbar gezeigt werden.

Im fünften Kapitel wird die deutsche Rezeption Crèvecœurs für den Zeitraum von 1782 bis 1809 vor allem im Hinblick darauf untersucht, ob die deutschen Leser bereits Sinn für den fiktionalen Zug in Crèvecœurs Büchern hatten. Dieser Frage wird in Kritiken und Vorworten, aber auch in Übersetzungen und solchen Texten nachgegangen, die Motive Crèvecœurs aufgreifen oder verarbeiten. Ein herausragendes Beispiel dafür, wie wirkungsvoll eine der Episoden des *Farmer* gerade im deutschsprachigen Bereich aufgenommen wurde, bieten Gedichte von Johann Gottfried Herder, der durch eine Veröffentlichung aus Bern auf das Negerkapitel im *Farmer* aufmerksam wurde. Mit dem deutschen Thema soll zum Schluß der Untersuchung einerseits illustriert werden, in welchem Ausmaß die literaturgeschichtliche Bedeutung Crèvecœurs ganz einfach durch seinen zeitgenössischen Erfolg hervorgerufen wird (die französische und englische Rezeption wurde durch Rice bereits gut dokumentiert). Andererseits führt das Bild Crèvecœurs im Alter den biographischen Bogen zu Ende, der mit den Eingangskapiteln gespannt wurde. Es mag erlaubt sein, auf diese Weise der Frage zuvorzukommen, was aus dem Autor des *Farmer* wurde, nachdem sein größter Ruhm schon zu Lebzeiten abgeklungen war.

Im sechsten und abschließenden Kapitel soll ausführlich nachgetragen werden, wie es mehr als siebzig Jahre nach dem Tod des franko-amerikanischen Schriftstellers zur Entwicklung einer wissenschaftlichen Kritik seines Werks kam und welchen Verlauf sie in den folgenden hundert Jahren genommen hat. Hier ist deutlich zu trennen von der zeitgenössischen Kritik seiner Freunde, Gegner oder Übersetzer, die im Rahmen der vorhergehenden Kapitel besprochen wurde. Die Fachkritik setzte mit dem Erscheinen einer ersten Biographie ein, der *Vie* 1883, obgleich zuvor bereits einige unzuverlässige Artikel in Handbüchern vorgelegen hatten.

Ein Blick voraus 1773: Lateinamerika und der Aufstieg der Vereinigten Staaten

Jetzt fand man hinter Portugal,
fern von Spanien, auf einmal
Goldinseln, darauf nackte Leute
die waren unbekannt bis heute.[3]

Als Sebastian Brant, ein deutscher Schriftsteller der Renaissance, 1494 in seinem buchlangen Lehrgedicht *Doctor Brants Narrenschiff* diese Verse über Goldinseln und ihre unbekleideten Bewohner veröffentlichte, war es erst zwei Jahre her, daß die Expedition von Kolumbus in die Karibik vorgedrungen war und für Europa die ersten Inseln und Küsten einer riesigen *Neuen Welt* entdeckt hatte. Für diese neuen Kontinente im Westen wurde mit Beginn des 16. Jahrhunderts unter den Europäern bald der Name *Amerika* geläufig, den sich der Kartograph Martin Waldseemüller und sein Freund Matthias Ringmann, ein Dichter, ausgedacht hatten. Im weiteren Verlauf des Jahrhunderts entfaltete sich Amerikas Bild im Bewußtsein der Europäer von der ersten Kunde über die Goldinseln zu einer vielfältig indianisch, karibisch und lateinamerikanisch geprägten Vorstellungswelt. Während Nordamerika lange nur entlang seiner Küsten beobachtet und vermessen wurde, nahm sich vom 16. Jahrhundert her die Zukunft der Neuen Welt lateinamerikanisch aus, gegründet auf die riesenhaft verzerrte Abbildung feudalistischer Maßstäbe Europas, nach denen die vorkolumbianischen Staaten zwischen Mexiko und Peru in katholische Vizekönigreiche umgewandelt wurden, deren Hauptzweck für die Europäer in der Ausbeutung bestand. Erst an der Wende zum 17. Jahrhundert setzte die Besiedlung Nordamerikas ein, zur Zeit William Shakespeares, als Deutschland mit dem 30jährigen Krieg überzogen wurde. Auf Flächen, die europäischen Reichen gleichkamen oder sie noch weit übertrafen, entstanden koloniale Staaten wie Kanada, Virginia oder Massachusetts. Diese Besiedlung unterschied sich grundlegend von der Entwicklung in Lateinamerika (das bis nach Kalifornien, Neumexiko und Florida reichte), denn neben dem Nutzen für die europäische Aristokratie oder den Klerus wurde sie vor allem durch die Bedürfnisse einer ständig zunehmenden Landbevölkerung bestimmt, die sich anders als in Südamerika von der Urbevölkerung rassistisch abgrenzte, weil ihre meinungsbildenden Schichten die sektiererische protestantische Überzeugung mitbrachten, in Nordamerika ein Leben als Auserwählte führen zu können. Während die Kolonisten (und mit ihnen die Kolonialisten) sich langsam in das Innere des Kontinents auszubreiten begannen, entstand mit der westwärts wandernden Besiedlungsgrenze der Sog eines gewaltigen wirtschaftlichen Freiraums, wie ihn die politische und ökonomische Ordnung der Alten Welt nie gekannt hatte. Im Ausgang des Barockzeitalters nahm ein Amerika seine konstitutiven Züge an, das grundverschieden von dem älteren Amerika war, das sich zuvor in der Karibik, in Mexiko und Südamerika entwickelt hatte, ein westeuropäisch kolonisiertes Amerika des Nordens, vor allem: das Amerika der zukünftigen Vereinigten Staaten. Während das Jahrhundert Ludwigs XIV. zu Ende ging, lebte in kleinen neuen Städten wie Québec, Montréal, Boston, New York und Philadelphia bereits die zweite oder dritte Generation kolonialer Franzosen oder Briten, die sich als eine Bevölkerung mit eigener Identität begreifen lernten. In einem Roman schrieb der deutsche Autor Grimmelshausen 1669 noch den Satz: «Dann ich sahe anfänglich Roß und Mann (wie hiebevor die Americaner die spanische Kavallerie) vor eine einzige Kreatur an». Waren hier noch die Indianer die «Americaner», ging die Bezeichnung nun auf die einheimischen Weißen über, überwiegend auf die Bewohner der britischen Kolonien. Mit schätzungsweise 250000 Menschen stellten sie schon an der Wende zum 18. Jahrhundert den Hauptteil der kolonialen Nordamerikaner. So erreichten sie früh einen Vorsprung, von dem aus sie zur Vormacht der gesamten amerikanischen Hemisphäre aufsteigen sollten. Diese Entwicklung wirkt nach in der begrifflichen Dominanz, mit der später die USA die Begriffe *Amerika* und *Amerikaner* so nachhaltig belegten, daß keiner der vielen nachkolonialen Staaten in beiden amerikanischen Kontinenten in Zukunft mehr wirklich daran teilhatte.

Obgleich die kulturelle Attraktivität und Dominanz Frankreichs zu dieser Zeit so stark war, daß Literaturhistoriker von einer «Europe française» gesprochen haben (nach: Stackelberg 13), wurde doch der machtpolitische Einfluß Frankreichs im Siebenjährigen Krieg von 1756 bis 1763 entscheidend zurückgedrängt. Die bewaffnete Auseinandersetzung, die Briten und Franzosen parallel zum europäischen Kriegsgeschehen in Nordamerika führten, nannten die Amerikaner in Erinnerung an die beträchtliche Mitwirkung der Indianer *French and Indian War*. Der Krieg endete hier viel entschiedener als in Europa mit einer französischen Niederlage. Der spätere Westen der Vereinigten Staaten, ein riesiges und noch kaum besiedeltes Gebiet den Mississippi hinab bis nach New Orleans mit der Bezeichnung *Louisiane* (nicht der spätere Staat) wurde Frankreich abgesprochen, und erst die Regierung Napoleons übernahm das Territorium später noch einmal kurzfristig von Spanien, um es bald an die USA zu verkaufen.

Aber die damals *Canada* genannte Provinz Québec mit ihrer Landbevölkerung von etwa 100000 Menschen und den beiden Hauptorten Montréal und Québec am St. Lorenzstrom kam für immer unter britische Kontrolle. Hielt man den Verlust des französischen Nordamerika am Hof in Versailles für nicht so wichtig? Als der Offizier Bougainville 1759 aus Kanada nach Frankreich kam und dringend um Unterstützung bat, beschied ihn ein Mitglied aus dem Kabinett des Königs: «Man kümmert sich nicht um die Pferdeställe, wenn das Haus brennt» (nach: Lanctot 227-28). Der Brand im Haus, Frankreichs Bedrohung auf dem europäischen Kriegsschauplatz, ließ die Minister die Bedeutung des nordamerikanischen Pferdestalls verkennen. Während in anderen Teilen des amerikanischen Doppelkontinents noch lange Kolonien Frankreichs, Spaniens und weiterer Staaten bestanden, hatten die Briten im Norden nach dem Siebenjährigen Krieg auch ihren letzten und mächtigsten Konkurrenten ausgeschaltet.

Noch die deutschen Zeitgenossen der Aufklärung stellten sich um 1770 Amerika vage als ein Ganzes vor, das seinen Schwerpunkt in Lateinamerika hatte (Dippel 1978, 16). Spaniens Abstieg zu einer Großmacht im zweiten Rang hinter Briten und Franzosen hatte zwar auch für die spanischen Kolonien in Nordamerika eine Abnahme ihrer historischen Entwicklungsmöglichkeiten zur Folge. Doch als sich im 18. Jahrhundert die beiden verschiedenen Amerika im europäischen Bewußtsein zu überlagern begannen, war dies weniger im Abstieg der spanischen Sphäre als im ökonomischen und politischen Aufstieg des britischen Nordamerika begründet. Die wirtschaftlichen und politischen Grundlagen, die sich hier im Lauf von rund 150 Jahren entwickelt hatten, ließen im Durchschnitt für die abhängigen Klassen der weißen Bevölkerung einen besseren Lebensstandard als in Europa zu. Welche fundamentale Bedeutung die Landwirtschaft in diesem Zusammenhang hatte, bedarf kaum einer Erläuterung, lebten doch selbst im hochentwickelten Frankreich noch 95 Prozent aller Menschen auf dem Land. Aber schon lange vor ihrer Unabhängigkeit nahmen die britischen Kolonien einen wachsenden Anteil am *Welthandel,* und neben dem Handel mit Rohstoffen gaben Entwicklungen in der eisenverarbeitenden Industrie und ganz besonders im Schiffbau den Amerikanern immer mehr ökonomisches Eigengewicht. Auf einem besonderen Gebiet wie dem Walfang, der im 18. Jahrhundert mit seinen Reifröcken (aus den Barten großer Wale) oder der rapide zunehmenden Straßenbeleuchtung (die «Walöl» verbrannte) einen nie mehr erreichten Stellenwert hatte, waren die Amerikaner sogar führend. Die nordamerikanische Kolonialbevölkerung wuchs explosionsartig. Um die Mitte des Jahrhunderts lebten in den britischen Kolonien bereits 1,5 Millionen Menschen.

In seinem Essay «Sketch of a Contrast between the Spanish and the English Colonies» (posthum veröffentlicht 1926) verstand Crèvecœur es bereits 1773, den für die Folgezeit so elementaren Trennstrich durch die Neue Welt in seinen wesentlichen Implikationen zu erfassen. Crèvecœur, der doch selbst romanischer und katholischer Herkunft war, gelang es besonders treffend, Partei für ein protestantisches und anglophones Nordamerika gegenüber dem Süden zu nehmen und in bewußt nationalistischer Übersteigerung die moralische, politische und wirtschaftliche Überlegenheit der anglophonen Amerikaner zu konstatieren. «Debauched hands Polluted with Crimes, covered with the Filth of Idleness cannot make the Earth to Team with yellow Harvest», formulierte er die nordamerikanischen Vorurteile über den iberischen und karibischen Teil Amerikas und stellte die eigene Lebensart mit ihren Maximen von Fleiß und Vermehrung der Güter ganz obenan: «If a society follow that salutary maxim & live alltogether by Tilling, if they are a people of cultivators & the other society do not, it is an easy task to ascertain which of the two people possess the least contaminated manners» (162). So, wie Crèvecœur hier Lateinamerika herabsetzt, wird bereits 1773 eine neue, starke Einschätzung des amerikanischen Selbstbewußtseins, die Denkweise, Lebensart und sprachliche Tonlage der kommenden US-Amerikaner erkennbar. In seinen krassen Urteilen stützte sich Crèvecœur vorzugsweise auf Informationen aus dritter Hand, i.e. Eindrücke aus seiner Lektüre eines Buches über Amerika, das 1770 der Franzose Raynal herausgegeben hatte. Genauso wenig wie Raynal war Crèvecœur jemals in Lateinamerika: er schrieb den Essay wahrscheinlich auf seinem Bauernhof im oberen New York. Um so drastischer gelangen ihm fertige Kernsätze einer amerikanischen Ideologie für die kommenden zweihundert Jahre: «I sincerely wish that the Spanish Colonies may one day become partakers of some of those great blessings by being placed so contiguous to these Provinces, that from the large & copious Source of Freedom which they contain some happy Sparks of it may be disseminated to all the world» (163). Das System einer den Interessen des ländlichen Bürgertums freundlichen Gesetzgebung, «Established & follow'd in this country» (155), kennzeichnet die Kolonien schon vor der nationalen Unabhängigkeit als Land mit eigener Identität («this country»), buchstäblich eine Quelle der Freiheit für die ganze Welt, zumindest aber für die südlichen Nachbarn, denen er wünscht, die nordamerikanischen Segnungen, er spricht wörtlich von «those great blessings», sollten auch ihnen zugute kommen. «Human Nature everywhere Insulted & oppressed», so nimmt Crèvecœur eine Denkweise voraus, mit der die USA sich später als Vormacht der Welt zu legitimieren suchten, «here can breathe the Purest air & boast of that which I believe no society ever cou'd before» (163).

In einer Weise, die für den Autor ebenso widersprüchlich wie typisch klingt, gibt er zuvor einen Hinweis darauf, wie vereinfachend die Bezeichnung «Spanish Colonies» für den übrigen Doppelkontinent ist, der an schierer Vielfalt und Fläche die USA immer übertroffen hat. Die Lateinamerikaner kennzeichnet schließlich eine so große Vielfalt, «such a variety of casts & shades as never before were exhibited on any part of the Earth», aber er schränkt sofort ein, das sei wohl auch der Grund für den großen Mangel an Harmonie und Fleiß, *industry*, der diese Länder so elend mache (160-61). Als das hervorstechende Merkmal der Lateinamerikaner im 18. Jahrhundert sieht er das Unwesen ihrer vorherrschenden Religion: «They have a Multiplicity of Priests, of dignifyed clergy, Fryars everywhere spread» (155). Für die britischen Kolonien treffe das genaue Gegenteil zu: «No useless Priests are seen feeding on Sacred Revenues & passing through life with the assistance of Sinecures» und «*Here* the Church in general means nothing more than the people assembled in congregations» (156). Der Unwert religiöser Kultur in Lateinamerika bleibt wie so viele Sätze Crèvecœurs die Behauptung eines Autors, der assoziativ und nicht philosophisch oder politisch wie Jefferson oder Dickinson und nicht soziologisch wie später Tocqueville schrieb. Sicher trifft seine Erkenntnis zu, daß im nordamerikanischen Alltag Religion eine andere Rolle im Leben vieler Menschen spielt. Und die Gründe liegen in der Gesetzgebung eines Systems, in dem wirtschaftlicher Expansionswille die Prinzipien demokratischer Toleranz erzwingt. Er nennt es «Gov't. who leaves every one to the peaceable enjoyments of his conscientious Prejudices & Principles» (156). Selbst die Priester haben sich an Fleiß und wirtschaftlichem Nutzen zu orientieren, «they occupy Farms, Till the Ground, there is no Void left; they too are not blanks, as in so many other countries, they have wifes & rear Families» (157).

Mit ihrem Katholizismus, findet Crèvecœur, liefern sich die Südamerikaner der angestammten Schlechtigkeit unter den Menschen aus, und bei allem Beichten der Symptome versäume man die Beseitigung der Ursachen, «the Hopes of Forgiveness united to the common malice of mankind has perhaps *there* a very fatal Tendency» (160). Schon 1773 faßt Crèvecœur Klischees über Südamerika in vertraute Worte, spricht von der Unterdrückung durch die Regierung, die nur den Rückschritt sucht, der tiefsitzenden Unwissenheit bei den Menschen, die einen überholten Stolz fördere, «In short, that Languor which corrodes & ennervates their Mother country» (161), i.e. Spanien. Gegen das vermeintlich so fatale Erbteil haben Lateinamerikaner keine Chance, «they naturally must be more effeminate, less fit to undertake arduous Enterprises, commercial schemes or Rural Improvements» (162). Dagegen sticht Nordamarika um so klarer ab, denn dort herrscht die Freiheit religiöser Toleranz vor, «that sublime, usefull Doctrine» (159). Das rechtliche und politische System Nordamerikas hat in den Kolonien seit dem 17. Jahrhundert ein eigenständiges Land hervorgebracht, «in less than 200 years to the growth of Nations» (159). Diese neuen Staaten haben schon jetzt ihre Sendung erhalten, in Zukunft vereint als neues Mitglied unter die wenigen Großmächte zu treten, «this great continent which wants nothing but Time & hands to become the great 5th Monarchy which will change the present political sistem of the world» (160).

Der koloniale Autor im Urteil von D. H. Lawrence

Als D. H. Lawrence sein Urteil über Crèvecœur formulierte, kannte er «Spanish Colonies» nicht, doch genügte für ihn die Lektüre des *American Farmer*, um in dem Verfasser einen Autor von «klassischer amerikanischer Literatur» zu erkennen. Besonders im Kapitel III des Buchs beschäftigte Crèvecœur sich auf ähnliche Weise mit dem neuen amerikanischen Nationalcharakter, wie er es in seinem Vergleich spanischer und englischer Kolonien getan hatte. Allerdings zeigte Lawrence in diesem Zusammenhang Gespür für die Fähigkeiten Crèvecœurs als Schriftsteller, also nicht allein die Tatsache, daß Crèvecœur so früh die Selbstauffassung der Amerikaner formulierte, sondern *wie* er es tat. Hier erkannte der englische Romancier aus dem 20. Jahrhundert in dem Essayisten und Zeitgenossen Benjamin Franklins eine tiefere Verwandtschaft: «Crèvecœur had in him some of the stern stuff of an artist» (54). Dieses «Holz, aus dem Künstler gemacht werden», und nicht nur die historische Relevanz Crèvecœurs, ist es, was Lawrence in diesem Zusammenhang untersuchen wollte.

Lawrence las den *American Farmer*, nachdem er seinen Roman *Women in Love* abgeschlossen hatte, und schrieb dann in einem Essay über Crèvecœur, diese «Briefe» machten zuerst einen faden Eindruck (54). Aber der Leser solle aus dem vermeintlich so schlichten Strickmuster des amerikanischen Landwirts nicht voreilige Schlüsse ziehen, denn der Autor führe ihn damit doch nur an der Nase herum: «Thus, the *Letters from an American Farmer* are in reality most sophisticated» (58). Lawrence war um Jahre den kritischen Prospektoren der Literaturwissenschaft voraus, die erst spät mit adäquaten Wertmaßstäben die Anfänge amerikanischer Nationalliteratur zu vermessen begannen. Erst ein Jahrzehnt nach Lawrence wurde Crèvecœur von einem Wissenschaftler in einer Studie unter dem Titel *Classic Americans* zumindest halbherzig so eingeordnet, wie Lawrence ihn zuvor aufgefaßt hatte. Schon 1922 leitete er in dem Band *Studies in Classic American Literature* die Reihe seiner Essays mit Franklin und Crèvecœur ein. Amerikanischen Autoren von Whitman bis zurück zu Irving, Franklin und schließlich Crèvecœur das Prädikat *klassisch* anzumessen, klassisch zumindest innerhalb ihrer eigenen Kultur, bedeutete die späte literarische Anerkennung für ein Land, dessen politische Anerkennung bereits anderthalb Jahrhunderte zurücklag. Ganz anders als in der Dritten Welt hatten die Nordamerikaner ihre eigene moderne Geschichte in einer natürlichen und nicht oktroyierten Abhängigkeit zu Europa begonnen, und ihre neue Einwandererkultur gründete auf Europa und nicht auf der Verbindung europäischer und eingeborener Kulturen. So gesehen war zu einem bestimmten historischen Zeitpunkt das europäische Vorurteil, die amerikanische Literatur sei nur eine Fortsetzung englischer Literatur mit kolonialen und dürftigeren Mitteln, einsichtig. Man habe es da mit nicht viel anderem zu tun als mit «ein paar nach Schiffsteer riechenden Romanen und einigen Liedern, für welche die Originale in England leben», glaubte ein deutscher Autor des 19. Jahrhunderts, Karl Gutzkow, zu wissen (Meyer 52). Aber gerade Nordamerika wurde zum Modell kolonialer Emanzipation aus eigener Kraft, die gleichzeitig in der Entwicklung einer kolonialen Literatur zur Nationalliteratur eines neuen Landes ihren Ausdruck fand. In seiner Studie über klassische Amerikaner markierte Canby 1931 für die formative Phase der neuen Nationalliteratur «as symbols, weathercocks, trail-markers, these outstanding books», Franklins *Autobiography* und Crèvecœurs *Farmer* (5). Dabei gab er dem Autor des *Farmer* den Vorzug, denn in ihm stecke die wesentliche Qualität eines Schriftstellers, «that genuine emotional lesion which gives rise to literature» (95). D.H. Lawrence griff solchen Erkenntnissen der Fachdisziplin vor, als er sie bereits früh in seinem Aufsatz über Crèvecœur präziser und entschiedener formulierte. Wie früh, wird aus der Studie von Swigg deutlich, nach der Lawrence die erste Fassung des Aufsatzes 1917 schrieb, noch fünf Jahre vor der Buchveröffentlichung (x, 283n.). In der Buchveröffentlichung war eine spätere Fassung enthalten, mit der verglichen der ganze Scharfblick des Romanciers eher in der frühen Fassung zur Geltung kommt (die hier auch zitiert wird). Nach ihrer Veröffentlichung in der Zeitschrift *English Review* 1918 bis 1919 wurden Lawrences *The Uncollected Versions of Studies in Classic American Literature* erst 1962 in einer wissenschaftlichen Ausgabe zugänglich gemacht. Er stellt darin Franklin und Crèvecœur an den Anfang der Literatur des neuen Staats in Nordamerika, mißt ihnen zuerst eine grundsätzliche Gemeinsamkeit zu, beschreibt sie aber dann als Gegensatz (54). «Shelley and Rousseau, Franklin and Crèvecœur, these are the two halves of the one whole», holte Lawrence weiter aus, «Shelley and Franklin conceive of themselves in terms of pure abstraction, pure spirit, pure mathematical reality. But Rousseau and Crèvecœur exist in terms of emotion and sensation» (55). Lawrence zog nicht als erster die Verbindungslinie zwischen dem Autor des *Farmer* und dem des *Discours*, aber in dieser Hervorhebung äußerte er einen charakteristischen und häufig wiederholten Eindruck unter Crèvecœurs Lesern. Auch ein so belesener Kenner wie Fairchild stellte fest, Crèvecœurs eigentümliche Faszination liege in der Verbindung von Fröhlichkeit und praktischem Sinn des Pioniers mit der Enttäuschung des Romantikers, wobei er sich an Rousseau erinnert fühle (101). Lawrence erkannte demgegenüber, daß in dem Lebensentwurf des amerikanischen Landwirts neben europäischem Einfluß auch die Franklin zugewiesene Hälfte, die politische und wirtschaftliche Selbstauffassung des modernen Amerika wirksam war. «Crèvecœur was an emotional idealist», bezog er sich zunächst auf die Verbindung zu Rousseau und stellte dann heraus, «the idea or the ideal being the same as Franklin's» (58).

Wenn Lawrence in dem Entwurf, wie der *Farmer* ihn bot, auch weniger die politische als zuerst die psychologische und individuelle Komponente anmerkte, bezeichnete er ihn doch negativ als «prescription», ein *Rezept*, «keeping every impulse strangled, and ending where it begins, in materialism pure and simple» (59). Als Crèvecœur erkannte, wie wenig die Wirklichkeit seinem Rezept entsprach, sagt Lawrence, «he wisely kept away from any too close contact with Nature», und diese Distanz führt zurück in die gebrochene Ästhetik des Buchs, «he eschews life, and goes off into sentimental, idyllic fancy» (67). Genau betrachtet gab Lawrence 1917 der Fachkritik einen Ansatz vor, von dem aus die literarische ebenso wie die historische Relevanz des franko-amerikanischen Autors besser hätte erfaßt werden können, als es den meisten Kritikern während der folgenden Jahrzehnte gelang.

Die Besprechung von Crèvecœurs «Spanish Colonies» und der Beurteilung des *American Farmer* durch D. H. Lawrence soll als Einführung sowohl in den historischen wie in den literarischen Aspekt der weiteren Untersuchung des Autors dienen. Dabei gilt das Interesse in den folgenden Kapiteln zunächst der Klärung von bisher kaum oder gar nicht bekannten Fakten biographischer Natur, mit denen eine Diskussion im vierten Kapitel darüber vorbereitet wird, welche Spannung zwischen Amerikas Wirklichkeit im 18. Jahrhundert und Crèvecœurs utopisch idealisierender Darstellung herrscht. Mit den Begriffen einer anderen Terminologie ließe sich dabei auch von den *mythisierenden Tendenzen* in Crèvecœurs Werk sprechen. Wo nahm dieses idealistische Bemühen Crèvecœurs um Amerika seinen Ausgang? Im folgenden soll kurz zusammengefaßt werden, woher der spätere Einwanderer «St. John» ursprünglich kam.

Die zunehmende Entfernung des Auswanderes zur Heimat

Der französische Ausdruck *crève-cœur* meint übersetzt einen tiefen Kummer, dem ein Gefühl von Mitleid beigemischt sein kann. Wie die deutsche Vokabel *Herzeleid* stammt das Wort aus der mittelalterlichen Dichtung. Den Namen Crèvecœur hatten die Vorfahren des franko-amerikanischen Dichters erst im 17. Jahrhundert nach einer ländlichen Gemeinde angenommen, die zeitweilig in ihrem Besitz war. Der frühere Name der Familie war Jean, und noch Crèvecœurs Eltern haben ihren Sohn mit einem von drei Vornamen Jean genannt. Die mittelalterliche Kirche, in der sie ihn am 1. Februar 1735 einen Tag nach seiner Geburt in Caen taufen ließen, hieß St. Jean. Als sie sich später behördlich nach ihrem ausgewanderten Sohn erkundigten, gaben sie an, seine Rufnamen seien Jean oder St. Jean. Er selbst nannte sich als Amerikaner nur John Hector St. John, aber gegenüber seinen Freunden scheint er keinen Hehl daraus gemacht zu haben, daß er der Sohn eines landadeligen Ehepaars aus der Normandie war. Seine Mutter war bekannt als eine kluge und gebildete Frau. Michel-Guillaume Jean war ihr erstes Kind. Michel nannte man ihn nach seinem Paten und Guillaume nach seinem Vater, der allgemein der «Marquis de Crèvecœur» hieß, obwohl ihm der Titel keineswegs verbrieft gewesen zu sein scheint. Sein Sohn suchte zwar später den größtmöglichen Abstand in Zeit und Raum zu dem als rigide bekannten Vater zu gewinnen, der alte Marquis erwies sich aber als ungewöhnlich zählebig und begleitete das Leben des Sohns bis in das Jahr 1799, als der Schriftsteller selbst an der Schwelle zum Alter stand.

Als Kind lebte Crèvecœur mit seinen Eltern und seinem jüngeren Bruder Alexandre auf dem Anwesen der Familie bei dem Dorf Pierrepont und kam von dort aus in das nahe Caen auf eine Jesuiten-Schule. Als erwachsenem Mann gaben Crèvecœurs eigene Söhne ihm Anlaß, sich an seine unangenehme Schulzeit zu erinnern. Er hatte seine Söhne auf einer fortschrittlichen Schule in Paris untergebracht, doch er mußte sie ermahnen:

> Try to find your self happy where you are — be very certain that I am doing for you & your happiness whatever is in my power — ah if you Knew what dirty pensione, what cold Garrets I have been Thrusted into when I was at your age, & how I was Fed & Clad, you'd find yourself very happy to be as you are; I was not Gifted nor Caressed nor Indulged in any one thing — a stern Rigidity was my constant Portion — & you may See by what Passes under your Eyes, what it was 40 years ago [...] (nach: Christies 59).

Es ist typisch, daß hier auf ein wesentlich späteres Briefzitat zurückgegriffen wird, denn über Kindheit und Jugend Crèvecœurs sind nur spärliche Unterlagen bekannt. Auch wenn aus seinen englischen Manuskripten, die wohl alle in Nordamerika und England entstanden sind, biographisch viele Rückschlüsse gezogen werden können, ist eigentlich kaum etwas erhalten, das Crèvecœurs Wanderjahre von erster Hand dokumentieren würde.

Vielleicht war ein Streit mit seinem Vater die Ursache für seine Reise nach England 1754, vielleicht auch der Wunsch seiner Eltern nach einer guten Erziehung für ihren Sohn. Sie schickten ihn zu Verwandten nach Salisbury in Südengland. (Davon ganz abgesehen hatten sie unter Umständen auch eine Beziehung zu jener Familie, deren bekanntestes Mitglied Henry St. John, Viscount Bolingbroke, war.) Ob Crèvecœurs tiefsitzende Vorliebe und Bewunderung für alles Englische, die hier ihren Ausgang nahm, später auch bei der Ausstoßung aus seinem Regiment in Kanada 1759 eine Rolle gespielt hat, muß dahingestellt bleiben. Von England aus machte Crèvecœur sich 1755 auf den Weg nach Nordamerika. Auf seiner Schiffsreise sah er womöglich Lissabon, nachdem dort im Herbst ein schweres Beben stattgefunden hatte. Zum Jahresende kam er in Québec an. Hier begann er als Kadett in der kolonialen Miliz eine Ausbildung als Landvermesser und Kartenzeichner. Er verbrachte einige Zeit in der Stadt Québec selbst, um dann mit einer Expedition ins Landesinnere aufzubrechen, die ihn bis 1757 an den spärlich bevölkerten Rand der den Europäern bekannten Territorien tief in die Wälder der Neuen Welt führte, bis zu einem französischen Fort namens Detroit. Bei seiner Rückkehr in das kanadische Kernland waren die einige Jahre zuvor begonnenen Auseinandersetzungen zwischen Briten und Franzosen bereits zu einem vollen Kolonialkrieg ausgeweitet worden, dem *French and Indian War.* Im Hochsommer 1757 war Crèvecœur Beobachter der Kämpfe um das Fort George (von den Briten Fort William Henry genannt), die auf französischer Seite von dem General Montcalm geleitet wurden. Es erscheint möglich, daß Crèvecœur selbst das berüchtigte Massaker gesehen hat, bei dem einige der englischen Gefangenen den mit den Franzosen verbündeten Indianern zum Opfer fielen. Die Fälle von rituellem Kannibalismus, die dabei vorkamen, müssen Crèvecœur so tief beeindruckt haben, daß ihn das Thema vom *Farmer* bis zu *Pensylvanie* immer wieder, oft nur in versteckter Form, beschäftigt hat.

Aus seiner Zeit als Kartograph ist eine seiner eigenen Arbeiten erhalten geblieben, «Plan du Fort-George appellé par les Anglois William-henri et de ses Attaques par M. le Marquis de Montcalm maréchal des Camps — 1757», gezeichnet von «J. Crèvecœur». Nach den zeitgenössischen Begriffen gelang es ihm, innerhalb des adelig-militärischen Kastensystems Karriere zu machen. Offizierspatente in der regulären königlichen Armee waren knapp (es gab ohnehin zu viele Offiziere), als ihn im Juli des folgenden Jahres der Kriegsminister Belle-Isle in förmlicher Weise für eine entsprechende Stelle vorschlug:

> Ce jeune homme est cadet dans les troupes de la colonie. Il m'est très recommandé par M. le baron de Breteuil et par M. le marquis d'Houdetot. Il a des connaissances spéciales pour l'artillerie et le génie. Il sert avec distinction dans ces deux parties-là depuis qu'il est en Canada. J'ai l'agrément de M. le marquis de Vaudreuil pour le faire passer dans un bataillon où ce sera une bonne aquisition (nach: *Vie* 1883, 12-13).[4]

Bei Breteuil und d'Houdetot handelte es sich um Bekannte von Crèvecœurs Familie. Der Baron Breteuil, später im Kabinett Ludwigs XVI., war mit Crèvecœurs Vater befreundet und wurde im gleichen Jahr zum Botschafter im kurfürstlichen Bonn ernannt. Der Marquis d'Houdetot war der Schwager der Gräfin d'Houdetot, die 1757 auf literarisch nachhaltige Weise mit Jean-Jacques Rousseau bekannt wurde und später eine zentrale Rolle in Crèvecœurs Leben spielen würde.[5] «Jean Crèvecœur», der 23jährige Kartenzeichner und Vermessungsingenieur, wurde zum Oberleutnant (i.e. *lieutenant)* im Regiment der Saar ernannt. In dieser französischen Einheit gehörte Crèvecœur zum zweiten Bataillon und sollte die Kompanie Rumigny führen. Im Blatt des Hofes, der *Gazette de France,* wurde im Frühjahr des folgenden Jahres vermerkt:

> De Versailles le 8 mars 1759.
> Le sieur de Bougainville, premier aide de camp du marquis de Montcalm, lieutenant général commandant les troupes françaises en Canada sous les ordres du marquis de Vaudreuil, gouverneur et lieutenant général de la colonie, a rendu compte au Roi de l'état général de la colonie et a eu l'honneur de présenter à Sa Majesté le plan des forts et la carte des lieux qui sont le théâtre de la guerre dans ce pays. Ces plans ont été levés par le sieur de Crèvecœur, officier au régiment de la Sarre employé dans le génie et qui s'est fait beaucoup de réputation par sa bravoure et ses talents (nach: *Vie* 1883, 14).[6]

Crèvecœur hatte also mehrere Jahre im Pionierwesen (oder amerikanisch ausgedrückt im *Army Corps of Engineers*) hinter sich, als er 1759 nach seiner Ernennung aus dem Vorjahr eine Stelle beim Heer antreten und eine Kompanie Füsiliere in die entscheidende Auseinandersetzung des Kolonialkriegs führen mußte, auf die ihn seine Arbeit als Kartenzeichner und Kundschafter kaum vorbereitet hatte.

Die Kinder der Freiheit an den Brüsten Amerikas — so verklärt erschien die Neue Welt aus europäischer Sicht. Diese Abbildung erschien gegenüber dem Titelblatt von Crèvecœurs *Cultivateur Américain* in der Pariser Ausgabe von 1787. «Das große Elternteil», von dem im *Farmer* gesprochen wird, trägt hier noch vermeintlich «indianische» Attribute, nimmt aber bereits spätere Personifikationen wie die Freiheitsstatue vorweg. Während die übrigen Kleinkinder mit dem Einpflanzen von Ölzweigen beschäftigt zu sein scheinen, liegt in der schützenden Bucht ein Schiff mit Kolonisten vor Anker, die flugs an Land rudern, um bei dem lustigen Tanz mitzutun, den ihre Brüder schon an Land aufführen. Das lateinische Motto stammt von Crèvecœur: wo es genug zu essen gibt und Freiheit herrscht, dort liegt das Vaterland — obwohl es hier besser Mutterland heißen sollte.

Ubi panis, et libertas, ibi Patria.

2. Kapitel

CRÈVECŒURS KANADA

Si vous connoissiez ce pays-là comme moi, [...] (*Cultivateur* 2:3)

Der Autor unter den Bedingungen seiner Biographie

Bisher ist noch nie der Versuch gemacht worden, Crèvecœurs Erlebnis der Schlacht von Québec 1759 zu rekonstruieren, obwohl darin das Schlüsselerlebnis zu vermuten ist, das den 24 Jahre alten Franzosen in seine vor allem literarisch relevante Lebenserfahrung als Amerikaner geführt hat. Dieser Versuch kann allerdings wegen der sehr spärlichen und wenig bekannten biographischen Quellen kaum leichtfallen, nicht zuletzt wegen Crèvecœurs Verschwiegenheit in Bezug auf seine Entlassung aus dem Militärdienst. Und doch haben seine Jahre in Kanada, weniger noch in seinen bekannten englischen Texten als in den seltener herangezogenen französischen Texten, deutliche und vielsagende Spuren hinterlassen. So liegt hier eher ein Versäumnis als ein wirklicher Mangel an Material vor, das allerdings im gesamten zweisprachigen Werk des franko-amerikanischen Schriftstellers verstreut ist. In Zusammenhang mit einer sorgfältigen Lektüre der entscheidenden Quellen, einer Reihe von Briefen aus dem 18. Jahrhundert, könnte das Material jedoch Anlaß zu einer komplexeren und vollständigeren Sichtweise Crèvecœurs geben, als sie bisher geübt wird.

Die Bedeutung Kanadas für Crèvecœurs Werk verstehen viele Kritiker bisher keineswegs als eine Grundlage für Crèvecœurs Einstellung zu Amerika, wie sie im *American Farmer* exemplifiziert ist. Kanada wird eher anekdotenhaft unter einem rein biographischen Blickwinkel aufgefaßt. Den gegenwärtig verbreiteten Informationsstand der Forschung hat Stone 1981 noch einmal treffend summiert:

> Promoted to lieutenant upon the outbreak of the French and Indian War, the young officer took part in the assault on Fort William Henry at Lake George in 1757. On September 13, 1759, he received an honorable wound at the epochal battle in which Montcalm lost Canada for France on the Plains of Abraham. At that point Crèvecœur's military star began to fade. He got into some obscure difficulty while convalescing and in the fall of 1759 surrendered his commission in return for the sum of 240 pounds. Thus supplied with freedom and a stake, he made his way southward into the British colonies,

changing his name en route to J. Hector St. John (for reasons easy to understand). He landed at New York on December 16, 1759. (9-10)

Sicherlich besteht keine Unklarheit darüber, wann das Schiff des englischen Generals Monckton in New York ankam, auf dem Crèvecœur in die Kolonien südlich von Kanada reiste, ebensowenig über die bekannte Tatsache, daß Crèvecœur sich als Amerikaner John Hector Saint-John nannte, kein Pseudonym, sondern der angenommene Name, unter dem er sich auch 1765 einbürgern ließ. Das Stichwort in Stones Zusammenfassung ist allerdings *obscure*, denn die Umstände, unter denen Crèvecœur seine französische Militärlaufbahn mit der Ungewißheit einer Einwanderung in Amerika vertauschte, werden immer noch als ein vermeintlicher Tiefpunkt in der Biographie des Autors mißverstanden, über den sich indes nichts Genaues sagen läßt, wie Philbrick vorsichtig und knapp anmerkt: «[...] the nature of his disgrace, if indeed it was a disgrace, will probably remain a mystery» (17). Tatsächlich hält aber keine der von Stone referierten Angaben der Nachprüfung stand. Crèvecœur nahm keineswegs als Leutnant beim Angriff auf das besagte Fort teil, sondern war als Fachmann damit beschäftigt, von der Anlage eine Karte zu zeichnen, die später Ludwig XV. überbracht wurde. Ob Crèvecœur an dem bewußten 13. September vor Québec tatsächlich verwundet wurde und sich während der anschließenden Konvaleszenz nicht vielmehr von seinen Irrtümern über Sinn und Verstand einer Laufbahn im königlichen Offizierskorps erholte, muß an dieser Stelle erst einmal offen bleiben.

John Hector St. John, wie er sich später bei den Behörden der Provinz New York eintragen ließ (Mitchell 307), lebte bereits seit einem runden Jahr in den englischen Kolonien, als Kanada 1760 militärisch für Frankreich verloren ging, nachdem nicht nur der Versuch zur Rückeroberung von Québec mißlungen war, sondern die Briten im Gegenzug Montréal ebenfalls besetzt hatten. Im Nachhinein stellte sich die verlorene Schlacht von Québec als der entscheidende Nachteil für die französische Führung heraus, aber ob Crèvecœur unter den verwundeten Offizieren des 13. September war, sich im Hospital mit ihnen zerstritt und deshalb sein Patent verkaufte, wird noch genauer untersucht werden müssen. — Was ließe sich über sein Verhältnis zu den Offizieren des 13. September sagen, die ja *nach* der Schlacht von Québec den Krieg erst recht fortsetzen wollten, wenn er sich nicht als Gefangener wie sie, sondern als freier Mann in dem britisch kontrollierten Hospital aufgehalten hätte? Die Rückkehr nach Frankreich scheint ihm in jedem Fall verwehrt gewesen zu sein, und er war gezwungen, sein Offizierspatent für einen Betrag abzugeben, den der zuständige Beamte so «medioker» fand, daß er Crèvecœur zusätzlich 240 *livres* zahlte, umgerechnet gerade zehn englische Pfund. Crèvecœur nahm wohl oder übel das britische Angebot an, auf dem Schiff mitzufahren, das General Monckton nach New York brachte, von wo aus er sein neues Leben als Amerikaner begann. Aber «freedom and a stake» scheinen kaum einen Begriff davon zu geben, unter welchen harten psychischen und materiellen Bedingungen er den Übergang von Québec in das Land vollziehen mußte, dessen Entwicklung zu den USA sich später auf so paradigmatische Weise in seinen Essays widerspiegeln würde.

Gerade Crèvecœurs *American Farmer* trug dazu bei, europäischen Lesern das koloniale britische Nordamerika zum optimistischen und eben: republikanischen Synonym der Neuen Welt zu machen, obwohl der Autor seine Schilderungen vor allem auf die Zeit vor der Unabhängigkeit der USA gemünzt hatte. «In this great American asylum, the poor of Europe have by some means met together» (47), lautet ein kennzeichnender Satz im dritten Kapitel des *Farmer*, und als Asyl ist Amerika ein glücklicher Ort im Vergleich zu den Königreichen Europas. Hier treffen die europäischen Einwanderer auf «new laws, a new mode of living», besonders aber «a new social system» (48), und dies sind entscheidende Worte. In den Kolonien gab es demnach keine Schranken zwischen Bürgertum und Adel. Kraft seiner Arbeit konnte hier jeder gleichberechtigt Eigentum und Wohlstand erwerben, und wenn das Wort auch nicht fiel, zeigte die Beschreibung doch klar genug, daß dieses neue «social system» demokratisch und republikanisch war, ob mit oder ohne Englands König. Nicht gebürtiger Adel, sondern freie Bürger (wie Crèvecœur meinte: durch eine milde und großzügige Regierungsweise in London) hatten in den dreizehn Provinzen das Sagen, und es war dieses idealisierte Bild der amerikanischen Republik, das bei den Lesern des *American Farmer* haften blieb. Die enthusiastische Beschreibung dieser Staatsform, mehr Wunsch als Wirklichkeit, setzte deutliche Akzente gegen Europa, ging es doch in dem Land, das im dritten Kapitel des *Farmer* beschrieben wird, gewaltfrei und ohne jede Adelswillkür zu, ein Lebensstil auf der Grundlage allgemeiner Landwirtschaft, der zumindest der Tendenz nach demokratisch war. Crèvecœurs Gemeinwesen erteilte in seinen bürgerlichen Normen, gestützt auf den Wertmaßstab der eigenen Arbeit, dem Weltbild der europäischen Aristokratie eine klare Absage.

Typisch für den Widerspruch, den Crèvecœur beispielsweise in England hervorrief, war die Kritik des Geistlichen Samuel Ayscough, einem Bibliothekar im Britischen Museum. In London kursierte ein Pamphlet, das Ayscough 1783 gegen den *American Farmer* veröffentlicht hatte. Es war betitelt: *Remarks on the Letters from an American Farmer; or a De-*

tection of the Errors of Mr. Hector St. John; Pointing out the Pernicious Tendency of these Letters to Great Britain. Ayscough sah die üble Tendenz der Briefe des amerikanischen Landwirts vor allem in dem großartigen Lob amerikanischer Zustände, das zur Auswanderung animieren solle, aber dem britischen Mutterland am Ende nur schaden würde, zumal der Autor in Wirklichkeit weder ein Landwirt noch ein Amerikaner sei, so daß seine Beschreibungen nicht nur maßlos übertrieben, sondern im Grunde *forgery*, eine schlichte Fälschung seien. Wenn Crèvecœur auch sowohl Amerikaner wie Landwirt war, hatte der Reverend in seiner krassen Art doch Recht, denn die scheinbar einheimische Unbefangenheit von Crèvecœurs Figur «James», dem Erzähler des Buchs, war durchaus fabriziert. Darin lag allerdings gerade die literarische Absicht des Autors, der Amerika charakteristisch erfassen wollte und genau wußte, wie untypisch seine eigene Biographie dagegen wirken mußte. St. John, der eigentlich Crèvecœur hieß, der so ausdrücklich gegen Europa Stellung nahm, und eigentlich selbst von dort kam, rühmte das egalitäre Leben freier Bauern und war selbst doch Aristokrat, geboren in der Normandie: der in London verlegte Schriftsteller der englischen Kolonien war seiner Herkunft nach auch noch Franzose. Man mag sich den Kommentar von Ayscough ausmalen, wenn er gewußt hätte, daß Crèvecœur nach seiner Ankunft in Nordamerika 1755 zunächst auch eine ganz standesübliche Laufbahn eingeschlagen hatte, und der milde *farmer of feeling* James mithin aus der Feder eines ehemaligen Berufssoldaten stammte.

«After I have done sowing, by way of recreation, I prepare for a week's jaunt in the woods, not to hunt either the deer or the bears, as my neighbours do», schildert James seinen Zeitvertreib in dem Kapitel über Lage, Freuden und Empfindungen eines amerikanischen Landwirts, «but to catch the more harmless bees» (36). Dieser milde Zug von James, zwar mit der Jagdflinte bewaffnet durch die Wälder zu streifen, dabei aber vor allem der Suche nach wilden Bienen und ihrem Honig zu frönen, hat amerikanische Leser immer wieder verblüfft, deren Vorstellung vom *frontiersman*, einem Grenzer wie James, spätestens seit der Zeit des Wilden Westens ganz anders geprägt war. James findet die Jagd auf großes Wild zu anstrengend, teilt er mit, aber dahinter verbirgt sich das Prinzip der Gewaltlosigkeit, über das in *Cultivateur* das französische *alter ego* von James ganz offen spricht: «Ce sentiment, je le sais, me déshonoreroit parmi les sauvages, qui ne manqueroient pas de m'appeller *femme*» (1:63). Der Grenzer, der sich mit Gleichmut als unmännlich bezeichnen läßt, offenbart noch ganz andere Seiten eines Charakters, den der Wille zur völligen Friedfertigkeit kennzeichnet. Ihm tun noch die Wespen herzlich leid, deren Nest er auf dem Feld zerstören muß, wo es ihm im Wege ist, und sobald er ein Ei auf den Tisch bekommt, macht ihm seine «Gefräßigkeit» Skrupel, weil sie eine wundervolle Metamorphose vom Ei zum Huhn verhindert (42, 31). Weder die Verfasser biographischer Artikel über Crèvecœur noch ausgesprochene Kritiker seiner Texte haben sich tiefer damit auseinandergesetzt, welche Entfernung den Autor des *Farmer* mit seiner vorgeblich autobiographisch präsentierten Figur des heimatverbundenen Pennsylvaniers James von der eigenen früheren Existenz als Offizier und französischer Aristokrat im nordamerikanischen Theater zu Europas Siebenjährigem Krieg trennt. Wenn man sich verdeutlicht, wie gering gerade im 18. Jahrhundert die französische Bereitschaft anzusetzen ist, sich im anglophonen Nordamerika assimilieren zu lassen, wird erst in ganzem Umfang erkennbar, daß Crèvecœur in seiner Wandlung vom Landadeligen mit seiner Regimentskarriere im kanadischen Expeditionskorps Ludwigs XV. zum New Yorker Bürger und anglo-amerikanischen Schriftsteller eine einsame Ausnahme darstellt. Zu keiner Zeit sind Franzosen in solchen Zahlen in die Neue Welt eingewandert, wie es die Angehörigen anderer numerisch starker europäischer Völker getan haben, allen voran Briten, Deutsche oder später Italiener, ganz abgesehen von der Einwanderung der übrigen Nationen, beispielsweise Iren oder Polen. Die Provinz Québec bleibt das einzige Gebiet, in dem die französische Kolonisation und Einwanderung sich in nordamerikanischer Eigenständigkeit entwickelt und durchgesetzt hat, ohne wirklich anglisiert zu werden, wenngleich sie auch hier *amerikanisiert* wurde. Es kommt hinzu, daß nicht nur Nordamerika gegenüber der Karibik und Lateinamerika, sondern innerhalb Nordamerikas wieder nur die Vereinigten Staaten die gesamte Benennung der Neuen Welt als Eigennamen usurpiert haben, so daß begrifflich mittlerweile ein Franko-Amerikaner längst nicht mehr mit einem Franko-Kanadier zu verwechseln ist. Stuft man Crèvecœur als Franko-Amerikaner ein, was einigen amerikanischen Kritikern Schwierigkeiten bereitet hat, macht ihn auch dies eher zu einer Ausnahmeerscheinung, weil der Begriff gewöhnlich auf die Beziehungen beider Nationen angewendet wird, seltener dagegen auf den französischen Anteil der USA, der im Vergleich zu Kanada als gering anzusehen ist. Obwohl das US-Gebiet immer noch in seiner ganzen Tiefe von Norden nach Süden französisch geprägte Namen aufweist, von Detroit, Des Moines, St. Louis und New Orleans bis nach Baton Rouge und Mobile, von Illinois bis nach Alabama und Louisiana, gibt es doch im öffentlichen Bewußtsein keine fortdauernde franko-amerikanische Tradition als Teilkultur der USA, vergleichbar der Kultur vieler anderer Einwanderergruppen. Es gibt zwar unter den

US-Bürgern verstreute Reste französischer Sprachgruppen, etwa im nördlichen Staat New York oder in Louisiana, aber sie haben nie einen nationalen Zusammenhang gebildet, auch wenn sie bemerkenswerte eigene Beiträge zur US-Kultur geliefert haben, wie etwa die Folklore der *Cajuns.*

Franklin und Crèvecœur waren die für ihr Land und ihre Zeit charakteristischen Autoren Amerikas, aber im Gegensatz zu dem geborenen Neuengländer Benjamin Franklin nahm der franko-amerikanische Schriftsteller biographisch seinen Ausgang vom anderen Ende nationaler Identität und kam erst durch die Bewältigung seiner eigenen Einwanderung in die Lage, seine amerikanische Erfahrung in der Landessprache exemplarisch zu verarbeiten: unter welchen Umständen konnte sich diese Lage überhaupt ergeben? Es geht sicher nicht darum, an dieser Stelle ein Leben des Autors schreiben zu wollen, aber wenn ein Autor in seinem Werk so zwischen Fiktionalität und Autobiographie oszilliert und dabei seine Essays gerade von einem Interesse sind, das sich kaum im individuellen Bereich erschöpft, ist es notwendig, in einer Ausschnittvergrößerung die womöglich impulsgebende Bruchstelle in seinem Leben näher zu untersuchen.

Kanada in den englischen und französischen Texten

Kanada gewann durch den Frieden von 1763 einen entscheidenden Anteil daran, daß sich die Vereinigten Staaten ohne die wirkliche oder vermeintliche Gefahr einer französischen Herrschaft im Norden von der englischen Kolonialherrschaft emanzipieren konnten, deren Funktion schließlich lange Zeit der Schutz gegen französische Ansprüche gewesen war. Nach dem Frieden von 1783 gab Kanada dann ein weites Rückzugsgebiet für den imperialistischen Anspruch britischer Herrschaft in Nordamerika ab, der auf diese Weise zweifellos größtenteils neutralisiert und von der Aufgabe absorbiert wurde, mit dem innerkontinentalen Gegensatz auszukommen, den das unverändert frankophone Kernland präsentierte.

Im *American Farmer* ist gleichwohl nur selten von Kanada die Rede, gerade im Zusammenhang damit, was den neuen amerikanischen Menschenschlag kennzeichne. In «What is an American?» geht es dem Autor vor allem darum, die glücklichen Aussichten zu zeigen, die dem einfachen aber tüchtigen Europäer in Amerika winken, und am Beispiel der Grenze der Besiedlung darzustellen, daß sich mit deren Fortschreiten nach Westen die Aussichten ständig noch verbessern. An dieser Stelle ist dann das erste Mal beiläufig von Kanada die Rede, als der Erzähler den Fall eines Jungen erwähnt, der entlang der «frontiers of Canada» von Indianern aufgegriffen, später aber mit Geld wieder ausgelöst wurde und durch seinen Fleiß und den Zuspruch eines einheimischen Wohltäters eine amerikanische Karriere zu Wohlstand und Ansehen erreicht (72). Zuvor hat der Erzähler Kanada wie selbtsverständlich unter die britischen Kolonien eingereiht, zu denen unter anderem Massachusetts und Virginia zählen, und deren Gemeinsamkeiten und Unterschiede er im Hinblick auf eine zunehmende regionale Differenzierung mit der Bemerkung abwägt: «Their only points of unity will be those of religion and language» (53-54). Nichts könnte unzutreffender sein, weiß Crèvecœur doch wesentlich besser als sein vorgeblich ignoranter Erzähler, daß Religion und Sprache gerade die Eigenschaften sind, die König Georgs kanadische Untertanen scharf von allen übrigen kolonialen Nordamerikanern absetzen, die in der Mehrheit weder katholisch noch frankophon sind wie die *Canadiens.* Im Widerspruch zur Ansicht des Erzählers, der für die Zukunft verstärkte Unterschiede erwartet, war Crèvecœur selbst allerdings der eher pessimistischen Ansicht, ein Prozeß der Angleichung werde die Kanadier schließlich so anglisieren, wie er es als französischer Einwanderer selbst erfahren hatte. Dabei verkannte er den Unterschied, der zwischen seiner individuellen Situation nach 1759 und der Lage der Kanadier in ihrem Heimatland bestand. Die spätere Begriffsänderung hatte sich zu Crèvecœurs Zeit noch nicht durchgesetzt, mit der alle nördlichen Provinzen als Kanada bezeichnet wurden und nicht nur das alte, seit dem 16. Jahrhundert französische Kernland, das später nach seinem Hauptort in Québec umbenannt wurde.

Jemand, der sich vermutlich besser in Kanada auskannte als der Erzähler in «What is an American?» ist die Figur der Rachel Budd in einem Text der *Sketches.* In den zu Lebzeiten des Autors unveröffentlichten englischen Texten beginnt sich gegenüber dem *Farmer* bereits eine ganz andere Rolle Kanadas abzuzeichnen, die dem Land eine wichtigere Bedeutung für den Autor selbst, aber auch seine Figuren zumißt. Ein Sohn der «Mrs. B.» ist ebenfalls in indianische Gefangenschaft geraten, und wenn seine Mutter die Route ihres gefangenen Sohnes bis nach Kanada beschreibt, hat sie dabei die nordamerikanische Topographie so genau im Kopf wie Crèvecœur selbst: «I have followed him as far as Montreal, emerging from his slavery and obtaining leave to work with some honest tranquil farmer» (214). Im Gegensatz zu James weiß Rachel Budd genau, daß es in Kanada Bauern gibt, die ihr Land nicht weniger friedlich und typisch für Nordamerika bestellen, als es die Nachbarn von James in Carlisle County in Pennsylvanien tun. Einmal rutscht auch dem Erzähler im *American Farmer* heraus, daß sein Autor mehr über Kanada weiß, als es den Anschein hat, wenn er die Frauen von Nantucket mit der Bemerkung einstuft, sie seien so weltgewandt wie die Frauen von Montreal, und die Fußnote hinzufügt:

> Most of the merchants and young men of Montreal, spend the greatest part of their time in trading with the Indians, at an amazing distance from Canada; and it often happens that they are three years together absent from home (151n.)

Diese Unstimmigkeit, die manchen Lesern entgehen könnte, weil Crèvecœurs Anmerkung etwa in der Ausgabe von Stone 1981 gestrichen wurde, weist auf zwei unterschiedliche Haltungen hin, die sich bei näherer Lektüre in Bezug auf Kanada unter den Erzählern von Crèvecœurs Texten abzuzeichnen beginnen. Der eigentliche amerikanische Landmann, wie Crèvecœur ihn in «Various Rural Subjects» und im *Farmer* auftreten läßt, gedacht als die Inkarnation des englisch-stämmigen eingesessenen Nordamerikaners, wie Crèvecœur ihn für landestypisch erachtete, weiß über den frankophonen Norden seines Kontinents so wenig wie über Europa, und die *Canadiens* oder *Québecois* sind ihm genauso fremd wie Europäer oder Lateinamerikaner. Der Autor ist sich dieser xenophoben Note der «typischen» Anglo-Amerikaner so bewußt, daß er sie vollständig internalisiert und seine Figur reden läßt, als ob sie Kanada nur vom Hörensagen kenne. Ein Beispiel dafür ist der Ahornsirup, eine nordamerikanische Spezialität, die den Bauern in Pennsylvanien so geläufig ist wie in Kanada. Der (nicht namentlich genannte) James der *Sketches* spricht in «Various Rural Subjects» über Zuckerbäckerei aus Ahornsirup: «I am told that there are people at Montreal who excel at this branch» (99). Der Erzähler in *Pensylvanie,* ein älterer und reiferer James, der sich mitunter als Crèvecœur selbst zu erkennen gibt, stellt sich just bei diesem Thema als ein kanadischer Spezialitätenkenner heraus, der über die Ahornsirup-Zuckerbäckerei alles zu wissen scheint, was es darüber zu wissen gibt (2:402).

Der Erzähler im *American Farmer* verbirgt noch, was der Erzähler der *Sketches* bisweilen und später der Erzähler von *Pensylvanie* offen zugibt, daß er nämlich Kanada ganz genau kennt, darüber aber nicht zu persönlich sprechen möchte. Erst einige Jahre nach der Veröffentlichung des *Farmer* hat Crèvecœur in *Cultivateur* 1784 die Gelegenheit benutzt, über die Provinzen nördlich der USA zu referieren, «Acadie ou Nouvelle-Ecosse», «Isle Saint-Jean», «Terre Neuve» und vor allem «Canada» (2:1-26). Jetzt erlaubt er sich selbst die Bemerkung: «Si vous connoissiez ce pays-là comme moi...» (2:3), doch seine Ausführungen, meist Bemerkungen zu Geographie, Kolonisation und Wirtschaft Kanadas, geraten ihm merkwürdig trocken, distanziert und lassen so gut wie gar nicht durchscheinen, daß er das Land tatsächlich viel besser kennt als der kurze und bündige Text vermuten läßt, in dem nur seine Zuneigung zum einheimischen Menschenschlag der französischen Kanadier ein persönliches Zeichen setzt. Gegenüber dem *Farmer* war die politische Situation, in der er nach 1781 *Cultivateur* zu schreiben begann, so verändert, daß Crèvecœur Amerika ohne ausgesprochene Symphatie für eine bestimmte Seite des Bürgerkriegs, wie er die Revolution weiterhin nannte, verließ. In Frankreich wurde er von einer Begeisterung für den amerikanischen Freiheitskampf überrascht, die ihn seine schlechteren Erfahrungen (etwa mit der Lage der frankophonen Nordamerikaner) zunächst rigoros unterdrücken ließ. Diese zusätzliche Dimension wird erkennbar, sobald man die Kanada-Kapitel in *Cultivateur* mit dem Essay vergleicht, den Crèvecœur im Unabhängigkeitskrieg über das Verhältnis von Briten und Kanadiern schrieb, veröffentlicht in den *Sketches* als «The English and the French before the Revolution». Das Engagement, mit dem sich der Erzähler in «The English and the French» für die Kanadier äußert, hat unmittelbar mit dem Krieg 1755-63 zu tun, den der amerikanische Autor Crèvecœur, wie er sich in ursprünglicher Eloquenz in diesem kurzen Essay zeigt, eben nicht auf britischer, sondern auf französischer Seite mitmachte. Der Autor fand sich nach 1759 auf der Seite der Sieger wieder, unter den Briten und ihren amerikanischen Kolonialbewohnern. Obwohl er nach dem Frieden von 1783 mit *Cultivateur* seine Haltung gegen die Briten und für die USA zum Ausdruck brachte, bewahrte er sich seine innere Unabhängigkeit und wurde nicht einfach zum Parteigänger der Sieger. Er war im Gegenteil oft betroffen darüber, mit welcher Infamie die Sieger die Unterlegenen behandelten. Unter den Opfern gab es oft Menschen, die er zuvor als seine eigenen Genossen gekannt hatte, die unterlegenen Kanadier und Franzosen genauso wie später seine als «Tories» verunglimpften New Yorker Nachbarn. In seinen Veröffentlichungen bemühte sich Crèvecœur allerdings darum, nicht zuviel Aufmerksamkeit auf seinen Aufenthalt in Kanada zu lenken, und hielt seine Ausführungen so allgemein, daß ihn kaum jemand auf Einzelheiten hätte ansprechen können. Andere Texte, in denen genauer von seiner kanadischen Erfahrung die Rede war, ließ er zeitlebens unveröffentlicht, neben «The English and the French» auch «Hospitals», wo ihm ein bezeichnender Hinweis auf Québec unterlaufen ist. Die Gründe dafür müssen ebenso wie die Gründe für seine beiden unterschiedlichen Erzählhaltungen im *Farmer* und *Pensylva-*

nie letzten Endes an einer bestimmten Stelle seiner Biographie gesucht werden, um zu einer informierten Lektüre seiner Texte zu gelangen.

Ausschnittvergrößerung: das rekonstruierte Schlüsselerlebnis Québec 1759

Am Morgen des 13. September fühlte Crèvecœur sich so unvorbereitet wie die übrigen Truppenangehörigen in der Stadt Québec, die schon den ganzen Sommer der Belagerung durch eine britische Armee von mehr als 20000 Mann standgehalten hatten. Am Vortag hatte General Wolfe Québec endgültig mürbe machen wollen für seinen geplanten Angriff und ließ die britische Artillerie die Stadt (sie lag auf einem jähen Steilhang über dem St. Lorenzstrom) von früh bis spät mit einem schweren Bombardement belegen. Québec, seit mehr als hundert Jahren Hauptstadt der königlichen Provinz Kanada, ein kleiner Ort steingrauer Häuser und enger Gassen, umringt von einer der wenigen Stadtmauern in der Neuen Welt, lag zu diesem Zeitpunkt bereits zu einem beträchtlichen Teil in Trümmern. Crèvecœur erlebte, welche Furcht Wolfe an diesem Morgen unter den französischen Offizieren in der Stadt auslöste. Wolfe war in der Nacht auf einer geschickten Route mit 5000 ausgewählten Soldaten der Aufstieg vor die Stadt gelungen. Im Morgenlicht ließ er vor den Mauern von Québec seine Truppen in dem sanft gewellten Grasland Aufstellung nehmen, das nach einem Schäfer aus alter Zeit *Plaines d'Abraham* hieß. Mit dem Steilhang hatte Wolfe die beste Deckung der Franzosen überwunden. Vier Jahre hatten sie sich mit sehr viel Können, Zähigkeit und Glück und immer mit unterlegenen Mitteln in Kanada gegen den britischen Angriff zu halten verstanden.

Der französische General Montcalm war in vergeblicher Eile darum bemüht, den bereits abgeschlossenen Aufmarsch der 5000 Briten durch einen Ausfall zu stören. Aber ihm standen nur verschiedene kleinere Einheiten zur Verfügung, ein paar französische Infanteriebataillone, kanadische Kolonialtruppen, königliche Marinesoldaten und die unvermeidlichen Begleiter nordamerikanischer Gefechte, einheimische Freischärler und Milizionäre, insgesamt 3500 Mann. Sein Adjutant Bougainville war mit den am besten ausgebildeten Truppen zu diesem Zeitpunkt zu weit entfernt und nicht mehr rechtzeitig benachrichtigt worden. Montcalm ließ seine Soldaten in regulärer Formation gegen zehn Uhr morgens auf die britischen Formationen zumarschieren, darunter auch die Kompanie de Rumigny im *Second Bataillon d'Infanterie de la Sarre* mit dem 24jährigen Oberleutnant Crèvecœur. Er hatte den Krieg bisher bei den Pionieren als Kartograph mitgemacht und war ohne jede Erfahrung für das, was auf ihn zukam. «Jamais avant le jour je n'avois vu un si grand nombre de soldats méthodiquement assemblés pour se détruire», sagt später der Erzähler in *Cultivateur* über eine Schlacht aus dem Unabhängigkeitskrieg, deren Beschreibung wie eine Reminiszenz Crèvecœurs an Québec 1759 anmutet, nicht zuletzt, wenn er hinzusetzt: «Quoi-que je ne sois pas militaire, je ne tardai pas cependant à m'aperçevoir que les troupes Angloises réussiroient à renverser les nôtres» (3:40, 41).

Montcalms Angriff als die beste Verteidigung erwies sich als Irrtum mit tödlichen Folgen, denn seine eigenen Truppen behinderten sich bei ihrem Vormarsch auf die britischen Linien gegenseitig, als die kanadischen Milizionäre sich zum Laden ihrer Gewehre auf den Bauch in Deckung warfen. «Les troupes s'approchèrent de bonne grâce à une demi-portée de fusil», schrieb zwei Tage später ein französischer Offizier, urteilte aber nüchtern: «Elles tirèrent malheureusement» (*Lévis* 10:116). Warum sie an diesem Morgen schlechter schossen als sonst, mag gleichgültig sein, aber die Angst und die Verzweiflung bei dem ebenso mutigen wie aussichtslosen Unternehmen wurden an diesem Tag für alle französischen Soldaten und Offiziere zu einer gemeinsamen Erfahrung. Das ganze Gefecht soll nach alten Berichten nur wenige Minuten gedauert haben. Salve um Salve traf die anrückenden Franzosen, Kartätschen rissen ihre Reihen auseinander und in kurzer Zeit lagen im Gras der Schafweiden etwa 1200 von ihnen verwundet, bereits tot oder im Sterben. Montcalm selbst, der angeschossen war und sich nicht rechtzeitig hatte verbinden lassen, wurde wiederholt getroffen, am Ende tödlich in den Bauch. Die Briten nutzten in der Verwirrung ihre Chance und gingen zum Gegenangriff über: als sie stürmten, lösten sich die französischen Reihen auf. «Le désordre s'y mit au point qu'on ne put pas le remettre», berichtete ein Offizier einige Tage später (10:116). Der Gouverneur von Kanada erklärte nach Montcalms Tod seinem Nachfolger Lévis: «J'ai rallié cependant deux fois notre armée; mais j'ai reconnu la nécessité de céder le champ de bataille, le découragement de l'armée nous donnant tout lieu de nous attendre à un désavantage encore bien plus grand» (8:107). Er beschrieb die hohen Verluste an Toten und Verwundeten und setzte Lévis auseinander: «Notre retraite devient donc indispensable» (8:108). Der Gouverneur wiederholte den Begriff der Mutlosigkeit, um Lévis zu erklären, warum ein Gegenangriff noch am selben Abend ausgeschlossen war: «Notre armée est trop découragée et nous ne saurions la ranimer» (8:108). Nicht nur Crèvecœur muß an diesem Tag über die Sinnlosigkeit des militärischen Betriebs nachgedacht haben. Angst und Verzweiflung hatten selbst seine abgebrühten Vorgesetzten bis zur Spitze des Offizierskorps ergriffen. Völlig ungeordnet zogen sich die französischen Einheiten von Québec (2000 Mann waren in der Stadt zur Verteidigung zurückgeblieben) in das Hinterland zurück, wo sie der kanadische Gouverneur am Abend des 13. September sammelte und mit ihnen nach Jacques-Cartier marschierte, einem Fort, das mehrere Kilometer entfernt war.

Crèvecœur, einer der Überlebenden, begann sich darüber klarzuwerden, daß dies das letzte Gefecht war, an dem er teilgenommen hatte. Von ihm aus sollte jemand anders in der Kompanie de Rumigny die *lieutenance* übernehmen. Er suchte sich in der Nähe eine Unterkunft, ließ den Gouverneur mit den Truppen ziehen und wartete darauf, daß der 13. September zu Ende ging. Nach dem, was er an diesem Sommermorgen vor Québec erlebt hatte, war für ihn nicht nur der Krieg zu Ende, sondern auch sein gewohntes Leben und seine militärische Karriere. Obwohl er das an diesem Tag noch nicht wußte, hatte sein Leben eine entscheidende Wendung genommen, die ihn in wenigen Monaten in sein neues Leben als Amerikaner führte. Er wußte nur, was er nun nicht mehr sein konnte: französischer Offizier. Der Erzähler in «La femme allemande» drückte es später so aus: er sei kein Soldat *(Cultivateur* 3:41). Nach dem 13. September, an einem der darauffolgenden Tage, ging Crèvecœur zu den britischen Linien und bekam eine Unterkunft im *Hôpital général* der französischen Nonnen, in dem unter britischer Aufsicht einige hundert Soldaten und zwei Dutzend Offiziere der geschlagenen Armee von Montcalm ihre Verletzungen auskurierten. Während die Behörden auf beiden Seiten den Soldaten eher geringe Aufmerksamkeit schenkten, spielte die Frage der gefangenen Offiziere im Verhältnis zwischen den siegreichen Briten in Québec und den geschlagenen Franzosen in Montréal eine wichtige Rolle. Als Revanche setzten die Franzosen zwei Offiziere fest, die ihnen die britische Führung als Unterhändler geschickt hatte (s. *Lévis* 10:13). Die Franzosen schickten nach einem Abkommen, das sie Anfang des Jahres mit den Briten über die Behandlung und den Austausch von Kriegsgefangenen geschlossen hatten, den Kommissar Bernier in das jetzt britische Krankenhaus, wo er als *ministre du cartel* damit beschäftigt war, die Interessen der Gefangenen wahrzunehmen. «Il y a plusieurs soldats et officiers en état de rejoindre», schrieb er am 20. September an seine Vorgesetzten (10:8). Darunter könnte auch Crèvecœur gewesen sein, der sich nach dem 13. September nicht nach Québec begeben hatte, wo das französische Militär nach der Kapitulation am 18. September freien Abzug erhielt, sondern der sich an die Briten wandte, die ihn als freien Mann einstuften und keineswegs als Gefangenen. Dieser Umstand mußte sein Verhalten in den Augen der gefangenen Offiziere des 13. September endgültig kompromittieren. Sie selbst hatten Schwierigkeiten, die Niederlage zu verarbeiten und verbissen sich in ihren Haß auf den kanadischen Gouverneur, der ihrer Meinung nach die Schuld daran trug, daß Québec verloren gegangen war. Entsprechend gering waren die Bemühungen von Seiten des Gouverneurs, sie frei zu bekommen, so daß sie noch als Gefangene bei den Briten waren, als Crèvecœur und andere französische Offiziere, die den Krieg als verloren erkannten, längst als freie Männer abgereist waren.[7]

Die Entscheidung zum Pazifismus: Historische Indizien als literarische Anhaltspunkte

Es ist nur schwer möglich, eine Rekonstruktion des Schlüsselerlebnisses zu geben, das Crèvecœur 1759 vor Québec hatte, denn die Quellen enthalten nicht mehr als spärliche Hinweise, die schwer zu kombinieren sind. Vieles in Crèvecœurs Büchern läßt sich indes auf eine neue Art lesen, setzt man es in Bezug zu seinem persönlichen Kriegserlebnis. In seiner Sicht des amerikanischen Unabhängigkeitskriegs scheint oft die Erinnerung an den 13. September 1759 wiederzukehren, zum Beispiel in der Konfrontation mit Angst, Gewalt und Tod, als er den Flüchtlingen des pennsylvanischen Dorfs Wyoming half, deren einfache Siedlung an der Grenze durch Söldner der britischen Seite zerstört und entvölkert worden war:

> Et ce sont des hommes, dont le plus grand nombre n'avoit d'autres motifs que celui de l'aveugle obéissance, qui ont traité ainsi d'autres hommes!
>
> Qu'est-ce donc cet être qui, à la sublimitè des anges unit la depravation des dêmons? — Cet être problématique & contradictoire, à la fois bon et méchant, vertueux & pervers! — Ce jouet de la nature, de la destinée & des élémens, d'où lui vient ce gout pour les hasards, pour des dangers, pour la guerre, qui lui fait placer sa principale gloire dans la destruction de ses semblables? — Cette disposition seroit-elle coévalle à sa création? — Placé comme il l'est au milieu de la chaîne indestructible de toutes les calamités morales & physiques, la nature l'auroit-elle destiné à être le premier fléau de sa race? — Plus d'une fois j'ai été tenté de croire, malgré les reclamations de mon cœur, qu'elle n'a eu d'autre but en nous formant, que de peupler ce globe des victimes, & qu'elle a mis un prix trop considérable à ce souffle foible, & passager qu'elle nous prête pour quelques instans *(Cultivateur* 3: 214-15).

Wie zuvor in «La femme allemande» kehren hier Eindrücke und Überlegungen wieder, die Crèvecœur in Québec geprägt hatten: die Zerstörung des Menschen durch sich selbst, der blinde Gehorsam der Soldaten und die Verzweiflung, dagegen am Ende nichts ausrichten zu können. Crèvecœur erlebt den Krieg nicht als heroischen bewaffneten Kampf, sondern als eine Veranstaltung menschlicher Selbstzerstörung von sinnloser Grausamkeit. Seine Reaktion darauf ist sich zwanzig Jahre nach Québec gleichgeblieben: während er die Eigenschaften und das Wesen der organisierten Gewalt genau benennen kann, wird er an der Sinnfrage wenn nicht irre so doch verzweifelt und pessimistisch. Es ist keineswegs ganz ehrlich, wenn er von den «reclamations de mon cœur» spricht, denn im Grund liegt darin nur rhetorischer Schmuck. Es ist kennzeichnend dafür, daß der Autor sich zur Bewältigung des Entsetzlichen oft nur mit Formelhaftigkeit zu helfen weiß. «Je tremble, je frisonne encore», schildert er an einer Stelle persönliche Erschütterung, von der nicht klar ist, ob sie ein Erlebnis seiner Erzähler-Figur darstellt oder nicht doch sein eigenes (3:42), «quand je me retrace ce tableau funeste, dont toutes les nuances étoient également déchirantes & lugubres.» Die stärkste Wirkung hat Crèvecœur bei seinen Lesern vor allem, wie im Fall des gequälten Schwarzen im *American Farmer,* mit der Darstellung fiktiver Szenen erzielt.

Das Erlebnis des Entsetzlichen, wenn es ihm selbst widerfahren ist, bringt in Crèvecœur den tiefen Pessimismus zum Vorschein, mit dem er davon spricht, der Globus sei von der Natur am Ende wohl nur mit Opfern bevölkert worden. Statt zu handeln, wirkt er in der Praxis eher gelähmt und macht sich gedanklich auf die utopische Suche nach einer ländlichen und friedlichen Welt ohne Gewalt. Obwohl er in Kanada, auf seinen langen Reisen durch die Wälder, entlang der Flüsse und Großen Seen, die Grundlage für sein intensives Verhältnis zu Nordamerika entwickelte, war ihm das Land doch durch den Krieg fremd geworden. In den späteren USA suchte er von neuem den ländlichen Frieden, Abenteuer nicht militärischer sondern geographischer Art, in denen er Freiheit von den sozialen Zwängen der Ständegesellschaft fand, wie er sie in seinem Streit mit den Offizieren des 13. September so hautnah erfahren hatte. Als ihn der Krieg in Amerika zwanzig Jahre später wiederum einholte, muß es nach seiner kanadischen Zeit widersinnig anmuten, sich Crèvecœur als begeisterten Anhänger des revolutionären Kampfs vorzustellen. Für den Autor von *Cultivateur,* dessen Protagonist zwar die Jagdflinte nicht vergißt, in den Wäldern aber nur nach Bienen sucht, gab es keinen gerechten Krieg. Auf seine Art bestand Crèvecœur auf dem Frieden unter den Menschen als dem eigentlich nur möglichen und nötigen Zustand der Welt. Der bewaffnete Kampf, darin wurde Crèvecœur nach 1759 zum lebenslangen Radikalen, war in seinen Augen *immer* unmenschlich, selbst als die Verteidigung gegen eine offene imperialistische Aggression wie im Krieg der Briten um

Kanada, oder auch später als eine Form der Revolution gegen die kolonialen Unterdrücker der Amerikaner.

Da die hier durchgeführte Rekonstruktion von Crèvecœurs Schlüsselerlebnis 1759 vor Québec nicht nur über das hinausgeht, was beispielsweise Stone 1981 referierte, sondern von dem bisherigen Kenntnisstand auch abweicht, kann sie nur von Wert sein, wenn sich genügend überzeugende Angaben zu ihrer Unterstützung finden. «La vie dans un hôpital», schrieb der französische Kommissar Bernier über den Schauplatz für die sieben Wochen im Herbst, in denen Crèvecœurs Leben eine neue Richtung nahm, «n'est pas une chose à soutenir longtemps» (*Lévis* 10:21). In Dienstschreiben an Montcalms Nachfolger Lévis, seinen Adjutanten Bougainville und verschiedene andere hohe französische Beamte in Kanada beschrieb Bernier seine Arbeit und seine Probleme als *ministre du cartel,* Beauftragter des Abkommens über die Kriegsgefangenen. Berniers Briefe sind die entscheidende Quelle für Crèvecœurs Zeit im *Hôpital général,* einem von Nonnen geführten Krankenhaus, das eine alte Karte mit einem Kirchturm und kleineren Nebengebäuden am Lauf des St. Charles zeigt, damals mehrere Kilometer vor den äußeren Befestigungen von Québec (Lanctot 244). «L'hôpital étant un lieu neutre, un homme libre y a pu venir sans perdre sa liberté» (10:11), klärte Bernier seine französischen Vorgesetzten über den Status des Ortes auf, wie die britische Seite ihn auffaßte. Verschiedene Offiziere, die mit ihren Verwundungen am 13. September zuerst nach Québec und erst später in das Krankenhaus vor der Stadt gebracht worden waren, galten demnach als freie Männer, die im Prinzip tun und lassen konnten, was sie wollten, wenn sie dabei nicht gegen die britische Oberhoheit verstießen. Eine Ausnahme machten diejenigen Offiziere, die unmittelbar am Tag der Schlacht hier eingeliefert worden waren, denn sie galten als Kriegsgefangene. «Ce qui est entré à l'hôpital le 13 est bien prisonnier» (10:10), stellte Bernier fest. Er hatte Mühe, seinen Vorgesetzten diese verzwickte Lage zu erklären, weil die Franzosen in Montréal sie nur schwer verstanden. Wer nicht am 13. September sondern später von selbst ins Hospital gekommen war, galt den Briten als vollkommen frei (10:11). Allerdings galt für alle Franzosen, daß sie sich nicht unkontrolliert frei bewegen sollten, weil die Briten die militärische Situation noch für so gespannt hielten, daß der englische General Monckton Schießbefehl gab, als in der Nähe der Hospitals französische Reiter auftauchten (10:28).

Der junge Oberleutnant Crèvecœur aus dem Saar-Bataillon wird sich im Krankenhaus kaum wohler als Bernier gefühlt haben, wie noch in «Hospitals» anzuklingen scheint, einem Text über Militärkrankenhäuser, den Crèvecœur im Unabhängigkeitskrieg schrieb, zu Lebzeiten aber unveröffentlicht ließ. Der Erzähler, ein Amerikaner, besitzt gute Kenntnisse über Kanada, wenn er meint: «Look at all our Province Hospitals & compare them with those at Montreal & Quebeck, that of Philadelphia excepted [,] which devised & established by the patronage of the Quakers may be truelly said to be the cleanest & best attended of any in N. Am. & perhaps equal to any in Christiandom [...]» (161). Crèvecœurs Amerikaner ist so beeindruckt von dem hohen Standard des Quäker-Hospitals in Philadelphia, daß ihm die Zustände in anderen, ungenannten Militärkrankenhäusern nur umso bitterer aufstoßen: «Where is the Man who can enter the Doors of a Military Hospital without bemoaning the calamities of war and regretting that so bitter an Ingredient shou'd have been mixed in the cup of Mortals already so Impregnated with so many Poysonous Particles» (158). Wie Bourdin und Williams, die Herausgeber von «Hospitals», bereits 1926 anmerkten (q.v. 158, n. 2), kannte der franko-amerikanische Schriftsteller den Gegenstand seines Essays, Hospitäler aus der Zeit der Revolution, nicht selbst, sondern schrieb aus einer fiktionalisierten Perspektive. Dies wird noch deutlicher in *Cultivateur*, wo Crèvecœur das Material von «Hospitals» bearbeitet hat und einen Teil davon nicht durch den Erzähler wiedergeben läßt, der für den Autor oft einen fast autobiographischen Anspruch auf Authentizität verkörpert, sondern als «Extrait d'une Lettre du Docteur M--r» (1:255-57). In der skizzenhaften Handlung begegnet ein Besucher im Krankenhaus einem genesenden Soldaten aus Virginia, der ihn um Geld für die Heimreise bittet: «J'ai trouvé un homme pour me remplacer dans le régiment [...] que penserez-vous de moi, si je vous demande 100 piastres?» (1:256). Crèvecœurs in seinen französischen Texten häufig verwendeter Ausdruck *piastre* stellte eine zeitgenössische Übersetzung für die Währung der Vereinigten Staaten dar, den *Dollar*. Man kann davon ausgehen, daß er bei dem Thema von «Hospitals» auf eigene Erfahrungen zurückgriff, die er zwanzig Jahre früher in Québec gemacht hatte. Authentisch waren sicherlich seine Kenntnisse davon, wie demoralisierend sich die seelischen Folgen des Krankenhausaufenthalts auf einen Soldaten auswirkten, der verwundet vom Schlachtfeld eingeliefert wird:

> The generous spirit is fled from whence the body [sic] action and Life, tis gone along with the gushing blood; there the wounded as yet flushed with the remains of anterior health feels it without that Languor that despondency which soon succeed, the bold the undaunted Soldier often leaves on the field that fortitude which was his support, in the Hospital the consuming fever, the repeated Eaches covers his soul with a degree of Pusillanimity to which he had hitherto been a stranger. He groans, he cries, he feels a thou-

sand wants which are & must be relieved, he in vain call for that Tenderness, that care, that vigilance of attention, that Indulgence which he thinks he might have received in his natyve Soyl, among his Kindred, but now in a foreign clime among persons rendered callous by the repetition of complaints, solitary abandonned to himself, distracted with sleepless nights & Tedious days, he repines at his fate & often wishes he had never been born. Behold him stretch'd on a truss of straw, hardly sheltered from the air often devoured with a variety of Insects which he cannot repell, every sense afflicted, every sensation converted into pains often unrelieved allways unpitied. Sad state for generous bold Men who have adventured their all in a cause which crown with triumph, wealth, laurels, wealth, power the great Rulers whom they obeyed; their all was their limbs, their health, their lifes (158-59).

Der unebene Text bewahrt die Charakteristiken des unveröffentlichten Manuskripts, aus dem diese Essay-Skizze 1926 herausgegeben wurde, aber er steckt voller nuancierter Beobachtungen, die ihm den Vorzug geben gegenüber dem entsprechenden Kapitel in *Cultivateur* mit dem Titel «Pensées conçues en entrant dans un Hôpital militaire; anecdote d'un soldat reconnoissant» (1:251-55). Mit dem spritzenden Blut, stellt der Erzähler mitfühlend fest, hat den Verwundeten auch die lebenswichtige Zuversicht verlassen, und bevor die Folgen seiner Verletzung sich körperlich noch in ganzem Umfang auf seinen Organismus auswirken können, beginnt seine Persönlichkeit bereits Schaden zu nehmen. Fieber und dauernd wiederkehrende Schmerzen unterstützen einen Prozeß der seelischen Erschöpfung, der schnell die gefestigten Schichten seiner Persönlichkeit abzutragen beginnt und den Kranken bei dem Gedanken daran weinen läßt, wie hilflos er sich hier in der Fremde befindet, ohne die Fürsorge, das Verständnis und die Zärtlichkeit, die er sich von seinen fernen Landsleuten zu erwarten können hofft. Das Personal, mit dem er es hier zu tun bekommt, ist längst abgestumpft durch die wiederholte Erfahrung der Leiden Verwundeter und dabei regelrecht roh geworden. Schlaflose Nächte und zähe, ereignislose Tage bringen den Mann in einen Zustand, in dem er nicht nur mit seinem Schicksal hadert, sondern sich wirklich wünscht, nie geboren worden zu sein. Er liegt nur auf Stroh, jeder seiner Sinne ist gereizt, und jede Empfindung vermittelt ihm Schmerzen, denen keiner abhilft und für die ihm niemand Mitleid zollt, während er sich nicht einmal der Insekten erwehren kann, von denen es um ihn wimmelt. Crèvecœur gelingt es in diesem wenig beachteten Text, seine ganz persönlichen Empfindungen zu verarbeiten, mit denen er die einfachen Soldaten betrachtete, die unter dem Kommando von Offizieren wie ihm selbst das Einzige opfern mußten, was sie besaßen, wie er es mit einer bemerkenswert authentischen Feststellung zusammenfaßt — ihre Gesundheit, ihre Gliedmaßen, vielleicht sogar ihr Leben. Implizit wird deutlich, daß die

Ziele, von denen er spricht, also Macht, Reichtum und Erfolg für die obersten Befehlshaber, diesen Einsatz keinesfalls lohnen. Natürlich gibt das Zitat unter einem biographischen Gesichtspunkt auch Anlaß zu der Vermutung, Crèvecœur selbst habe mit einer Verwundung im *Hôpital général* gelegen. Für diese Annahme, die bisher meist als Gewißheit behandelt wurde, lassen sich allerdings in den Dienstschreiben von Bernier keinerlei Anhaltspunkte finden.

Als Bernier das erste Mal Crèvecœur in seiner Korrespondenz erwähnt, drei Wochen nach der Schlacht, meint er: «Je ferai passer Crèvecœur en France; je ne sais si d'autres le voudront» (*Lévis* 10:11). An der Art, wie Bernier hier wie selbstverständlich gegenüber Bougainville Bezug auf Crèvecœur nimmt, ist unschwer erkennbar, daß der junge Oberleutnant bereits zu einem «Fall» geworden ist. Mit ziemlicher Sicherheit ist dafür seine Gewissensentscheidung verantwortlich, durch die Neutralität des Hospitals einen Ausweg zum Frieden zu suchen, statt sich weiterhin für einen Krieg einzusetzen, den er mit sicherem Urteil militärisch bereits als verloren erkennt. Im Hospital gab es 24 Offiziere aus Montcalms Truppe, darunter auch vier aus dem Saar-Regiment, vielleicht die, «d'autres», von denen Bernier spricht, und sicherlich wie die meisten der Offiziere des 13. September Männer, die auch nach der Schlacht von Québec weiterkämpfen wollten. Die Offiziere waren voller Verachtung für die angeblich mutlosen Kanadier und ihren Gouverneur, während Crèvecœur wiederum sich den Kanadiern seit langem zugehörig fühlte. Krank war er allerdings wohl nicht, denn Bernier führt ihn bereits am 4. Oktober weder unter den Schwerverletzten noch den Genesenden auf, sondern befindet ihn offenbar für gesund genug, um ihm eine strapazenreiche Heimreise im Herbst über den Atlantik nach Frankreich zuzumuten. Der Grund für Crèvecœurs Aufenthalt im Hospital lag mithin in dem Anlaß für seinen Konflikt mit den Offizieren des 13. September, die er eindeutig gegen sich hatte. Berniers Satz weist darauf hin, daß sie es darauf anlegten, ihm die Rückkehr nach Frankreich unmöglich zu machen, und ein sicheres Mittel bot sich nach den Regeln des aristokratisch-militärischen Kodex darin an, ihn zur Rückgabe seines Offizierspatents aufzufordern. Auf diese Weise würde es ihnen gelingen, ihn regelrecht aus dem Regiment auszustoßen, so daß ihm nur blieb, wovon Bernier nach seiner Abreise sagen würde: «Crèvecœur n'aspire qu'à aller chercher fortune ailleurs» (10:24).

Um sicher zu sein, daß Crèvecœur in keinem Fall unter den Offizieren des 13. September war, die am Tag der Schlacht mit ihren Verwundungen eingeliefert wurden, genügt ein Blick in die Aufzeichnungen von Bernier. Er gibt einen detaillierten Bericht über diejenigen unter den Offizieren des 13. September, die mittlerweile wieder genesen und transportfähig sind. Der britische General Monckton hatte befohlen, alle die inzwischen wieder bei Kräften seien, nach England zu bringen, und ließ sie schon am Tag darauf an Bord gehen (10:15). Crèvecœur, der nicht darunter war, reist eine Woche später ab, zusammen mit Monckton selbst, für den er ausdrücklich «non comme prisonnier» gilt (10:23). Nach Ansicht seiner Kollegen hätte Crèvecœur bereits im September als freier Mann die Pflicht gehabt, sich entweder seiner Einheit anzuschließen oder nach Québec zu gehen, wo noch französisches Militär stand. Er hatte jede dieser Möglichkeiten von Anfang an ausgeschlagen und sich in britischen Gewahrsam begeben, aus dem er auf dem Schiff von Monckton den Weg in die britischen Kolonien im Süden antrat — für beides gab es keinen Grund, den Crèvecœurs Kollegen anzuerkennen bereit gewesen wären. Diese Offiziere des 13. September hatten nur langsam die Schwere des Verlusts von Québec für ihre Seite begriffen und machten im Hospital ihrer wütenden Enttäuschung darüber Luft, als sie Drohungen gegen den kanadischen Gouverneur ausstießen, der blutgierig, wortbrüchig und zum Ruin Kanadas entschlossen sei (10:18). Vor der Kapitulation am 18. September hatte der Kommandant eines königlichen Regiments an Lévis geschrieben, nicht zuletzt der fehlende Mut der Kanadier sei Schuld an der aussichtslosen Lage (10:111). Nach der Kapitulation wiederholte er verbittert den Vorwurf und machte dabei eine Bemerkung, die in Zusammenhang mit Crèvecœur stutzen läßt: «Il se plaint beaucoup de n'avoir point eu ici un ingénieur. Il paroissoit fondé à le désirer» (10:113). Es hat zweifelsohne keinen Sinn, darüber Vermutungen anzustellen, daß die Verteidiger von Québec einen Mann seines Fachs brauchten, als Crèvecœur aus freien Stücken bei den Briten im Hospital erschien, aber man erhält einen Eindruck davon, wie er von den anderen Offizieren gesehen wurde.

Es gab hunderte von französischen Offizieren in Kanada, vor allem in den niederen Dienstgraden, und es kam auch mehr als einmal vor, daß Männer den Dienst quittierten oder von ihren Vorgesetzten genug hatten (cf. 10:39, 41), aber es gab keinen zweiten Fall von der Art Crèvecœurs. Keiner handelte so gegen den professionellen Ehrenkodex und die militärische Selbstauffassung wie dieser Oberleutnant, der über Wochen bei seinem einmal gefällten Entschluß blieb und sich gegen die Ressentiments seiner Kameraden und ehemaligen Freunde innerlich und äußerlich vom Kriegshandwerk distanzierte, obwohl er dabei Isolation, Ablehnung und feindselige Verachtung in Kauf nehmen mußte. «J'en fus effrayé, je ne sais pourquoi?» erinnert sich der Erzähler in *Cultivateur* an ein ungenanntes Erlebnis, als er jung war, und schildert präzise seine Gefühle damals: «Le monde me parut plus vaste, dés que je n'y occupois plus la même place; je me crus errant; je crus aperçevoir que je perdrois tout mon poids, ma conséquence, ainsi que l'estime de mes amis; le doute, l'indécision & la crainte accompagnoient tous mes pas» (1:49). Am Beispiel des Erzählers in *Cultivateur,* mit dem sich Crèvecœur über weite Strecken so sehr identifiziert, daß er ihn mit «St. John» unterschreiben läßt, wird der seelische Druck spürbar, dem Crèvecœur in den sieben Wochen im Herbst ausgesetzt war, bevor er nach New York fahren konnte.

Wie gegenwärtig Crèvecœur das Québec von 1759 noch Jahrzehnte später war, bezeugt der Schrecken, den ihm die Begegnung mit Lotbinière bereitete, einem kanadischen Adeligen, der ebenfalls als Ingenieur in Montcalms Armee gearbeitet hatte und den Crèvecœur 1787 zufällig bei der Überfahrt von Europa auf einem Schiff wiedertraf.[8]

In *Cultivateur* erhält der Leser einen eher unfreiwillig subtilen Hinweis des Autors auf das Hospital von Québec als einen Ort fürsorglicher Nonnen, an den er aber auf keinen Fall zurückkehren möchte. Er wolle im Fall einer Krankheit entweder nach Montréal oder Philadelphia, und wenn das nicht möglich sei, wolle er lieber sterben (1:255). Das «chercher fortune ailleurs», in das er sich von Québec aus stürzte, fiel ihm keineswegs leicht, wie die Äußerungen Berniers über die Abfindung für Crèvecœur klarmachen. «J'ai donné à Crèvecœur deux cents quarante livres», sagt der Beauftragte (*Lévis* 10:37), «je ne pouvois moins faire pour nous en débarasser.» Das sind Worte, in denen anzuklingen scheint, daß Crèvecœur es nach Ansicht von Bernier (und der übrigen) gar nicht verdient hätte, daß man ihm noch Geld gibt, aber mit weniger wäre es wirklich nicht abgegangen: «D'ailleurs il ne seroit et ne pouvoit partir sans ce secours.» Wer ohne Geld nicht fortzugehen bereit war, der wurde regelrecht fortgeschickt und wäre wohl aus freien Stücken lieber nicht in die britischen Kolonien gegangen, doch die genannte Summe, der Gegenwert von zehn englischen Pfund, stellt wenigstens ein Minimum dar, um ihn nach seiner Ankunft fürs erste zu erhalten. Bernier fügt an der zitierten Stelle noch die Bemerkung an: «Il m'a laissé un état de ses dettes actives et passives.» Mithin hatte Crèvecœur vielleicht Geld bei anderen Offizieren gut, sich in jedem Fall aber selbst Geld geliehen, und er war offensichtlich ein Mann ohne eigene Mittel, was durchaus der Familientradition entsprach, hatten die Crèvecœurs doch kaum Reichtümer ihr eigen nennen können, so daß sich die Familie traditionell auf den Staatsdienst verlegt hatte (ähnlich Crèvecœurs Bruder Alexandre oder sein Nachfahre, Robert St. John de Crèvecœur). Bernier hatte vorher geschrieben (10:24-25), daß er nicht zuletzt für Crèvecœur Bargeld brauche, weil der für eine mediokre Summe auf sein Patent verzichtet habe. Diese ungenannte Summe kann demnach nur noch geringer gewesen sein als Berniers Zahlung von 240 *livres*, was ungefähr zwei Monatslöhnen für den Oberleutnant entsprach. Bernier beharrte aber darauf, die Abreisenden könnten nicht «nus et sans le sou» fortgeschickt werden, und das Regiment, das Crèvecœur ausstoße, schulde ihm jedenfalls seine *conduite*. Während der Beauftragte Crèvecœur also kühl, aber nicht ohne jedes Verständnis mit einer schmalen Starthilfe Unterstützung gab, hegte er doch über abtrünnige Offiziere entschiedenere Ansichten: «Quelques officiers ne décident point pour l'avantage des armes; on les remplace facilement. Eux seuls en souffrent» (10:39). Im Grunde tritt hier dieselbe Ansicht zutage, die auch Lotbinière über Crèvecœur kolportiert hat, nur längst nicht so hämisch. Doch wenn auch die Frage müßig erscheint, wie ihresgleichen anders hätten denken sollen, besteht eigentlich kein Anlaß, Crèvecœur ausgerechnet auf diese Weise zu sehen, wie das bisher stillschweigend getan wurde («disgrace»).

Erst dieser fast erzwungene Bruch mit seiner Lebenssituation, bei der sein eigenes Verhalten, i.e. seine Reaktion auf Konsequenzen der Kriegsführung wie die Ereignisse des 13. September, ihn völlig von seinem Milieu, seiner Stellung und wohl auch seinen bisherigen Freunden trennte, führte Crèvecœur in seine Lebenserfahrung als Amerikaner, die er schließlich mit großer Konsequenz autonom gestalten und literarisch verarbeiten konnte. «*He* is an American», schreibt er im *Farmer*, «who leaving behind him all his ancient prejudices und manners, receives new ones from the new mode of life he has embraced, the new government he obeys, and the new rank he holds» (49). Hier zeigt sich hinter der Erzählerfigur, dem geborenen Amerikaner James, der Autor selbst mit seiner Einwanderer-Perspektive. Crèvecœur meint den Satz zweifellos so wörtlich, wie sein Kritiker Ayscough es ihm unterstellte. Er spricht ausdrücklich davon, der neue Amerikaner sei ein Mensch, der sein früheres Leben zurücklassen mußte und das Leben als freier amerikanischer Bauer *umarmt*. Viel besser, als es bisher zu erahnen war, wußte Crèvecœur, wovon er redete. Denn dieser neue Mensch, von dem er in seinem Essay «What is an American?» sprach, war er selbst, und Kanada hatte ihn dazu gemacht.

Ein kanadischer Epilog in Pensylvanie

Crèvecœur hat sich erst sehr spät in seinem Leben davon lösen können, in seinen Büchern sein Kanada-Erlebnis zu verschweigen, obwohl seine

Zeit als «officier français, servant sous le marquis de Montcalm» (*Pensylvanie* 1:332) in der Begegnung mit dem Waldland um die Großen Seen und seinen eingeborenen Bewohnern gerade das tiefe Verhältnis zu Nordamerika geprägt hatte, das ihn später zu seinem Amerika-Enthusiasmus auf dem Bauernhof *Pine Hill* führen sollte und schließlich in seinem New Yorker Konsulat eine nachhaltige Fortsetzung erfuhr. Erst im Untertitel zu *Pensylvanie* schließt der franko-amerikanische Autor wieder an seine kanadische Zeit fünfzig Jahre zuvor an, wenn er den vorgeblich anonymen Verfasser des Buchs als «un membre adoptif de la nation Onéida» ankündigt. So weist er auf seinen eigenen Kontakt hin, den er zu Kanadas Irokesen knüpfte, als er noch französischer Offizier war und, verballhornt aus «Crèvecœur», den Indianernamen *Cahio-Harra* oder kurz *Kayo* trug (cf. *Vie* 40-41, n.1).

Die beiden Hauptfiguren des Buchs, der Erzähler und sein junger deutscher Reisegefährte Herman, führen eine Sicht von Amerika fort, die der Autor bereits im *Farmer* entwickelt hatte. Der Titel teilt über den Erzähler mit, daß er der Autor von *Cultivateur* sei, i.e. hier der fiktional-autobiographische Doppelgänger Crèvecœurs, der sich in *Cultivateur* als «St. John» zu verabschieden pflegt, ein geborener Amerikaner, der um vieles älter und erfahrener geworden ist als seine früheren Varianten St. John oder James. «Monsieur Herman» sieht Amerika aus der Sicht eines jungen Europäers, der sich erst seit einiger Zeit in der Neuen Welt aufhält und sich immer tiefer mit ihr auseinanderzusetzen beginnt, ein neuer «Iwan Alexiowitz», wie Crèvecœur ihn bereits im *Farmer* und in seinem Stück *Landscapes* auftreten ließ.

Beide Figuren geben sich bei näherer Betrachtung als eine Widerspiegelung der eigenen Erfahrungen des Autors zu erkennen. Der Erzähler spiegelt einen Amerikaner vor, der Crèvecœur selbst gerne gewesen wäre, hätte er die Möglichkeit gehabt, den Rest seines Lebens als der scheinbar perfekt assimilierte John Hector Saint-John zu verbringen (der nur bisweilen im Alter kanadische Reminiszenzen berichtet, die nicht ganz kongruent mit seiner Erscheinung als Eingesessener sind). Sein junger Reisegefährte aus Europa ist ein Ankömmling in der Neuen Welt, dem Crèvecœurs Kanada zwar erspart blieb, der Amerika aber auf eine aufgeschlossene Weise erlebt, die er mit dem Autor selbst gemeinsam hat. Crèvecœur war nach 1759 selbst durch die britischen Kolonien gereist.

Der Erzähler und Herman machen in der Nähe der Niagara-Fälle einen Besuch bei Agouéghon, einem indianischen Greis aus dem Volk der Ojibwa (verballhornt zu «Chippaway», 2:109), der ihnen sein Leben erzählt. Ähnlich wie Rachel Budd in den *Sketches* ist es die Geschichte eines alten Menschen, der im Lauf seines langen Lebens hat zusehen müssen, wie seine Freunde, Verwandten und die eigenen Kinder nach und nach umkamen, bis nur er allein zurückblieb. In der Reaktion des Erzählers darauf verbinden sich die beiden Perspektiven, für die sein Reisegefährte Herman und er selbst stehen, schließlich zu einer starken, gefühlsbetonten Reminiszenz an Kanada:

> «Quant aux lunes de temps, j'en ai perdu le compte: elles passent sans que je m'en apperçoive, comme le vent qui souffle, comme l'eau de la rivière. Telle est l'histoire de la dernière partie de ma longue vie: mais aura-t-elle pu intéresser des hommes qui habitent le voisinage de la grande mer, le pays du fer et des maisons, et qui n'ont pas besoin de pêcher comme moi, pour remplir leurs chaudières?»
>
> «As-tu donc oublié, mon frère, lui dis-je, ma première conversation? Je te disois que, pendant ma jeunesse, j'avois été au grand portage du Wabash, chez les Ouyatanons; aux fourches du Muskinghum, chez les Delawares? As-tu oublié, comme tu me serrois la main, lorsque je te parlois de mes longs voyages avec eux, de la promptitude avec laquelle je me jetois à l'eau, quand il falloit aider à traîner le canot contre les rapides, ou prêtois mon épaule pour le transporter à travers les grands et petits portages? Oui, comme toi j'ai marché sur la neige, couché sur les feuilles au pied d'un arbre: comme toi, j'ai connu la hauteur des terres, descendu les rapides, et traversé les lacs à la pluie et au vent.»
>
> «Semblable à une flêche, me répondit-il, tes reproches me percent le cœur. Donne-moi ta main, Kayo [...]» (2:105-6).

Die Wirkung dieser Zeilen liegt in der Fähigkeit des Autors — «comme toi, j'ai marché sur la neige, couché sur les feuilles au pied d'un arbre» — starke und charakteristische Eindrücke vom Leben im Land der Großen Seen mit wenigen Ausdrücken genau zu vermitteln. Nicht nur der Name der Delawaren läßt für einen europäischen Leser Anklänge an James Fenimore Cooper wachwerden, sondern *Pensylvanie* scheint im ganzen genommen viel stärker als *Cultivateur* und *Farmer* bereits das Inventar einer späteren Indianerliteratur vorwegzunehmen, die fiktional genau das verbrämte, was ein Autor wie Crèvecœur noch durch authentische Erfahrung kannte. «Donne-moi ta main, Kayo...», sagt Agouéghon und nennt in diesem Augenblick den Erzähler bei Crèvecœurs Indianernamen. Er weist auf den Autor selbst hin, der sich nach fünf Jahrzehnten noch gut daran erinnern kann, wie er im schmalen Boot die Flüsse hinuntergereist ist, mit indianischen Kundschaftern die Stromschnellen meistern lernte, schnell in unbekanntes Wasser springen oder das Kanu auf einer Schulter tragen konnte (die dazu noch stark genug war) und dem es nicht zuviel war, sich auf die Seen, groß wie Meere, hinauszuwagen bei Regen und Wind. Das sind starke Bilder, die auf verblüffende Weise in der amerikanischen Literatur weit über Cooper hinaus bis zu Kurzgeschichten von

Hemingway solche Männerträume oder Männerbilder evozieren, in denen das Gefühl für die vergangene Zeit sich mit der Melancholie für eine verschwundene Welt trifft. Seit Cooper seinen Lesern mit diesem Gefühl einen Eindruck vom Verschwinden der Wildnis vermittelte, hat sich das Land der Großen Seen als ein klassisches amerikanisches Beispiel erwiesen, das Kanada und die Vereinigten Staaten miteinander geographisch teilen. Der Leser, der sich auf die romantische Emotionalität dieser Passage einzulassen imstande ist und sie mit anderen Äußerungen Crèvecœurs zu Kanada vergleicht, wird die Funktion ermessen, die Kanada für Crèvecœurs Amerika gehabt hat und nachvollziehen, wie sehr sich das von Crèvecœur in «What is an American?» klassisch definierte Amerikabild der Moderne auf ganz individuelle biographische Bedingungen zu stützen scheint.

Als Begriff gab Crèvecœurs Kanada eingangs zu der Vermutung Anlaß, daß erst eine komplizierte biographische Initiation dem jungen Franzosen den Weg zum Amerika-Enthusiasmus seiner späteren Bücher ebnete. Zwanzig Jahre und mehr trennen Crèvecœurs Veröffentlichungen von seinen ersten Jahren auf dem amerikanischen Kontinent, die er 1755 bis 1759 in Kanada verbrachte. Die Erzählhaltung seines Protagonisten James scheint alle Spuren zu Crèvecœurs Kanada jedoch regelrecht zu leugnen, und erst immer spätere Texte vermitteln zunehmend deutlichere Ergebnisse, besonders *Pensylvanie*, abgerundet durch die erst posthum veröffentlichten *Sketches*.

Ein Vergleich unterschiedlicher Crèvecœur-Passagen zu Kanada unterstützt die These, daß für den Autor in Kanada die auslösende Erfahrung stattfand, ohne die seine «Umarmung» der amerikanischen Kultur später ebensowenig vollständig zu verstehen ist wie seine Verzweiflung über den Unabhängigkeitskrieg, den er nicht als Revolution sondern als Bürgerkrieg auffaßte. Das kathartische Erlebnis der Schlacht von Québec 1759 führte Crèvecœur in eine zutiefst pazifistische Überzeugung, die ihn dazu brachte, seinen Beruf als Offizier aufzugeben, und ihn als Bauer im Gesellschaftssystem der englischen Kolonien eine friedliche Gegenthese zu Europa suchen ließ, für die er im *American Farmer* eloquent argumentierte, bevor sie ihm der Unabhängigkeitskrieg — allerdings nur vorübergehend — wieder nahm.

Crèvecœurs innere Beziehung zu Nordamerika ist gerade während seiner Jahre in Kanada entscheidend geformt worden. Die Erinnerung des Autors an sein Erlebnis, aus Québec verstoßen zu werden, ließ ihn Kanada in seinen Texten zunächst aber lange verbergen. Erst in *Pensylvanie* hatte er wieder genügend Distanz, um Kanada ansprechen zu können, jetzt allerdings durch die Entfernung von mehreren Jahrzehnten nur noch sehr gedämpft. Erst der Zwang, Kanada zu verlassen, hat Crèvecœur in seinen Lebenslauf als Amerikaner geführt. Als er sich 1779 nach Europa aufmachte, waren die Gründe dafür wiederum schon 1759 in Québec angelegt worden. Kanada ist demnach nicht nur ein ferner Hintergrund, sondern auch die Vorbereitung und, zumindest biographisch, die nötige Bedingung für das vielschichtigste und zugleich charakteristischste Werk der nordamerikanischen Literatur des 18. Jahrhunderts.

Michel-Guillaume Jean de Crèvecœur, «dit St. Sohn», mit 51 Jahren. Seine gepuderte Perücke und die abgebildete Kleidung sind ganz nach der Mode von Paris und lassen sein Portrait, verstärkt durch die konventionelle Darstellungsweise wie eines unter zahllosen Gesichtern auf Stichen dieser Zeit aussehen. Der Erscheinung ist nicht anzumerken, daß derselbe Mann wenige Jahre zuvor noch im Hinterland von New York seinen eigenen Bauernhof bestellt hatte.

In einer Personenbeschreibung wird Crèvecœurs Erscheinung geschildert: «Er mißt fünf Fuß vier Zoll und sieht vortrefflich aus, wohlgebaut und von guter Haltung. Er hat rotes Haar, trug in seiner Jugend eine Perücke und hat ein recht längliches, dabei gleichwohl volles Gesicht. Seine weiße Haut ist voller Sommersprossen. Seine Augen sind braun und gut geschnitten, ebenso wie die gleichmäßigen Brauen und die offene Stirn. Er hat eine etwas lange Nase. Seine Sommersprossen sind klein, und bilden ein feines Muster. Sie reichen ihm bis auf die Handrücken, die ganz davon übersät sind. Seine Gliedmaßen sind großgewachsen, doch viel schlanker als in seiner Kindheit» (übersetzt nach: Mitchell 306).

Als dieses Bild 1786 entstand, war Crèvecœur auf der Höhe seines Erfolgs als Schriftsteller. Er schrieb in Paris an der abschließenden Fassung seines Buchs *Cultivateur*, das ein Jahr später in drei Bänden erschien. Um diese Zeit, kurz vor der Französischen Revolution, hatte die Verbreitung und Diskussion seiner amerikanischen Essays begonnen, über Großbritannien und Frankreich hinaus in weitere Länder zu wirken, vor allem in das deutsche Sprachgebiet.

Saint John de Crèvecœur
1786

3. Kapitel

«An Irregular Journal Of America»: Eine problematische Werkstruktur

Die Maske des Bauern: Die Abfolge der Essays im American Farmer

In einem Artikel über amerikanische Bauernbriefe im 18. Jahrhundert schrieb Schöpp 1976 von der «Apotheose des Bauern» im kolonialen Amerika, einer enthusiastischen und verklärten Darstellung, mit der die Kolonisten umworben wurden, ihre Kräfte in die Kultivierung des Bodens zu stellen (191-192).[9] Einer der Bauernbriefe, wie ihn eine amerikanische Zeitschrift im Januar 1758 veröffentlichte, idealisiert den Typus des amerikanischen Bauern auf exemplarische Weise: der Bauer brauche keine Korruption, schreibt der anonyme Verfasser, sondern Dünger, bei ihm würden keine Intrigen, sondern nur Geflügel ausgebrütet, und er braue nicht Böses zusammen, sondern allenfalls Bier, so, wie er sich nicht vor dem ungestümen Neid anderer zu fürchten habe, aber das Ungestüm des Wetters fürchte. Anstatt Festungen anzulegen, befestige er nur seine Felder, denn er habe keinen anderen Feind als das Ungeziefer (Schöpp 192).

Es war dieses Land, in das sich Crèvecœur 1759 nach den Erfahrungen, die er in Québec gemacht hatte, aufmachte, um ein neues und besseres Leben zu finden, das von Gewaltlosigkeit bestimmt sein sollte. «Landing on this great continent», berichtet Crèvecœurs Erzähler James im *American Farmer*, «is like going to sea, they must have a compass, some friendly directing needle; or else they will uselessly err and wander for a long time, even with a fair wind» (75).

Tatsächlich waren für Crèvecœur die zehn Jahre, bis er sich 1769 auf seinem eigenen Hof *Pine Hill* niederlassen konnte, eine unruhige Phase, Wanderjahre, in denen er als Landvermesser, Händler und gelegentlich als Bauer auf gemietetem Land häufig den Ort wechselte und den größeren Teil der späteren USA bereiste. Nachdem er zur Ruhe gekommen war, begann John Hector St. John, wie er sich nach seiner Zeit in Kanada nannte, in *Pine Hill* zu schreiben, und in seinen «Briefen» gab er der begeisterten Stimmung Ausdruck, die er bei seiner Ankunft vorgefunden, aufgenommen und die ihn nie verlassen hatte:

«Welcome to my shores, distressed European; bless the hour in which thou didst see my verdant fields, my fair navigable rivers, and my green mountains! — If thou wilt work, I have bread for thee; if thou wilt be honest, sober, and industrious, I have greater regards to confer on thee — ease and independence. I will give thee fields to feed and cloath thee; a comfortable fire-side to sit by, and tell thy children by what means thou hast prospered; and a decent bed to repose on. I shall endow thee beside with the immunities of a freeman. If thou wilt carefully educate thy children, teach them gratitude to God, and reverence to that government, that philanthropic government, which has collected here so many men and made them happy. I will provide for thy progeny; and to every good man this ought to be the most holy, the most powerful, the most consolatory prospect when he dies. Go thou and work and till; thou shalt prosper, provided thou be just, grateful and industrious (73).»

Mehr als ein Jahrhundert, bevor die Freiheitsstatue als ein Monument franko-amerikanischer Verbundenheit den Text aus einem Gedicht von Emma Lazarus erhielt, «Give me your tired, your poor, Your huddled masses yearning to breathe free, the wretched refuse of your teeming shore», schrieb Crèvecœur die Worte «of our great parent», in denen deutlich wird, was er in Amerika sah. Er suchte in Amerika ein Land, in dem humane Zustände das Leben der Menschen untereinander regelten, in dem es weder den Dienst mit der Waffe noch überhaupt ein Militär gab, keinen Krieg, keine Ausbeutung der Mehrheit durch einzelne Individuen und Gruppen, sondern einen starken Zug zur Gleichheit, Liebe zum Frieden, eine mildere Religion als den Katholizismus seiner Heimat, eine gesunde Wirtschaftsform, die alle Mitglieder der Gesellschaft nach ihren Bedürfnissen und Fähigkeiten einbeziehen, fördern und gleichermaßen an einem Wohlstand teilhaben ließe, der schlicht und reichhaltig genug wäre, um einen Gegensatz zu den ungleichen europäischen Verhältnissen zu bilden. Daß es dieses Land nie gegeben hat, weder vor noch nach der Unabhängigkeitserklärung, war dem franko-amerikanischen Autor selbst am ehesten klar, erst recht nach der Erfahrung eines neuen Kriegs seit 1775. Aber Crèvecœurs Bücher, der *American Farmer* und *Cultivateur,* trugen diese Vorstellungen des Autors so erfolgreich ins Bewußtsein breiter meinungsbildender Schichten, daß darüber außer acht gelassen wurde, wie sehr in den Büchern selbst dem Enthusiasmus des Friedens die Verzweiflung über den Krieg und das mögliche Mißgeschick des gescheiterten Kolonisten entgegengesetzt wurden.

Entscheidend dafür scheint gewesen zu sein, wie sehr schon im *American Farmer* die Darstellung einer idealen Gesellschaft breiten Raum einnahm. Ein Zeitgenosse Crèvecœurs, Johann David Schöpf, der Autor eines deutschen Amerikabuchs, schrieb in für die Zeit charakteristischer Weise über die Neue Welt: «Amerika kennt keinen Adel, sondern hasset den Gedanken davon, und verweigert die geforderte Achtung denen, die keinen anderen Anspruch darauf haben, als den ihrer Herkunft und Geburt» (2:323). Entsprechend sah auch Crèvecœur Amerika als ein Land ohne *Despotie*, um seine Ausdrucksweise zu verwenden, in dem es das traditionelle aristokratische (und militärische) Kastensystem nicht mehr gab. Hier sollte das Individuum in seiner Existenz weder von fremder Seite bestimmt werden, noch die inhumane Gewaltausübung des Militärs erfahren, ebensowenig wie die rücksichtslose Ausbeutung nach den Regeln eines konstruierten «Markts», wie sie in Québec die französische Heeresverwaltung betrieben hatte. Johann David Schöpf wußte so gut wie Crèvecœur, daß es in Wirklichkeit auch in Amerika adelsähnliche Schichten der Gesellschaft gab (cf. 2:323-24), aber Crèvecœur verzichtete auf einen ausdrücklichen Hinweis und zog es vor, seine Vision davon, wie Amerika sein könnte, besonders deutlich auf einer Art glücklicher Inseln zu lokalisieren.

Vor allem im Mittelteil des *American Farmer* beschäftigte Crèvecœur sich in den Kapiteln über Nantucket und seine Bewohner mit einer besonderen amerikanischen Gesellschaftsform, die alle Bedingungen zu erfüllen schien, die er an eine soziale Struktur stellte. Wieviel Raum diese Nantucket-Kapitel im *Farmer* tatsächlich einnehmen (und noch einmal in *Cultivateur*), hat manche Leser verblüfft und häufig dazu geführt, diesen Teil zu überschlagen, als ob es sich um einen anfängerhaften Fehler in der Struktur des Buchs handele. Wenn man das autoritative Vorwort von Stone heranzieht, hat sich an dieser Ansicht bis heute wenig geändert (16). Nach den ersten drei Kapiteln, die noch präzise auf den Titel vom amerikanischen Gutsbesitzer eingehen und den Teil über Nantucket in mancher Hinsicht in den Schatten stellen, enttäuschen oder überraschen die Kapitel IV bis VIII die Erwartungen des Lesers mit einem unvermittelten Bruch; offensichtlich ein Hinweis darauf, daß die Struktur, in der Crèvecœurs Essays zu seinem erfolgreichen Buch zusammengefügt sind, problematisch ist.

In vieler Hinsicht bleibt der *American Farmer* sicher der zentrale Text in Crèvecœurs Werk; durch seine Sprache und die Bedeutung zahlreicher Elemente für die Entwicklung einer eigenständigen Literatur in den USA, aber auch durch sein ästhetisches Konzept und die zeitliche Nähe zu Crèvecœurs authentischen Erfahrungen in Amerika. Mit *Cultivateur* und *Pensylvanie* hat die zeitliche Entfernung des Autors zu den Stoffen, um die es ihm hauptsächlich ging, ständig zugenommen. Während die Kritik sich beim *American Farmer* nach wie vor uneins darüber ist, wie das Buch im ganzen aufzufassen sei, scheint es immerhin einen Konsens darüber zu geben, daß die zwölf Kapitel nicht unverbunden gesehen werden dürfen.

Sie sind weniger als einzelne Essays denn als die Kapitel *eines* Buchs anzusehen, das zusammen gesehen mehr Inhalt, mehr Sinn erschließt, als es eine bloße Summierung seiner Teile täte.

Bei dem Bemühen um eine kritische Synthese der oft stark divergenten Kapitel haben andererseits vor allem jüngere Kritiker bisweilen vergessen, daß der *Farmer* eine Kompilation bildet. Crèvecœurs Buch ist tatsächlich zuerst aus unterschiedlichen Essays zusammengefügt worden, die nicht in der Reihenfolge, wie sie im Buch erscheinen, geschrieben wurden. Doch das Grundkonzept vom Bericht eines Amerikaners über sein Land an einen europäischen Freund, das alle Teile miteinander verbindet, reicht über den *Farmer* hinaus, denn es ist die Erzählhaltung selbst, die der Autor den meisten seiner Essays zugrundegelegt hat. Der Erzähler, den Crèvecœur einführt, steht in einem fiktionalen Gegensatz zum Autor selbst, der aber stets verdeckt bleibt, weil «St. John» sich gerne für seine Titelfigur, den amerikanischen Bauern, ausgeben möchte. Die Maske des Bauern, die Crèvecœur immer wieder verwendet, stellt einen Amerikaner in dritter Generation dar, einen Landwirt, angelsächsischer Abstammung, auf dem Land geboren und aufgewachsen, der nie im Ausland war und aus seiner heimatverbundenen, vorgeblich schlichten Haltung heraus einem kultivierten Leser, einem aristokratischen Europäer in England, die Zustände in der Neuen Welt schildert. Crèvecœur definiert diesen Rahmen im *Farmer* und führt ihn noch genauer aus, bis umrißhaft eine Erzählung erscheint, die den Anlaß für die Briefe liefert und mit ihnen fortläuft.

Wie aus den Daten im Kapitel III geschlossen werden kann, beginnt die Geschichte ungefähr 1775, aber von den Anfängen des Unabhängigkeitskriegs ist nichts zu spüren. Der Erzähler schildert das britische Nordamerika vor dem Krieg, in dem kolonialen Zustand, wie er ihm vertraut und zunächst auch noch richtig erscheint. James, ein wohlhabender Bauer in Carlisle, Pennsylvanien, ein Ort unweit der heutigen Landeshauptstadt Harrisburg, hat vor längerer Zeit einen Reisenden aus Europa getroffen, den wohlhabenden und studierten Mr. F.B. aus London. Diese Figur, die Crèvecœur nur mit Initialen bezeichnet, hat Béranger wohl am besten kritisch herausgearbeitet (1977, 74). Nach einem längeren Aufenthalt auf dem Hof von James reiste F.B. weiter, wahrscheinlich in den tieferen Süden bis nach Charleston, South Carolina, kehrte dann nach London zurück und schrieb James einen Brief, mit dessen Lektüre das Buch einsetzt. Während nebenbei diese Vorgeschichte andeutungsweise aufgerollt wird, diskutiert James mit seiner widerstrebenden Frau und seinem Freund, dem Dorfgeistlichen, über die Frage, ob er auf die Bitte von F.B. um eine Korrespondenz eingehen soll, in der James auf Fragen aus Europa die

Neue Welt, wie er sie kennt, beschreiben soll: der Ausgangspunkt und Hauptzweck des Buchs. James vermittelt seinem europäischen Leser den Entschluß, auf das Angebot einzugehen, indem er im einleitenden Brief das Gespräch darüber schildert und den Leser so auf das Folgende einstimmt. In Kapitel II fügt er einen detaillierten Essay über seine persönlichen Umstände, seine Erfahrungen auf dem Hof, seine Landarbeit und sein Familienleben hinzu.

Das Kapitel III ist aus zwei verschiedenen Essays zusammengesetzt, «What is an American?» und «History of Andrew, the Hebridean». In «Andrew, the Hebridean» erzählt James, wie er einen schottischen Einwanderer und seine Familie bei ihrer Ankunft in Philadelphia kennengelernt und sie auf ihrem Lebensweg über vier Jahre unterstützt und begleitet hat, bis die zuvor mittellosen Schotten einen bescheidenen aber sehr respektablen Wohlstand genießen. Crèvecœur verklärt darin das *redemptioner system*, die bis ins 19. Jahrhundert verbreitete Form amerikanischer Leibeigenschaft, bei der mittellose Einwanderer sich gegen die Leistung der Überfahrt dafür verdingten, ihre Schuld über mehrere Jahre bei einem amerikanischen Arbeitgeber in einem sklavenähnlichen Status abzuarbeiten.[10] In «What is an American?» wird zwar noch die eingangs vereinbarte Haltung des Korrespondenten gegenüber F.B. eingehalten, der Essay weicht aber bereits von der skizzierten Erzählung ab und bereitet den weiteren Verlauf des Buchs vor, in dem die James-Erzählung bis zum Schluß in den Hintergrund tritt. Es geht dem Erzähler hier darum, in einer großen Übersicht das Land und seine Menschen zu beschreiben und für einen europäischen Leser begreiflich zu machen. Die Erzählweise hat hier weniger mit James als mit dem Dorfgeistlichen aus Kapitel I gemeinsam, denn so eloquent wie er beschreibt auch der Erzähler den Kontinent von einer Warte, die Crèvecœurs eigene weitläufige Kenntnisse und Erfahrungen reflektiert und nicht den zuvor ausdrücklich als eingeschränkt angeführten Horizont von James. Als eigenständige Figur spielt James nach den ersten beiden Kapiteln nur noch in «Andrew, the Hebridean» und in Kapitel XII eine Rolle, während in den Kapiteln IX und X nur vage Anklänge feststellbar sind. In «What is an American?», in den Kapiteln IV bis VIII, XI (und wiederum, in bestimmter Weise auch IX und X) tritt James nicht als eigene Figur auf und fehlt mithin im größten Teil des *American Farmer.* Der «verborgene Plot» oder sogar Roman im Rohzustand, von dem einige Kritiker gesprochen haben, bleibt also nur eine Skizze, und die Essays werden zum überwiegenden Teil durch eine Erzählstimme strukturiert, die nicht als eigener Charakter in den Vordergrund tritt, sondern mit den Themen und mit den Gedanken des Autors vertraut macht.

In Kapitel IX macht sich der Erzähler in rhetorischer Weise Gedanken über den Süden des britischen Amerika, die vor allem Crèvecœurs Raynal-Lektüre widerspiegeln. Viel eindringlicher aber schildert er einen mißhandelten schwarzen Sklaven. Nach den Beschreibungen von Schlangen und Kolibris in Kapitel X tritt in Kapitel XI mit «Mr. Iw—n Al—z» (Wainstain löst den Namen auf zu «Iwan Alexiowitz», 250) ein anderer Erzähler als James auf, der wie ein Duplikat von F.B. wirkt. In einem Brief, den dieser europäische Reisende, ein junger Russe mit guten Englischkenntnissen, wohl an James richtet, erzählt er von einem Besuch bei «Mr. John Bertram, the Celebrated Pennsylvania Botanist». Crèvecœur schreibt hier fast eine verkleidete Reportage, denn Bartram (so die gewohnte Schreibweise) und sein Sohn William waren historische Figuren.[11] Während der ältere Bartram, ein autodidaktisch gebildeter Quäker, zu den Begründern der nordamerikanischen Botanik zählt (ein besonderes Interessengebiet Crèvecœurs), schrieb sein Sohn ein materialreiches Handbuch über die USA, das Crèvecœur später weidlich für *Pensylvanie* gebrauchte.

Im letzten Kapitel hat sich die Situation von James grundlegend gewandelt, nachdem er die Auswirkungen des Kriegs auf die Landbevölkerung zu spüren begonnen hat. Der verzweifelte Erzähler macht nur zu deutlich, wer letzten Endes an den Ungerechtigkeiten und der bedrohlichen Lage in Amerika die Schuld trägt: die Briten.

Der wenig einheitliche Charakter des *Farmer* spiegelt die Entstehungsgeschichte des Buchs während der Monate, als Crèvecœur die Veröffentlichung seiner Essays mit den beiden Londoner Buchhändlern Davies und Davis aushandelte, die den *Farmer* 1782 herausbrachten. Aber in der Vielfalt der Gegenstände und Stimmen findet sich auch ein Echo der Arbeitsweise Crèvecœurs. Seine bevorzugte Form waren kurze und mittellange Texte, die entweder eine Geschichte eher skizzierten als erzählten oder amerikanische Landeskunde betrieben, also einen Sachverhalt essayistisch behandelten, der so allgemein wie «What is an American?» oder so speziell wie «Peculiar Customs at Nantucket» sein konnte. Die Thematik war in jedem Fall amerikanisch.

Das Konzept in Cultivateur *und* Pensylvanie

Indem man vor allem die Einheitlichkeit im *American Farmer* herauszuarbeiten suchte, wurde der Versuch gemacht, die Vielfalt der Themen und Stimmen darin zu bändigen. Für den ganzen Verlauf des Buchs wird dann durchweg der amerikanische Landwirt James als Erzähler angenommen, i.e. man hat seine Gestalt auch in die Essays projiziert, in denen er nicht genannt wird. Die Berechtigung dafür, besonders solche Züge herauszuarbeiten, die unter den Essays eine einleuchtende Verbindung deutlich machen, liegt gewiß in der Tatsache, daß Autor und Verleger kein Buch ohne Konzept gemacht haben. Verglichen mit den jeweils drei Bände starken Pariser Ausgaben von *Cultivateur* und *Pensylvanie* erscheint der Rahmen der Londoner Publikation von 1782 zumindest überschaubar.

Die ersten beiden Bände von *Cultivateur* schrieb Crèvecœur 1782 und 1783, und drei Jahre später fügte er ihnen den dritten Band hinzu. Die Ausgabe in zwei Bänden erschien im Dezember 1784 bei dem Pariser Verlag Cuchet, der 1787 auch die Fassung in drei Bänden veröffentlichte, nachdem der große Erfolg des Buchs im Buchhandel und bei der Kritik den franko-amerikanischen Autor dazu veranlaßt hatte, *Cultivateur* noch einmal zu überarbeiten und zu erweitern.

Im Gegensatz zum *Farmer* ist es recht deutlich, wer Crèvecœur bei seiner Arbeit an dem französischen Buch in der Art eines Lektors zur Seite gestanden hat: Pierre-Louis Lacretelle tritt selbst in den ersten Abschnitten von *Cultivateur* als Herausgeber, Kenner und Freund des Autors in Erscheinung. Der Anwalt aus Metz, Anfang 30, war ein Mitarbeiter von La Harpe bei der Zeitschrift *Mercure*.[12] Wie sehr Lacretelle auf die stilistische Gestaltung von Crèvecœurs Buch Einfluß genommen hat, kann ohne eine Untersuchung der französischen Manuskripte Crèvecœurs und der übrigen Veröffentlichungen Lacretelles nur schwer beurteilt werden. Wenn Lacretelle verantwortlich gemacht werden könnte für den formelhaften französischen Stil, der sich in *Cultivateur* häufig zwischen Crèvecœur und sein Thema Amerika stellt, dann müßte der Wert des französischen Lektors deutlich geringer angesetzt werden als etwa in der *Vie* 1883 geschehen, in der Lacretelle als «un littérateur distingué» eingestuft wurde (302).

Was das Konzept von *Cultivateur* betrifft, hat der Hinweis von Lacretelle Signifikanz, daß Crèvecœur sein 1782 verfaßtes französisches Manuskript im folgenden Jahr ein zweites Mal schreiben mußte, weil ihm das erste Exemplar verloren ging. Diese Tatsache hat sicher nicht unerheblich dazu beigetragen, daß aus der geplanten französischen Fassung des *Farmer* ein umfangreicheres und prinzipiell neues Buch wurde. Weil Crèvecœur sich im Herbst 1783, nach seiner Ernennung zum französischen Konsul in New York, unverzüglich auf die Rückreise in die USA zu machen hatte, mußte er zudem Lacretelle die eigentliche Arbeit überlassen, das Buch im Druck zu betreuen. Dabei ist auffällig, daß immerhin ein weiteres Jahr verging, bevor Cuchet im Dezember 1784 beide Bände von *Cultivateur* herausbrachte.

Zieht man nun die endgültige Fassung in drei Bänden von 1787 heran, dann hat *Cultivateur* in Seitenzahlen gemessen den dreifachen Umfang des *American Farmer*, aufgeteilt in rund achtzig Kapitel, verglichen mit den zwölf Kapiteln des englischen Buchs. Allerdings lassen sich die Abschnitte des französischen Buchs noch weniger sinnvoll in Kapitel trennen als im *Farmer*, weil teilweise mehrere Essays unter einer Überschrift zusammengefaßt, aber auch sehr kurze Stücke und Anekdoten als selbständige Abschnitte aufgemacht sind. Im dritten Band wurden zahlreiche kurze Texte zu einem Kapitel zusammengefaßt, «Sixième lettre: Quarante-neuf Anecdotes», aber im zweiten Band listet Crèvecœur dafür sechzehn einzelne Kapitel über Nantucket auf, darunter Texte, die um einiges kürzer sind als die Nantucket-Kapitel im *Farmer*.

Cultivateur beginnt mit einigen Exzerpten aus Crèvecœurs Texten, die Lacretelle vorab in der Zeitschrift *Mercure de France* publiziert hatte. Den folgenden ersten Kapiteln des Buchs ist deutlich anzumerken, daß der Autor beim Schreiben zuerst eine verbesserte und den veränderten Umständen angepaßte Version des *Farmer* zum Ziel hatte, denn die Geschichte, mit der «Nachbar Johann» (Goeze), der Erzähler in *Cultivateur*, beginnt, ist eine erweiterte Übersetzung der Geschichte von James und F.B. Aus den ersten beiden Kapiteln des *Farmer* hat Crèvecœur drei Kapitel gemacht, die im wesentlichen das rekapitulieren, was die englischen Essays bereits enthielten. Gegenüber dem dritten Kapitel des *Farmer* vollzieht Crèvecœur jedoch die erste größere Formveränderung: der lange Essay «What is an American?» findet an dieser Stelle keine Entsprechung in *Cultivateur*. Stattdessen setzt sofort «Histoire d'André l'Hébridéen» ein, eine Übersetzung des zweiten Teils von Kapitel III im *Farmer*. Von hier setzt sich die Linie der Veränderungen im nächsten Kapitel fort, bis das Buch endgültig die ursprünglich geplante Übersetzung des *Farmer* überwindet und zunehmend eigenes Gewicht bekommt. Während es in den *Sketches* eine Erzählung mit dem Titel «American Belisarius» gibt, die von einem reichen und freigebigen Bauern namens S.K. handelt, den seine Nachbarn im Krieg zugrunderichten, läßt *Cultivateur* auf die Geschichte des Schotten Andrew «Histoire de S.K., Colon Américain» folgen, eine optimistische Erzählung, in der S.K. ein Bauer ist, der entlang der Grenze mit Pioniergeist sein Glück macht.

Mit «Lettre écrite par Ivan Al—z, Gentilhomme Russe, à un de ses Amis en Europe» setzt der Autor noch einmal die Reihe der Übersetzungen von Kapiteln aus dem *Farmer* fort, im nächsten Kapitel kommt er dann aber völlig davon ab und entwickelt in «Description abrégée de la Secte des Quakers ou Amis: Anecdote de Walter Mifflin, Membre de cette Société» neues Material sowohl gegenüber dem *Farmer* als auch gegenüber den *Sketches.* Crèvecœurs Beschreibung der Quäker, verquickt mit seinen «wahren Geschichten» über Warner Mifflin, erwies sich als eines der publikumswirksamsten Stücke in *Cultivateur.*[13] Nach einer weiteren Anekdote über Mifflin folgt ein Abschnitt mit insgesamt sechs Anekdoten, die Begebenheiten aus den Kriegsjahren so im Sinn der siegreichen Patrioten erzählen, wie es dem Erzähler im *Farmer* sicher noch fremd gewesen wäre.

«Anecdote du Sassafras & de la Vigne sauvage», eines der französischen Stücke, die dem Autor von *Cultivateur* den Ruf einbrachten, er beschreibe Amerika nach dem Geschmack von Königin Marie-Antoinette, führt eine Geschichte vom Hof des fiktionalen Amerikanischen Landmanns genauer aus, die Crèvecœur schon in seinen auf James zugeschnittenen *Sketches* vom ländlichen Leben skizziert hatte. Die Abfolge der Essays und Erzählungen in *Cultivateur* macht an dieser Stelle deutlich, daß Crèvecœur nach den ersten Kapiteln des neuen Buchs auch den Versuch aufgab, so wie im *Farmer* einen annähernd erzählerischen Zusammenhang herzustellen. Stattdessen reihte er nun ganz diverse Kapitel aneinander, um seine Leser mit der größtmöglichen Abwechslung zu unterhalten und um auf seine unveröffentlichten englischen *Sketches* als Rohmaterial zurückgreifen zu können. «Voyage à la Jamaïque & aux Isles Bermudes», eine von Zeitgenossen als wenig aufregend kritisierte Reisebeschreibung über Inseln, die Crèvecœur bedeutend schlechter kannte als Nantucket, stellt vermutlich die französische Ausarbeitung einer bis heute unveröffentlichten englischen Skizze dar.

In *Cultivateur* setzte sich Crèvecœur mit den Veränderungen auseinander, die Amerika seit dem Unabhängigkeitskrieg durchlaufen hatte. Das koloniale, friedliche Land, in dem James sich ursprünglich aufgehalten hatte, gab es schon am Ende des *American Farmer* nicht mehr. Aber auch der Zustand der Auflösung und Verzweiflung, in den James sich im letzten Abschnitt des *Farmer* gestürzt sah, war mittlerweile überwunden und nahm sich für den Autor von *Cultivateur* aus der zunehmenden Entfernung der Jahre anders aus als vor seiner Reise nach Europa 1780. Schließlich gelang es Crèvecœur auch, in seinen Essays die Entwicklung zu verarbeiten, die die USA seit Beginn der 80er Jahre durchliefen, vermittelte ihm doch die Zeit auf seinem diplomatischen Posten eine zusätzliche Dimension der Erfahrung. Im ganzen gesehen beschäftigten sich die ersten Bände von *Cultivateur* noch vor allem mit den amerikanischen Zuständen vor und während der Kriegsjahre. Der dritte Band ergänzt das Bild Amerikas um weitläufige Reisebeschreibungen, in denen der Autor frühe Eindrücke seiner Wanderjahre mit Erlebnissen verband, die seinen Lesern das Land im ersten Jahrzehnt der Unabhängigkeit zeigten.

Auf die zahlreichen sogenannten Anekdoten im mittleren Teil des ersten Bands folgte eine Reihe von Kapiteln, in denen sich Crèvecœur offener, als er das im *American Farmer* getan hatte, mit Menschen und Situationen aus den Kriegsjahren beschäftigte. Viele der unveröffentlichten *Sketches* über das Leben im Amerika des Unabhängigkeitskriegs wurden zur Grundlage von Kapiteln in *Cultivateur.* Der Abschnitt «Pensées conçues en rentrant dans un Hôpital Militaire» und die anschließende Schilderung, in der ein Dr. «M—ro» einem Soldaten aus Virginia bei der Heimreise in den Süden hilft, stellen die Bearbeitung englischer Vorlagen aus den *Sketches* dar. Das trifft auch zu für «Pensées sur la Guerre Civile; Histoire de Joseph Wilson» und die folgenden Kapitel. Es scheint, als habe Crèvecœur nach den anfänglichen Kapiteln mit Übersetzungen aus dem *American Farmer* und den mittleren Anekdoten und Reisebeschreibungen dem Schluß des ersten Bands von *Cultivateur* das Thema der Kriegsjahre zugeteilt (das er am Schluß des *American Farmer* nur in halb verdeckter Form abgehandelt hatte). In den letzten drei der 28 Kapitel des ersten Bands gab Crèvecœur seine eigenen Erfahrungen aus dem Krieg wieder und kam so den Erwartungen seiner Freunde entgegen, die *Cultivateur* als eine Autobiographie zu sehen wünschten, so daß sich Fiktionalität und offener Bezug auf das eigene Leben kaum auflösbar miteinander vermischten. «Circonstances dans lesquelles s'est trouvé l'Auteur pendant son séjour à New York» erzählt mit sehr viel Realismus und Sinn für Details Crèvecœurs Aufenthalt im Gefängnis im Sommer 1779. Mit dem ersten von drei Bänden löste sich der Autor von *Cultivateur* bereits völlig von seinem Vorhaben, eine französische Version des *Farmer* zu liefern. Stattdessen schrieb er seine Essays zunehmend in der Fiktion, sie seien so etwas wie die authentische Autobiographie ihres Verfassers. Doch obwohl er viele eigene Erlebnisse deutlich erkennbar verarbeitete, schrieb er tatsächlich auch weiterhin viel eindeutig fiktionales Material in der Art des *Farmer.*

Crèvecœur stieß mit seinen Texten vor allem auf zwei Reaktionen unter seinen Freunden, Bekannten und anderen Lesern. Zum einen wurde er selbst stark davon beeinflußt, wie sehr sowohl der *Farmer* als auch *Cultivateur* autobiographisch aufgefaßt wurden. Andererseits wurde er nun ganz allgemein als ein hervorragender Sachkenner amerikanischer Gegenstände angesehen, und wie sehr dies seiner Selbsteinschätzung entgegenkam, wird an seinem Bemühen deutlich, *Cultivateur* mit zahlreichen Sachartikeln auszustatten. Zwar zeigten bereits die umfangreichen Nantucket-Kapitel im *Farmer* die Absicht, die Leser sachlich genau und eingehend über amerikanische Verhältnisse zu unterrichten. Aber der Plan des Erzählers in «What is an American?», seinem Publikum das ganze Land darzustellen, blieb doch nur eine nicht weiter ausgeführte Skizze. In *Cultivateur* ging Crèvecœur daran, diesen Plan vollständig auszuführen. Zwei Drittel des zweiten Bands bestehen aus meist kurzen Kapiteln, in denen Crèvecœur ganz Nordamerika, Kolonie für Kolonie und Staat für Staat zu beschreiben versucht. Bei den Kapiteln von «Canada» bis zu «Pensylvanie» im zweiten Band handelt es sich um regelrechte geographische Beschreibungen nach Art der Amerika-Bücher, die das letzte Drittel des 18. Jahrhunderts in großer Zahl hervorbrachte, Abhandlungen, die dem enormen europäischen Interesse an Amerika und vor allem den neuen USA entgegenkamen. Unter den Kapiteln von Crèvecœurs Beschreibung Nordamerikas nehmen in gewisser Hinsicht die 16 Kapitel über Nantucket, Martha's Vineyard und die Kultur der Walfänger und Quäker auf diesen Inseln einen besonderen Platz ein. Im wesentlichen stellen sie eine Bearbeitung der vier Nantucket-Kapitel aus dem *American Farmer* dar, ihre große Ausführlichkeit läßt aber auch deutlich werden, daß Crèvecœur mit Nachdruck sein Recherchen-Material über die Inseln an den Leser gebracht wissen wollte. Als er für *Cultivateur* zum zweiten Mal ausführlich über Nantucket schrieb, akzentuierte er vor allem den landeskundlichen Charakter seiner Schilderung der idealen Inselgesellschaft.

Nach Abschluß des langen und ausführlichen Teils der Beschreibung von Nordamerika schert der Autor von *Cultivateur* wieder in ein Konzept ein, das parallel zur Hauptlinie im *Farmer* verläuft. Nach der gedachten Reise, auf der Crèvecœurs Erzähler, «Nachbar Johann» oder James, seinen europäischen Korrespondenten quer über das hoffnungsvolle Panorama Amerikas geführt hat, erfolgt der Absturz in die Niedergeschlagenheit verlorener Hoffnungen. Das letzte Kapitel aus dem *Farmer* hat Crèvecœur in *Cultivateur* zu zwei Abschnitten verarbeitet, «L'Homme des frontières» und «Esquisse». Im selben niedergeschlagenen Ton schließt sich daran eine Bearbeitung des neunten Kapitels aus dem *Farmer* an, «Pensées sur l'Esclavage & sur les Nègres».[14] Das folgende Kapitel stellte in der Fassung von *Cultivateur* 1784 bereits den Schluß des Buchs dar, und der Dialog zwischen zwei Indianern darüber, ob sich die Eingeborenen in die weiße Vorherrschaft fügen sollen oder nicht, nahm damit bereits ein Thema vorweg, zu dem Crèvecœur fünfzehn Jahre später in *Pensylvanie* zurückkehrte. An diesen Schluß des zweiten Bands fügte Crèvecœur 1787 ein Kapitel über Benjamin Franklin hinzu, ebenfalls thematisch ein Vorgriff auf *Pensylvanie.*

Der dritte Band von *Cultivateur,* den Crèvecœur im Verlauf eines Frankreich-Aufenthalts zwischen Sommer 1785 und Sommer 1787 schrieb, umfaßt weniger Kapitel als die vorhergehenden Bände, aber sie sind meistens ausführlicher ausgearbeitet. «Premiere Lettre écrite de Boston le 28 Mars, 1784» führt den autobiographischen Erzählverlauf der Schlußkapitel des ersten Bands weiter und zeigt damit an, daß der Autor in der erweiterten Fassung seines Buchs über das hinausgehen wird, was er in der ersten Fassung 1784 zu berichten wußte. Im dritten Band macht Crèvecœur überhaupt keinen Versuch mehr, die Kapitel im Sinn einer Erzählfolge zu reihen, sondern wechselt nach dem Grundtenor, melancholisch, optimistisch oder abenteuerlich, die Essays miteinander ab. Im Anfangsbrief aus Boston berichtet Crèvecœur über sein Erlebnis mit fünf gestrandeten amerikanischen Seeleuten. Ihre Dankbarkeit für seine Unterstützung wirkte sich unmittelbar darauf aus, wie seine Kinder gerettet wurden, nachdem *Pine Hill* 1781 in seiner Abwesenheit überfallen worden war. Danach geht Crèvecœur mit «Esquisse du grand cohos de la rivière de Connecticut» zu einem Hauptthema des dritten Bands über: Reisen weit ins Innere der noch kaum oder überhaupt nicht besiedelten Gebiete der USA. In «La femme allemande» läßt Crèvecœur noch einmal auf so eindringliche Weise wie in seinen besten *War Sketches* die Atmosphäre der Kriegsjahre wachwerden. Im Anschluß folgt ein Rückgriff auf die frühe Raynal-Imitation seines *Farmer* (denn «Combat d'Oiseaux Mouches & de deux Serpens» ist Crèvecœurs französische Bearbeitung seiner eigenen englischen Bearbeitung im Kapitel X des *Farmer* einer ursprünglich französischen Darstellung Raynals, die Crèvecœur unter Umständen zuerst in einer englischen Übersetzung kennengelernt hatte).

Im weiteren Verlauf des Buchs kommt Crèvecœur auch von neuem auf sein bevorzugtes Thema, die Quäker, zurück, dem er durch die Darstellung des Franko-Amerikaners Anthony Bénezet eine neue Seite abgewinnt. Crèvecœur hat auf ihn vielleicht tatsächlich einen Nachruf in einer amerikanischen Zeitung veröffentlicht, wie er hier angibt.

Mit «Esquisse d'un voyage de Ménessink sur la Delaware, & c.; à Wioming, sur la Susquéhannah, & c.» wird schließlich die Folge der langen und ausführlichen Reisebeschreibungen fortgesetzt, die Crèvecœur zu Anfang des dritten Bands von *Cultivateur* bereits in Aussicht gestellt hatte. Zusammen mit dem folgenden Essay, «Esquisse de la destruction des établissemens des habitans de Connecticut sur la branche orientale de la Susquéhannah», hat Crèvecœur hier ausführlich sein englisches Material über die Pioniere des pennsylvanischen Dorfs Wyoming verarbeitet, das Stone 1981 unter dem Titel «Susquehanna» als ein Kapitel zusammengefaßt hat. Nach der Zerstörung von Wyoming durch die Briten und Irokesen von Brandt und Butler hat das folgende Kapitel, «Histoire de l'établissement connu sous le nom de la Vallée des Cerises, par un fils d'un des premiers colons», das sogenannte Massaker von Cherry Valley zum Gegenstand, eine andere Aktion dieser Gruppe von Partisanen.

In den drei Kapiteln danach wechselt der Autor wieder in den Stil der landeskundlichen Sachprosa des zweiten Bands und schildert die Entwicklung der USA nach dem Friedensschluß von 1783, stark autobiographisch eingefärbt durch die Wiedergabe seiner persönlichen Eindrücke nach der Rückkehr nach New York 1783. Die Folge der Reisebeschreibungen wird mit «Esquisse du Fleuve Ohyo & du pays de Kentuckey» noch einmal fortgesetzt, hier mit einem sehr publikumswirksamen Rückgriff auf den *frontier*-Enthusiasmus des *Farmer.* Drei Kapitel, die Crèvecœurs Materialsammlung über die Entwicklung seit 1783 vervollständigen, bringen *Cultivateur* in einer vorwiegend dokumentarischen Tonlage zum Abschluß.

Im Vergleich zu *Cultivateur* mutet das Konzept des *Farmer*, fragmentarisch wie es ist, geradezu geschlossen an. Die vielfältige und unregelmäßige Zusammensetzung von *Cultivateur* macht offenbar, daß der Autor auf eine im Vergleich zu seinem ersten Buch verdreifachte Distanz nicht ein durchgehend erzählerisches Konzept durchhalten wollte oder konnte. Erst in *Pensylvanie* bemühte er sich später im Vergleich zu *Cultivateur* wieder um mehr Geschlossenheit. Der Ton seines ersten französischen Buchs ist oft weniger erzählend als berichtend, und sein Bemühen um eine Annäherung an die Machart zeitgenössischer Sachbücher über Amerika ist hauptsächlich dafür verantwortlich, daß im Gegensatz zum *Farmer* die Erzählatmosphäre einiger Kapitel in *Cultivateur* immer wieder dokumentarisch durchbrochen wird. Obwohl so ein sehr uneinheitlicher Eindruck beim Lesen hervorgerufen wird, haben die einzelnen Teile des dreibändigen Werks bei aller Divergenz doch deutliche Gemeinsamkeiten. Immer richtet sich Crèvecœurs Erzähler, sei es ein namentlich eingeführter Zeuge bestimmter Ereignisse, ein «Nachbar Johann» oder Crèvecœurs autobiographisches Selbst, an einen gedachten europäischen Zuhörer. Stilistisch tritt Crèvecœur kaum hinter seine Figuren zurück, sondern gibt dem gesamten Buch durch die ihm eigene Tonlage einen unverwechselbar zusammenhängenden Zug. Durchgehend wird *Cultivateur* auch von einem Vergleich europäischer und amerikanischer Kultur bestimmt, bewußter noch als im *American Farmer.*

In *Pensylvanie* hat Crèvecœur konzeptuelle Eigenschaften seiner früheren Bücher fortentwickelt. Auch sein letztes Buch, wie bereits der *American Farmer* und viel stärker noch *Cultivateur,* stellt zunächst eine Sammlung von Essays über Amerika dar, die oft Erzählungen nahekommen, häufig aber auch in Form eher sachbezogener Berichte und Erörterungen thematisch wie formal als Sachprosa angelegt sind. Gegenüber *Cultivateur* hat Crèvecœur in *Pensylvanie* wesentlich mehr literarische Fähigkeit und Fertigkeit darauf verwendet, die große Zahl unterschiedlicher Kapitel in einen Zusammenhang zu bringen. Während Crèvecœur sich in *Cultivateur* vergeblich darum bemüht hatte, die übergreifende erzählerische Fiktion aus dem *Farmer* zu übernehmen, und dann schließlich die Folge der Kapitel ohne tieferen Zusammenhang fortführte, gelang ihm in *Pensylvanie* ein übergreifender erzählerischer Zusammenhang, der eine Idee aus dem *Farmer* weiterentwickelt. Im *Farmer* hatte Crèvecœur seine Titelfigur James als landeskundigen amerikanischen Erzähler eingeführt, der im dritten Kapitel von seinem Plan spricht, einem europäischen Reisenden das neue Amerika in Form eines großen Überblicks zu zeigen. Tatsächlich hatte F.B., der europäische Reisende, Amerika aber bereits wieder verlassen, so daß James ihm seine Beschreibungen in Briefen zukommen lassen muß. In *Pensylvanie* trifft Herman, der europäische Reisende, zu Beginn in Amerika ein, wo ein Erzähler ihn erwartet, der seinem Landsmann James zunächst um viele Jahre an Erfahrung voraus ist. Doch stellt er sich bei näherem Hinsehen als eine Figur heraus, die James so verwandt ist, daß man hier mit gleichem Recht auch James selbst, gealtert und gereift, als den Erzähler annehmen dürfte.

Pensylvanie hat den Umfang, den Crèvecœur bereits für die abschließende Fassung von *Cultivateur* gewählt hatte, i.e. drei Bände mit jeweils 400 bis 500 Seiten. Obgleich es kein Buch von Crèvecœur gibt, das man mit einer übersichtlichen zeitgenössischen Karte nicht um einiges besser lesen könnte, trifft dieser Umstand doch am meisten auf *Pensylvanie* zu, dem Crèvecœur damit Rechnung getragen hat, daß er seinem Werk — wie bereits der letzten Fassung von *Cultivateur* — eine große Karte der USA beigab. Crèvecœur hatte schon im *Farmer* und wiederholt in *Cultivateur* verschiedene Karten und Abbildungen verwendet, die seinen Büchern allgemein einen dokumentarischen Anschein vermittelten, galten Sachbücher im aufgeklärten Europa doch allemal als ernstzunehmender als die meisten fiktionalen Texte. In Wirklichkeit stellt Crèvecœurs Reise in Ober-Pennsylvanien und im Staate Neu-York ebensowenig einen *Voyage,* eine regelrechte Reisebeschreibung dar, wie es sich bei dem *Farmer* etwa um die Briefe eines amerikanischen Agronomen gehandelt hätte. Die im

Titel angekündigte Reise spielt nur im Hintergrund des Buchs eine Rolle, das hauptsächlich aus solchen Erzählungen und Berichten zusammengesetzt ist, wie sie die Reisenden im Verlauf ihrer Reise aufnehmen. Von den zahlreichen amerikanischen *Voyages,* wie sie Crèvecœurs Zeitgenossen Chastellux, Carver, Bayard, Schöpf und zahlreiche andere Autoren verfaßt haben, trennt *Pensylvanie* mehr, als das Buch mit ihnen gemein hat. Nicht nur die vom Autor bewußt entwickelte und wieder verkleidete Fiktionalität ist dabei ein ausschlaggebender Faktor, sondern das Moment der Reise selbst, die immer wieder durch Pennsylvanien und New York führt, statt die übliche «Große Tour» Nordamerikas zu bieten. Vor allem bildet die Reise aber kein durchgehendes Thema. Dagegen erweist sich das Verhältnis zwischen den beiden Männern, dem Erzähler und Herman, insofern als ein durchgehender Zusammenhang, als Crèvecœur darin den Vergleich europäischer und amerikanischer Kultur wieder aufnimmt und fortentwickelt, der ihn schon bei *Cultivateur* beschäftigte. Vielleicht, weil dies in seiner franko-amerikanischen Lebenserfahrung bereits angelegt war, hat sich Crèvecœur wohl von Anfang an mit diesem Vergleich beschäftigt. Aber in seinen englischen Texten, vor allem im *Farmer,* ist seine Perspektive noch zu einseitig die eines Amerikaners. Erst nachdem er auf Französisch zu schreiben begonnen hatte, standen ihm nach und nach die nötigen Erfahrungen zur Verfügung, um sowohl die europäische wie die amerikanische Sicht aneinander messen zu können.

Im ersten Band reisen der Erzähler und sein Freund Herman im Gebiet der Staaten Pennsylvanien und New York. Die Landstraßen und Wasserwege, Dörfer, Städte und Wälder hier stellen auch den Schauplatz der meisten persönlichen Erfahrungen des Autors dar, so daß seine Figuren ihren Weg immer wieder dorthin zurück finden. Anlaß für die erste Etappe ihrer Reise bietet ein großes Treffen von Indianern im oberen New York. Mit Unterbrechungen, die Crèvecœur als Lücken im Manuskript fingiert, finden die späteren Teile der Handlung in New York und in den Neuengland-Staaten statt. Sobald in *Pensylvanie* ein Schauplatz gewählt wird, mit dem Crèvecœur keine eigenen Erfahrungen verbindet, trägt der Autor Sorge, sein *alter ego,* den Erzähler zurückzunehmen und durch einen anderen Erzähler zu ersetzen.

Im zweiten Band beginnt Crèvecœur mit einem indianischen Märchen darüber, wie der erste Biber erschaffen wurde, und geht dann zu einer weiteren Reisebeschreibung über, in der seine Figuren sich auf den Weg zu den Niagara-Fällen machen. Mehrere Kapitel beschäftigen sich mit Menschen, die dort leben, und mit einer Schilderung der spektakulären Fälle selbst. Von dort aus geht der zweite Band zu Erinnerungen anderer

Menschen an Erlebnisse in Lateinamerika und während der Kriegsjahre in Nordamerika über. Am Abschluß stehen Reiseeindrücke von Herman aus Connecticut, wo er in New Haven die Universität Yale besichtigt hat. Der dritte Band nimmt den Faden der lateinamerikanischen Lebenserinnerungen von Juan de Bragansa aus dem zweiten Band wieder auf, um danach dem amerikanischen Westen breiten Raum zu geben. Die Figur des Mr. Hazen wird eingeführt, die Crèvecœur dazu dient, zuerst ein Kapitel über die Südstaaten als Reisebeschreibung einzufügen (das vor allem auf einem Buch von William Bartram beruht), um dann eine Expedition zum Ohio zu schildern, wie sie schon in *Cultivateur* ein langes Kapitel füllte. In einem anschließenden Kapitel läßt Crèvecœur den General Butler Ansichten über die Indianer vertreten, die der romantischen Vorstellung vom edlen Wilden diametral entgegengesetzt sind. Herman und der Erzähler reisen auf dem Mohawk-Fluß und treffen auf verschiedene Familien von Siedlern entlang der Grenze. In einem weiteren Kapitel, in dem ein Senator von alten indianischen Bauwerken in Georgia und Florida berichtet, hat Crèvecœur Material verwendet, das dem Handbuch von William Bartram entnommen ist. Ausführliche Erörterungen über das Bildungswesen und die Industrie der Vereinigten Staaten begleiten den letzten Abschnitt, der beide Reisenden aus New York nach New Jersey führt, bis Herman sich schließlich verabschiedet und seine lange Heimreise nach Deutschland antritt.

Zusammengesetzte Bücher: Lektorat und thematische Struktur am Beispiel des American Farmer

Überblickt man das Konzept in Crèvecœurs Büchern, bevor speziellere Fragen wie Lektorat und thematische Struktur an einem Beispiel näher untersucht werden, läßt sich zusammenfassend die Feststellung treffen, daß in unterschiedlich starker Weise der *American Farmer,* die *Sketches, Cultivateur* und *Pensylvanie* sämtlich aus relativ heterogenen Essays, Erzählungen oder Beschreibungen zusammengesetzte Bücher sind. Die Essays im *American Farmer* sind durch romanhafte Züge untereinander verbunden und erzählen neben den Schilderungen von amerikanischen Zuständen und Menschen die Geschichte ihres Erzählers James, der sich im Verlauf des Buchs aus einem enthusiastischen Vertreter des Amerikanischen Traums in einen durch die Folgen des Kriegs gebrochenen, verängstigten und enttäuschten Mann verwandelt. Dagegen stellen die *Sketches* eine Sammlung ganz verschiedener englischer Essays dar, die Crèvecœur schrieb, bevor er 1779 nach Europa aufbrach, darunter sein Stück *Landscapes,* in dem er in dramatischen Szenen die Repressionen unter Bewohnern der New Yorker Provinz im Unabhängigkeitskrieg schildert. Unter den übrigen Essays findet sich zusätzliches Material zum *American Farmer,* in dem der Erzähler der «Sittlichen Schilderungen» enthusiastisch, aber auch mit viel praktischem Sinn über das Leben auf seinem amerikanischen Bauernhof berichtet. In anderen Essays schildert Crèvecœur Schicksale aus der Zeit des Kriegs und entwickelt Material zu unterschiedlichen Themen, wie etwa dem Verhältnis der frankophonen Kanadier zu den anglophonen Amerikanern. Zusätzliche Skizzen, die von Bourdin 1925 nicht in dem Band der als Buch publizierten *Sketches*, sondern verstreut oder überhaupt nicht veröffentlicht wurden, enthalten vergleichbare Schilderungen, die entweder an die Reihe der *War Sketches* anschließen, oder in Form von Reisebeschreibungen weitere amerikanische Themen entwickeln.

In *Cultivateur* hatte Crèvecœur zuerst eine französische Version des *American Farmer* geplant, so daß die ersten Kapitel und verstreute Kapitel im weiteren Verlauf des Buchs mehr oder weniger genaue Übersetzungen von Kapiteln aus dem *American Farmer* darstellen. Zahlreiche andere Kapitel in *Cultivateur* sind Bearbeitungen von englischen Essays, die Crèvecœur zuvor bereits unter seinen noch unveröffentlichten *Sketches* geschrieben hatte. Der größte Teil von *Cultivateur* bestand allerdings aus solchen französischen Essays, die Crèvecœur neu für sein Buch entwickelt hatte. Im Gegensatz zum *American Farmer* und später *Pensylvanie* sind in *Cultivateur* rund achtzig Kapitel zu verschiedenen Themen ohne einen übergeordneten fiktionalen Zusammenhang versammelt, den der Autor zwar ursprünglich vorgesehen, im Lauf des Buchs dann aber aufgegeben hatte. Zumindest teilweise vermochte er ihn durch die autobiographische Fiktion zu ersetzen, die in den beiden Kapiteln über New York zum Tragen kommt, die die Bände 2 und 3 miteinander verbinden.

Pensylvanie stellt in einer Vielzahl unterschiedlicher Essays und Erzählungen Amerika Ende der 1780er Jahre dar. Als verbindendes Moment dient eine Rahmenerzählung, in der Crèvecœurs Erzähler eine reifere und eloquentere Version von James im *Farmer,* und sein Begleiter «Monsieur Herman», eine vollständigere Version der Figur des Iwan aus *Landscapes* und dem *Farmer*, zusammen verschiedene längere Reisen in Pennsylvanien und New York unternehmen. Auf ihren Reisen, die zuerst aus Pennsylvanien zu einem Indianertreffen im nördlichen New York führen, später an die Niagara-Fälle, treffen sie zahlreiche Amerikaner, Einheimische und Einwanderer, reisende Europäer, Indianer, Kanadier und Menschen aus der Karibik und Lateinamerika, deren versammelte Erinnerungen, Anekdoten, Erörterungen, Beschreibungen das Buch zu einem komplexen Panorama der amerikanischen Erfahrung im 18. Jahrhundert machen.

Crèvecœur erweist sich so in erster Linie als ein Autor von Essays, nicht von Büchern. Die Zusammenfassung von Essays zu Buchausgaben war ein Problem, das ihm vielleicht ein kundiger Lektor besser abgenommen hätte. Es kommt einem fast so vor, als ob er seine Kapitel so geordnet hätte, wie er seine Manuskripte auch ursprünglich in seiner Kiste untergebracht haben mag, assoziativ nach dem passenden Zugriff gepackt, manchmal einfach da, wo er noch Platz sah oder etwas übrig hatte, das mit hinein mußte. Was die Kiste mit den Manuskripten betrifft, so wird davon noch ausführlicher die Rede sein.

Das Inhaltsverzeichnis des *Farmer* zeigt den Beginn und den Schluß der James-Erzählung und den längsten einheitlichen Abschnitt — über Nantucket — jeweils dort, wo sie passen, also zu Anfang und Ende und in der Mitte des Buchs. Wenn die Stellung der übrigen Kapitel, von «What is an American?» bis zum Brief von «Mr. Iw—n Al—z» auch ganz verschieden gelungen ist, mal passend und mal dort, wo noch etwas passen mußte, darf die lange Vorgeschichte des Buchs nicht vergessen werden. Crèvecœurs Arbeit als Schriftsteller zeigte in der ländlichen Umgebung seines Hofs *Pine Hill* durchaus Parallelen zu James, «the scribbling farmer», kannte der Autor doch weder «Salons» noch ein vergleichbares literarisches Milieu, bevor er Anfang 1782 in Paris mit Sophie d'Houdetot bekannt wurde.

Ein ausführlicher Brief über Crèvecœur von 1779 ist das erste Stück «Sekundärliteratur» über ihn als Schriftsteller und bietet die rare Gelegenheit, dem Autor, bevor noch eine einzige Zeile von ihm gedruckt war, über die Schulter und in seine Kiste mit den Manuskripten zu blicken. Seit Anfang Juli 1779 saß er im britischen Militärgefängnis in New York in Haft, nachdem er anonym denunziert worden war, Pläne vom New Yorker Hafen gemacht und mit George Washington korrespondiert zu haben. Der Brief über Crèvecœur stammt von James Pattison, einem Artilleristen und Generalmajor der Truppen König Georgs, der den *Collections of the New York Historical Society* zufolge in die Geschichte seines Regiments einging als «the Gunner who governed New York» (8: n.pag.; introd.). Er war seit dem 5. Juli 1779 Kommandant der Stadt und Garnison New York, und drei Tage später, unter dem Datum vom 8. Juli, schrieb der britische General an seinen Vorgesetzten einen Bericht über die Verhaftung des Schriftstellers. Crèvecœur, der bis Anfang 1779 mit seiner

Familie im Hinterland von New York nicht weit vom Hudson River auf seinem Hof gelebt hatte, war mit Genehmigung amerikanischer und britischer Stellen im Februar über die Frontlinie in die besetzte Stadt gekommen, um für seinen 6jährigen Sohn Ally und sich selbst Schiffspassagen nach Europa zu erhalten. Sämtliche Texte, die er in den Jahren zuvor auf seinem Bauernhof geschrieben hatte, waren in seinem Gepäck (wohl, weil er hoffte, dafür in Europa einen Verleger zu finden). Aber für die Reise nach Europa hätte er sich kaum einen schlechteren Augenblick aussuchen können, denn mit der Ankunft eines französischen Flottenverbands zur Unterstützung der USA spitzte sich die Lage vor der Atlantikküste zu, und Passagen waren nicht zu bekommen. Crèvecœur hatte daraufhin versucht, sich mit seinem Sohn in New York vorübergehend einzurichten und kleinere Aufträge als Landvermesser zu erhalten.

«I took the earliest Occasion», schrieb General Pattison, «of having the Person & Papers of Mr. Hector St. John seiz'd & secured» (8:90). Um keinen Verdacht zu erregen, hatte Pattison zuerst Crèvecœur zu sich gebeten und ihn dann an seine New Yorker Adresse begleiten lassen, um dort einen Blick in die bewußte Kiste zu erhalten, in der die verdächtigen Manuskripte aufbewahrt wurden. Genauer handelte es sich um zwei Kisten, die eine augenscheinlich für das von Mr. St. John benutzte amerikanistische Rohmaterial, die andere mit jenen Handschriften, an die zu gelangen heute einen glücklichen Fund für die Forschung darstellen würde:

> He there opened for their Inspection a large Trunk, which from their Report, contained nothing but some few News Papers, some Garden Seeds & other trifles; he also put into their hands a bundle of Papers, containing certificates & c. relative to his having been imprisoned & otherwise ill-used for his Attachment to the Government; they likewise found a small Trunk which he had put into the care of Mr. Brown, which they brought to me, it was opened and examined in my presence, and contained a great Number of Manuscripts, the general Purport of which appear to be a sort of irregular Journal of America, & a State of the Times of Some Years back, interspersed with occasional Remarks, Philosophical & Political; the tendency of the latter is to favor the side of Government and to throw Odium on the Proceedings of the Opposite Party, and upon the Tyranny of their Popular Government (8:90-91).

Schon hier ist zu erfahren, wie Crèvecœur mit seiner Kiste voll von Zeitungsausschnitten, Pflanzensamen und Dokumenten ein amerikanisches Archiv betreibt, das ihm — fortgeführt bis 1813 — stets das nötige Material für seine Essays, Anregungen und Gedankenstützen lieferte. Im weiteren Verlauf seines Berichts gibt Pattison außerdem einen guten Eindruck von Crèvecœurs ruhiger Art aufzutreten, gutwillig Auskünfte über seine Person zu geben und sich dabei doch stets seiner augenblicklichen

Lage zu vergewissern. Es lassen sich keine klaren Anhaltspunkte dafür finden, daß er auf *Pine Hill* wirklich der «Tyrannei der Volksregierung» ausgesetzt gewesen wäre. Er hatte im Gegenteil Sorge getragen, gegenüber dem für sein Gebiet zuständigen Volksausschuß, *Committee of Cornwall Precinct,* nicht in das Licht zu geraten, er sei ein Loyalist. In New York war es für ihn lebensnotwendig, sich als Loyalist zu präsentieren, denn was schon der geringste Verdacht bewirken konnte, man trete ein für die Sache der Unabhängigkeit, mußte St. John unter den harten Bedingungen seiner Haft am eigenen Leib erfahren. Die Briten in New York dachten nicht alle so wie Pattisons Vorgesetzter, der unnachsichtig befahl, «the Person & Papers of Mr. Hector St. John» festzusetzen. Pattison selbst (oder sein Adjutant Stephen Payne Adye, der ihm den Großteil seiner Korrespondenz besorgte) machte nur deshalb in seinem Brief soviel Aufhebens von Crèvecœurs vermeintlichem «Attachment to the Government», weil er mit einigen anderen der Ansicht war, die Manuskripte stellten keine politische Gefahr dar, und der Autor solle sobald als möglich freikommen. Er schloß seinen Brief mit der ausdrücklichen Bitte, sein Vorgesetzter möge der Freilassung Crèvecœurs gegen Kaution zustimmen. Crèvecœur wurde jedoch keineswegs freigelassen, sondern verbrachte die folgenden Monate mit ungewissen Aussichten im Gefängnis.

Aus Pattisons Ausführungen erhält man ein recht genaues Bild über Crèvecœurs schriftstellerische Praxis in den Jahren, bevor er 1781 seine erste Buchveröffentlichung aushandelte. «During his leisure hours», erfuhr Pattison, «he amused himself with making such literary Observations as occur'd to him» (8:91). Doch hinter der bescheidenen Haltung des schriftstellernden Bauern, die dem Leser der ersten Kapitel des *Farmer* vertraut klingt, verfolgte Crèvecœur seine essayistische Arbeit mit Überlegung und Nachdruck. Gewissenhaft führt der General auf, an welchen Orten und bei welchen Personen sich überall Manuskripte von Crèvecœur fanden. Der Autor ließ seine Essays unter Freunden und Bekannten zirkulieren, nicht zuletzt, um Urteile und Ratschläge einzuholen. Pattison ließ beispielsweise nach Long Island schicken, weil dort noch der Richter Ludlow und «Mr. David Colden, Son of the late Lieut. Governor of this Province» im Besitz von Manuskripten Crèvecœurs waren. «He has submitted many of them to the Perusal of Lieut. Col. Watson of the Guards», versuchte Pattison die Vermutung seines Vorgesetzten zu entkräften, die Essays hätten einen rebellischen Inhalt, «who has occasionally made his own Remarks on them, and can vouch for the Nature of the Contents» (8:91). Für den ersten Versuch einer Aussage über Inhalt und Charakter von Crèvecœurs «Briefen» sind Pattisons Anmerkungen erstaunlich präzise und anerkennend geraten. Ob die Tendenz der politischen Überlegungen des Autors wirklich dazu neigt, «to throw Odium on the Proceedings of the Opposite Party, and upon the Tyranny of their Popular Government», sei mangels der von Pattison angeführten «certificates & c. relative to his having been imprisoned & otherwise ill-used» dahingestellt. Pattison, der um die Freilassung des Schriftstellers bat, hätte schlecht etwas anderes schreiben können. Mit der differenzierten, unabhängigen Sicht, in der Crèvecœur die grausame Alltäglichkeit der Bürgerkriegsatmosphäre im New Yorker Hinterland beschrieb, stand er zwischen allen Seiten. Die Erfahrung der Haft lag noch vor ihm, die ihren Niederschlag dann in seinen teils nüchternen, teils engagierten Essays über das krude britische Verhalten in Amerika finden würde. Doch diese Texte wurden erst in *Cultivateur,* fünf Jahre später, veröffentlicht.

Pattison wies aber auch darauf hin, daß die größere Zahl der untersuchten Texte, «a sort of irregular Journal of America, & a State of the Times of some Years back», sich mit amerikanischen Themen beschäftigte, die durch den aktuellen Krieg scheinbar überholt wirkten, aber doch die unabhängige Arbeit eines kolonialen Autors darstellten, der sich aus seiner persönlichen Erfahrung mit den Zuständen in der Neuen Welt beschäftigte, wie sie *eigentlich* waren, in einem Zustand, der jetzt «einige Jahre zurück» lag, der sich in Zukunft aber wieder einstellen würde, also: im Frieden. 1779 zeichnete sich für Crèvecœur noch keine Möglichkeit ab, seine Texte auch zu veröffentlichen, aber die Ernsthaftigkeit, mit der er als Autor sein Geschäft verfolgte, ist in seinem Bemühen erkennbar, sich selbst seine Leser zu suchen. Der britische General gibt ein gutes Beispiel für die Wirkung, die Crèvecœurs «Briefe» schon lange vor dem *Farmer* auf ihre Leser hatten, denn Pattison, der sich ja für den Autor persönlich einsetzte, war von der Lektüre offensichtlich beeindruckt oder doch eingenommen. Mit dem Interesse, das Crèvecœur für seine Essays fand, wird auch die für den «scribbling farmer» verblüffende Tatsache sichtbar, daß ihn letztlich seine schriftstellerische Arbeit in Schwierigkeiten und schließlich ins Gefängnis brachte.

Als sein Sohn Ally ein erwachsener Mann war, schrieb Crèvecœur rückblickend auf ihre Ankunft in Europa 1780:

> Te rappelles-tu notre arrivée en Irlande? Tu étais sur le rivage, n'ayant qu'une chemise et un pantalon, sans chapeau, sans souliers et sans bas, et ton père n'était pas en meilleur état. Le navire, notre dernier *home*, venait de se perdre, et nous avions été sauvés par miracle (*Vie* 1883, 63).

Mit dem gerade noch heil überstandenen Schiffbruch vor der irischen Küste im Oktober 1780, bei dem er seine Kiste mit den Manuskripten retten konnte, endete für Crèvecœur die endlos langwierige Anfangsetappe auf seinem Weg zur Veröffentlichung seiner englischen Essays.

Seine New Yorker Freunde hatte sich lange darum bemühen müssen, ihn bei den britischen Behörden frei zu bekommen, während Crèvecœurs Gesundheit sich rapide verschlechterte und er sich quälende Sorgen um seinen Sohn Ally machte, der im August 1779 sieben Jahre alt wurde. Schließlich erfuhr er von Allys Unterbringung bei einer Familie. Ein Brief, den der Junge an seinen Vater im Gefängnis schrieb, gibt eine Vorstellung von der Situation, in der sich antikolonial eingestellte Personen in New York befanden:

> Is it true, dear father, that the red coats have confined you? what have you done them then? shall Ally see you never never more? They say as how they will hang you; poor father, dear father. — when you are dead, they say as how every body will hate me; vould it not be better that Ally shou'd die also. — J. cannot write for crying. — Your dear son Ally St. J. (*Cultivateur* 1787, 1:435n.).

Wer mit der Rebellion gegen die Kolonialmacht in Zusammenhang gebracht wurde, sah sich dem Haß vieler Mitbürger ausgesetzt, die sich in ihrer eigenen ohnmächtigen Lage mit der britischen Stärke zu identifizieren suchten und in den häufigen Hinrichtungen von Insassen der britischen Strafanstalt ein Ventil für ihre Gefühle fanden.

Crèvecœur wurde am 17. September 1779 nach über zwei Monaten Haft durch die Vermittlung seines Freundes William Seton gegen hohe Kaution entlassen, denn die Untersuchung gegen ihn hatte nichts ergeben. Er erholte sich in den Monaten nach dem Gefängnisaufenthalt nur wenig von seiner Haft, erlitt wahrscheinlich einen Nervenzusammenbruch und war im Winter sehr krank. In dieser Zeit, als er mit Ally bei einem Schneider walisischer Herkunft in einem ehemaligen Pferdestall lebte, war Crèvecœur bei seiner Suche nach sicheren Lebensumständen für seine Familie und einem gewissen Erfolg seiner literarischen Arbeit auf einem neuen Tiefpunkt angelangt. Bei seinem Gastgeber revanchierte der Autor sich mit Brennholz, das er von den Briten dafür als Lohn bekam, daß er beim Ausschlachten alter Schiffe half. Nach dem eisigen Winter, in dem New Yorks Hafen und der Hudson für vierzig Tage zufroren, mußten Crèvecœur und sein Sohn 1780 noch mehrere Monate auf eine Gelegenheit warten, sich nach Europa einzuschiffen.

Der neue französische König Ludwig XVI. hatte seit 1778 offen mit den USA gegen Großbritannien paktiert, und als 1780 reguläre französische Truppen gegen die Briten in die Kampfhandlungen einzugreifen drohten, schlug der Kolonialkrieg in Amerika zugunsten der Landsleute Crèvecœurs um. Um von New York nach Europa zu gelangen, war die Lage allerdings nicht sehr günstig. Als sich die Situation vor der Küste für die Briten vorübergehend entspannte, verließen am 1. September 1780 achtzig Schiffe im Konvoi den Hafen in Richtung auf Europa. An Bord waren auch Crèvecœur und sein Sohn. Bei ihrer Ankunft in Europa sechs Wochen später waren sie offensichtlich ohne Mittel und am Ende ihrer Kräfte. Die ohnehin sehr spärlichen biographischen Informationen versiegen an dieser Stelle völlig, und über die Zeit bis zum Frühjahr des folgenden Jahres ist überhaupt nichts bekannt. Für Leser des *Farmer* ist dies eine entscheidende Zeitspanne, denn die Struktur des Buchs, Auswahl und Abfolge der Essays nahm in dieser Zeit ihre endgültige Form an. Die nächste bekannte Information, die Notiz des Autors über den 20. Mai 1781 (Rice 59), markiert bereits den Abschluß der Entstehungsphase des Buchs, denn nachdem er an diesem Tag in London fünfzehn «Briefe» an die Verleger und Buchhändler Lockyer Davis und Thomas Davies verkauft hatte, reiste er bald darauf mit Ally nach Frankreich.

Ohne daß sie Radikale waren, dachten Lockyer Davis und Thomas Davies doch positiv über die amerikanische Unabhängigkeit. Sie standen den *Whigs*, jenem Flügel des englischen Parlaments nahe, der von Anfang an die konservative Regierungspolitik gegenüber den Amerikanern bekämpft hatte. In der Hauptstadt London traf Crèvecœur auf ein Klima, das sich in der Vielfalt und Freiheit politischer Meinungsäußerungen von der Bürgerkriegsatmosphäre in der amerikanischen Provinz völlig unterschied. London war auch um Welten von der absolutistischen Praxis getrennt, die in Paris zur gleichen Zeit noch das geistige, politische und literarische Leben durch Zensur und Gängelung einzuschränken versuchte. Während die britische Regierung seit 1775 im Krieg mit den Amerikanern lag, war es für Verleger wie Davis und Davies durchaus möglich, in bestimmten Grenzen Literatur drucken zu lassen, die sich für die amerikanische Unabhängigkeit aussprach. Lockyer Davis brachte 1781 gerade das neueste Buch von Guillaume Thomas François Raynal heraus, *Révolution de l'Amérique,* dessen Autor schon in der seit 1776 im anglophonen Bereich vielfach verlegten Übersetzung von *Histoire philosophique et politique* kritische Schützenhilfe für die Amerikaner geleistet hatte und in England, das er mehrfach besuchte, als *Fellow of the Royal Society* beträchtliches Ansehen genoß. Für Crèvecœur, auf den Raynals Buch bereits in Amerika so nachhaltigen Eindruck gemacht hatte, mag diese Verbindung zwischen Raynal und Lockyer Davis sicher eine Bedeutung gehabt haben, die bisher übersehen wurde. Vielleicht liegt hier einer der

Gründe für die Zusammenarbeit von Davis und Davies mit Crèvecœur, denn die ausführliche Widmung an Raynal in der Londoner Erstausgabe des *Farmer* sollte dem einschlägig interessierten Leser nicht nur von vornherein signalisieren, wie er das erste Buch des unbekannten kolonialen Autors St. John einzuordnen habe, sondern deutete vielleicht auch auf eine weitergehende Verbindung der Verleger Crèvecœurs zu dem amerikafreundlichen französischen Autor hin.

Thomas Davies ist weniger dafür bekannt gewesen, daß er Crèvecœurs Verleger war, als James Boswell bei Samuel Johnson eingeführt zu haben. «Mr. Thomas Davies the actor», schreibt Boswell in seiner Biographie Johnsons (276), «who then kept a book-seller's shop in Russel-street, Covent-garden, told me that Johnson was very much his friend, and came frequently to his house.» Als Crèvecœurs Buch erschien, hatte Davies seine Buchhandlung nach wie vor an der genannten Adresse, wie das Titelblatt der Ausgabe London 1782 ausweist. Aber als Crèvecœur Davies kennenlernte, der neben seiner Tätigkeit als Verleger vor allem als Schauspieler bekannt war, lag die von Boswell beschriebene Begegnung mit Johnson schon viele Jahre zurück, und Davies war fast 70 Jahre alt. Er hatte sich erst drei Jahre zuvor schwer verschuldet, und das von ihm verfaßte Buch *Memoirs of David Garrick, Esq.* über einen berühmten Kollegen hatte ihm seit dem Sommer 1780 zusammen mit Einnahmen aus einer Benefizvorstellung seiner Schauspielerfreunde darüber hinweg geholfen. Man wird Davies Neugier und Verständnis unterstellen dürfen, die er Crèvecœur entgegenbrachte, der sich ihm mit seinem fremden amerikanischen Akzent vorstellte, abenteuerlich weitgereist und offenbar in diversen ungewöhnlichen Rollen erfahren. Davies inspirierte vielleicht, förderte und verstand aber sicherlich das Spiel der Identitäten mit seinen folgenreichen Verwirrungen zwischen Crèvecœur, «J. Hector St. John» und dem *alter ego* James, das 1781 in London seinen literarischen Ausgang nahm. Er war selbst Autor und brachte zudem als erfahrener Verleger eine literarische Disposition mit, um Crèvecœur eventuell bei der Bearbeitung seiner Manuskripte zu helfen. Da die bisherige Forschung über den Autor zu dieser Zeit kaum etwas mitteilt, kann man an dieser Stelle nur Anhaltspunkte kombinieren, die aus mitunter ganz entfernten Quellen wie Boswells Buch zusammengezogen wurden.

Soweit es sich an diesem Punkt übersehen läßt, bestand der Inhalt jener Kiste voller Manuskripte, in die zuvor quasi über Pattisons Schulter ein Blick geworfen werden konnte, aus dem gesamten Textmaterial Crèvecœurs in englischer Sprache, sofern es die Wechselfälle seiner langen Reise aus Orange County über New York, Gefängnis, Seefahrt und Schiffbruch bis zu der Etappe von Dublin nach London überstanden hatte. Plumstead setzt für die englischen Texte eine Zahl von zweiunddreißig Essays an, die Crèvecœur ungefähr zwischen 1765 und 1779 in Amerika geschrieben habe (1977, 219). Er bezeichnet die Verbindung, in der die für den *Farmer* ausgewählten Essays zu der größeren Zahl posthum oder nicht veröffentlichter englischer Essays stehen, als obskur und vermutet hier eine der schwierigsten Editionsaufgaben, die auf diesem Gebiet der Textkritik noch bevorstehen (219). Es sei verwunderlich, meint Plumstead, warum nach der Wiederentdeckung der lange verschollenen unveröffentlichten englischen Essays 1922 in Frankreich durch Bourdin vier Texte nicht in die Buchausgabe der *Sketches* 1925 miteinbezogen, sondern getrennt in verschiedenen Zeitschriften veröffentlicht wurden (225). Fünf englische Essays von Crèvecœur sind bis heute noch überhaupt nicht veröffentlicht worden, «Rock of Lisbon», «Sketches of Jamaica & Bermudas & Other Subjects», «The Commissioners», «Ingratitude Rewarded» und «An Happy Family Disunited by the Spirit of Civil War»; Plumstead gibt davon inhaltliche Zusammenfassungen (226).

Aus welchen Gründen der *American Farmer* die bekannten Essays und nicht die enthält, die etwa mit den *Sketches* wieder zugänglich wurden, ist nur teilweise erklärbar oder doch verständlich. Die fünfzehn «Briefe», die zu zwölf Buchkapiteln im *Farmer* zusammengefaßt wurden, waren durch Ansätze einer Handlung untereinander verbunden. Da sich in den *Sketches* weitere Texte finden, die an den Stoff um James und seinen Korrespondenten F.B. anknüpfen, vor allem die vier kurzen Essays «On Various Rural Subjects», wird erkennbar, daß Crèvecœur seine Idee einer Korrespondenz zwischen dem amerikanischen Landwirt und seinem Freund in England am weitesten durchdacht und ausgearbeitet hatte und sich dieses Material am ehesten für eine Veröffentlichung eignete.

Sein Stück *Landscapes* mit Szenen aus dem bürgerkriegsähnlich zerrissenen Landleben eignete sich dagegen überhaupt nicht für eine Veröffentlichung, denn negative Figuren mit dem Etikett der amerikanischen Patrioten und verfolgte, unschuldige Loyalisten warfen kein gutes Licht auf die Sache der Amerikaner, selbst wenn Crèvecœur in *Landscapes* nichts anderes getan hatte, als mit sehr viel sprachlichem Geschick und großem (wohl zu großem) Realismus seine Erfahrungen aus der Provinz zu verarbeiten. Für mehrere der in den *Sketches* posthum veröffentlichten Essays, die sogenannten *War Sketches*, gilt Vergleichbares.[15] Weder Davis und Davies noch im übrigen Crèvecœur ging es aber darum, die Amerikaner in ein schlechtes Licht zu setzen. Es war im Mai 1781 ohnehin abzusehen, daß der Krieg nicht mehr lange dauern und die Kolonien danach unabhängig sein würden.

Es ist anzunehmen, daß Crèvecœur bei der Zusammenstellung des *Farmer* mit einem Lektor zusammenarbeitete, dessen handschriftliche Veränderungen im Manuskript des Buchs sowohl Bourdin in den *Sketches* (17, 22-23) als auch Rice (60-62) erwähnen. Was die thematische Struktur des *Farmer* betrifft, so wollte Crèvecœurs Londoner Lektor, über dessen Identität bis heute nichts bekannt ist, die Idee der «Briefe» eines amerikanischen Landwirts nicht zu wörtlich verstanden wissen. Bei allen entsprechenden Richtungen des Zeitgeschmacks im 18. Jahrhundert, der Vorliebe für ideales und idealisiertes Landleben, Schäferei oder Bukolik, bestand in Wirklichkeit aus der Perspektive des europäischen Lektors wenig Interesse daran, wie der amerikanische Landwirt seine Schweine füttert, Ahornsirup gewinnt und welche Schädlinge seine Ernte bedrohen. Dabei spielt sicher weniger eine Verachtung für das von Crèvecœur so intensiv verteidigte einfache Leben der amerikanischen Kolonialbewohner mit, als die offenkundige Tatsache, daß Europa selbst zu dieser Zeit keineswegs unter Verstädterung litt und man das Leben der Bauern eher alltäglich und nicht exotisch fand, also froh war, es in London hinter sich gelassen zu haben. Die präzisen Schilderungen des amerikanischen Alltags, die Crèvecœur in «A Snow-storm as It Affects the American Farmer» oder «Thoughts of an American Farmer on Various Rural Subjects» lieferte, kamen für den *Farmer* also nicht in die engere Wahl, während die Exotik der Nantucket-Kapitel ihre Wirkung auf den Lektor nicht verfehlt zu haben scheint. Der Lektor hatte wohl nach den ersten drei Kapiteln von amerikanischer Landwirtschaft genug und gab gegenüber der Fortsetzung der James-Erzählung den Nantucket-Kapiteln den Vorzug. Auch die Themen in dem nachfolgenden Kapitel IX korrespondierten mit der aktuellen Haltung der *Whigs* gegen die in Nordamerika unter britischer Aufsicht praktizierte Sklaverei und gaben dem Buch zusätzliches Interesse. Die ebenfalls Raynal nachempfundene Beschreibung amerikanischer Schlangen und Vögel im Kapitel X mag dem Interesse der Verleger entsprochen haben, Leser von Raynal auch für St. John zu gewinnen. Während das Kapitel XI über John Bartram an Harmlosigkeit und Friedfertigkeit kaum zu wünschen übrig ließ, konnte Crèvecœur im abschließenden Kapitel XII einerseits die Figur James wieder einführen und daran andererseits die Auswirkungen des Kriegs auf die Landbevölkerung schildern, ohne wie in den unveröffentlichten Essays der *Sketches* in den falschen Verdacht zu geraten, er sei ein «Tory». In Kapitel XII ließ Crèvecœur seinen Erzähler James nur zu deutlich machen, wer letzten Endes an den Ungerechtigkeiten und der bedrohlichen Lage in Amerika die Schuld trug.

Das Thema des Kriegs, der zum Zeitpunkt der Veröffentlichung des Buchs 1782 bereits ein halbes Jahr vorüber war, wird nur im letzten Kapitel des *American Farmer* angesprochen, und der substantielle Teil der Texte behandelt ein friedliches Bild Amerikas, entsprechend der Annahme, daß sie meist vor 1775 entstanden und für die Publikation nur noch einmal gründlich durchgesehen wurden. Die 1781 ausgesuchten Essays haben in der Abfolge, wie sie im *Farmer* erschienen, später stets die Grundlage für eine kritische Einschätzung Crèvecœurs gegeben, während weder die *Sketches* noch seine französischen Bücher in einem annähernd vergleichbaren Maß zur Beurteilung herangezogen oder überhaupt kritisch gelesen wurden. So fraglich dies im Nachhinein wirken mag, hat es doch darin eine bestimmte Berechtigung, daß weder in den übrigen Essays, die Crèvecœur ja nie für den Druck einzurichten Gelegenheit hatte, noch in den mehreren Bänden seiner späteren französischen Veröffentlichungen ein so überlegtes Prinzip der Komposition festzustellen ist wie im *Farmer*. Ausgerechnet die Monate, in denen Autor und Lektor das Buch womöglich in seine maßgebliche Form brachten, stellen einen blinden Fleck in der Biographie des Autors dar, über den man nur Vermutungen anstellen kann. Auch die Methode, die ohnehin spärlichen Fakten mit der gebotenen Sorgfalt zu arrangieren und zu interpretieren, bis sich zwischen ihnen unter Umständen ein verlorener Zusammenhang ergibt, stößt hier an Grenzen. Dafür fällt der philologischen Textkritik eine entscheidende Rolle zu. Die referierten Überlegungen enthalten vielleicht den einen oder anderen Ansatz, der sich dabei noch als brauchbar erweisen mag. Während zu Anfang des 20. Jahrhunderts das erhaltene Manuskript der Forschung noch zur Verfügung stand, ist das heute nicht mehr der Fall, und wie sich diese Lage klären wird, ist noch nicht abzusehen. Crèvecœurs Texte wurden durch den Lektor manchmal empfindlich gekürzt oder sprachlich sehr verändert und werden mit Sicherheit erst in einer kritischen Ausgabe zuverlässig beurteilt werden können.

Sachprosa und erzählerische Strategie

Um in den anfangs begonnenen Gedankengang wieder einzuscheren, ist es nach einer Erörterung seiner thematischen Struktur wohl zutreffend, wenn man den *American Farmer* als ein zusammengesetztes Buch bezeichnet. Man muß zwischen dem kritischen Bemühen unterscheiden, die Abfolge der Kapitel als planvoll zu interpretieren, und dem Bemühen, die fiktionalen Züge betonen zu wollen, die über weite Strecken offen zu Tage liegen. Sie bilden aber nur das Fragment einer fiktionalen Bearbeitung, die Crèvecœur seinem Stoff vielleicht hätte angedeihen lassen, wenn er unter anderen Bedingungen gearbeitet hätte. Die Handlung, so wie er sie nicht einmal halbwegs ausgeführt hat, stellt nur einen Einstieg dar, eine erzählerische Strategie in einem Text, der sich an einem Vorbild wie Raynal orientiert, mithin zeitgenössischer Sachprosa. Als sei der Lektor der Ansicht gewesen, nach den ersten drei Kapiteln habe der Leser einige Abwechslung verdient, folgen im Mittelteil die Kapitel IV bis VIII über Nantucket, während die folgenden Kapitel IX, X und XI inhaltlich eher unverbunden nebeneinander stehen, aber in mehrfacher Hinsicht die Ausgangssituation in Kapitel I reflektieren, weniger als eine Funktion dieser Essays in einem unterstellten Erzählstrang oder *submerged plot,* denn als Hinweis auf grundsätzliche Gemeinsamkeiten der von Crèvecœur verfaßten «Briefe» und «Skizzen». Erst das Kapitel XII behandelt noch einmal das Inventar aus den Kapiteln I und II, bietet dazu aber ein furchterregendes Gegenbild.

Es ging dem Autor, seinem Lektor und den Verlegern zum einen darum, aus dem zahlreichen Material, das der Schriftsteller aus den Kolonien buchstäblich seiner kleinen Kiste entnahm, das auszusuchen, was genügend thematische Vielfalt und angenehme Unterrichtung über die Neue Welt bot, und zum anderen Stücke, die die politische Brisanz des Kolonialkriegs reflektierten, bei den unveröffentlichten *Sketches* zu lassen (die das Thema eingehend behandeln). Beide Feststellungen haben für sich, daß sie an einer Lektüre aller erreichbaren englischen Texte von Crèvecœur orientiert sind. Von hier aus lassen sich weitergehende Vermutungen anknüpfen, die in der Abfolge der Essays, in der Struktur von Crèvecœurs Buch eine komplexe und mehrdeutige Entwicklung absehen, die weniger an der mitunter nahezu beliebigen Reihung der Kapitel orientiert ist, auch nicht an einer häufig unterstellten konsequent durchentwickelten Erzählhaltung, sondern an der Weise, wie Crèvecœur in allen seinen Texten den Grundwiderspruch zwischen Ideal, Traum, Utopie vom Leben in Amerika und deren Enttäuschung, Zerstörung, Negation durch die Erfahrung der Wirklichkeit beschreibt, so daß der Autor seinen Gegenstand aus immer größerer Ferne darstellt, bis der Traum die Enttäuschung zu überwinden können scheint (cf. dazu Rice 40). Im Rahmen des *American Farmer* stellt der Teil über Nantucket den Abschnitt größter Geschlossenheit dar, während die Rahmenerzählung um James selbst eine Entwicklung vom Guten zum Schlechten beschreibt, den Leser aus der Utopie in deren Auflösung und Negation führt.

Die Lektüre Crèvecœurs bietet für den Leser spezifische Probleme historischer Texte, die besonders in den Nantucket-Kapiteln deutlich werden. Crèvecœurs Gegenstände sind nicht nur einfach historisch, sie erweisen sich beim genaueren Hinsehen auch als sehr fremd, ob der Autor das Leben der Walfänger oder in *Cultivateur* später die Reise auf einem Strom landaufwärts in unbekannte Länder beschreibt. Neben der Frage des unter Umständen nur noch schwer verständlichen Stils bietet die Lektüre ein Hindernis, das mit zunehmender zeitlicher und räumlicher Entfernung nur noch wächst: die Unsicherheit, wovon im einzelnen genau die Rede ist, von welchen Gegenden, Flüssen, Orten, Indianerstämmen und sonstigen Verhältnissen das Buch handelt. Begriffe und Namen, die vage oder deutlichere Assoziationen hervorrufen, wechseln mit Angaben, auf die sich Leser mittlerweile kaum mehr einen Reim zu machen wissen. Wo fließt der östliche Zweig des Susquehanna, wozu ist von seinen Nebenflüssen die Rede, was ist Nantucket und wer John Bartram? Wie soll man sich Vögel vorstellen, die als «phebe» oder «kingbird» bezeichnet werden? Falls der Leser nicht gerade selbst Amerikaner ist, keineswegs eine zwingende Annahme, der zudem gute Kenntnisse über Geographie und Geschichte des 18. Jahrhunderts im Osten der USA hat, bleibt ihm der dokumentarische Aspekt in Crèvecœurs Büchern zunächst nichtssagend, kaum zu beurteilen. Ursprünglich machten solche Angaben gerade die große Attraktivität des Buchs als *Sachbuch* für die Zeitgenossen aus. Aber es erschien dadurch auch schon nach fünfzehn oder zwanzig Jahren in vielem als überholt. In der Frage, wie etwa die Landeskunde über Nantucket einzuschätzen ist (zutreffend, ausgemalt, unwahr?), gibt die Forschung keine erwähnenswerten Auskünfte und kommt in Unkenntnis von Crèvecœurs historischen Vorlagen auch nicht zu kritischen Erkenntnissen. Kann man der Sachprosa, in die der *Farmer* weithin verfällt, unbefangen Glauben schenken? Ab und zu wird der Leser spürbar auf den Arm genommen, wenn James beispielsweise treuherzig versichert, die amerikanischen Wachteln seien in einem besonders harten Winter allein deshalb nicht alle erfroren, weil einer seiner Kollegen, «one of the most famous and extraordinary farmers that has ever done honour to the province of Connecticut», die Spezies eigenhändig wie ein zweiter Noah vor dem Aussterben bewahrt habe (33-34). Aber an anderer Stelle wird der Leser um so sicherer in eine Falle tappen, in die ihn der Autor mit seiner sachkundigen Autorität lockt, um ihm dann entweder bäuerlichen Witz oder ernstgemeinte amerikanische Utopie für bare Münze anzubieten. Daran exemplifiziert sich das schwierige Verhältnis, in dem schon die zeitgenössischen Leser zu einem Text wie dem *Farmer* standen, ohne daß sie das Buch dabei mit heutigen Augen betrachtet hätten. Manche wollten glauben, was sie lasen, sie waren auf angenehme Unterrichtung aus, suchten noch an klar als fiktional markierten Stellen nach Verheißung und Hoffnung und nahmen die Fiktion keinesfalls als bewußte Irrealität einer autonomen künstlerischen Phantasie auf. Aber es gab auch Leser mit einer anderen Einstellung gegenüber dem *Farmer*, wie sie beispielsweise Ferdinand-Marie Bayard im Sommer 1791 in einer «guten Taverne» in einer amerikanischen Kleinstadt traf. «Après avoir parlé des choses, on s'occupa des auteurs français qui avoient écrit sur les États-Unis», erzählt Bayard in seinem amerikanischen Reisebuch, *Voyage dans l'intérieur des États-Unis* (1797), einem der vielen durch Crèvecœur angeregten Berichte über die zeitgenössischen USA (37). «Si Chatelux [sic] improve trop», berichtet Bayard über die Reaktion auf den nicht durchweg enthusiastischen Amerikabericht des Franzosen Chastellux, «Crevecœur *[sic]* est excessivement adulateur; les *Quakers* sont loués outre mesure, et sa décevante flatterie peut faire beaucoup des dupes. Les faits sont altérés, les anecdotes dénaturées, les éspeces, ou les instincts des oiseaux, multipliés» (38). Crèvecœurs amerikanische Leser, deren ablehnendes Urteil über den *Farmer* und *Cultivateur* Bayard hier zitiert, hatten wenig Sinn für die Maßnahmen der erzählerischen Strategie des Autors, mit denen er den Stoff seiner als Sachprosa eingekleideten «Briefe» behandelte. Bayard selbst zeigt sich im Gespräch mit den Amerikanern, die sich an vermeintlich unzutreffenden Details im *Farmer* stören, als ein erfahrener Leser, dem der entscheidende Unterschied Crèvecœurs gegenüber Autoren wie ihm selbst und Chastellux nicht entgangen ist. «Quand on fait des romans, il ne faut pas, au moins, blesser la vraisemblance jusqu'à l'absurdité», so wird in dem geschilderten Dialog flexibel für eine Unterscheidung zwischen dem *Farmer* und Werken der Reiseliteratur über Amerika argumentiert. «Avouez cependant, lui dis-je, que l'ouvrage de Crèvecœur est bien écrit, qu'il a rempli son cadre avec beaucoup de grâce et que, si ce n'est qu'un roman, c'est, au moins, un très-joli roman» (39). Es spricht für die neuere Sichtweise der Kritik im Sinn von Stone und Philbrick, daß ein kundiger französischer Autor wie Bayard bereits zur Zeit Crèvecœurs die Einstellung vertrat, der *Farmer* sei so gut wie ein Roman zu lesen und unter diesem Gesichtspunkt sei das Buch gut geschrieben, weil der Autor den romanhaften oder eben fiktionalen Rahmen mit sehr viel Geschick ausgefüllt habe, kurz, man verdanke ihm «un très-joli roman».

Crèvecœurs Ziel, darauf deutet schon die beabsichtigte Zweideutigkeit des abgekürzten J. in «J. Hector St. John» hin (J für James / für John ?), scheint es gewesen zu sein, den *Farmer* und auch seine späteren Bücher als ernstzunehmende Werke eines Sachkenners auszuweisen. Im Zeitalter der Aufklärung genoß die informative Sachprosa ein ganz anderes Ansehen, vor allem ungleich mehr Autorität, als das Erzeugnis erzählerischer Phantasie. Erst in den 1790er Jahren schrieb Charles Brockden Brown die ersten amerikanischen Romane, Produkte der Schauerromantik wie *Wieland* und *Edgar Huntly.* Für Crèvecœur ging es knapp zwei Jahrzehnte zuvor noch darum, seine erzählerischen Ambitionen in der Sparte des Sachbuchs zu verwirklichen, waren doch Sachbücher wie die Reisebeschreibung von Carver oder die Essay-Sammlung von Dickinson lange Zeit die einzige akzeptierte Variante amerikanischer Literatur in Europa. *Travels through the Interior Parts of North America* von Jonathan Carver erschien in London vier Jahre vor dem *American Farmer* und wurde zu einem der erfolgreichsten Amerikabücher der Zeit. In dem Jahr 1781, als Crèvecœur in London mit Davis und Davies handelseinig wurde, erschien gerade eine vermehrte dritte Auflage von Carvers Reisebeschreibung, unter anderem ausgestattet mit «a copious index». Als Davis und Davies nach dem Erfolg der Erstausgabe den *Farmer* 1783 neu auflegten, versäumten sie nicht, dem Buch ebenfalls durch ein Register zusätzliches Gewicht zu verleihen. Crèvecœur hatte ohne Zweifel ein Buch wie das von Carver vor Augen, während er seine englischen Essays schrieb (cf. Philbrick 125-26, 150), aber der Titel des *American Farmer,* verstärkt durch den Zusatz im ausführlichen Untertitel, «by J. Hector St. John, A Farmer in Pennsylvania», orientierte sich deutlich auch an einem anderen erfolgreichen und bekannten amerikanischen Buch. *Letters from a Farmer in Pennsylvania,* eine 1768 erstmals in Buchform publizierte Sammlung von Pamphleten von John Dickinson, war nicht nur in Philadelphia, sondern auch in Europa ein vielbeachtetes Buch, wo es neben den Londoner Ausgaben auch in französischer Übersetzung Verbreitung fand. Dickinson nahm in versöhnlichem Ton Partei für die Interessen der Amerikaner gegenüber ihren britischen Kolonialherren, ebnete aber mit seinen politischen Essays bereits den Weg für das spätere Unabhängigkeitsdenken.

Für Crèvecœur und die Zwecke seiner Verleger genügte es nicht, daß der *Farmer* in einem tieferen Sinn die große Authentizität eines Autors vermittelte, der eine neue, noch koloniale Nation zu seiner Heimat gemacht hatte und darüber schrieb. Die Freiheiten, die sich der Autor genommen hatte, sollten hinter dem simplen Anspruch von James versteckt bleiben, der an F.B. schrieb: «But believe me, what I write is all true and real» (40). Umso weniger dies in einem wörtlich verstandenen Sinn der Fall war, umso mehr wollten Thomas Davies und Lockyer Davis sicherstellen, daß der *Farmer* vom Publikum als «all true and real» aufgefaßt würde. In einem ausführlichen «Advertisement» versicherten sie in der ersten Ausgabe des Buchs den Lesern, es handele sich um nichts anderes als die Mitteilungen eines Amerikaners an seinen englischen Freund, die tatsächlich auf die von James beschriebene Weise zustande gekommen seien:

> The following Letters are the genuine production of the American Farmer whose name they bear. They were privately written to gratify the curiosity of a friend; and are made public, because they contain much authentic information, little known on this side of the Atlantic: they cannot therefore fail of being highly interesting to the people of England, at a time when every body's attention is directed towards the affairs of America (5).

Seit Stone, Christadler und Philbrick die fiktionalen Aspekte in der Struktur des *Farmer* herausgearbeitet haben, ist allerdings etwas außer Sicht geraten, daß es in kritischen Untersuchungen des Buchs nicht darum gehen kann, sich mit kreativen Puzzles zu beschäftigen und aus verstreuten Ideen, Beigaben und Einfällen Crèvecœurs nachträglich den Roman zu konstruieren, der sein *American Farmer* hätte sein können, wenn der franko-amerikanische Schriftsteller unter anderen Bedingungen gearbeitet hätte. In einem weitergehenden Sinn kann die fiktionale Qualität der Essays vor allem in dem Ideal weiterverfolgt werden, das ihren Autor beschäftigt.

So gesehen bekommen die Nantucket-Kapitel eine Bedeutung, die ihnen in der herkömmlichen Sicht der Struktur des Buchs nie beigemessen wurde. Zu einem Teil lag diese Vernachlässigung auch daran, um wieviel mehr als die übrigen Essays sich dieser Teil den Methoden werkimmanenter Interpretation verschloß, die von der Kritik meistens verwendet wurden. Deutlicher: die Kritiker waren unsicher, wo es sich hier um Dichtung, wo um Wahrheit handeln möge. Davon abgesehen spielte es auch eine wichtige Rolle, daß die normale Lesehaltung sich dagegen wehrte, die besondere Exotik der Walfänger wirklich in das Amerikabild Crèvecœurs zu integrieren oder aber den Raum, den er ihnen einräumt, zu akzeptieren. «Les *Quakers*», meint dazu der Gesprächspartner von Bayard (38), «sont loués outre mesure.» Kritische Leser waren allenfalls gewillt, hier eine (und eigentlich minder wichtige) Facette unter vielen des amerikanischen Lebens zu sehen. Mehr Weitblick zeigte sich da schon in der Entscheidung von Crèvecœurs Lektor, Nantucket den entsprechenden Raum zu gewähren, und der deutschen Amerika-Fachleute M.C. Sprengel und J. R. Forster, die Nantucket-Kapitel als erste Texte von Crèvecœur überhaupt bereits 1783 in deutscher Sprache zu veröffentlichen.

Eine tiefergehende Vermutung, warum die herkömmliche Kritik sich nicht mit den Nantucket-Kapiteln beschäftigt hat, führt bereits näher an das angesprochene Ideal des Autors. Zeigt sich im Leben der Quäker von Nantucket bei aller kaufmännischen Tüchtigkeit nicht doch zuviel pazifistische Grundüberzeugung, ein schon vor-sozialistischer Gemeinschaftsgeist und Wille zu schlichtem, eingeschränktem Lebenswandel, die in Widerspruch zu den Überzeugungen späterer Leser stehen mußten, die in der militärischen Leistung der Amerikanischen Revolution, im Expansionsdrang der USA zur späteren Weltmacht, im Individualismus-Begriff des kapitalistischen Alltags und dem Wunsch nach einer ständigen Erhöhung nicht nur des Lebensstandards, sondern damit auch von Güterproduktion und deren Konsum wahre Tugenden einer idealen amerikanischen Nation sehen wollten?

Jedenfalls erweist sich bei einer eingehenderen Lektüre der Nantucket-Kapitel nicht nur ihre Stellung in der Struktur des Buchs differenzierter als erwartet, sondern Nantucket nimmt auch mehr als nur in einem geographischen Sinn gegenüber dem amerikanischen Westen und seiner Bedeutung im *Farmer* eine vorgelagerte Position ein. Wie der Erzähler des *Farmer* es selbst im Kapitel IV ausdrückt (93-95), markiert Nantucket nicht nur in der zeitlichen Dimension einen Zustand, der noch vor dem Amerika der *frontier* besteht, sondern stellt Crèvecœurs Ansichten über eine ideale Bewältigung der Probleme dar, die sich in der Urbarmachung entlang der Grenze von neuem stellen. Der historische Aspekt der Quäkergesellschaft: daß sie ältere europäische Konflikte und Lösungsmöglichkeiten aus der Zeit religiöser Glaubenskämpfe im Anschluß an die Reformation, das Entstehen der *Church of England* und das Zeitalter der Englischen Revolution reflektiert, muß hier entgegen der literarischen Funktion der Texte ausgeklammert bleiben. Der beträchtliche Erfolg der Quäker von Nantucket mit ihrem Gesellschaftsmodell im 18. Jahrhundert unterstreicht immerhin, daß ihre Bedeutung im Rahmen des *Farmer* alles andere als anachronistisch ist.

s'est proposé, et le grand intérêt des détails rachètent bien ces légers défauts. Dans un moment où l'expédition d'Egypte a porté l'attention de la France sur les grands intérêts de l'Inde, cet ouvrage n'est pas moins recommandable aux yeux des simples citoyens, qu'à ceux d'un gouvernement à qui les prodiges du passé imposent, pour l'avenir, des triomphes plus doux et des travaux non moins glorieux. E.

VOYAGE dans la Haute-Pensylvanie et dans l'état de New-Yorck, par un membre adoptif de la nation Onéida, traduit et publié par l'auteur des lettres d'un Cultivateur américain (S. J. DE CREVECŒUR) 3 vol. *in*-8.° de 600 pages, ornés d'un beau portrait de *G. Washington*, de plusieurs gravures et cartes. A Paris, chez *Maradan*, rue Pavée Saint-André-des-Arcs, n.° 16. An IX 1801.

(PREMIER EXTRAIT).

NOUS regrettons beaucoup de n'avoir pu parler encore de cet ouvrage. Il est digne de plusieurs extraits; il fournit à la méditation des hommes d'état, à celle des amis de la nature primitive et de la société naissante, à celle surtout des vrais philosophes et moralistes; car ils y verront combien l'homme peut par le travail, obtenir de la nature et de lui-même.

L'auteur peut s'appliquer ce vers où le Dante a cru se peindre:

Pien' di filosofia la lingua e'l petto.

Il n'y a pas une de ses pages où il n'ait imprimé la marque d'une ame généreuse, forte et bienveillante.

Dieser Ausschnitt aus einer zeitgenössischen Zeitschrift, *Mercure de France,* zeigt, wie über Crèvecœur berichtet wurde. Es geht um sein Spätwerk, *Pensylvanie,* das von der Redaktion (die Crèvecœur unterstützte) enthusiastisch als ein Buch «für wahre Philosophen» angezeigt wird. Hier, im Band vom Jahre 1801, wurden zwei ausführliche Exzerpte aus Crèvecœurs Buch veröffentlicht. Auch andere Zeitschriften, von Paris bis Hamburg, widmeten der Neuerscheinung einige Aufmerksamkeit, meist, indem sie gleichfalls längere Exzerpte veröffentlichten. Die von Crèvecœur gewünschte englische Ausgabe kam allerdings nicht zustande, doch erschien 1802 in Berlin eine gekürzte deutsche Übersetzung.

4. Kapitel

Die Erfindung Amerikas: Nantucket als literarisches Paradigma einer idealen Neuen Welt

Die Amerikaner auf Nantucket

Setzt man Crèvecœur literarisch als den Gründervater amerikanischer Identität voraus, dann lassen sich seine Texte im Idiom der Neuen Welt literarhistorisch als ein Kulminationspunkt am Ende der Kolonialzeit auffassen, sofern man die anderthalb Jahrhunderte vor der Publikation des *American Farmer* als eine fortlaufende kulturelle, sprachliche und damit auch literarische Emanzipation auffaßt. So gesehen stellen *Farmer* und *Sketches* den Übergang von der kolonialen zur nationalen Literatur der USA dar. Mit *Cultivateur* und *Pensylvanie* hat Crèvecœur später bemerkenswerte Sonderfälle der amerikanischen Literaturgeschichte geschaffen, die in vergleichsweise einzigartiger Form zwischen dem Amerika der Aufklärung und der einsetzenden europäischen Romantik eine Verbindung zogen. Handelt es sich an dieser Stelle zwar noch um Behauptungen, sind sie doch bereits das Ergebnis einer detaillierten Auseinandersetzung, die sowohl dem besonderen biographischen Aspekt als auch dem strukturellen Aufbau im zweisprachigen Werk gerecht zu werden versuchte, ausgehend von Fragen des modernen Amerikabilds und seiner historischen Ableitung.

Diese Behauptungen stehen im Mittelpunkt der folgenden Erörterung darüber, was sich verkürzt als die Erfindung Amerikas bezeichnen ließe. In Crèvecœurs Werk werden Probleme aufgeworfen, die zunächst nur an Details in der vielfältig gebrochenen Biographie, Fragen der inneren Struktur der Texte und dem nicht unumstrittenen Spannungsverhältnis zwischen literarischer Relevanz und außerliterarischen Kriterien festgemacht werden können. Die Vermutung einer «Erfindung Amerikas» transzendiert allerdings den fragmentarischen, teils intendierten, teils eher verhinderten ästhetischen Gehalt seines Werks. In der kulturhistorischen Dimension, die gerade der *Farmer* eröffnet, bieten diese Fragen auch neuen Aufschluß über das Amerika der Vereinigten Staaten, *wie* und *warum* es sich als emanzipierte Nation definieren konnte, bis zu welchen Anfängen mithin, vor zweihundert Jahren, die nach wie vor konstitutiven Züge amerikanischer Welt- und Selbstanschauung sich zurückleiten lassen.

Crèvecœurs auffälligste Stärke lag besonders im *Farmer* darin, die Meinungen und Vorurteile der Amerikaner über sich selbst einprägsam und oft in klassischer Weise zu formulieren: «We are the most perfect society now existing in the world» (47). Kaum weniger entscheidend hat allerdings auf kritische Leser auch seine Fähigkeit gewirkt, auf die Sprache seiner Landsleute zu hören und so ein neuartiges amerikanisches Englisch mit bäuerlichem Witz in die Literatur einzuführen. Stone wies 1962 erstmals darauf hin, wie vieles im *American Farmer* zum ersten Mal überlegt und beschrieben wurde, das sich später als prototypisch für die Bücher von Cooper, Melville und Poe, aber auch Whittier, Thoreau und Twain, bis — in noch weiterer Entfernung — zu Faulkner, Ralph Ellison, «and even Robert Frost» erweisen sollte (212-13). James, so Stone, ist der Vorläufer von Natty Bumppo und Huck Finn, «the sensitive individual alienated from the community and longing [...] for the western woods» (212). Crèvecœurs gequälte Schwarze, gedemütigte Quäker und denunzierte «Tories» sind Stones Einschätzung nach «prototypical victims of the ongoing ‹American Revolution› which in the name of liberty has sometimes learned to lynch» (213), womit er besonders auf Faulkner und Ellison hinweist. «Out of the Nantucket chapters», erkannte Stone als erster Kritiker, «we may see emerging *Moby-Dick* and Poe's *Narrative of Arthur Gordon Pym*», und er fügte hinzu:

> «What Is An American?» sets the stage and rehearses the lines for a dialogue which has never ceased: Tocqueville, Bryce, Frederick Jackson Turner, and a host of modern writers like Laski, Potter, Smith, and Galbraith are perforce legatees of the author of *Letters from an American Farmer*» (213).

In der besonderen Weise, wie Crèvecœur zu seiner Identität als Amerikaner fand, vermied er auch die Hemmungen vieler seiner schreibenden Landsleute, die durch Erziehung oder Herkunft von den Londoner Vorstellungen beeinflußt waren, was als literarisch «möglich» oder «unmöglich» gelten konnte. Was er selbst vielleicht, nach den apologetischen Bemerkungen der ersten Briefe des *Farmer* zu urteilen, als seine größte Schwäche empfand, erwies sich als eine herausragende Stärke: das Fehlen einer britischen Herkunft oder doch vielmehr Erziehung.

Wie die Kritiker im Verlauf der Jahrzehnte Crèvecœurs Texte gelesen haben, reflektiert manchmal eher die Geschichte literaturwissenschaftlicher Moden als ein zunehmend besseres Verständnis des *American Farmer.* Einige Kritiker fanden die Naturschilderungen besonders bemerkenswert und studierten etwa die Beschreibungen von Vögeln, die Crèvecœur im *Farmer* zur Genüge gibt, im Hinblick auf ihre Symbolik. Andere Kritiker haben dagegen sorgfältig ermitteln können, wo im *Farmer* Crèvecœur (etwa gerade in seinen bewußten Vogeldarstellungen) die Texte anderer Autoren, besonders Raynals, abkupferte. Vor allem Adams hat mit sehr viel Nachdruck und Gründlichkeit die zahlreichen Quellen aufgearbeitet, die Crèvecœur in *Pensylvanie* benutzt hat. Aber bei allen unterschiedlichen Möglichkeiten der Lektüre vor allem des *Farmer,* in geringerem Maß aber auch der *Sketches*, steht doch in Crèvecœurs Texten vor allem der Entwurf einer besseren und neuen Gesellschaft im Vordergrund, die er in Amerika verwirklicht sieht oder verwirklicht sehen will.

Crèvecœur, so lautet die im folgenden untersuchte Annahme, konnte sehr geschickt aus eigentlich utopischen Zielen und seiner sehr realistisch orientierten Beobachtungsgabe ein verbrämtes Bild der Neuen Welt entwickeln, das auf viele zeitgenössische Leser unwiderstehlich wirkte. Einige faßten den *Farmer* wie einen Leitfaden zum Auswandern auf, und am Ohio ging eine ganze Gruppe von französischen Auswanderern, die sich durch die Lektüre von *Cultivateur* hatten enthusiasmieren lassen, elend zugrunde. Das optimistische Bild der Neuen Welt, wie es gerade der Essay «What is an American?» literarisch widerspiegelte und möglicherweise «erfand», hat seit dem 18. Jahrhundert ungeheure ideologische Schubkraft bewiesen. Einen gedanklichen Ansatzpunkt in dieser Richtung mit Bezug auf die Stellung des *Farmer* hat jedoch erst Leo Marx mit seinen konzisen Bemerkungen zu der ideologiegeschichtlichen Stellung von Crèvecœurs Buch geschaffen. Gerade die zentralen Essays, die sich im *Farmer* mit der Gesellschaft der Walfänger beschäftigen, geben den Blick auf das Bild der neuen amerikanischen Gesellschaft in einer frischen, kritischen Perspektive frei. Es kann dabei kein Zweifel darüber bestehen, daß es sich bei den Essays über die Walfänger auf Nantucket und Martha's Vineyard *nicht* um die in jeder Hinsicht bedeutsamsten Essays von Crèvecœur handelt. Berechtigterweise haben sich Kritiker immer wieder mit der expliziten «Ideologie» in Kapitel III, der Szene des ausgesetzten schwarzen Sklaven in Kapitel IX, aber auch der Verzweiflung von James im Schlußkapitel des *Farmer* beschäftigt. Aber selbst die eher marginalen Naturbeobachtungen von Vögeln, Bienen und Schlangen haben gemeinhin mehr Aufmerksamkeit aus kritischer Sicht erhalten als der Block von fünf Kapiteln, der sich in der Mitte des Buchs mit der Gesellschaft von Nantucket beschäftigt. Bereits durch diese Vorbedingungen steht die gegenwärtige Lektüre des *Farmer* unter der Verpflichtung, den Akzent auf das zu setzen, was bisher vernachlässigt wurde. Tatsächlich stellt sich dieser Teil des Buchs als komplexer und vielsagender heraus, als die bisherigen Kritiken ahnen ließen.

Die große Aufmerksamkeit, die Crèvecœur im *Farmer* und in gleicher Weise auch in *Cultivateur* auf das Thema Nantucket verwandte, spiegelt Verhältnisse des 18. Jahrhunderts wider, als Walfang weder ein Anlaß zu zoologischer oder ökologischer Sorge, noch ein Thema auf der Agenda von Landwirtschaftsministern war (die es noch gar nicht gab). Es war vielmehr eine Art Energieversorgung aus dem Meer, nahm doch gerade in Europa die öffentliche Beleuchtung in großem Maß zu. Lampen in Häusern wie Laternen auf Straßen verbrannten «Walöl», flüssiges Fett.[16] Beim Abbrennen gab das Walöl, je nach Qualität, helles bis trübes Licht. Die Walfänger, wie es sie in zahlreichen Küstenorten Neuenglands gab, waren für Nordamerika typisch. Unter den nordamerikanischen Walfängern waren wiederum die Quäker von Nantucket durch ihren enormen Einsatz und großen Erfolg am bekanntesten und in mancher Weise am ehesten typisch. Sie hatten völlig neue Fangmethoden entwickelt, mit denen zum ersten Mal die Jagd auf Pottwale technisch durchführbar wurde, tieftauchende und schnelle Zahnwale mit weltweiter Verbreitung, die in der Ausbeutung ein besonders hochwertiges Walöl lieferten. Nantucket hatte besonders großen Anteil daran, daß Englands Kolonien in europäischer Sicht ihre wirtschaftliche Eigenständigkeit unter Beweis stellten. Nachdem zuerst noch die Niederländer mit ihren Fanggründen im Bereich der Arktis führend gewesen waren, brachte der Vorstoß der Nantucketer in den Südatlantik nicht nur die Erschließung neuer Fanggründe, sondern auch die Amerikaner an die Spitze der Walfangindustrie und des internationalen Handels mit ihren Produkten.

Das kennzeichnende Thema des *Farmer* waren freilich nicht die Schilderungen vom nordamerikanischen Walfang, sondern das zufriedene Leben der Bauern auf dem Lande. Doch aus ganz persönlicher Erfahrung begann Crèvecœur daran pessimistische Abstriche zu machen, was bereits drastisch im Schlußkapitel des *Farmer* und viel mehr noch in den *War Sketches* deutlich wurde. Die eigentlich ideale Gesellschaft, die er ausdrücklich als *typisch* für die Neue Welt aufzufassen gedachte, obwohl sie in mehrfacher Hinsicht am Rande amerikanischer Erfahrung lag, schilderte Crèvecœur mit Nantucket.

Das Nantucket-System als Beschreibung einer idealen Gesellschaft

Wie viele Autoren vor ihm, die sich mit der Beschreibung einer idealen oder perfekten Welt befassen, hat Crèvecœur dazu das Mittel des Reiseberichts verwendet.[17] Zwischen James, der sich auf seinen Hof beschränken will (Kapitel II) oder höchstens einmal geschäftlich nach Philadelphia muß (Kapitel III), und dem weit ausholenden Erzähler der Nantucket-Kapitel (besonders in der Schlußszene am Meer) herrscht ein deutlicher Unterschied in der Tonlage. Ein kritischer Leser mag durchaus annehmen, erst der Lektor des *Farmer* habe den Eindruck erwecken wollen, als ob beide mit der Stimme der Titelfigur sprächen. Der Text der Nantucket-Essays sticht von dem narrativen, fiktionalen Stil der einleitenden Bauernbriefe ab und nimmt offensichtlich die Mittel des zeitgenössischen Reiseberichts auf. Durch seinen Enthusiasmus für das gesellschaftliche System der Insel macht der Text zwar einen spürbar idealisierten Eindruck, aber gerade hier nahmen die Leser Crèvecœurs, seine Zeitgenossen ebenso wie spätere Kritiker, meist die dokumentarisch klingenden Essays für das, was sie zu sein vorgaben: der am wenigsten fiktionale Teil des Buchs. Der Grund scheint in der großen Ausführlichkeit zu liegen, mit der Crèvecœur in der Lage ist, eine völlig exotische Kultur zu schildern, andererseits wohl auch in der Tatsache, daß kaum ein Leser über die Insel Nantucket im 18. Jahrhundert etwas Bestimmtes weiß, es sei denn, er sei selbst von dort oder wäre mit der Provinzialgeschichte besonders gut vertraut.

Die Leser des *American Farmer* und von *Cultivateur* waren davon fasziniert, wie sehr sich das Leben auf Nantucket im Gegensatz zu der Welt gestaltete, die sie selber kannten. Beispielsweise war dort die Rolle der Frau traditionell so sehr darauf festgelegt, die geschäftliche Seite des Haushalts zu übernehmen und dabei in allen Dingen die Verantwortung zu tragen, daß Männer im umgekehrten Fall fürchten mußten, einen Regelverstoß zu begehen. Die Männer fingen die Wale, die Frauen machten die Kopfrechnung. Gerade Details dieser Art eignen sich dazu, den utopischen Charakter eines Reiseberichts auszumachen, weil einschlägige Texte eben in ihrer pädagogischen Tendenz, zeigen zu wollen, wie es sein könnte oder sollte, typischerweise die Merkmale einer verbesserten oder gar perfekten Gesellschaft aufzählen. Genretypisch hat dabei die Stellung der Frau eine erstrangige Rolle gespielt. Entsprechend haben auf Nantucket Männer und Frauen zueinander ein anderes Verhältnis, als Crèvecœurs Zeitgenossen es sonst kannten:

> As the sea excursions are often very long, their wives in their absence, are necessarily obliged to transact business, to settle accounts, and in short, to rule and provide for their families. These circumstances, being often repeated, give women the ability as well as a taste for that kind of superintendency, to which, by their prudence and good management, they seem to be in general very equal (151).

Aus dem genannten Grund seien die Frauen auf Nantucket auch so verschieden von Frauen anderswo, selbständiger und «conversant with the affairs of the world» (151). Was die Gleichheit der Frauen angeht, will der Erzähler sie nicht nur auf die Führung des Haushalts im weitesten Sinn angewendet wissen, sondern er stellt ausdrücklich an erste Stelle «to transact business», eingeschränkt allenfalls durch die Erklärung, dies werde durch die lange Abwesenheit der Männer auf See nun einmal notwendig.

Seine Beschreibung der Inseln vor der Küste von Massachussetts leitet der Erzähler mit Bemerkungen ein, die das folgende als das Muster einer alternativen und besseren neuen Welt erscheinen lassen, denn er setzt Amerika in beispielhafter Weise gegen Europa ab, wenn er mit einem Blick auf die Alte Welt sagt:

> The greatest compliment that can be paid to the best of kings, to the wisest ministers, or the most patriotic rulers, is to think, that the reformation of political abuses, and the happiness of their people are the primary objects of their attention. But alas! how disagreeable must the work of reformation be; how dreaded the operation; for we hear of no amendment: on the contrary, the great number of European emigrants, yearly coming over here, informs us, that the severity of taxes, the injustice of laws, the tyranny of the rich, and the oppressive avarice of the church; are as intolerable as ever. Will these calamities have no end (93)?

In dieser Einleitung zu den Nantucket-Kapiteln schwingt manche Rhetorik mit, doch es handelt sich dabei um eine für das amerikanische Selbstbewußtsein künftig zentrale Auffassung. Sie korrespondiert mit Crèvecœurs früheren Äußerungen, die er bereits 1773 in seinem zu Lebzeiten unveröffentlichten Text «Spanish Colonies» gemacht hatte. In beiden Fällen wird darauf angespielt, daß Amerika von einem Kolonialland zu einer Großmacht aufsteigen werde. Hier im *Farmer* spricht der Erzähler davon, wie sich diese zukünftige Größe aus der Unterdrückung in den Ländern Europas herleiten läßt, die Amerika einen steten Strom von Einwanderern zuführen werde. Allerdings werden hier aus der Sicht Crèvecœurs nur die Symptome europäischer Mißstände kritisiert, wenn der Erzähler drückende Steuern, ungerechte Gesetzgebung, Diktatur durch die Reichen und die habgierige Ausbeutung durch die Kirche aufzählt, während mit keinem Wort von den feudalistischen Wurzeln solcher Übel die

Rede ist. Tatsächlich forderte Crèvecœur zwar praktisch eine Gesellschaft mit gleichen Chancen für alle, unabhängig von Stand oder Glaubenszugehörigkeit, ihm war aber der Gedanke daran fremd, die politischen Machtverhältnisse von Grund auf zu ändern. Er lobte die Regierungsform, unter der die kolonialen Amerikaner lebten, solange sie als Bürger, auch er wie jeder andere, wirtschaftlich in großer Freiheit von britischen Ansprüchen leben konnten, politisch aber trotzdem Untertanen des Königs von England waren. Andererseits wurde aber König Georg III. gerade nicht das «greatest of compliments» zugesprochen, die Abschaffung von Mißbräuchen läge im vornehmsten Interesse seiner Regierung. Dies galt sowohl für England selbst wie für die zu dieser Zeit in teilweise kolonialer Manier englisch regierten Nationen Schottland, Wales und Irland. Daraus ergibt sich der Widerspruch, daß Crèvecœur eben diese Regierung in Amerika, wo sie für den Autor selbst und seine Landsleute zuständig war, ausdrücklich als «mild government» lobte. Dieser und andere Widersprüche lassen zumindest zweifelhaft erscheinen, wie weit Crèvecœur den Zusammenhang zwischen den aufgezählten Punkten seiner Europa-Kritik und dem Wesen eines aristokratischen und monarchischen Systems geklärt hatte.

Entsprechend stellt er Nantucket mit einer deskriptiven, keiner analytischen Bemerkung vor:

> This happy settlement was not founded on intrusion, forcible entries, or blood, as so many others have been; it drew its origin from necessity on the one side, and from good will on the other; and ever since, all has been a scene of uninterrupted harmony (96).

Nantucket ist demnach eine glückliche oder auch geglückte Siedlung, die in ihrer Entstehung alle aggressiven oder imperialen Elemente vermissen ließ. Die Phase der Gründung war gekennzeichnet durch die elementaren Bedürfnisse, *necessity,* und die einwandfreie Gesinnung, *good will*, der Ansiedler. Der Leser wird in die Tonlage des Reiseberichts eingestimmt und gleichzeitig auf den zentralen Gegenstand der Reisebeschreibung hingewiesen: «This island has nothing deserving of notice but its inhabitants» (110). Der Erzähler stellt die Gesellschaftsform der Einwohner als den hauptsächlichen Anziehungspunkt der Insel dar:

> [...] but though it is barren in its soil, insignificant in its extent, inconvenient in its situation, deprived of materials for building; it seems to have been inhabited merely to prove what mankind can do when happily governed (94-95).

Die hervorragenden Eigenschaften der Amerikaner sollen vor dem unscheinbaren Hintergrund einer kleinen und wenig fruchtbaren Insel am deutlichsten hervortreten. Die Bewohner sind aber gar keine gewöhnlichen Amerikaner wie James und seine bäuerlichen Nachbarn, sondern sie gehören einer exzeptionellen Glaubensgemeinschaft an, den Quäkern. Doch davon erwähnt der Erzähler zunächst nichts, weil es ihm darum geht, die Quäker von Nantucket als ein Beispiel für das zu setzen, was in ganz Amerika Wirklichkeit ist oder doch sein könnte, wenngleich die Figur des James selbst noch im Verlauf der nächsten Kapitel eine harte Enttäuschung dieser Ideen hinnehmen muß. So lange Menschen in anderen Ländern unterdrückt werden, so lange bedeutet Amerika nach Ansicht des Erzählers für die Welt eine Hoffnung und einen Zufluchtsort:

> This country providentially intended for the general asylum of the world, will florish by the oppression of their [i.e. «kings», «ministers», «rulers», D.E.] people; They [i.e. «Their people», D. E.] will every day become better aquainted with the happiness we enjoy, and seek for the means of transporting themselves here, in spite of all obstacles and laws (93).

Der Erzähler hat anklingen lassen, wie wenig sachkundig viele Autoren über Amerika geschrieben haben. Nachdem er sich unter der Überschrift «What is an American?» noch vorgenommen hatte, die Neue Welt für seine Leser ganz zu durchmessen und auszuloten, will er dies jetzt lieber an einem ausgewählten Beispiel tun und lenkt die Aufmerksamkeit auf einen abseits gelegenen Flecken, eben Nantucket. Er variiert und erläutert seine Ansicht, daß die Inselbewohner beispielhaft dafür seien, welches Potential für alle Bewohner der Neuen Welt in der Möglichkeit liegt, ihre angestammten Talente völlig ungehindert mit ensprechendem Fleiß und Nachdruck umsetzen zu können:

> If these people are not famous for tracing the fragrant furrow on the plain, they plough the rougher ocean, they gather from its surface, at an immense distance, and with Herculean labors, the riches it affords; they go to hunt and catch that huge fish which by its strength and velocity one would imagine ought to be beyond the reach of man (97-98).

Bewußt wird die bäuerliche Gesellschaft als eine Parallele zu den Walfängern von Nantucket aufgefaßt. Er habe keine martialischen Annalen zu berichten, denn die Walfänger seien ebensowenig wie Bauern ein kriegerischer Menschenschlag, stellt der Erzähler fest und erläutert, ihm gehe es folglich nicht darum, in üblicher Weise eine Geschichte der Herrscher und Kriege zu schreiben, sondern «to enquire by what means they have raised themselves from the most humble, the most insignificant beginnings, to the ease and the wealth they now possess; and give you some idea of their customs, religion, manners, policy, and mode of living» (95-96). Der Erzähler macht keinen Hehl daraus, daß er seinen Stoff nicht ohne pädagogischen Zweck vor dem Leser entwickelt, dessen Neugier auf amerikanische Verhältnisse in eine lehrreiche Bahn gelenkt werden soll. Gegenüber «What is an American?» hat der Erzähler zwar seinen Anspruch als undurchführbar aufgegeben, dem Leser im *Farmer* eine komplette Beschreibung der amerikanischen Szene zu liefern, doch er zielt jetzt auf die Vollständigkeit in kleinerem Rahmen («to give you some idea of their customs, religion, manners, policy and mode of living»). Im Mittelpunkt der folgenden Reisebeschreibung steht mithin weder eine Aufzählung historischer Fakten, die nur nebenbei teilweise geliefert wird, noch im übrigen der Bericht einer wirklichen Reise:

> At my first landing I was much surprised at the disagreeable smell which struck me in many parts of the town; it is caused by the whale oil, and is unavoidable; the neatness peculiar to these people can neither remove or prevent it (99).

Diese Anfangsbemerkung ist einer der ganz wenigen Verweise auf die Reise selbst, die dem Anschein nach mehrere Male auf die Insel und von ihr fortführt («my first landing»). Der Verlauf der Reise tritt hiernach so weit in den Hintergrund, daß er nur noch in Handlungsrudimenten erkennbar bleibt, den erwähnten Besuchen bei verschiedenen wohlhabenden Familien und dem eigenartigen Arzt und Sheriff von Nantucket, schließlich der spätere Ausflug zu einem Vergnügungsort der Inselbewohner und am Ende die wie ein Abschiedstableau arrangierte Begegnung mit einer Familie, die allein auf sich gestellt in einem Haus am Meeresufer lebt. Nicht der Bericht einer eigentlichen Reise, sondern die ausführliche Schilderung des sozialen, politischen und vor allem wirtschaftlichen Systems der Inselkultur steht im Mittelpunkt der fünf Essays. Dies ist auch eines der konstitutiven Merkmale des sozialkritischen Reiseberichts als Genre, wie Thomas Morus es mit seiner Erzählung *Utopia* (1516) durch die Verwendung fiktiver Reiseziele gekennzeichnet hatte, mit denen der zeitgenössischen Gesellschaft ein Spiegel vorgehalten wurde.

Wenn zuerst auch der Zusammenhang zwischen der Art, die Meere zu pflügen auf der Jagd nach dem Wal, «that huge fish», und der Lebensweise von James betont wurde, schränkt der Erzähler doch mit seiner Reminiszenz an seine Ankunft auf der Insel ein, die Einwohner seien «peculiar». Das Attribut ihrer Besonderheit, der Walfang, schafft den Leuten von Nantucket ein Merkmal, das ebenso unangenehm wie unvermeidbar ist, den Geruch des Walöls. Obwohl, oder fast kann man annehmen, vielleicht: *weil* sie so sehr auf Sauberkeit achten, sind sie mit dem Geruch geschlagen.

Seefahrt und Walfang der Bewohner werden schließlich immer deutlicher herausgestellt: «Nantucket is a great nursery of seamen, pilots, coasters, and bank fishermen» (121), aber wirklich einzigartig ist nicht die Beschäftigung, sondern die Gesellschaftsform der Menschen:

> Seldom is it that any individual is amerced or punished; their jail conveys no terror; no man has lost his life here judicially since the foundation of this town, which is upwards of an hundred years. Solemn tribunals, public executions, humiliating punishments, are altogether unknown (125).

Hier fehlt alles, was zur gewohnten Ausstattung eines Gemeinwesens im 18. Jahrhundert zählte, als Hinrichtungen sogar an Kindern vollzogen wurden. Es gibt kaum Strafen und die Haft selbst verbreitet offensichtlich kaum Schrecken. Hinrichtungen hat es an diesem idealen Ort nie gegeben, in der Tat eine bemerkenswerte Feststellung und ein unverhohlener Hinweis darauf, daß die Todesstrafe in einem idealen Gemeinwesen keinen Platz mehr haben kann. Wie um diese Feststellung noch einmal zu unterstreichen, fügt der Erzähler hinzu, autoritäre Gerichtsbarkeit mit öffentlicher Hinrichtung und Pranger («humiliating punishments») seien zur Gänze unbekannt. Die Erklärung dafür sieht der Erzähler ausdrücklich in dem sozialen System der Insel, das den Einzelnen nie wirklicher Armut aussetze und auch nicht ohne Arbeit lasse. Mangel an geregelter Beschäftigung und die materielle Armut der Betroffenen sind nach seiner Ansicht in jenen Gesellschaften die Hauptursachen für soziale Auswüchse, die er zu Anfang dem amerikanischen Beispiel gegenüberstellte. Gegen soziale Unterschiede an sich spricht im Prinzip nichts, weil sie auch im idealen Staat letztlich das Resultat einer vorgegebenen Unterschiedlichkeit der Individuen sind. Auf diese Weise sind soziale Unterschiede auf Nantucket aber weniger erheblich und eher einzusehen, als das im feudal geprägten Staat der Fall ist:

> The only difference that may arise among them is that of industry, and perhaps of superior goodness of soil: the gradations I observed here, are founded on nothing more than the good or ill success of their maritime enterprizes, and do not proceed from education; that is the same throughout every class, simple, useful and unadorned like their dress and their houses (116).

Die Schilderung wird in einem wohlwollenden, aber undramatisch zurückhaltenden Berichtston vorgetragen, ohne den Erzähler individuell mit seinen Handlungen einzubringen. Sie streicht eine Lebensform als ideal heraus, deren Bürger nach außen schmucklos und ohne äußere Merkmale sozialer Unterschiede auftreten, ein extremes Gegenstück zu dem Frankreich, wie Crèvecœur es aus seiner Jugend in Erinnerung behalten haben könnte. Man mag darin bürgerliche Idealvorstellungen der Aufklärung anklingen hören, doch in seiner Anmerkung zur Erziehung geht der Erzähler zweifelsohne über den verbindlichen gemeinsamen Nenner solcher Meinungen heraus. In der beschriebenen Gesellschaft soll auch Bildung keine Rolle mehr spielen. Ausdrücklich wird ihr als ein Gegensatz der Sinn für's Praktische vorgehalten:

> Shining talents and University knowledge, would be entirely useless here, nay, would be dangerous; it would pervert their plain judgment, it would lead them out of that useful path, which is so well adapted to their situation (135).

Statt akademischer Bildung ist «plain judgement» ausschlaggebend für wirtschaftlichen Erfolg, ganz wie unter James und seinen Nachbarn, wenn es sich hier auch um maritime Unternehmungen handelt. Einige der Inselbewohner sind tatsächlich Bauern, die den kargen Boden Nantuckets bewirtschaften, doch auch für sie gilt Gleiches: «superior soil» ist der einzige Grund dafür, daß es unter ihnen «gradations» gibt. Diese Unterschiede sollen allenfalls als Indiz dafür zu werten sein, daß in der freien Gesellschaft jeder seines eigenen Glückes Schmied sein kann. Seefahrt und Walfang sind gleichwohl wesentlich riskanter als die Landwirtschaft und machen folglich auch größere Erfolge möglich: «The sea which surrounds them is equally open to all, and presents to all an equal title to the chance of good fortune» (117). An dieser Stelle tritt verblüffend die Präzision zutage, mit der Crèvecœur zentrale Bilder und Meinungen im Weltbild der Amerikaner nicht nur genau zu treffen, sondern auch überhaupt erst zu formulieren verstand. Ihre Relevanz geht über das exotische Beispiel Nantucket, über das Datum der Niederschrift und am Ende weit über das Jahrhundert hinaus. Mit «equal title to the chance of good fortune» fällt hier bereits der Begriff einer Chancengleichheit, die sich als Zielvorstellung der modernen bürgerlichen Gesellschaft bis in die Gegenwart als die Forderung nach *equal opportunity* erhalten hat, wobei es eine ganz andere Frage ist, wie der Anspruch dieses Ideals in der realen Gesellschaft eingelöst wird. Der Erzähler sieht Fleiß als die Fähigkeit, sich erfolgreich für die eigenen wirtschaftlichen Interessen einzusetzen, nicht als Produkt der Umstände, sondern als eine Eigenschaft, die dem einzelnen unterschiedlich «zugeteilt» wurde. An der Erziehung kann es nicht liegen, denn «throughout every class» ist auf Nantucket für alle Kinder die gleiche schlichte Art der Schule vorgesehen, «useful, and unadorned like their dress and their houses» (116). Nachdem sie lesen gelernt haben «and to write a good hand» (120), machen die Schulkinder vom 12. Lebensjahr an eine zweijährige Lehre im Böttcherhandwerk («which is the second essential branch of business followed here», 120), bevor sie mit 14 Jahren auf eines der Schiffe kommen, auf dem sie nach und nach alle Arbeiten durchlaufen, die zum Walfang gehören, «and surely there cannot be a better or a more useful school of that kind in the world» (121). Bezeichnend für die idealisierte Darstellung dieser Gesellschaft erscheint, wie die verbesserte Schule, neben der Emanzipation der Frau ein typisches Attribut des idealen Staats, nicht nur eine optimale Erziehung vermittelt, sondern allgemein auch allen Kindern offensteht, so daß wohl überhaupt keiner der Heranwachsenden auf Nantucket davon ausgeschlossen sein soll.

In ihrer Abneigung gegen die Sklaverei sind sich die Mitglieder der Quäker-Gemeinschaft ebenso einig wie in ihrer freundlichen Art, mit der sie die Rechte der indianischen Urbevölkerung achten. Zuerst haben sie die Wilden christianisiert und dann in den Produktionsprozeß des Walfangs integriert. Die Bibel und andere christliche Schriften sind in die indianische Sprache Natick übertragen worden, die mit ihren spezifischen Ausdrücken («Awaite pawana!», Da bläst ein Wal!) auch zum regulären Vokabular der Walfänger beigesteuert hat und zahlreichen weißen Kindern fließend geläufig ist. Es herrschen Frieden und Wohlstand auf der Insel, wo Handwerker und Arbeitgeber auf gleichem Fuß miteinander verkehren («they were once nearly related», 134).

Die Gesellschaft, in der der Sinn für's Praktische alle glänzenden Fähigkeiten und akademische Bildung nur überflüssig machen kann, zeichnet sich durch stabile Ehen aus, die früh geschlossen werden, wohl auch, weil der Kodex der Quäkergesellschaft das Geschlechtsleben nach ähnlichen Vorstellungen regelt wie die Erziehung, i.e. «the same throughout every class, simple, useful, and unadorned like their dress and their houses». In Crèvecœurs schöner Neuer Welt findet Sexualität nicht den Platz, den ihr das maßgebliche Milieu im vorrevolutionären Paris eingeräumt haben mag. Sie bleibt im krassen Gegensatz dazu vielmehr völlig ausgespart, entsprechend den Vorstellungen, wie sie die bürgerlichen und in Zukunft republikanischen Amerikaner schätzten. Der Erzähler beschreibt, wie junge Männer und Frauen auf Nantucket, ohne Tanz oder Musik, gern in harmloser Runde zusammensitzen:

> «The island of Catharine in the Brazil, says one, is a very droll island, it is inhabited by none but men; women are not permitted to come in sight of it; not a woman is there on the whole island. Who among us is not glad it is not so here? The Nantucket girls and boys beat the world.» At this innocent sally the titter goes round, they whisper to one another their spontaneous reflections; puddings, pyes, and custards never fail to be produced on such occasions; for I believe there never were any people in their circumstance, who live so well, even to superabundance (152).

Wenn auch die Beschränkung auf Attraktionen wie Süßigkeiten, «puddings, pyes, and custards», in diesem Zusammenhang sehr historisch erscheinen mag, hat, für den Autor und sein Thema signifikant, die geschilderte Redeweise einen authentisch modernen amerikanischen Klang, mit dem hier die Vorzüge der einheimischen Jugend unterstrichen werden. «This lasts until the father and mother return;» schließt der Erzähler seine Episode, «when all retire to their respective homes, the men reconducting the partners of their affections» (153).

Die sittsame Art, auf die es hier in Nantucket zugeht, muß in der Tat wie ein betonter Gegensatz zu den Auffassungen von Sexualität und Moral wirken, für die das 18. Jahrhundert der Nachwelt in Erinnerung blieb. Zweifellos handelte es sich dabei besonders um Verhaltensmuster einer aristokratischen Schicht, die zu diesem Zeitpunkt bereits auf deutlich absehbare Frist von einer bürgerlich geprägten Mittelschicht abgelöst werden würde. Deren Moralkodex entsprach viel eher Crèvecœurs amerikanischen Vorstellungen. Wer will, kann in der gelungenen Beschreibung des ländlich-sittsamen *dating* nach der Art von Nantucket einen Vorgriff auf die Normen eines späteren amerikanischen Alltags sehen. Dazu paßt sicher, und damit schließt sich der Kreis wieder zum Beginn dieser Inhaltsanalyse, wie Crèvecœur die Rolle der Frauen auf Nantucket darstellt und betont. Der Grund für ihre emanzipierte Stellung, «to rule and provide for their families», mit der sie die geschäftliche Seite des Haushalts übernehmen und in den Angelegenheiten der Familie die Verantwortung tragen, liegt vor allem in der ungewöhnlichen Beschäftigung ihrer Ehemänner. «The motives that lead them to the sea, are very different from those of most other sea-faring men;» erläutert der Erzähler, denn nicht die Abenteuerlust bringt die Männer von Nantucket zur Seefahrt, «it is a settled plan of life, a well founded hope a earning a livelihood» (133). Das Erwerbsleben der Seefahrer im alternativen, glücklichen Nantucket stellt sich als keine abenteuerliche und romantische Angelegenheit, sondern als eine pragmatische Vorgehensweise heraus:

> The sea therefore becomes to them a kind of patrimony; they go to whaling with as much pleasure and tranquil indifference, with as strong an expectation of success, as a landman undertakes to clear a piece of swamp (133).

In dieser heiteren und gleichmütigen Einstellung zur Arbeit ist der Erzähler offensichtlich zu demjenigen Ideal vorgestoßen, in dem die Vorstellung von Selbstverwirklichung enthalten ist, mit der die Bewohner des idealen Gemeinwesens ausgezeichnet sind. Der Erzähler scheint zum Schluß sein Ziel erreicht zu haben, dem Leser eine umfassende Vorstellung der Inselkultur zu vermitteln, «customs, religion, manners, policy, and mode of living» (96). Die Eigenschaft, durch eine möglichst vollständige Schilderung gesellschaftlicher Aspekte pädagogisch auf den Leser wirken zu wollen, nimmt derartigen Texten allerdings seit Thomas Morus meist jegliche fiktionale Attraktivität und Spannung und bringt sie in die Nähe zu kleinen reformerischen Kompendien oder sozialen Programmen.

«Curiosi errori»: Die Beurteilung des sozialkritischen Reiseberichts nach historischen Kriterien

Die Schule erscheint häufig als ein herausragender Aspekt in idealen Schilderungen gesellschaftlicher Zustände, deren Autor zu zeigen versucht, wie durch eine verbesserte Erziehung der Kinder gerade solche Schäden zu vermeiden sind, die er an der real existierenden Gesellschaft kritisiert. Was Crèvecœurs Nantucket betrifft, ist diese Kritik mitunter eher eine Implikation der idealen Zustände als eine faßbare Intention des Autors. Nichtsdestoweniger bleibt sie in hohem Maß relevant. Crèvecœur beschreibt beispielsweise auf eine Art, die das Dargestellte bewußt auf alle Kinder Nantuckets verallgemeinert wissen will, das Angebot eines optimalen Ausbildungsgangs. Diese Ausbildung für das Leben auf der glücklichen Insel Nantucket besteht aus einer einfachen Grundschule, beschränkt auf Lesen, Schreiben und Rechnen, einer Handwerkslehre in der Böttcherei, die für die Seefahrer besonders viel zählt, und am Ende einer langen Lehrzeit auf See, die der Erzähler für die nützlichste Art der Schulung überhaupt hält (121).

Von der Geschichte der Ansiedlung über die Entstehung der Gesellschaftsform Nantuckets, die Bewältigung der Konfliktmöglichkeiten mit den Ureinwohnern im Guten, bis hin zu einer fast statistisch nach Spezies und Methode erfaßten Dokumentation des Walfangs und des spektakulären kaufmännischen Erfolgs, enthält die Beschreibung Nantuckets alles, was den Lesern ein möglichst vollständiges Bild von den Verhältnissen der glücklichen Insel geben könnte. Selbst die Erwähnung der Nachbarinsel Martha's Vineyard bezieht sich vor allem auf Nantucket, um den Lesern davon einen Eindruck zu vermitteln, daß für die Errichtung des erfolgreichen Nantucket-Systems nicht schieres Glück ausschlaggebend war, sondern die Fähigkeit der Bewohner, ihre eigenen Vorstellungen in Freiheit und mit Tatkraft verwirklichen zu können. Mit der weniger erfolgreichen Gesellschaft von Martha's Vineyard schafft der Erzähler in seiner Schilderung einen deutlichen Kontrast, der seinem Bild der Quäker-Gesellschaft zusätzliche Tiefe gibt.

Mit viel Beobachtungsgabe bezieht der Erzähler die alltäglichen Dinge des Insellebens in seine Schilderung ein, etwa die Gewohnheit der Schmucklosigkeit unter den Quäkern, die zu Kompensation in versteckten Bereichen führt, so dem reichlichen Essen daheim, der Vorliebe für das Schnitzen und die dazugehörigen Messer:

> You will be pleased to remember they are all brought up to the trade of coopers, be their future intensions or fortunes what they may; therefore almost every man in this island has always two knives in his pocket, one much larger than the other; and though they hold every thing that is called *fashion* in the utmost contempt, yet they are as difficult to please as any young buck in Boston would be about his hat, buckles or coat. As soon as a knife is injured, or superceded by a more convenient one, it is carefully laid up in some corner of their desk. I once saw upwards of fifty thus preserved at Mr.—'s, one of the worthiest men on this island; and among the whole, there was not one that perfectly resembled another (151).

Nichts Ungewöhnliches ist in der Weise zu sehen, wie hier der Name ausgespart wird, weil der Autor dies wie viele Zeitgenossen für diskret gehalten haben mag. Auch wenn es den Betreffenden real überhaupt nicht gegeben hätte, wollte er so Diskretion andeuten oder die Neugier seiner Leser erregen. Der unbezeichnete Mann erscheint jedoch auch als «one of the worthiest men on this island.» Der Erzähler denkt an den sozialen Abstand, der den reichen Mann gegen seine Mitbürger absetzt, wenn er meint:

> [...] this difference will always be more remarkable among people who live by sea excursions than among those who live by the cultivation of their land. The first run greater hazard, and adventure more: the profits and the misfortunes attending this mode of life must necessarily introduce a greater disparity than among the latter, where the equal divisions of the land offers no short road to superior riches (116).

Beobachtet er diese soziale Differenz auch mit Gleichmut, zeigt der Erzähler doch eine ironische Disposition, mit der er feststellt, die Männer der Insel seien in der Auswahl ihrer Schnitzmesser so schwer zufriedenzustellen «as any young buck in Boston would be about his hat, buckles or coat». Die Ironie rührt aus der Distanz, aus der er feststellt, welche Disparität zwischen dem mit allem Ernst vertretenen Widerwillen gegen «every thing that is called *fashion*» und der jünglingshaften Eitelkeit besteht, mit der man sich auf der Insel um die Schnitzmesser kümmert. Gleichzeitig entsteht aber auch ein schärferes Bild der im übrigen so tadellosen Quäker. Der Autor selbst stellt sein Können damit unter Beweis, daß er die Bewohner der idealen, aber kargen Insel mit durchaus menschlichen Zügen auszustatten vermag.

Die Zusammenstellung idealer Merkmale des Nantucket-Systems wird jedoch auch durch die Feststellung kaum abgeschwächt, daß einzelne Beobachtungen das im ganzen idealisierte Bild stellenweise realistisch machen. An dieser Stelle muß die Lektüre beginnen, gerade außerliterarische Kriterien in das Textverständnis einzubeziehen, um die Distanz zwischen dem Gegenstand der Nantucket-Essays und ihrem historischen Vorbild ermessen zu können. Erst diese Distanz macht es später möglich, die Schilderung Nantuckets bei Crèvecœur weitgehend unabhängig vom historischen Nantucket und der realen Geschichte der Vereinigten Staaten zu sehen und darin womöglich ein literarisches Paradigma für eine bessere Neue Welt in Crèvecœurs Sinn auszumachen. In der politischen Diskussion, die in England dem Krieg gegen die Vereinigten Staaten vorausging, spielten Nantucket und seine Bewohner keine geringe Rolle. Die Verteidiger amerikanischer Interessen machten von dem Beispiel der Quäker Gebrauch, um allgemein für die Interessen der kolonialen Wirtschaft nicht nur in Neuengland, sondern gerade auch in den mittleren Provinzen zu argumentieren. Auf ihre zumindest dem Anschein nach bedürfnislose und bescheidene Art eigneten sich die Inselbewohner dafür besonders gut. Auf diese Weise wurden Nantucket und seine Walfangindustrie Mitte der 70er Jahre in der Alten Welt zu einem Begriff:

> The case of the inhabitants of Nantucket was particularly hard. This extraordinary people, amounting to between five and six thousand in number, nine-tenths of whom are Quakers, inhabit a barren island, fifteen miles long by three broad, the products of which were scarcely capable of maintaining twenty families. From the only harbour which this sterile island contains, without natural products of any sort, the inhabitants, by an astonishing industry, keep an 140 vessels, in constant employment. Of these, eight were [sic] employed for the importation of provisions for the island, and the rest in the whale fishery (nach: Starbuck 1878, 60).

Dieses Zitat, das wie eine Anleihe an den Ton von Crèvecœurs Erzähler wirkt, gibt die pro-amerikanische Sichtweise wieder, in der im *English Annual Register* 1775 Partei für die Walfangindustrie genommen wurde, die unter den steuerlichen und militärischen Repressalien der Briten besonders zu leiden hatte. Nach der Lektüre Crèvecœurs erscheint es dem Leser vertraut, wie beeindruckend hier das Gemeinwesen einer «außergewöhnlichen» Bevölkerung dargestellt wird, die auf «unfruchtbarem» Gelände einen «staunenswerten» Fleiß entfaltet hat. Nicht nur der Tonfall, auch die Art der Zahlenangaben korrespondiert eng mit der Weise, in der

Crèvecœurs Erzähler die Insel beschreibt. Den Grund dafür hat man bei den Quäkern selbst zu suchen, weil sie für ihre eigenen Interessen eine Öffentlichkeitsarbeit entfalteten, die auf ihre Zeitgenossen durchaus sprachprägend wirkte. Die dominante Stellung der Quäker ist dasjenige Element, das Crèvecœurs Darstellung der Insel mit dem historisch faßbaren Nantucket verbindet. Sie stellten allerdings nicht «nine-tenths» der Bevölkerung, sondern weniger. Der Erzähler der Nantucket-Essays erwähnt ausdrücklich den gemischten Charakter der Bevölkerung aus Angehörigen verschiedener Glaubensgemeinschaften. Dabei macht er keinen Hehl aus der Tatsache, daß die Quäker alle Stellungen besetzt halten, die mit großem Einfluß und beträchtlichem Reichtum verbunden sind.

In England erwirtschafteten die Kaufleute von Nantucket mittlerweile mit ihren Fässerladungen «Walöl» nicht nur hohe Gewinnspannen, sondern lagen durch die Qualität ihres Produkts auch in Führung und waren wesentliche Versorger von «hochwertiger Lichtenergie». Andere Quäker in England unterstützten ihre Interessen. Während die übrigen amerikanischen Geschäftsleute ihre Interessen eher unverbrämt zum Ausdruck brachten, falls sie das in der zunehmenden Konfliktstimmung überhaupt noch tun konnten, waren die Quäker von Nantucket sehr stark durch die Gottgefälligkeit des eigenen Tuns motiviert. In Crèvecœurs Darstellung wird dies keineswegs entsprechend zum Ausdruck gebracht.[18] Zusammenfassend läßt sich also sagen, daß es in der erwähnten Hinsicht zwischen der Selbstdarstellung der Quäker zu dieser Zeit und Crèvecœurs Nantucket einen beschränkten Zusammenhang gibt, ohne daß die religiösen Überzeugungen der historischen Inselbewohner wirklich Eingang in die Beschreibung ihrer Gesellschaft im *American Farmer* gefunden hätten.

Die Überzeugung, der eigene wirtschaftliche Erfolg bezeuge nur den Wohlgefallen, den der liebe Gott mit ihrem Tun habe, gab den meinungsbildenden Quäkern von Nantucket ein starkes Rückgrat, mit dem sie zunächst auch die Schläge auf sich nahmen, die mit Kriegsbeginn ihre Industrie und schließlich ihr Zuhause zu treffen begannen. Vor dem Krieg, der 1775 einsetzte und bis zum Frieden von 1783 dauerte, sahen die Quäker ihren Wohlstand für die Zukunft durch erfolgreiche Fangfahrten garantiert. Als der Frieden von 1783 den Weg wieder frei für ihre Aktivitäten machte, war es ein Walfänger aus Nantucket, der als erstes Schiff im Londoner Hafen die Flagge der USA hißte. Doch der größte Teil jener Flotte, die im *English Annual Register* ebenso wie von Crèvecœur aufgezählt wurde, war bis 1783 verloren gegangen. Welchen Ruf die Quäker und ihre Fangflotte 1775 genossen hatten, belegt die Rede, in der Edmund Burke

Nantucket zur Verteidigung der amerikanischen Interessen anführte:

> Pass by the other parts, and look at the manner in which the People of New England have of late carried on the whale fishery. [...] Falkland Island, wich seemed too remote and romantic an object for the grasp of national ambition, is but a stage and resting-place in the progress of their victorious industry. [...] No sea but what is vexed by their fisheries. No climate that is not a witness to their toils. Neither the perseverance of Holland, nor the activity of France, nor the dexterous and firm sagacity of English enterprise, ever carried this most perilous mode of hardy industry to the extent to which it has been pushed by this recent People; a People who are still, as it were, but in the gristle, and not yet hardened into the bone, of manhood (nach: Starbuck 1878, 61).

Diese Rede des britischen Politikers und herausragenden Denkers, der selbst aus dem englisch beherrschten Irland stammte, konnte indes nichts zum Wohl der kolonialen Amerikaner beitragen. Die Gesetze im Sinn der konservativen Regierung wurden trotzdem erlassen. Burkes Sätze dokumentieren aber in ihrer verblüffenden Nähe zu Crèvecœurs *American Farmer*, wie sehr die aufgeklärte Denkungsart der Zeit nicht zuletzt durch die effektive Eigenreklame der Quäker für ihr Nantucket System eingenommen zu sein schien. Zu Beginn der Nantucket-Essays sagt der Erzähler: «Sensible how unable I am to lead you through so vast a maze, let us look attentively for some small unnoticed corner; but where shall we go in quest of such an one» (94)? Ebenso, wie der Erzähler auf diese rhetorische Frage hin Nantucket herausgreift, «though it is barren in its soil, insignificant in its extent, inconvenient in its situation» (94), nimmt Burke mit den Worten «Pass by the other parts and look» bewußt die exotische Insel vor Massachussetts als Symbol dafür, was Amerika der bürgerlichen Aufklärung als Symbol bedeutet. Dabei ist unerheblich, daß Burke allgemein von Neuengland spricht, wo er Nantucket meint, hat doch bereits das Zitat aus dem von ihm mitherausgegebenen *Annual Register* gezeigt, daß die Insel im allgemeinen Bewußtsein den Erfolg der Amerikaner im Walfang verkörperte. Was seine stille Bewunderung der Quäker betrifft, so hatte Burke die «Gesellschaft der Freunde» bereits als Schuljunge kennengelernt.

Obwohl Crèvecœurs Nantucket mit den konstitutiven Merkmalen eines utopischen Reiseberichts ausgestattet ist, läßt sich die Darstellung überzeugend mit historischen Fakten in Verbindung bringen. Die Darstellung des Nantucket-Systems, stellvertretend für Crèvecœurs Entwurf Amerikas insgesamt, macht den Eindruck, als habe die beschriebene Reise eine dokumentarische und biographische Grundlage. Dieser Eindruck scheint in jedem Fall in der Intention des Autors gelegen zu haben. Allerdings gibt es Indizien, die an der vom Autor angebotenen Lesart seiner Schilderung Nantuckets, die ausdrücklich Modell für Amerika sein soll (cf. 94-95), Zweifel aufkommen lassen. Weiß der kritische Leser etwa, daß Crèvecœur in seiner ersten Zeit in Nordamerika in den kanadischen Kolonialtruppen als Kartenzeichner ausgebildet wurde, wird er kaum überrascht sein, zu Beginn der Essays über die Insel eine geographische Lagebezeichnung im Text zu finden:

> The island of Nantucket lies in latitude 41° 10'. 100 miles N.E. from Cape Cod; 27 N. from Hyanes or Barnstable, a town on the most contiguous part of the great peninsula; 21 miles W. by N. from Cape Pog, on the vineyard; 50 W. by N. from Wood's Hole, on Elizabeth Island; 800 S. from Bermudas (98).

Selbst der geographisch unkundigste Leser wird beim genauen Hinsehen darüber stolpern, daß die kühle und karge Insel nach Angaben des Erzählers 800 Meilen südlich der Bermudas liegen soll. Dabei könnte es sich gleichwohl um einen Druckfehler handeln, hätte der Autor sein Buch nicht nach der Erstveröffentlichung 1782 durchgesehen und für die folgende Auflage 1783 entsprechend verbessert, *ohne* hier etwas zu ändern. Hinzu kommt freilich, daß der kundige Leser auch an den übrigen Angaben bald erkennen wird, was Stone in der von ihm edierten Ausgabe 1981 mit der bündigen Fußnote ausdrückt: «This information is incorrect, as the reader can ascertain by consulting a map of the area» (110 n.). Mit etwas mehr Emphase meinte schon Wainstain 1965: [...] «le indicazioni riguardanti la posizione dell'isola che Crèvecœur vorebbe far credere ai lettori trovarsi a nord di Boston! Benché alcune modificazioni fossero apportate alla seconda edizione delle *Lettere* (Londra, 1783), Crèvecœur mancò di correggere questi curiosi errori» (247).[19]

Nun handelt es sich bei den «curiosi errori» keineswegs um eine der vielen Nebensächlichkeiten im Werk Crèvecœurs, das im Lauf der Entwicklung des franko-amerikanischen Autors an Detailreichtum immer mehr zunahm, bis *Pensylvanie* vor Fußnoten Gefahr lief, die Aufmerksamkeit des Lesers zu ersticken. Vielmehr dienen die «errori» als Indizien in der Analyse des Nantucket-Systems, die in der vorliegenden Untersuchung den Focus zum Verständnis der englischen und französischen Texte bildet. Das Ergebnis, das daraus im folgenden hergeleitet werden soll, läßt sich vermutlich auf den Begriff einer «Erfindung Amerikas» bringen, der in der vorangegangenen Formulierung *Farmer* und *Cultivateur* unterstellt wurde (*Pensylvanie* bildet in dieser Hinsicht eher einen Nachtrag).

Warum sollte sich Crèvecœur also in Bezug auf die geographische Lage Nantuckets so sehr irren, wo er doch selbst bis zu einem gewissen Grad Fachmann war und die Insel in *Farmer* und *Cultivateur* mit soviel Ausführlichkeit behandelte? Dies erschiene sinnlos, es sei denn, darin läge eine Konsequenz aus der Erfahrung seiner Figur James, besonders in den Kapiteln IX und XII des *Farmer*, daß die ländliche Utopie des Bauernhofs durch die realen Widersprüche von Sklaverei und Bürgerkrieg nicht mehr zu halten war. Vielleicht suchte er die in mehrfacher Hinsicht abseitige Insel, so wenig sie seinen Zeitgenossen und späteren Lesern genau bekannt sein konnte, um für seine überhöhte Vision der Neuen Welt ein Beispiel zu liefern, das keine Widersprüche mehr enthielt. So mögen die «curiosi errori» im Sinn Wainstains durchaus auf den Leser «kurios» wirken, doch nur auf den ersten Blick. Die ins Spekulative deutende Lagebezeichnung der Insel soll, um kein Mißverständnis aufkommen zu lassen, an dieser Stelle nur den Weg weisen, auf dem Crèvecœurs Leser, vergleichbar dem Doppelsinn von Thomas Morus, in ein amerikanisches Nirgendland gelangen.

Der dokumentarische Reisebericht als Vorspiegelung

Jonathan Carvers Reisebericht *Travels through the Interior Parts of North America, in the Years 1766, 1767, and 1768* erschien vier Jahre vor dem *American Farmer* und hatte bald mit einer Vielzahl von Neuauflagen, Nachdrucken und Übersetzungen einen ähnlichen Erfolg, wie Crèvecœur ihn ab 1782 mit seinem *Farmer* zu haben begann. Dokumentarische Reiseberichte über Amerika konnten seit Beginn des Unabhängigkeitskriegs in Europa mit einem noch größeren und wißbegierigeren Publikum als bisher rechnen. Wie Giltrow 1981 feststellte, hegten europäische Leser in Bezug auf Amerika eine besonders ausgeprägte Erwartung für Dokumentarberichte. Man erwartete keinesfalls Romane oder vergleichbare fiktionale Texte aus der Neuen Welt: «European readers did not expect fictions from the New World, but data made plausible by a documentary frame» (31).

Es war charakteristisch für einen amerikanischen Autor wie Carver, daß er sich in London und im weiteren Sinn in Europa seine literarische «Heimat» suchen mußte, wenn er für seine Reisen ins Hinterland der Vereinigten Staaten ein Publikum finden wollte, das seine Erlebnisse mit einem entsprechenden Interesse aufnehmen würde. Sein Landsmann Crèvecœur, ebenfalls in London verlegt, kannte demnach nur den Erfolg, den amerikanische Bücher wie Carvers *Travels* oder Dickinsons *Pennsylvania Farmer* in Europa hatten. Ohne das Vorbild eines amerikanischen Erzählers auf dem europäischen Buchmarkt gab es für Crèvecœur hauptsächlich Reiseberichte wie den von Carver oder die politische Prosa eines Dickinson, um sich daran zu orientieren, von Raynals enzyklopädischen Amerika-Kompendien einmal ganz abgesehen. Carvers *Travels* und Dickinsons *Pennsylvania Farmer* waren die herausragenden Beispiele dafür, welche Art von amerikanischen Büchern im 18. Jahrhundert auf ein großes Interesse des Publikums stoßen konnten. Übrigens gingen beide Bücher dem Inhalt nach auf die 60er Jahre zurück. Damit stellten sie genaugenommen eine Stufe der Entwicklung amerikanischer Literatur dar, die in den 70er Jahren bereits überwunden war, als der Großteil von Crèvecœurs englischen Texten entstand. Doch der franko-amerikanische Autor scheint sich darüber nicht ganz im klaren gewesen zu sein. In der Rahmenhandlung des *Farmer* schloß Crèvecœur einfallsreich an die Perspektive amerikanischer Bauernbriefe an, wie sie Dickinson, John Adams und zahlreiche andere Autoren, darunter auch Benjamin Franklin, verwendet hatten. Im ausgedehnten Mittelteil des *Farmer* setzte Crèvecœur dagegen die Form des Reiseberichts ein. Wie das Echo der Zeitgenossen beweist, die Crèvecœurs Nantucket aufmerksam und interessiert studierten, durfte diese Form mit der beträchtlichen Neugier des Publikums rechnen. In den Bauernbriefen seines Buchs hatte der franko-amerikanische Autor bereits um die Figur des Erzählers James eine fiktionale Handlung aufgebaut, und die Vermutung erscheint nur folgerichtig, daß auch hinter dem dokumentarischen Ton der Nantucket-Kapitel der Versuch stehen könnte, die gut eingeführte Form des Reiseberichts zu fiktionalen Zwecken zu verwenden. Diese Vermutung geht allerdings darüber hinaus, was frühere Leser anzunehmen bereit waren.

Die Frage, wann und unter welchen Umständen Crèvecœur sich auf Nantucket und Martha's Vineyard aufhielt, erhält durch diese neuen Überlegungen eine weniger biographisch als auf den Text bezogen relevante Bedeutung. Letztlich hängt es von der Antwort auf diese Frage ab, wie die zahlreichen Eindrücke und Details von Nantucket kritisch aufzufassen sind, die den Hauptteil der gesellschaftlichen Schilderung des *Farmer* ausmachen. Bisher lag der Schluß für Kritiker nahe, der Autor sei selbst auf den Inseln Nantucket und Martha's Vineyard gewesen, um unter den Quäkern und Walfängern sein Material zu sammeln, das für die Zeit wirklich neu und originell war. Dazu soll zunächst ein Beitrag diskutiert werden, der in der gesamten Sekundärliteratur bisher unbekannt geblieben ist, obgleich es sich um die ausführlichste Erörterung dieser Frage handelt, die bisher überhaupt angestellt wurde. In einer Monographie über die Insel Nantucket lieferte der Privatgelehrte Frederick Guba 1965 eine fundierte Untersuchung darüber, wann Crèvecœur sich auf Nantucket aufgehalten haben könnte. Guba ging zunächst von der bemerkenswerten Tatsache aus, daß es Crèvecœur selbst war, der die Reise nach Nantucket auf Monat und Jahr datiert hat. Die französischen Nantucket-Kapitel in *Cultivateur* sind in der Ausgabe von 1787 im Unterschied zu der drei Jahre älteren Erstausgabe jeweils mit Daten von August bis Dezember 1772 versehen. Auf diese Weise könnte sich ein Anhaltspunkt dafür ergeben, daß der Autor 1772 auf den Inseln gewesen ist, zehn Jahre vor der Publikation des *Farmer.* Von vornherein ist jedoch dagegen zu halten, daß die Daten, die der Autor von *Cultivateur* in der endgültigen Fassung von 1787 den meisten Kapiteln hinzugefügt hat, durchweg nicht einen realen, sondern eben fiktionalen Bezug haben. Ein Beispiel dafür unter vielen ist etwa die Widmung an den Marquis de la Fayette in der Ausgabe 1787 (i-v), die in der Pose des einheimischen Amerikaners von «St. John de Crèvecœur» unterzeichnet ist, obgleich der Autor um diese Zeit tatsächlich als französischer Diplomat arbeitete. Das angegebene Datum ist «Albany, 17 Mai 1781», wiewohl sich Crèvecœur selbst im Mai 1781 nicht in der New Yorker Stadt Albany, sondern in London aufgehalten hatte.

Guba hatte bei seiner Arbeit selbst keine entsprechenden Informationen, er wird aber stutzig darüber, daß Crèvecœur im *Farmer* offensichtlich auf reale Umstände anspielte, die 1772 auf der Insel noch nicht gegeben sein konnten. Angenommen, Crèvecœur sei 1772 tatsächlich auf der Insel gewesen, argumentiert Guba, dann hätte er sein Material über die folgenden Jahre womöglich bei einem späteren Aufenthalt gesammelt, für den Guba einen Zeitpunkt unmittelbar vor Crèvecœurs Abreise von seinem amerikanischen Hof *Pine Hill* 1779 vorschlägt. Es erscheint allerdings unwahrscheinlich, daß Crèvecœur auch nur zu einem der beiden vermuteten Zeitpunkte auf Nantucket war. Guba ist selbst der Ansicht, 1772 sei eigentlich zu früh angesetzt, weil der Autor Gegebenheiten wie ein bestimmtes Gebäude noch nicht so vorfinden konnte, auf die er später Bezug nahm. Davon abgesehen, wird diese erste Vermutung Gubas, die sich auf die Ausgabe von *Cultivateur* von 1787 bezieht, durch ein zusätzliches Argument entkräftet. Crèvecœur war 1772 damit beschäftigt, seinen kaum mehr als zwei Jahre alten Hof aufzubauen, eine formidable Arbeit, wie sich aus einigen Passagen im *Farmer* schließen läßt. Mehetable St. John erwartete ihr zweites Kind. Nach allem, was über Crèvecœurs Leben als John Hector St. John bekannt ist, erscheint es vollkommen unwahrscheinlich, daß er seine hochschwangere Frau um diese Zeit allein gelassen hätte, um sich mehrere Monate unter die Walfänger zu begeben. Was wiederum den Zeitraum betrifft, der Crèvecœurs Abreise von *Pine Hill*

1779 vorausging, so war diese Zeit für ihn vor allem durch die bürgerkriegsähnlichen Konsequenzen gekennzeichnet, die der Unabhängigkeitskrieg für das New Yorker Hinterland hatte. Seine *War Sketches* und das Drama *Landscapes* geben einen bezeichnenden Eindruck davon, wie weit entfernt Crèvecœur 1778 von dem ruhigen Ton der Nantucket-Kapitel war. Abgesehen davon, welche Veränderungen der Krieg 1778 bereits für Nantucket mit sich brachte, erscheint es auch deshalb unwahrscheinlich, daß Crèvecœur 1778 nach Nantucket fuhr, weil er in diesem Jahr bereits eine andere längere Reise in das Grenzland von Pennsylvanien unternahm, die ihren Niederschlag in seinem Essay «Susquehanna» gefunden hat.

Guba hat vor allem einen Umstand herausgegriffen, der Crèvecœurs Nantucket in Beziehung zu historisch faßbaren Ereignissen der Inselgeschichte setzt. Er macht darauf aufmerksam, daß Crèvecœur in Kapitel VII des *Farmer* Keziah Coffin und ihren Mann erwähnt (153-54), ein bekanntes wohlhabendes Ehepaar, die sich Ende der 70er Jahre ein großes Landhaus zugelegt hatten. Der Baubeginn war im August 1776, fertiggestellt war der Landsitz jedoch erst im September 1777. In Crèvecœurs Text wird der Landsitz bereits als fertiges Gebäude erwähnt, in dem Coffin und ihr Mann zahlreiche Gäste empfangen. Guba kommt somit zu dem Schluß, daß Crèvecœur sich wahrscheinlich im Spätsommer und Herbst 1777 auf Nantucket aufgehalten hat. Nach den vorausgegangenen Überlegungen gibt es nur diese eine Möglichkeit für ein Datum, an dem sich der franko-amerikanische Autor tatsächlich auf der Insel aufgehalten haben könnte.

Unterrichtete Kreise auf der Insel sind heute nach wie vor der Ansicht, daß die Darstellung im *American Farmer* viele Details enthält, die als stark übertrieben oder erfunden gelten müssen. Beispielsweise macht das *Nantucket Atheneum,* die alte Bibliothek der Quäker-Insel, in einem Brief an den Verfasser darauf aufmerksam, daß Crèvecœur wiedergibt, wie die Frauen auf Nantucket Opium in einem Umfang zu sich nehmen, der auf eine verbreitete Abhängigkeit schließen läßt (154-55). Nach Ansicht der Bibliothek handelt es sich dabei keineswegs um eine historische Tatsache, und eine medizinhistorische Untersuchung von Kane scheint dies zu unterstützen:

> The first white man who smoked opium in America is said to have been a sporting character, named Clendenyn. This was in California, in 1868 (1).

Obgleich diese Angabe allein noch wenig definitiv zu sein scheint, da sie das Rauchen und nicht das Essen von Opium betrifft, erhält sie doch zusätzliches Gewicht durch die Schlußfolgerung, daß der gutinformierte New Yorker Arzt und Drogenexperte Kane mit Sicherheit andere Formen des Mißbrauchs von Opium erwähnt hätte, wenn es sie vor 1868 in den USA gegeben hätte. Zudem gibt es im *Nantucket Atheneum* ein Exemplar des *American Farmer* aus dem 18. Jahrhundert, das die Anmerkungen zahlreicher Einwohner der Insel aufweist, darunter folgenden Kommentar zum Opium-Essen auf Nantucket: «A lie without a shadow of foundation» (Guba 141). Gleichlautend meint man dazu in der Bibliothek, daß sich wahrscheinlich Benjamin Tupper, ein bekannter Einwohner der Insel, diese Geschichte ausgedacht hat (B).

Edouard Stackpole, ein Standardautor zum Thema Walfang und Nantucket, teilt auf Befragen dagegen mit, Crèvecœur müsse sich 1774 auf der Insel aufgehalten haben (B). Obwohl die für das Datum 1772 erwähnten Gründe auch die beiden folgenden Jahre auszuschließen scheinen, haben schon früher informierte Einwohner mit ihrem Mitbürger Stackpole übereingestimmt, daß der Autor des *Farmer* seinen Besuch etwa zwischen 1772 und 1774 machte («what must have been an extended visit», fand Stevens 1936, 120). Die überzeugende Argumentation, die Guba 1965 für seine Datierung lieferte, scheint allerdings die Annahme von Stackpole auszuschließen, zumal Guba sich dabei an eine ältere Datierung durch die Historische Gesellschaft von Nantucket anlehnt (140).[20] Wenngleich Gubas Argumente für das Datum 1777 auch an Wahrscheinlichkeit gewinnen, weil er entsprechende Bezüge zwischen Crèvecœurs Nantucket und der historischen Insel ausfindig macht, stößt er doch selbst bei der Lektüre Crèvecœurs auf eine wesentlich größere Zahl von Einzelheiten, für die er den Ausdruck «serious misrepresentations» verwendet. So schildert Crèvecœurs Erzähler ausdrücklich eine Landschaft mit unfruchtbarem Boden, was kaum dem tatsächlichen Charakter der Insel entspricht. Als ob der Erzähler im Widerspruch dazu den wunderbaren Fleiß der Amerikaner auf Nantucket umso mehr herausstreichen wollte, berichtet die Schilderung außerdem von blühendem Getreide auf Feldern, die mit Zedernpfählen eingezäunt seien (cf. *Farmer* 100). Beides, so Guba, widerspricht dem, was sich über den zeitgenössischen Ackerbau der Insel sagen läßt.

Einen tiefgreifenden Widerspruch zwischen Crèvecœurs Nantucket und dem Bild der historischen Insel findet man in der Darstellung der Indianer. Als der *American Farmer* 1782 von einem friedlichen Nebeneinander der Urbevölkerung mit den Weißen berichtete, gab es in Wirklichkeit kaum noch Indianer auf Nantucket. Während es im idealen Staat der glücklichen Insel, wie Crèvecœurs Erzähler sie schilderte, in hundert Jahren keine Hinrichtung gegeben hat, gab es sie im historischen Nantucket sehr wohl. Weil Alkoholismus und die innere Zerstrittenheit der Urbevölkerung für die Inseljustiz laufend neue Anlässe boten, wurden besonders häufig Indianer hingerichtet. Während auf der Nachbarinsel Martha's Vineyard heute noch die Nachkommen des eingesessenen Stamms der Wampanoag leben, erging es den Angehörigen des Natick-Stamms auf Nantucket ganz anders. Bis in die frühen 60er Jahre des 18. Jahrhunderts gab es unter den Einwohnern der Insel noch annähernd 400 einheimische Indianer. Allerdings war dies mehr als ein Jahrzehnt vor dem Zeitpunkt, zu dem die Schilderung im *Farmer* einsetzt und fast zwanzig Jahre vor Erscheinen des Buchs. Vom Sommer 1763 bis zum Februar 1764 starben über die Hälfte der Naticks an einer Seuche, gegen die die Weißen immun zu sein schienen. Die indianische Bevölkerung wurde durch diese Seuche entscheidend in ihrer Lebensfähigkeit getroffen und starb in der Folgezeit aus. Die letzte Angehörige der Natick starb 1855. Zu der Zeit, als Crèvecœur seine Schilderung entwarf und 1781 für die Veröffentlichung im folgenden Jahr vorbereitete, gab es kaum eine indianische Bevölkerung auf Nantucket, die mit den Weißen in einem Idyll zusammenlebte. Obgleich der Erzähler der Nantucket-Kapitel ausdrücklich von einer Krankheit spricht, an der die halbe indianische Bevölkerung gestorben sei, gibt seine Beschreibung einer christlichen, arbeitsamen Gemeinde kaum ein Bild der Zustände, wie sie die Regionalgeschichte kannte (cf. den *Farmer* 111-12). Es kann vermutet werden, daß der reale Sachverhalt für den Autor eine untergeordnete oder möglicherweise überhaupt keine Rolle gespielt hat. Dabei dürfte es gleichgültig sein, ob es nur schwierig oder aber unmöglich für ihn war, seine Angaben 1781 noch einmal zu überprüfen (zum Schicksal der Indianer siehe Douglas-Lithgow, besonders die Zahlenangaben, 368). Auch wenn der franko-amerikanische Autor Angaben benutzt hatte, die sich auf weiter zurückliegende Zustände bezogen haben könnten, scheinen die Fakten über das reale Nantucket doch eher dazu gedient zu haben, seine Essays dokumentarisch auszumalen, nicht aber, die Kern-Idee eines vollkommenen amerikanischen Gemeinwesens zu komplizieren.

Hat man einmal begonnen, den so dokumentarisch wirkenden Reisebericht, den der *American Farmer* von Nantucket und Martha's Vineyard gibt, auf eben diese dokumentarische Qualität hin zu untersuchen, gibt der Text an immer mehr Stellen nach. Hinter dem Anschein einer bestechend genau detaillierten Beschreibung wird offenbar, wie ein amerikanischer Autor zu einer Zeit fiktional zu schreiben versuchte, in der Europas maßgebliches Publikum dies den Schriftstellern der Neuen Welt noch nicht zuzugestehen schien. Die deutlichsten Beispiele dafür liefert der Vergleich zwischen der Schilderung, wie sie der Erzähler der Nantucket-Kapitel gibt, und der disharmonischen Realität Nantuckets in den Kriegsjahren. Die Bevölkerung von Nantucket zählte auf dem Höhepunkt der Entwicklung zum Walfangzentrum 1774 genau 4545 Personen, und davon verloren in den Jahren 1775 bis 1781 durch Kriegseinwirkungen 1600 ihr Leben, also ein Drittel der gesamten Bevölkerung und ein so hoher Anteil, wie ihn vergleichsweise nur deutsche Gemeinden im 30jährigen Krieg verloren. Der Unabhängigkeitskrieg zog die Inselkultur mithin tiefgehend in Mitleidenschaft. Noch im Jahr 1776 gab es die unter anderem von Edmund Burkes *Annual Register* gerühmte Flotte von 150 Schiffen, die von Nantucket aus die Weltmeere befuhren. In den folgenden Jahren gingen davon fünfzehn auf See verloren, aber 134 Schiffe fielen den Briten in die Hände. Der Erzähler von Crèvecœurs Nantucket-Kapiteln rühmte 1782 die Walfangflotte von Nantucket als das herausragende Beispiel für die Energie, den Einfallsreichtum und die weltweiten Möglichkeiten der neuen amerikanischen Wirtschaft. In Wirklichkeit gab es Anfang der 80er Jahre auf Nantucket nichts mehr, was sich als «Flotte» hätte bezeichnen lassen (dazu Starbuck 1878, 177 und die Aufstellung bei Douglas-Lithgow, 368).

Es war durchaus zutreffend, als Hoyt 1978 davon sprach, der Unabhängigkeitskrieg habe für die Quäker eine Tragödie bedeutet (45), denn erst in den Jahren unmittelbar vor dem Beginn der Kämpfe 1775 war jener wirtschaftlich expansive Erfolg erreicht worden, der Crèvecœur zu seinen Essays anregte. Er stellte diesen Zustand freilich so dar, als hätte er schon seit längerem bestanden und dauere ungebrochen fort, obgleich beides nicht der Fall war. Hoyt hat zudem darauf aufmerksam gemacht, daß die Mehrheit der Amerikaner auf Nantucket nicht die Sache ihrer Landsleute auf dem Festland unterstützte und unter den Quäkern der «Gesellschaft der Freunde» die Ablehnung so weit ging, daß sie fünfzig Glaubensgenossen wegen ihrer politischen Einstellung enteigneten und ausstießen (44-45). In diesem Zusammenhang nimmt Guba Bezug auf eine eher kuriose Stelle in der Fassung von *Cultivateur* aus dem Jahr 1787. Der Erzähler gibt dort nach angeblichen Zeitungsberichten wieder, daß die Einwohner von Nantucket dem Marquis de la Fayette für seine Verdienste im amerikanischen Unabhängigkeitskrieg einen Käse von 500 Pfund zum Geschenk gemacht hätten. «The letter», meint Guba zu diesem Kapitel, «is a fraud and a hoax fabricated by Crèvecœur» (142). In Wirklichkeit wirkte bei den Quäkern die Erfahrung der Kriegsjahre immer noch so sehr nach, daß sie den Marquis nicht einmal empfangen wollten, als er sich Anfang des 19. Jahrhunderts zu einer Art Tournee in den USA aufhielt, um sich als alter Revolutionsheld entsprechend feiern zu lassen. Obgleich die Käse-Episode weithin in Umlauf gelangte, scheint Crèvecœur sich hier doch einen Spaß geleistet zu haben. Hoyt erläutert den Konflikt zwischen Nantucket und dem Festland im Unabhängigkeitskrieg mit dem Hinweis, daß die Amerikaner auf Nantucket unter ihren übrigen Landsleuten einen so schlechten Ruf hatten, daß man bereit war, an jedes Gerücht zu glauben, das den Quäkern nachsagte, Patrioten an die Briten zu verraten (47).

Der Erzähler der Nantucket-Kapitel wählte die Insel zu Beginn gerade als ein Muster dafür aus, was den Einwohnern der glücklichen Neuen Welt mit fleißigem Einsatz möglich sei, doch die reale Insel war gerade politisch viel weniger repräsentativ für Amerika, als der franko-amerikanische Schriftsteller seine europäischen Leser glauben machen wollte. Von diesen Konflikten ist in Crèvecœurs Nantucket an keiner Stelle die Rede. Wie unwirklich die Essays im *Farmer* 1782 auf einen Leser wirkten, der sich auf Nantucket und Martha's Vineyard etwas auskannte, machen die Zerstörungen und Schäden deutlich, die in den Kriegsjahren hier angerichtet wurden. Stellte der Erzähler im *Farmer* 1782 die Insel Martha's Vineyard noch als ein intaktes Gemeinwesen dar, war sie bereits vier Jahre zuvor durch eine großangelegte Plünderung fast völlig zugrundegerichtet worden, als die Briten 300 Rinder und 10000 Schafe forttrieben, die Anlagen zur Salzgewinnung zerstörten, sechs Schiffe verbrannten (die Hälfte aller Schiffe von Martha's Vineyard nach dem Stand von 1775, cf. Starbuck 1878, 41) und 23 der besonderen Boote beschlagnahmten, mit denen die Quäker die Jagd auf Wale ausführten. Aus diesen Angaben, die Hoyt dazu macht (52), läßt sich auf die Absicht der Briten schließen, den Quäkern gezielt die Lebensgrundlage zu zerstören. Als Nantucket 1779 von den Briten geplündert wurde, wurde es ähnlich in Mitleidenschaft gezogen (dazu Douglas-Lithgow, 370). Nach wiederholten Plünderungen bot die Insel schließlich kaum noch Nahrung und Feuerholz, so daß die kraß verarmte Bevölkerung Mühe hatte, die schweren Winter zu überstehen.

Es gab von Anfang an begründete Zweifel darüber, wie die Reisebeschreibung Crèvecœurs von Nantucket aufzufassen sei, die schon aus der Tatsache rührten, daß Crèvecœurs Nantucket eher die Merkmale einer idealen Gesellschaft trug, als mit der historisch faßbaren Insel zu korrespondieren. Unterdessen lassen die hier angesprochenen Angaben zur Regionalgeschichte die Vermutung als gewiß erscheinen, die allerdings zum ersten Mal hier formuliert wird, daß Crèvecœur die populäre Form des amerikanischen Reiseberichts in der Manier eines Carver dazu benutzte, dem europäischen Publikum ein erfundenes Amerika zu bieten. Obwohl erfunden, war diese Schilderung nach Ansicht des Autors doch nicht weniger gültig, und er beanspruchte darin eine Art fiktionaler Wahrheit, wie sie die Eigenschaft erzählender Literatur ist. In seiner sozialutopischen Vollkommenheit und in seinem realistischen Detailreichtum wirkte Crèvecœurs Amerika überzeugender als die unübersichtliche Wirklichkeit der langen Kriegsjahre. Erst die Leser der *Sketches* konnten von dieser realen Gegenwelt, zu einer viel späteren Zeit, einen Eindruck erhalten. Insofern die meisten Verfasser literarischer Kritiken die Ansicht von Guba zu teilen scheinen, der *American Farmer* sei bemerkenswert dafür, die erste Beschreibung der Inselkultur zu liefern, ist es recht auffällig, daß dagegen die historische Fachliteratur die ausführlichen Crèvecœur-Essays außer acht läßt. Sie seien durchaus charmant, meint Starbuck 1924 einleitend, leider aber nur zu unwahr (41). Die ideale Gesellschaft der Quäker bei Crèvecœur habe wenig Bezug zur Wirklichkeit gehabt, in der es reichlich Konfliktstoff unter den Inselbewohnern gab. Nach Art der Quäker sei man freilich stets darum bemüht gewesen, alles zu vertuschen.

Wenn Crèvecœurs Reisebeschreibung Nantuckets keine «regelrechte» Reisebeschreibung darstellt, welcher Grund könnte den franko-amerikanischen Autor dann dazu bewegt haben, seinen Erzähler in der Maske eines dokumentarischen Reiseberichterstatters ausgerechnet nach Nantucket zu schicken? Der ausschlaggebende Grund liegt in dem bereits erfolgten Hinweis, daß es sich um die erste literarische Erwähnung Nantuckets überhaupt handelte. Die europäischen Leser wußten von Nantucket noch weniger als von Amerika im ganzen, und der Autor hatte freies Spiel. Wie verwendungsfähig das war, wofür Nantucket stand, zeigt die lange Reihe von Autoren, die von Poe über Melville und Hawthorne bis zu John Updike entweder Nantucket, Martha's Vineyard oder beide Inseln literarisch verarbeitet haben.[21] Zu seiner Zeit konnte Crèvecœur sich völlig sicher sein, daß er mit Nantucket als Gegenstand seine Leser zumindest überraschen würde. Das Bild der Insel eignete sich hervorragend dazu, als Hintergrund für die Ideale zu dienen, die der Autor der Neuen Welt förmlich unterstellte. Nantucket gab in seinen Augen das geeignete Modell für ein bescheidenes, aber doch wunderbar prosperierendes Amerika freier und gleichberechtigter Bürger ab, das sich aus eigener Kraft entwickelt hatte und zu den größten Hoffnungen berechtigte, ein Amerika, wie er es seit seiner Zeit in Québec immer gesucht, aber kaum wirklich gefunden hatte.

Die Frage, mit der dieser Abschnitt eingeleitet wurde, zielte darauf, wann und unter welchen Umständen Crèvecœur sich auf Nantucket und Martha's Vineyard aufgehalten hat. Was den Text der Nantucket-Kapitel in ihrer englischen wie französischen Form angeht, hat sich unterdessen herausgestellt, wie wenig die Realität eine Rolle dafür gespielt hat, was Crèvecœurs Erzähler schildern wollte. Die biographische Ermittlung, wann Crèvecœurs Reise stattgefunden haben könnte, hat sich als wesentlich unübersichtlicher herausgestellt, als anzunehmen war. Informierte Verfasser zum Thema Nantucket scheinen in dieser Frage uneinig zu sein, und das einzige Datum, für das sich vage Anhaltspunkte ergeben haben, ist die Zeitspanne vom Spätsommer bis Herbst 1777.

Abschließend läßt sich im folgenden die vergessene Aussage eines Crèvecœur-Zeitgenossen anführen, auf die zuvor nur Rice am Rande hingewiesen hat. Christoph Daniel Ebeling, der in der 1790er Jahren die fünf großen Bände seines Handbuchs *Erdbeschreibung von Amerika* verfaßte, ein Kompendium der Vereinigten Staaten, das im deutschen Sprachraum für lange Zeit ohne Beispiel blieb, kannte Crèvecœurs *American Farmer* und *Cultivateur* genau, faßte er die beiden Werke doch vor allem als dokumentarische Berichte auf, aus denen er häufig zitierte. Ebeling, der einige Jahre später Crèvecœur in Hamburg persönlich traf, wußte oft zu seiner Zeit mehr über einen amerikanischen Gegenstand als nahezu jeder andere zeitgenössische Leser, weil ihm sein umfassendes und gründliches Quellenstudium einen besonders großen Überblick verschaffte. Wie sein Abschnitt über Nantucket zeigt, zögerte er nicht, den *Farmer* und *Cultivateur* dafür widersprüchlicherweise als wesentliche Quellen zu benutzen. In einer Fußnote schickte er allerdings einen entscheidenden Hinweis voraus, der die Lektüre Crèvecœurs schließlich in ein ganz anderes Licht rückt:

> Die beigefügte Karte ist aber schlecht [*Farmer* und *Cultivateur* enthielten diverse Karten, darunter von Nantucket und Martha's Vineyard, D.E.]; auch war der Verf. der Briefe, St. John, nie selbst in diesen Inseln oder Nantucket, sondern schrieb alles nur aus dem Munde eines angesehenen Mannes aus Nantucket, in New-York nieder (1:467).

Ebelings Aussage läßt den Schluß zu, daß Crèvecœur seine Essays schrieb, ohne je auf Martha's Vineyard oder Nantucket gewesen zu sein. Selbst für Leser, die mit Crèvecœur vertraut sind, muß dies überraschend wirken, hat doch der franko-amerikanische Autor seine Reputation zu einem guten Teil der verbreiteten Ansicht zu verdanken, seine Essays seien das Resultat genauer Beobachtung und einer weitläufigen Kenntnis des Landes. Man mag die Möglichkeit einräumen, daß Ebeling mit seiner Anmerkung eine unrichtige Aussage gemacht haben könnte, zumal er selbst vom Autor des *American Farmer* unzutreffende Angaben über Nantucket übernommen hat, doch sind im übrigen Genauigkeit und Zuverlässigkeit die kennzeichnenden Merkmale von Ebelings Buch. Es bleibt zugegebenermaßen unklar, wie Ebeling davon erfahren hat, daß Crèvecœur «nie selbst in diesen Inseln oder Nantucket» war, sondern «alles nur aus dem Munde eines angesehenen Mannes aus Nantucket» niederschrieb, der sich selbst nicht mehr dort aufhielt.[22] Allerdings spricht Ebelings umfangreiche Korrespondenz mit zahlreichen «angesehenen Männern» in den USA dafür, daß er seine Informationen unmittelbar aus Amerika, vielleicht sogar aus New York bezog. So gesehen werden eine ganze Reihe von Crèvecœurs Landsleuten den *Farmer* gekannt und gleichzeitig gewußt haben, wie die Darstellung Nantuckets aufzufassen war. Letzten Endes muß die Zuverlässigkeit Ebelings als Fachgelehrter den Ausschlag dafür geben, seine Angaben als richtig einzuschätzen. Entgegen dem Eindruck, den Generationen von Lesern und Kritiker hatten, stand im Zentrum des *American Farmer* und *Cultivateur* nicht eine dokumentarische Darstellung, sondern ein bewußt idealisiertes Paradigma der Neuen Welt.

Crèvecœurs Nantucket läßt sich demnach als «maskierte» Reisebeschreibung bezeichnen, denn der Inhalt, das Bild einer idealen Gesellschaftsform, ist der Form nach sehr effektiv mit den konstitutiven Merkmalen des Reiseberichts ausgestattet. Giltrow hat diese Merkmale anhand von Carvers *Travels* besprochen. Für gewöhnlich bildet die Reiseerzählung ein längeres Stück Prosa, so hat Giltrow 1981 definitiv zusammengefaßt, in dem die Mobilität des Erzählers eine sequentielle Struktur bildet, die größere Blöcke an Information einschließt (27). Bezeichnenderweise ist die Struktur in Form einer Sequenz in Crèvecœurs Nantucket nur im Hintergrund auszumachen, von der Ankunft des Erzählers über seine Aufenthalte bei verschiedenen Einwohnern bis zu dem Abschiedspanorama einer völlig auf sich gestellten Familie am einsamen Strand. In Crèvecœurs Nantucket herrscht eine statische Atmosphäre, die beim Lesen die Vermutung weckt, es eher mit einer Utopie zu tun zu haben, fehlt doch in Wirklichkeit das Erlebnis einer authentischen Reise und so der Eindruck der Mobilität des Erzählers. Umso deutlicher wird hier aber Giltrows zweite Bedingung erfüllt, denn der Text verläuft in seiner Darstellung der Inselkultur immer wieder in langen Passagen, die der faktischen Information des Lesers dienen. In Zusammenhang mit Carver spricht Giltrow weiterhin davon, daß *Travels* durch die Sicht eines Erzählers gekennzeichnet ist, der nicht vorhat, in den Gebieten zu bleiben, die er beschreibt, sondern sich seine fremde Blickweise bewahrt, statt eine einheimische Perspektive zu entwickeln (27). Auch dieses Merkmal ist im *Ameri-*

can Farmer im Hinblick auf Nantucket deutlich ausgeprägt, so daß jener Gegensatz zu den Bauernbriefen über den Hof des Farmers James entsteht, der Leser häufig dazu geführt hat, Nantucket innerhalb des Buchs wie eine Ausnahme unter den übrigen Kapiteln anzusehen. Bereits mit *Pensylvanie* hat Adams 1962 den franko-amerikanischen Autor einer Kategorie zugeordnet, die er als *travel liars* bezeichnet, eine Sonderform der Reiseliteratur, die dem Leser die Authentizität des Inhalts vorspiegelt (anders als etwa *voyages imaginaires*), ohne dieses Versprechen ernstlich halten zu wollen. Wird man am Ende auch den *Farmer* und *Cultivateur* viel eher unter einem vergleichbaren Gesichtspunkt zu sehen haben, als bisher zu vermuten stand?

Eine bescheidene Utopie: Amerika als die vollkommenste Gesellschaft der Welt

Die Geschichte der Kritik Crèvecœurs ist eine Entdeckung seiner poetischen Vorstellungskraft und der Fiktionalität in seinen essayistischen Texten. Der nicht ohne Berechtigung gerühmte Realismus seiner Beschreibung verbarg dies so geschickt, daß seine Leser für historisch hielten, was so nicht gemeint war und, begreift man die Einstellung des Autors zu seinem Land und damit einen charakteristischen Zug des Landes überhaupt, auch gar nicht gemeint sein konnte. Verschiedene Kritiker haben seit Rice, zunächst auf dem Umweg über symbolbezogene Interpretationen wie bei Plotkin, später auf einer breiteren und durch Stone und Philbrick besser informierten Grundlage, Zugänge zu fiktionalen Aspekten sowohl in *Pensylvanie* wie im *American Farmer* gefunden. Warum wurden dabei ausgerechnet die Nantucket-Kapitel übersehen? In diesen zentralen Kapiteln wird doch die Inszenierung idealisierter Zustände am besten faßbar, die für die jungen atlantischen Staaten als wahr ausgibt, was Wunsch ist, wird die «Erfindung Amerikas» letztlich klarer als in den von Kritikern bis zum Überdruß bemühten Kapiteln über das Glück des amerikanischen Landmanns auf seinem Hof.

Es scheint einen besonderen Grund dafür zu geben, warum es in diesem Fall lange nicht möglich war, in Crèvecœurs Nantucket ein Übergewicht fiktionaler Elemente zu bemerken. Zunächst rekurriert kaum ein Text des Autors nicht auf seine detaillierten Kenntnisse von den Vereinigten Staaten und ihren Bewohnern, besonders in Bezug auf die Zeit zwischen 1770 und 1790. Im Idealfall müßten die Texte also durchweg gegen eine gründliche Kenntnis der Epoche gelesen werden. Selbst ausgesprochene Fachleute wie Adams konnten in dieser Beziehung aber nur an bestimmten Stellen Schneisen schlagen, die dann allerdings häufig schnell zu verborgenen Informationen darüber führten, daß Crèvecœurs Texte weniger mit der zeittypischen Reiseliteratur über Nordamerika als generell mit fiktionaler Literatur etwas gemeinsam haben. Wenn die notwendige Kenntnis über eine gründliche Vertrautheit mit den wesentlichen Entwicklungen und Fakten der amerikanischen Gründerzeit hinausgehen soll und auf einen Begriff von landschaftlichen Einzelheiten in lokaler und regionaler Sozialgeschichte angewiesen ist, wie es bei vielen Stellen im *Farmer*, in *Cultivateur* und *Pensylvanie* der Fall ist, scheint auch der gründlichste Literaturkritiker überfordert. Der ganze Umstand bleibt weiterhin durch das Fehlen einer kritischen und weitgehend kommentierten Edition der Werke bestehen, die freilich die erhaltenen Manuskripte und handschriftlich verbesserten Drucke des Autors zur Grundlage haben müßte, die in neuerer Zeit nicht mehr zugänglich waren. Weder für das gesamte Werk, noch überhaupt für den einen Band des *American Farmer* ist diese Forderung bisher zu erfüllen gewesen. Wenn in dem Abschnitt «Der dokumentarische Reisebericht als Vorspiegelung» entsprechend ein Ansatz gemacht wurde, bestimmte Crèvecœur-Essays historisch zu erläutern, dann auch, um *pars pro toto* die Eingangsthese von der «Erfindung Amerikas» zu unterstützen. Ungeachtet aller deprimierenden Ereignisse während der Kriegsjahre stellte Crèvecœur die USA als ein Land dar, das er sich als eine landwirtschaftliche Republik mit demokratischen Zügen wünschte.

In seiner amerikanischen Geistesgeschichte hatte Parrington 1927 den Einfall, Crèvecœur sei als *eigtheenth-century democrat* ein Mann, den Thomas Jefferson gern zum Nachbarn gehabt hätte (1:141, 147). In «What is an American?» setzt der Autor vor seine Beschreibung vom zuversichtlichen Alltag in der Neuen Welt die vor allem für den Zeitpunkt der Niederschrift um 1775 verblüffende Feststellung, daß die Amerikaner die vollkommenste Gesellschaft bildeten, die es gegenwärtig in der Welt gebe (47). Beide Zitate zielen auf den politischen Entwurf des *American Farmer*, der so hervorsticht, daß die Gedankenlinien fast sämtlicher Kritiken, die dem Autor überhaupt gewidmet wurden, durch das Kapitel III verlaufen. Mancher hat sich, wie Popp für den *Kindler*, die übrige Lektüre gespart und den Teil für's Ganze genommen. Schulbücher und vergleichende Textsammlungen in den USA und auch der Bundesrepublik (beispielsweise Bischoff) wollen den Autor des *Farmer* stets mit Kapitel III als den archetypischen Verfasser von nationalem Gedankengut vorführen. Die Darstellungen, von denen der politische Entwurf des Buchs handelt, bilden sicher ein nationales Ideal, aber es stecken doch mehr Lagen und

Widersprüchlichkeiten darin, als Lesebücher weismachen wollen. Von immanenten ästhetischen Qualitäten einmal abgesehen, ist im Kapitel III auch eine eingehende Schilderung des Landes nachzulesen, seiner Natur und seiner Bewohner, die auf ein drittes Element zuführt: wenn nicht sogar die Auflösung des Entwurfs, so doch die tiefe Verzweiflung daran.

Jefferson mit seinem Eintreten für eine agrarisch fundierte Demokratie in Amerika gegenüber Hamilton und der an einer vergrößerten Bundesgewalt interessierten Fraktion, die für Industrie und Handel argumentierte, ist beispielhaft für den Grundwiderspruch fortschrittlicher und konservativer Tendenzen schon in der Gründungsphase der USA. Das mag zuerst widersinnig klingen, weil doch der real existierende Fortschritt aus dem 18. Jahrhundert in eine industrielle und parlamentarische Gesellschaftsform auf kapitalistischer Grundlage führte. Erst nach einem sehr langen Weg in diese Richtung ist die Erinnerung an Alternativen wieder wachgeworden, die in der Zeit Jeffersons und Crèvecœurs sowohl *vor* als auch, gerade, *nicht* in der Industrialisierung bestanden. Leo Marx hat sich dazu gründlich Gedanken gemacht, bleibt aber dem für Jefferson und Crèvecœur gleichermaßen unzutreffenden Vorwurf verhaftet, der *Farmer* zeige ein statisches, wenn nicht gar rückwärts gewandtes Bild der Welt (114).

Die große Zahl der Kritiker, deren Beiträge sich unter diesem Aspekt des *American Farmer* sammeln lassen, macht es möglich, sich auf das am besten Durchdachte beschränken zu können. Dem offensichtlichen Nachteil, sich hier in einem längst bestellten und abgeernteten Feld aufzuhalten, mag man durch den Vorsatz entgehen, kein Referat oft obsoleter oder doch wenig verbundener Ansätze zu halten, sondern den neuen und eigenen Gedankengang kritisch voranzutreiben.

Vor allem für amerikanische Kritiker ist das so rechtzeitig um 1775 formulierte amerikanische Ideal, seine *Vision*, immer noch ein Wert an sich. Das scheint der beste Beweis für Crèvecœur als den Autor einer Auffassung von Amerika zu sein, die bis in die Gegenwart allumfassend präsent blieb, doch sicher eine schlechte Grundlage für eine Kritik. Aus amerikanischer Sicht soll dagegen die Vermutung ausgesprochen werden, daß hier handfeste Ideologie zutage tritt, nichts weiter als «falsches Bewußtsein», eine inadäquate Auffassung der Wirklichkeit.

«Can a wretch», fragt der pennsylvanische Landwirt, als der Crèvecœur so eloquent posiert, «who wanders about, who works and starves, whose life is a continual scene of affliction or pinching penury—can that man call England or any other kingdom his country?» (48). Für den so elend ausgebeuteten Landarbeiter oder Tagelöhner kann die Frage nur rhetorisch sein, denn *sein* Land ist weder England noch irgendeine andere Monarchie. «No!» antwortet der Erzähler mit Emphase: «Urged by a variety of motives, here they came» (48). In ihrer alten Heimat glichen die Auswanderer «so many useless plants», spielt der Autor auf gängige physiokratische Metaphern an; in Amerika fassen sie Wurzeln und blühen auf (48). In diesem neuen gesellschaftlichen System erschöpft sich ihre soziale Rolle nicht in der Armenstatistik, «here they rank as citizens» (48). Diese Hoffnung gründet auf individuellem Fleiß und einer Gesetzgebung, die Arbeitseinsatz mit rechtlichen Garantien wie in keinem Land Europas belohnt, denn wer lange genug arbeitet, ist frei, für seinen Verdienst auch Eigentum an Grund und Boden zu erwerben, gleich welchen Standes er sei. In der neuen Gesellschaft sind die Bürger in ihrer Mehrheit freie Bauern, «and to that title every benefit is affixed which men can possibly require» (48). Diese neue Klasse sei in Europa überhaupt nicht vorhanden (51).

Auf die Frage, wer diese Art einer freien Gesetzgebung ins Werk gesetzt hat, gibt der Autor die Antwort, die amerikanische Regierung sei es, «derived from the original genius and strong desire of the people and confirmed by the crown» (48). Welche Art der Regierung Crèvecœur damit vor der Unabhängigkeit der Vereinigten Staaten meinte, ist nicht vollkommen klar, denn obwohl die Regierungen der einzelnen Kolonien das waren, was er als «confirmed by the crown» bezeichnet, bildeten sie doch keine amerikanische Regierung, wie es sie von 1776 an gab. Zweifelhaft ist auch, ob er den *Congress* oder Zusammenschluß von Abgesandten der Kolonien meinte, der seit Anfang der 70er Jahre die Grundlage für die neue US-Regierung zu formen begann. Vor der Unabhängigkeit gab es überall im Land und ganz besonders in Crèvecœurs Heimatstaat New York eine Form von Aristokratie, also die Herrschaft einer kleinen und meist durch Grundbesitz erblich reichen Oberschicht über die Masse der Bevölkerung, die sich am Vorbild des europäischen Adels orientierte. Der selbstverliehene Titel *Aristocracy* für alteingesessene reiche Familien ist noch heute in den USA alltäglicher Sprachgebrauch. Im Kern steckt jedoch in den zuvor exemplifizierten Leitsätzen amerikanischer Ideologie eine unbestreitbar richtige Aussage: mehr als anderswo hatten zu Crèvecœurs Zeit Individuen gleich welchen Klassenhintergrunds in Amerika die Chance, ihren Anspruch auf Glück durchzusetzen. Doch Crèvecœur macht nicht klar, daß dies nur für eine vergleichsweise kleine Zahl von Menschen galt (etwa Leuten wie ihm selbst), während sich die Masse der Bevölkerung in vielem nicht so sehr von den Europäern unterschied, deren miserable Existenz der Autor zuvor anführte.

Crèvecœur beobachtete den geringeren Unterschied zwischen Reichen und Armen in Amerika und schloß daraus, das mehr Individuen einen größeren Anteil von dem erhielten, das sozusagen für alle da war oder doch: hätte da sein sollen. Aber wenn die Verteilung von Vermögen unter den Amerikanern zu dieser Zeit gleichmäßiger als andernorts war, fand doch keineswegs eine Entwicklung in frühsozialistischer Richtung statt, sondern der Individualismus, den man hochhielt, zielte gerade in die Gegenrichtung.

Kritiker haben, soweit sie den Tatbestand nicht verdrängten, im *American Farmer* immer vor dem Dilemma gestanden, das nur durch wenige Kapitel getrennte Nebeneinander von Zuversicht und Verlust der Hoffnung zu interpretieren. Auf die ideale Welt des Landwirts James und die noch stärker idealisierten Zustände auf Nantucket folgen nach dem Wechsel heller und dunkler Motive in den Kapiteln IX bis XI die Verzweiflung an Amerika im Zustand des «bürgerlichen Krieges», wie Crèvecœurs Übersetzer den deutschen Begriff dafür formulierten. In *Cultivateur* tauchen neben den idyllischen Szenen vom Landleben, etwa «Anecdote de la vigne et du sassafras», auch sehr häßliche und niederschlagende Bilder auf, meist Bearbeitungen der *War Sketches*. Das Bild der größten Verzweiflung, die genaue Beschreibung des unmenschlichen Alltags um 1778 in *Landscapes,* behielt Crèvecœur jedoch für sich. Ähnlich versuchte er auch für sich persönlich das Dilemma der Kriegslage zu verarbeiten, bestand doch seine Art der Bewältigung von Problemen und Konflikten vor allem darin, Entsetzliches zu verdrängen. Dieses Erleben fand seinen kennzeichnenden Ausdruck weniger im privaten Bereich seiner Lebensäußerungen als in der dialektischen Zeichnung amerikanischer Zustände sowohl als Himmel wie als Hölle. Mohr kam dabei auf die Idee «that he is fully aware that he is creating an unfounded illusion» (362). Ob das so ist, sei dahingestellt. Die Schwierigkeit, vor der Mohr und andere gestanden haben, beschreibt weder ein Versäumnis noch ein mutwilliges Verhalten des Autors, sondern sagt etwas über die Kultur aus, deren wesentliche Leitideen durch ihn literarisch katalysiert wurden. An der Tatsache allein, daß Crèvecœur amerikanische Ideologie literarisch verdichten konnte, bleibt wenig auszusetzen, interessiert in diesem Zusammenhang doch vor allem seine Eigenleistung. Der kreative Begriff der Eigenleistung weist indessen die Richtung für eine adäquatere Einschätzung seiner Bücher.

Crèvecœurs eigener Hinweis, daß er amerikanische Themen in dieser Weise wohl zum ersten Mal aufgriffe, macht seinen *Farmer* als den Emanzipationsversuch eines kolonialen Autors deutlich. Es ist auffällig, daß am Beginn der US-Geschichte politische und kulturelle Ablösung miteinander nicht literarisch gekoppelt erscheinen. Die Tatsache, daß Crèvecœur gerade die Essays, die als ideologisch bezeichnet werden können, vor der Unabhängigkeit schrieb, korrespondiert damit, wie im gesamten Zeitraum der *revolutionären Jahre 1764 bis 1789* (so auch Emersons Titel 1977), i.e. auch bereits Jahre vor Kriegsbeginn, die politische Schriftstellerei in Amerika dominierte. Doch in seiner fertigen Form, die vermutlich bereits 1781 vorlag, sticht der *American Farmer* stark ab gegen das politische Schrifttum vorhergehender Jahre. Selbst wo der Autor ausgesprochen politisch ist, steht im Gesamtzusammenhang seine literarische Formgebung und Eigenart im Vordergrund. In Kapitel III, dem ideologisch am stärksten prononcierten Kapitel, macht der Zusatz, «History of Andrew, the Hebridean», die fiktionale Qualiät erkennbar, die dem Buch in seiner literarhistorisch unmittelbaren Umgebung seine einzigartige Stellung verleiht.

Auf Crèvecœurs politischen Entwurf bezogen, nimmt die Idee des *neuen Gesellschaftssystems* einen zentralen Platz ein, obgleich darin die Zukunft auf der Grundlage einer agrarisch bestimmten Lebensform skizziert wird, was auf lange Sicht wohl kaum prophetisch war, wie Leo Marx zutreffend festgestellt hat (115). Die Beschreibung der prädemokratischen Machtstruktur, die übrigens — wie von diesem Autor nicht anders zu erwarten — wenig genau ausfällt, erwähnt «silken bands of government» und nicht viel mehr, betont dabei aber stets Amerika als das Land größter persönlicher Freiheit. Der Begriff der Freiheit ist hier individualisiert, betont die Freiheit des Einzelnen vor der Freiheit etwa einer Klasse oder des größeren Teils der Bevölkerung, was zueinander im Widerspruch stehen kann und jedenfalls nicht zu verwechseln ist. Als Muster für den individualisierten Freiheitsbegriff mag etwa das Gespräch dienen, das der Erzähler im *Farmer* auf einem *out-settlement* mit einem Siedler führt (69). Popp fiel auf, wie hier mit einer regelrecht soziologischen Interview-Technik die Gelegenheit zur Selbstverwirklichung, mit anderen Worten: der Amerikanische Traum illustriert wird. «History of Andrew, the Hebridean» ist in diesem Zusammenhang exemplarisch. Die Selbstverwirklichung bietet Chancen, die Amerika für alle «men of middle stations and labourers» zum Land der unbegrenzten Möglichkeiten macht.

Crèvecœurs Ethos der Arbeit im *American Farmer* reflektiert die aufsteigende bürgerliche Denkungsart seines Jahrhunderts, ganz ähnlich der restriktiven Sexualmoral der Gesellschaft von Nantucket. Auch in seinem eigenen Leben hat sich der Autor wohl so stark damit identifiziert, daß über die Bezeichnung Konversion hinaus schon von Selbstverleugnung seiner adeligen Herkunft gesprochen werden kann. Von dem aristokratischen Blickwinkel, den Ralph Gabriel ausgemacht haben will (9), bleibt keine Spur. Sein Verhältnis zur Arbeit verbindet James eng mit einem anderen Wahl-Pennsylvanier, Benjamin Franklin, der gern und häufig über Fleiß sprach und schrieb, was vor allem in der indirekt noch calvinistisch beeinflußten Lebenseinstellung seiner Autobiographie zum Ausdruck kam. Hier liegt auch ein grundsätzlicher Unterschied zwischen Crèvecœur und den stärker romantischen Ideen, die französische Intellektuelle auf Amerika projizierten. Nur scheinbar ist dieser Unterschied in *Cultivateur* später eingeebnet worden.

Neben Regierungsform und Selbstverwirklichung durch Arbeit ist der amerikanische Entwurf in Crèvecœurs Büchern vor allem durch den Begriff *frontier* geprägt, mit dem Crèvecœur die Westwanderung als das bestimmende Element im Entstehungsprozeß der US-Kultur definierte. Die westliche Grenze der Besiedlung erfuhr in der amerikanischen Geschichte eine Umwertung. Aus dem zuerst lange mißtrauisch beobachteten *back country* im langgestreckten schmalen Küstenland der Frühzeit ist mit der Zeit — bei Crèvecœur ist dies noch sichtlich im Fluß — die *frontier* geworden, ein Fluchtort in dem jetzt westorientierten expandierenden Staat, ein Asyl der Freiheit vor Gesetzen, Behörden und schließlich jeder Form von sozialem und geregeltem Zusammenleben. Crèvecœurs Bild, essentiell optimistisch und aufgeklärten Ideen verpflichtet, wurde durch die Kenntnisse relativiert, die er bei seinen Begegnungen mit Grenzbewohnern gewann (ähnlich wie im Fall der Indianer). Solchen negativen Eindrücken gegenüber ist aber die offensichtlich glückliche Familie erwähnenswert, die völlig allein und auf sich gestellt im Wald lebt (*Sketches* 62-78; ähnlich «Huitième Lettre» in *Cultivateur* 3:161-208).

Die bisherigen Feststellungen lassen sich weiterhin unter dem Gesichtspunkt des *melting pot* erhärten. Weil er selbst nicht nur Einwanderer war, sondern bei seiner Herkunft aus der Normandie und seinem Weg über das frankophone Nordamerika auch zu einer Minderheitennationalität gehörte, hatte Crèvecœur besonders dafür Sinn, welche Vielfalt der Landsmannschaften unter den Amerikanern europäischer Herkunft herrschte. Lange bevor *melting pot* im 20. Jahrhundert zum geläufigen Klischee wurde, hat Crèvecœur zuerst Nordamerika als ethnischen Schmelztiegel aufgefaßt und beschrieben. Schon der Gebrauch des Verbs «schmelzen» als Metapher für die Verbindung unterschiedlicher Europäer zu einheitlichen neuen Amerikanern läßt sich im *Farmer* nachweisen (49). Dabei stellen vor allem die Überlegungen zur ethnischen Struktur der Provinzen und den sich ergebenden Konsequenzen ein originelles Merkmal des *Farmer* dar. Man hat dagegen in neuerer Zeit den Vorwurf der Anglomanie oder des Ethnozentrismus (bezogen auf England) erhoben. Dieser Einwand ist allerdings wenig sinnvoll, weil Crèvecœur die zu seiner Zeit gegebenen Verhältnisse eher noch differenzierter abgebildet hat, als sie es in Wirklichkeit sein konnten. Die Vielfalt der Bevölkerungsgruppen war zur großen Mehrheit noch auf Engländer, Schotten, Waliser, Iren, Deutsche, Niederländer und Schweden beschränkt, während Frankophone (wie auch später) eine zahlenmäßig geringe Rolle spielten und Polen, Italiener und jüdische Osteuropäer erst lange darauf in großer Anzahl nachrückten. Auch in Bezug auf die schwarzen Amerikaner, meist versklavt, oder die *native Americans*, die zusehends mehr zurückgedrängten Eingeborenen, zeigt Crèvecœur Auffassungen, die trotz mancher Vorurteile historisch gesehen aufgeklärt sind.

Zitomersky hat nachgewiesen, daß die Idee vom Schmelztiegel eher einen Vorgriff auf die Zukunft darstellt. «Did the nationalities he mentions mix indeed?» fragt Zitomersky und antwortet: «I think not. Crèvecœur's new man, when he exists, is a new man within an English-American cultural, linguistic and political framework. This is suggested by the demographic statistics of nationality» (22). Zitomerskys Ergebnisse sind in der literarischen Kritik zu Crèvecœur überhaupt noch nicht bekannt, obgleich sie Crèvecœurs Sätze darüber, was ein Amerikaner sei, in ein völlig neues Licht setzen. Denn Crèvecœurs individuelle Erfahrung, sich in Nordamerika ein neues Zuhause suchen zu müssen, weil ihm die Rückkehr nach Frankreich (oder auch nur Kanada) unmöglich gemacht worden war, erklärt jetzt die Intensität, mit der Crèvecœurs neuer Mensch das zu assimilieren sucht, was Zitomersky als «an English-American cultural, linguistic and political framework» bezeichnet.

Der franko-amerikanische Autor selbst hatte sich deshalb so sehr um seine Assimilation bemüht, weil er rechtzeitig verstanden hatte, daß seine Neue Welt ein zumindest anglophon, wenn nicht sogar national englisch definiertes Land war. Die Vereinigten Staaten waren keineswegs überwiegend von einer heterogenen Gruppe von Einwanderern, sondern von bereits eingesessenen Amerikanern bevölkert, die durch ihre Geschichte ethnisch und kulturell, bei aller amerikanischen Exotik, durchaus britisch bestimmt waren. Der Verfasser des Essays «What is an American?» wußte, daß er als Einwanderer zu einer Minderheit gehörte, die unter dem Einfluß einer bereits eingesessenen einheimischen Bevölkerung lebte. Zumal er selbst nicht anglophoner Herkunft war, spürte er umso deutlicher, wie die Engländer, Schotten, Waliser und Iren, die zusammengenommen unter den Einwanderern überwogen, den Assimilationsdruck der ohnehin mehrheitlich anglophonen Amerikaner noch verstärkten. Mit der *Ver-*

schmelzung malte sich Crèvecœur weitblickend einen erträumten Zustand aus, der zumindest als nationales Leitbild vom *melting pot* hundert Jahre später tatsächlich äußerst effektiv dazu diente, die Gegensätze innerhalb einer fortgeschrittenen multiethnischen Gesellschaft zu mildern. Was in diesem Zusammenhang den verbrämten Einfluß der französischen Aufklärung angeht, schaffte er eine Verbindung zwischen den kolonialen Themen Crèvecœurs und den Gedanken, Bildern, aber auch Platitüden, die europäischen Lesern über Amerika bereits geläufig waren. Der eigenständige amerikanische Gehalt, in dem allein die Relevanz des *American Farmer* liegt, ist dadurch nur beträchtlich eingängiger geworden, ohne Schaden zu nehmen.

Die verhinderte Heimkehr: Eine vorläufige Zusammenfassung

Aus der bisherigen Lektüre und Diskussion Crèvecœurs englischer und französischer Texte ergab sich, daß der Autor sein Nantucket-System wie das Muster einer besseren Welt verwendet hat. Dem läßt sich hinzufügen, daß er damit auch den älteren, noch religiösen Glauben von Amerika als dem neuen Zion kompensiert. In einiger Hinsicht ist seine Darstellung sogar den utopischen Zuständen benachbart, wie sie in den Staatsromanen europäischer Autoren entwickelt wurden. Das Nantucket-System stellt sich als bemerkenswert geschlossen heraus, vergleicht man es mit der ebenfalls idealisierten Welt des amerikanischen Landmanns, die Crèvecœur dem Leben der Walfänger gegenüberstellt. Letztlich erweist sich die Welt, in der James, der eigentliche Protagonist im *Farmer*, lebt, als ambivalent, von einer Widersprüchlichkeit gezeichnet, die der Autor zwar intuitiv, nicht aber rational zu bewältigen versucht.

Tatsächlich hat Crèvecœur im Umgang mit der «vollkommensten Gesellschaft der Welt» bestimmte negative Erfahrungen gemacht, die erst damit ihren Abschluß fanden, daß seine Heimkehr in die USA am Ende unmöglich gemacht wurde. Dafür liegt der Beginn bereits in der Zeit zwischen 1776 und 1780. Wie schon gezeigt wurde, steht das friedliche Bild von «Jeffersons Nachbar» in scharfem Kontrast dazu, wie sich die Wehen der amerikanischen Republik in Crèvecœurs unmittelbarer Umgebung auswirkten. Besonders in den zu Lebzeiten unveröffentlichten *Sketches* kommen neben guten auch negative Erfahrungen des Autors klar zum Ausdruck, am stärksten vielleicht in *Landscapes*. In *Cultivateur* zeigt sich dagegen der Versuch, die Widersprüche in Einklang zu bringen, und in *Pensylvanie* sind sie dem Anschein nach aufgehoben. Rice wurde so zu dem Schluß veranlaßt, die Neue Welt sei für Crèvecœur im Alter zu einem Traumland geworden, in dem er beliebig reiste, während er die antagonistische Realität eher ignorierte.

Die Überlegung mag an dieser Stelle erlaubt sein, ob sich nicht die persönliche Art eines Menschen, seine Probleme zu bewältigen, sie entweder zu bekämpfen oder zu verdrängen, unmittelbar auf seine schriftstellerische Produktion auswirken muß. Crèvecœurs Beispiel scheint das zu zeigen, wenn er mit den oft durchaus politischen Widersprüchen seiner Arbeit als Schriftsteller mehr auszukommen versuchte, als über ihre Lösung nachzudenken. Ob beim Krieg in Kanada oder auf den Reisen entlang der *frontier,* im Unabhängigkeitskrieg oder in der britischen Haft, wo ihm vielleicht die Hinrichtung drohte, ob in den Jahren der Französischen Revolution oder noch in den Wechselfällen der Napoleonischen Ära: Crèvecœur war sein Leben lang Gefahren ausgesetzt, die von ihm Umsicht und Freiheit von Vorurteilen verlangten. So schützte er nicht allein sein Leben, sondern so bewahrte er sich auch seine kreativen und sensiblen Eigenschaften, um sich den Zugang zum Schreiben nicht zu verschließen. Rational erlebte er den widersprüchlichen Zug seiner Persönlichkeit als Einschränkung. Seine literarische Kreativität half ihm, diese Einschränkung zu überwinden und seinen Texten eine Komplexität und Spannung zu vermitteln, die Stone so gekennzeichnet hat:

> Moreover, the tensions animating Crèvecœur's life and writing — those opposing reason and emotion, the ideal and the real, Nature and nature, Enlightenment and Romanticism, Europe and America, civilization and wilderness, aristocracy and democracy, peace and revolution — speak to the modern reader schooled to consider complexity and ambiguity the proper marks of literary art (198).

Im Schlußwort seines zielsetzenden Aufsatzes hat Stone diese Anmerkungen damit abgerundet, daß er feststellte: «The modern reader of *Letters from an American Farmer* might add: this bench mark of our cultural heritage is itself an accomplished work of art» (213). Stone betont nicht umsonst doppelt, «the modern reader». Wenn die moderne Kritik in Crèvecœurs Texten Ambivalenz und ästhetische Komplexität entdeckt, darf doch nicht außer Sicht geraten, daß zu einem guten Teil die Bedeutung dieses Autors nicht absolut auf ästhetischem Gebiet liegt. Sie liegt eher darin, wie er zeitgebunden Amerika literarisch katalysierte und wie die konstitutiven Elemente des Amerikabilds, das er vor allem im *American Farmer* und in *Cultivateur* entwickelte, das moderne Bild Amerikas überhaupt beeinflußt haben. Dieses durchaus nicht einheitliche moderne Bild Amerikas wird nach wie vor durch einen Grundzug gekennzeichnet, der im wesentlichen das Leben in den USA als ein Glücksversprechen an den Einzelnen zum Inhalt hat. Die Definition eines nationalen Raums ist nie zuvor im Bewußtsein der Menschen so stark durch solche literarischen Konzepte geprägt worden, wie sie in Crèvecœurs Essays nachvollziehbar bleiben.

Im wesentlichen handelt es sich bei den hier angesprochenen Sichtweisen um zwei verschiedene Wege, den Platz von Crèvecœurs Texten bestimmen zu wollen. Einerseits haben Kritiker vor allem im *American Farmer* «the proper marks of literary art» auszumachen begonnen, und dies entspricht den Maßstäben einer werkimmanenten, auf Ästhetik gerichteten und textbezogenen Kritik. Andererseits will eine neuere Sichtweise den historischen und durchaus ideologischen Bezug im zweisprachigen Werk des Autors betonen, was Philbrick übrigens zeitlich umgekehrt sieht (164). So gesehen bekommt auch die Ansicht weniger Gewicht, daß die literarischen Qualitäten des franko-amerikanischen Autors besser im *Farmer* zum Ausdruck kämen als in den *Sketches* (von Philbrick noch als «non-book» bezeichnet, 109) und in den französischen Texten. Gerade die zweite der beiden genannten Richtungen müßte noch viel mehr als bisher die französischen Texte in die Diskussion einbeziehen, obgleich der schiere Umfang der insgesamt sechs veröffentlichten Bände verständliche Schwierigkeiten mit sich bringt. Was den zuvor angesprochenen Textbezug betrifft, kommt er wohl auch einer eher kulturwissenschaftlichen Literaturkritik nicht abhanden, weiß sich doch auch diese Kritik vor allem für literarische Kategorien zuständig und wird nicht in den Fehler verfallen, mangels entsprechender Grundlagen auf historischem, soziologischem oder gar philosophischem Gebiet Behauptungen aufzustellen, die an ihrer fachfremden Herleitung zu scheitern hätten. Gleichwohl verfügt diese Linie der Kritik über den Vorzug einer zusätzlichen Dimension, die sich pragmatisch auch als sozialgeschichtlicher Bezug kennzeichnen läßt. Damit ist vor allem ein Insistieren gemeint, auch im *Umfeld* der Texte Ermittlungen anzustellen, deren Ergebnisse durchaus relevant für die Interpretation sein können. Darin liegt möglicherweise sogar ein Verweis auf Ansätze bei Adams oder bereits bei Rice. Kritiker wie Adams oder Rice sind den Büchern Crèvecœurs mit sehr viel sachkundigem Interesse begegnet, während seit den 60er Jahren viele Kritiker ihr Ziel in einer Form von Textimmanenz verfolgten, die letzlich uninformiert blieb. Oft, wie die Beispiele von Nantucket oder von Crèvecœurs Pazifismus in den Kriegen um Kanada und die Unabhängigkeit der USA demonstrierten, ist bei wissenschaftlichen Lesern eine bemerkenswerte Unsicherheit zu beobachten gewesen, mit der sie den historischen Bezugsrahmen der Texte zu handhaben versuchten.

Nachdem die «negativen Erfahrungen» des Autors im vorliegenden Zusammenhang erst kurz angesprochen wurden, soll von diesen Problemen jetzt genauer die Rede sein. Im Leben des Autors scheint es eine ganze Serie von Bruchstellen gegeben zu haben, die mit seinem Schlüsselerlebnis 1759 in Québec begann, eventuell sogar bereits mit seinen Schiffsreisen 1754 nach England oder 1755 nach Nordamerika. Literarisch liegt die mit Abstand wichtigste Bruchstelle um das Jahr 1781 oder weiter gefaßt: im Zeitraum 1780 bis 1783, als aus dem Autor des *Farmer* der Autor von *Cultivateur* wurde. Als er seine Assimilation an den anglophonen Bereich umzukehren versuchte, büßte Crèvecœur zu einem beträchtlichen Teil seine Identität als emanzipierter kolonialer Autor ein, ohne daß er sich indes vollständig darüber klar gewesen zu sein scheint. Er sah sich wohl noch in den 90er Jahren, als er *Pensylvanie* schrieb, mehr als Amerikaner denn als Europäer, doch für seine Umgebung in der Alten Welt blieb er ein französischer Adeliger. Zwar kehrte er 1783 nach New York zurück, um weiter in den USA zu leben, aber er spielte dort nun die Rolle eines ausländischen Diplomaten. Ihn selbst scheint das noch am wenigsten gestört zu haben, doch in den Augen seiner Vorgesetzten verhielt er sich auf seine Art nicht ausreichend französisch genug (cf. Rice 35), ein Vorwurf, der schwerer wog, als er anzunehmen bereit war. Für die Amerikaner hingegen verlor er seinen Status als Landsmann, auch wenn er sich selbst ihnen weiter zugehörig fühlte, wie die Tatsache zeigt, daß er *Cultivateur* aus der Erzählperspektive eines Amerikaners schrieb.

Nachdem er wegen einer Krankheit 1790 von seinem Posten Urlaub genommen hatte und nach Frankreich gefahren war, um sich zu erholen, wurde ihm die Rückkehr in die USA schließlich unmöglich gemacht, als die Revolution zusehends an Tempo gewann. Im Dezember 1792 wurde er im Zuge einer allgemeinen Maßnahme der revolutionären Regierung seines Amts enthoben. Crèvecœur schien sich zu diesem Zeitpunkt immer noch nicht darüber im klaren gewesen zu sein, wie stark sich sein Status in amerikanischer Perspektive geändert hatte. Er wird an seine Mitgliedschaft in der *American Philosophical Society* und seine Ehrenbürgerschaft in mehreren amerikanischen Städten gedacht haben, als er sich nach dem verstärkten Terror von 1793 mit der Bitte an die US-Botschaft wandte, ihm durch einen «Auftrag» irgendwelcher Art aus dem für die meisten Menschen abgeschlossenen Land zu helfen. Doch im Sommer 1794 war es für ihn bereits unmöglich geworden, von der diplomatischen Vertretung noch als Amerikaner anerkannt zu werden. Offenbar hat sich James Monroe, der im August als neuer Botschafter in Paris eingetroffen war, jedes weitere Gesuch von Crèvecœur, ihm die zur Ausreise unbedingt notwendige Unterstützung zu gewähren, verbeten (cf. die *Vie* 1883, 201).[23] Zu diesem Zeitpunkt, im September 1794, muß Crèvecœur schließlich klar geworden sein, daß behördlich gesehen seine amerikanische Staatsbürgerschaft, die er 29 Jahre zuvor erworben hatte, praktisch verwirkt war. Zwar geht die Kenntnis dieses Sachverhalts bereits auf die *Vie* 1883 zurück, seitdem ist er aber völlig außer acht gelassen worden, obwohl Philbrick ihn 1970 zumindest wieder erstmals erwähnt hat.

Letztlich scheint hier der entscheidende Anlaß dafür zu liegen, daß Crèvecœur sein Leben als Amerikaner nicht fortzuführen wußte, obwohl ihm dies so viel bedeutete, sondern den Rest seines Lebens in Europa verbrachte. Seine Korrespondenz mit bekannten Amerikanern scheint in diesem Zusammenhang keine Rolle gespielt zu haben. Crèvecœur sah sich von den amtlichen Stellen des Landes abgewiesen, das nicht nur völlig seinen Lebenslauf geprägt hatte, sondern dem er sich auch in seinem Bemühen um Assimilation so weit verbunden hatte, daß er sich später auch dann noch innerlich als Amerikaner definierte, als die äußeren Umstände seines Lebens ihn für immer ins napoleonische Europa verschlagen hatten. Obwohl er die Arbeit an *Pensylvanie* unmittelbar nach seinem Erlebnis mit Monroe begann, ist seine amerikanische Erzählperspektive darin ungebrochen. Mit dem Vorwort, in dem er das französisch geschriebene Buch als die Übersetzung eines englischen Manuskripts aus Amerika präsentierte (1 : vi-xiv), gab er seiner Intention Ausdruck, auch unter europäischen oder genauer frankophonen Bedingungen weiter als amerikanischer Autor zu arbeiten. Wie in *Cultivateur* ist der Erzähler ein einheimischer Amerikaner, doch es ist Crèvecœur hier gelungen, den Wechsel der Identität zu vermeiden, bei dem der Erzähler von *Cultivateur* kapitelweise in die autobiographische Haltung von Crèvecœur selbst verfällt und aus seinem Leben als französischer Einwanderer berichtet. In *Pensylvanie* gibt es stattdessen neben dem Erzähler die Figur von Herman, einem jungen Deutschen, der sich nicht in den USA aufhält, um dort seßhaft zu werden, sondern um in seiner Heimat Bericht über die Neue Welt zu erstatten. Als der Versuch fehlschlug, für *Pensylvanie* einen englischen Verlag zu finden, muß diese Enttäuschung den Autor des *American Farmer* in seiner Entscheidung nur noch bestärkt haben, seine letzten Jahre in Europa zu verbringen, wo er bei seiner Tochter Unterstützung fand.

Diese verhinderte Heimkehr in sein durchaus geliebtes amerikanisches Leben scheint für Crèvecœur etwas von einer Exkommunikation oder einem Parteiausschluß gehabt zu haben. Wie in der Zeit des Unabhängigkeitskriegs und wohl schon wie in Québec 1759 erlebte Crèvecœur es von neuem, daß er dort nicht dazugehören konnte, wo er an sich seine Zugehörigkeit sah. Es liegt literarisch vielleicht keine Übertreibung in der Behauptung, daß er von den 90er Jahren an als ein amerikanischer Autor im europäischen Exil lebte, wobei ihm selbst der Gebrauch der englischen Sprache als dem Instrument der größten Identifikation mit seiner eigentlichen Wahlheimat mangels Verlagsangeboten etwa aus London unmöglich wurde. Zudem mußte ihm nach Jahren in Europa, ohne die Gelegenheit, sich regelmäßig mit Amerikanern zu üben, sein amerikanisches Englisch aus der Übung kommen. Trotzdem machte er davon bis zuletzt Gebrauch, wo er die Möglichkeit dazu hatte, in Notizen und in Briefen an seine Kinder, die mit ihm die Zwischenstellung teilten, eigentlich Amerikaner zu sein, gleichzeitig aber als Franzosen zu gelten.[24]

Indem er seine negativen Erfahrungen soweit verdrängte, daß er *Pensylvanie* schreiben und darin seine amerikanische Fiktion aufrechterhalten konnte, macht Crèvecœur deutlich, wie sehr er sich zum literarischen «Erfinder» Amerikas eignete. Seine Lebensumstände machten es ihm möglich, sich auf das repräsentative, ländliche Amerika seiner Zeit in einer Weise einzulassen, wie es die Vorbehalte oder Bildungsschranken britisch geprägter Amerikaner der Ostküste nicht zuließen, auch wenn sie formal revolutionärer zu denken verstanden als Crèvecœur. Gleichzeitig gab ihm sein besonderes Verhältnis zu Frankreich einen Blick dafür, was Leser in der Alten Welt erwarteten. Diese Umstände gaben ihm bei dem eigenartigen Verlauf seines Lebens stets eine doppelte Perspektive, mit der er Europäisches und Amerikanisches entsprechend gegeneinander abzuwägen verstand und vor allem mit dem *Farmer* tatsächlich Lesern in beiden Kontinenten jenes Bild Amerikas anbieten konnte, in dem alle Amerika so erkannten, wie sie es überzeugend fanden oder bevorzugt sehen wollten.[25]

Über Jahrzehnte ist von einigen amerikanischen Kritikern die Behauptung tradiert worden, im Grunde seines Herzens sei der Autor des *American Farmer* ein «Tory» gewesen. Damit wurde Crèvecœur die historische Bezeichnung der Gegner der amerikanischen Revolution angehängt, mit der, wie jeder Leser von *Landscapes* weiß, in den Kriegswirren nach 1775 weithin Mißbrauch getrieben wurde. Jede tiefergehende Kenntnis seiner Biographie und seiner Texte muß die Vermutung ausschließen, Crèvecœur sei politisch konservativ engagiert gewesen. Der emanzipatorische Charakter vieler seiner Essays ist hingegen mittlerweile ganz offensichtlich geworden. Eingestandenermaßen spricht aber einiges für die Einwände, die der Autor des *Farmer* gegen die Folgen der «unglücklichen Revolution» (207) gemacht hat. Eine treibende Kraft gegen den britischen Kolonialismus waren bestimmte wirtschaftliche Interessen der aufstrebenden amerikanischen Volkswirtschaft, deren Vertreter sich dagegen wehrten, von London im Nachhinein für die enormen Kosten des Kriegs gegen Frankreich 1756 bis 1763 in Anspruch genommen zu werden. Was die Wirkung der britischen Wirtschaftsgesetze auf die Amerikaner nach 1763 betraf, meinte ein Historiker: «Bis dahin hatte der Schuh nie gedrückt, weil man die Schnürsenkel nicht zugebunden hatte» (Raeithel 1981, 87). Für Crèvecœur und viele seiner Landsleute mußten zwangsläufig hinter der Unabhängigkeitsbewegung handfeste Interessen eben jener Neuengländer und anderer Küstenstädter stehen, von denen der Erzähler der Skizze «The English and the French» einmal bitter bemerkt, in Boston rede man ständig über Freiheit, ohne sie wirklich zu verstehen (*Sketches* 174). Was dem franko-amerikanischen Autor aufstieß, das war die Unbarmherzigkeit, im eigentlichen Sinn des Worts, mit der die Revolution Habgier, Denunziantentum und eine mörderische Schnüffelei von der Kette ließ, um sich all jener Landsleute zu entledigen, die aus ganz unterschiedlichen Gründen kein Engagement zeigten oder sich doch nicht am Kampf beteiligen wollten. Da die Partei für die Unabhängigkeit in der Minderheit war, griff sie nicht nur ihre ausgesprochenen Gegner an, sondern setzte in gleicher Weise auch der großen Zahl von Amerikanern zu, die mit ihrem harten Alltag beschäftigt waren, ohne sich dabei um nationale Politik kümmern zu können. Zu dieser Gruppe zählte auch Crèvecœur, hatte er doch seinen Hof zu versorgen und war Vater von drei Kindern im Alter von zwei bis fünf Jahren, als der Konflikt mit der Unabhängigkeit der USA 1776 in seine lange heiße Phase trat. Für ihn hatte nie ein grundsätzlicher Widerspruch zwischen Amerika, wie es vor 1776 gewesen war, und der Vorstellung eines freien und unabhängigen Landes bestanden. Vieles, das die amerikanische Revolution für die neue Nation der Vereinigten Staaten reklamierte, waren Kennzeichen amerikanischen Lebens gewesen, lange bevor die Staatsidee der USA formuliert wurde. Crèvecœur wußte das und gab diesen typischen Aspekten des kolonialen Landes Ausdruck in dem, was er schrieb. Ein gutes Beispiel ist der besprochene Essay «What is an American?», in dem ein Bild der jungen Nation mit allen später kennzeichenden Zügen entworfen wird, ohne daß ein neues Staatsgebilde oder die bürgerkriegsähnlichen Auseinandersetzungen um seine Errichtung darin antizipiert werden. Trotzdem erkannten Vertreter der US-Regierung wie Franklin, Jefferson und Washington in Crèvecœurs Text nach seiner Veröffentlichung 1782 die typischste Darstellung Amerikas, die ein Autor in dieser entscheidenden Ära geliefert hatte. Sie bestätigten damit nur, wie richtig die implizite Angabe von Crèvecœur ist, der eine Unterscheidung trifft zwischen der politischen und der kulturellen Entwicklung zur Zeit der amerikanischen Gründungsphase und zu erkennen gibt, daß es ein Amerika, das für Einwanderer und Einheimische eine nationale Heimat bot, schon lange vor den Kämpfen gab, durch die Europa erst darauf aufmerksam wurde, daß sich jenseits des Atlantiks eine eigenständige Kultur entwickelte.

Mit den Loyalisten, amerikanischen Gefolgsleuten der britischen Krone, hielt der Autor des *Farmer* es ebensowenig wie seine Figur James, der im Schlußkapitel des Buchs seiner verbitterten Verzweiflung darüber Ausdruck gibt, mit welcher Menschenverachtung die Briten Terror unter der besonders schutzlosen Grenzbevölkerung verbreiten ließen. In *Cultivateur* stehen die Namen von Butler und Brant für die Anführer der berüchtigten Guerillatrupps aus britischen Söldnern und Irokesen, die Ende der 70er Jahre immer weiter von der Grenze aus in die besiedelten Gebiete von New York und Pennsylvanien vorstießen und unterschiedslos jeden amerikanischen Bauern, jede Frau und jedes Kind erschlugen und jeden Hof plünderten und niederbrannten. Wie James, der ihm in seiner politischen Haltung zum Selbstporträt geriet, fand Crèvecœur sich Ende der 70er Jahre zwischen den Fronten wieder. Während seine Haft 1779 ihn in seiner Einstellung gegenüber den Briten nur noch zu bestärken vermochte, hatte er die Realität seines von «Patrioten» terrorisierten Alltags in New York noch zu genau in Erinnerung, als daß er das militärisch geprägte Regime der frühen USA bereits vollends hätte unterstützen wollen. Erst von Frankreich aus erkannte er nach der Publikation des *Farmer* die grundsätzlich fortschrittliche und humane Tendenz der amerikanischen Unabhängigkeitsbewegung und zeigte mit *Cultivateur* ein sehr positives Bild der mittlerweile diplomatisch anerkannten USA. Seine Arbeit als Konsul im New York der 80er Jahre ließ ihn soviel Anerkennung für den neuen Staat entwickeln, daß er gegenüber George Washington und seiner Republik in der Fassung von *Cultivateur* 1787 eine offene Reverenz zeigte, die in *Pensylvanie* später ein verklärtes Ausmaß annahm. Zwar lag für ihn zwischen 1787 und 1801 die Erfahrung seiner mit Monroe so gut wie endgültig verhinderten Heimkehr in die USA, doch der frankoamerikanische Autor fand in *Pensylvanie* noch einmal zu einer Lösung der Widersprüche in seinem Verhältnis zu Amerika, indem er aus einer ebenso großen räumlichen wie zeitlichen Entfernung seinem Traumland auf eine authentische Weise literarisch gerecht zu werden versuchte (die Bücher wie den Amerika-Roman *Atala* [1802] seines Zeitgenossen Chateaubriand leicht übertraf).

Zusammenfassend läßt sich an dieser Stelle sagen, daß Amerika bereits «erfunden» war, bevor es zum Krieg kam, denn Crèvecœur erlebte schon vom Beginn seiner Zeit in Nordamerika deutlich die kulturelle Eigenständigkeit der Kolonien so, daß sie für ihn literarisch auf eine Art erfaßbar wurde, die notwendig über die Sehweise der kolonialen Autoren hinausging. Nicht nur vor dem Krieg, sondern vor allem *ohne* Krieg hatte sich Crèvecœur Amerika erfunden, und er verarbeitete dabei in seinem Harmoniebedürfnis den amerikanischen Mythos so, daß mit der Zwietracht stellenweise auch die politische Wirklichkeit ausgeschlossen blieb. Je stärker er sich im *Farmer* von den Geboten eines ihm wenig gemäßen Rationalismus frei zu machen vermochte, um so eher erreichte er ästhetische Resultate, die ihre Gültigkeit seitdem nicht verloren haben. Die langwierige Rede über den Zustand Lateinamerikas in Kapitel IX mag nur als ein Beispiel dafür dienen, vergleicht man sie mit der gänzlich unbefrachteten Erzählung vom gequälten Schwarzen, die daran anschließt. Umgekehrt gesehen litt seine poetische Kraft nach 1781 zusehends darunter, daß Sophie d'Houdetot und ihre Freunde mit ihren zeittypischen Geschmacksvorstellungen Einfluß über ihn gewannen. *Cultivateur* enthält viele konventionelle europäische Einflüsse, die das darin teilweise verarbeitete Material aus dem *Farmer* und den *Sketches* vergleichsweise verschlechterten. Erst in *Pensylvanie* fand Crèvecœur zurück zu genuin poetischen und authentischen Bildern und Vorstellungen, obgleich seine letzte Veröffentlichung nach wie vor mit dem pseudo-szientifischen Stil behaftet blieb, den sich der Autor mit *Cultivateur* erworben hatte.

Crèvecœur selbst sehnte sich aus Gründen, die verständlich erscheinen mögen, nach einem friedlichen Leben, integriert in der amerikanischen Bevölkerung, das sich ihm zur Mitte seines Lebens hin endgültig zu öffnen schien, als er sich im Winter 1769-70 auf seinem Hof *Pine Hill* niedergelassen hatte. Von seinen Anlagen her war er kaum dazu disponiert, sein Leben aggressiv oder radikal zu führen. Dies bewahrte ihn aber nicht vor der Frage, wie er mit der Disharmonie der Umstände in Einklang kommen sollte, die ihn immer von neuem mit seinen kreativen, geistigunabhängigen Zügen in Konflikt brachten. Sie führten dazu, daß er seinem Klassenhintergrund schon früh (ansatzweise etwa 1754-55 und endgültig nach 1759) entfremdet war, was ihm zunächst kaum als Befreiung, sondern im Gegenteil wie ein kaum erträglicher Verlust erschienen sein wird. Es war nur konsequent von ihm, sich in Amerika mit seiner Einbürgerung 1765, der Heirat mit Mehetable Tippet 1769 und dem gemeinsamen Hof von 1770 an eine feste, neue Identität zu suchen. Als sie ihm in der Wirklichkeit, nur ein Jahrzehnt später, wieder verweigert wurde, hinderte ihn dies nicht daran, sie für den Rest seines Lebens literarisch weiter zu verfolgen.

Nantucket bildet das beste Beispiel für die komplett harmonische Utopie, in der Amerika bei Crèvecœur bevorzugt angesiedelt sein soll, als läge darin ein Ausgleich für die aggressive und radikale Geschichte des Landes, in der Gewalt möglicherweise eine stärkere Triebfeder der Entwicklung war als bei anderen, vergleichbaren Nationen. Faßt man Leo Marx in Bezug auf Crèvecœur so auf, daß das ideale Leben, «clad in good, neat, and sufficient homespun cloth» (*Farmer* 154), kaum mit der geschichtlichen Wirklichkeit zu verbinden ist, muß im Hinblick auf Nantucket hinzugefügt werden, wie wenig der Idealzustand einer wünschenswerten Wirklichkeit entspricht: «There is no kind of difference in their dress, they are all clad alike, and resemble in that respect the members of one familiy» (154). Nicht die Utopie als kreative Form, aber der simple Perfektionismus erscheint als verfehlt, dessen Konformität die Zielvorstellungen Konfliktfreiheit und Harmoniestreben pflegt. Was Thomas Morus Anfang des 16. Jahrhunderts noch als eine zukunftsweisende Vorstellung entwickeln konnte, deren «Nirgendort» er auf eine amerikanische Insel verlegte, war im ausgehenden 18. Jahrhundert inadäquat geworden, als Crèvecœur es mit den Problemen einer realen Neuen Welt zu tun hatte, die mit dem Amerika des Thomas Morus nicht einmal den Namen mehr gemeinsam hatte. Doch die weitgespannten Möglichkeiten der literarischen Utopie sind erst nach dem 18. Jahrhundert entdeckt oder realisiert worden, und gerade in der amerikanischen Literatur wurde in den beiden folgenden Jahrhunderten ein großer Beitrag dazu geleistet, die Möglichkeiten antizipatorischer Vielfalt zu erkunden und zu formulieren. Es war ein anderer Zeitgenosse von Crèvecœur, der Schriftsteller Louis-Sébastien Mercier, der mit seinem Roman *L'An 2440* kurz vor der Französischen Revolution die Möglichkeit erfand, die Utopie nicht mehr wie Morus räumlich, sondern zeitlich anzusiedeln, ein Grundmuster, das der Literaturgeschichte seitdem selbstverständlich geworden ist.[26] Hätte Crèvecœur seine Idealvorstellung von Amerika in die Zukunft verlegt, statt sie in der Gestalt Nantuckets geographisch zu verkleiden, wenn Merciers «Erfindung» ihm bekannt gewesen wäre? Die zahlreichen Stellen in seinen Büchern, an denen er sich die zukünftige Entwicklung Amerikas ausmalt, scheinen diese Hypothese zumindest nicht auszuschließen. Als Crèvecœur, wie der Schluß des *Farmer* zeigt, die Augen davor nicht mehr verschließen konnte, daß sein amerikanisches Paradies verfiel, schuf er sich eine literarische Version Nantuckets, in der ein vollkommener amerikanischer Gesellschaftszustand herrschte. Darin lag auch eine gewisse Gegensätzlichkeit zu den realen Inselbewohnern, die vom Krieg um die Unabhängigkeit am Ende so wenig wissen wollten wie der Protagonist des *American Farmer*. In seinen Nantucket-Kapiteln geriet Amerika dem Autor am klarsten zur «Erfindung», lag doch in dem dokumentarisch aufgemachten Reisebericht die reinste Vorspiegelung. In den aufgelösten Verhältnissen, die sein Leben 1779-83 kennzeichneten, erschien ihm dies wohl als die beste Möglichkeit, seine Ziele und seine persönliche Identität als Autor zu wahren, nicht dagegen die erhöhte pastorale Utopie, von der James spricht, als er sich vor dem Krieg in die Wildnis und unter die Indianer zurückziehen möchte. Darin liegt auch ein Hinweis darauf, daß letztlich der Antrieb seiner literarischen Kreativität sein Handeln stärker beeinflußte als die Liebe zur naturverbundenen Praxis des Landlebens. Mit der Idealität, die der *Farmer* in Nantucket als seinem Kernstück aufweist, wird ein Zug deutlich, der zwei Jahrzehnte später in *Pensylvanie* seine letzte, fast privatistische Ausbildung erlangt hat. Denn unter dem realistischen amerikanischen Stil, der zweifelsohne in den englischen Texten als literarhistorischer Wegweiser für die fernere Entwicklung der amerikanischen Literatur ausgemacht werden kann, verbirgt sich schon mit Nantucket, was in *Pensylvanie* dann als «utopisch gespannte» Romantik zum Tragen kommt. Was als die «Erfindung» Amerikas begann, läuft nach den Regeln einer Form von biographischer wie literarischer Logik in ein romantisch-utopisches Privatissimum aus, gleichsam tief in die Wälder der Neuen Welt.

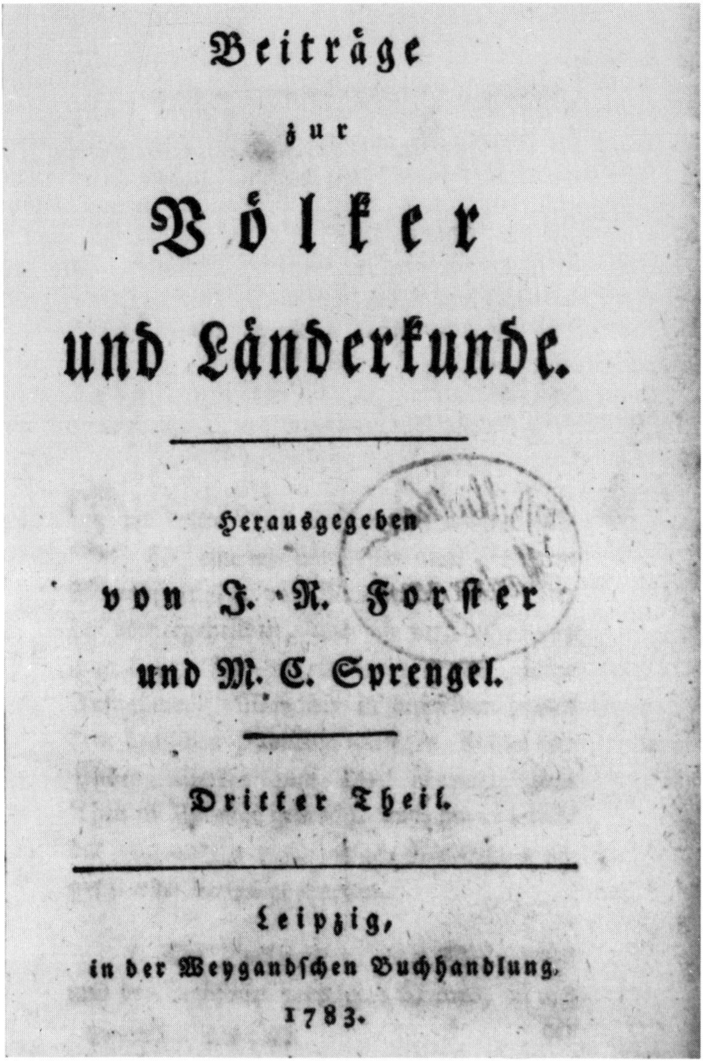

Beiträge

zur

Völker

und Länderkunde.

Herausgegeben

von J. R. Forster

und M. C. Sprengel.

Dritter Theil.

Leipzig,

in der Weygandschen Buchhandlung.

1783.

Dieser Band von 1783 aus der Reihe *Beiträge zur Völker- und Länderkunde* steht am Beginn der Verbreitung von Crèvecœurs Schilderungen und Erzählungen in deutscher Sprache. Die Herausgeber präsentierten Crèvecœurs dichterische Darstellung vom Leben auf der Insel Nantucket vor der Nordostküste der Vereinigten Staaten wie eine dokumentarische Reisebeschreibung. Die Übersetzung, um einiges gekürzt, folgte den Nantucket-Kapiteln im *Farmer,* der im Vorjahr in London erschienen war. Im Jahr 1783 schloß die britische Regierung mit den USA nach achtjährigem Kriegszustand einen Friedensvertrag. Auf dem abgebildeten Titelblatt ist der Verlagsort Leipzig angegeben. Tatsächlich erschienen in der Folgezeit in Leipzig alle maßgeblichen deutschen Crèvecœur-Übersetzungen.

5. Kapitel

Ein Beispiel früher amerikanischer Erzählkunst: Äusserungen deutscher Leser 1782-1809

St. John und Maximilian: Formen deutscher Rezeption

> Gewiß die angenehmsten und glücklichsten Stunden meines Lebens — im Schooß der Freyheit, des Wohlstandes, der sanftesten und vertraulichsten Freundschaft! Da sehe ich mich von meiner kleinen Familie und andern umringt. [...] Ach! Eintracht, brüderliche Eintracht und Liebe, die uns dann beseelten, wo seydt ihr? Schwarze Sorgen, Klagen und Eifersucht, der Krieg mit Blut und Brand — sind an ihre Stelle getreten. Ich will sie vergessen und mein Herz durch angenehme Bilder erleichtern (1:349-50).

Crèvecœurs Erzähler und Hauptprotagonist in *Cultivateur* spricht hier in seiner deutsch übersetzten Version als der «Amerikanische Landmann» über seinen Kummer, daß durch den Krieg seit 1775 sein freies und hoffnungsvolles Leben auf dem Land ein Ende gefunden zu haben scheint. Mit dieser problematisierten Sicht von Amerika lernten die Leser der *Briefe eines Amerikanischen Landmanns* im Deutschland des ausgehenden 18. Jahrhunderts auch ein erstes Beispiel amerikanischer Erzählliteratur kennen. Der Übersetzer, Johann August Ephraim Goeze, der den *Landmann* in drei Bänden 1788 und 1789 vorlegte, war sich durchaus über den literarischen, i.e. fiktionalen Charakter der Crèvecœur-Essays im klaren. Wie viele seiner Zeitgenossen stellte er aber das Interesse an amerikanischen Sachthemen vor das Interesse für eine eigenständige Literatur der USA, für die es nach dem Urteil der besten Fachleute noch kaum Anhaltspunkte gab. Johann David Schöpf, ein maßgeblicher Kenner der Vereinigten Staaten, schrieb über die Frage nach einer amerikanischen Literatur:

> Seitdem Amerika von Europäern bevölkert worden, welche Künste und Wissenschaften mit herüberbrachten, hat Amerika selber wenig zu Erweiterung und Verschönerung derselben beygetragen. Es hatte sich bis daher nur eines Philosophen, nur eines Mathematikers, und nur eines Mahlers, von anerkannten und entschiedenem Rufe zu rühmen. [Schöpfs Anmerkung dazu:] Nemlich Franklin, Rittenhouse, und Peal. Ich weiß nicht, ob es je einen erträglichen Dichter aufzuweisen hatte. [...] (2:333-34 und 2:334 n.)

Diese Sätze von Schöpf waren in seinem 1788 veröffentlichten Dokumentarbericht *Reise durch einige der vereinigten nordamerikanischen Staaten* genau zu dem Zeitpunkt zu lesen, als Goeze die ersten beiden Bände des *Landmanns* vorlegte. In den USA selbst wurde die Frage nach einer amerikanischen Literatur erst lange nach dem Erfolg von Crèvecœurs Büchern allgemein diskutiert, und es ist zumindest fraglich, ob er sich selbst als den einen erträglichen amerikanischen Dichter gesehen hat, nach dem Schöpf sich vergeblich umgesehen hatte.[27] Was er schrieb, erfüllte vermutlich kaum seine eigenen zeittypischen Vorstellungen von Dichtung, aber bei aller bemühten Annäherung an die Sachliteratur blieben die meisten seiner Essays Texte, die in ihren formalen Eigenschaften zwischen den Formen eines rein gedanklichen Essays und einer bewußt strukturierten Erzählung standen. So gesehen stellt Crèvecœur als ein früher amerikanischer Autor von Erzählliteratur, i.e. *fiction,* mehrere Jahrzehnte vor Irving und Cooper, aber zeitlich auch noch vor Franklin und Charles Brockden Brown, den ersten Fall eines in Europa erfolgreichen amerikanischen Erzählers dar. Kompliziert wird die Beschäftigung mit dieser Frage durch den Umstand, daß seine Bücher, obwohl Leser wie Tiedemann durchaus die «Fiktion» darin entdeckten (xi), zum überwiegenden Teil als Sachliteratur, i.e. *non-fiction,* gelesen wurden.

Im weiteren soll die Frage untersucht werden, wie der angesprochene «erste Fall eines in Europa erfolgreichen amerikanischen Erzählers» unter den Umständen der deutschen Spätaufklärung und einsetzenden Romantik aussah. Die deutsche Rezeption ist nicht so gut untersucht worden wie die Rezeption in anderen Sprachen und soll gleichzeitig als Muster für Europa gelten, mithin in ihrem Ausmaß umrissen und in ihrem Charakter erfaßt werden. Dabei zeigt ein schneller Überblick, daß die Frage nach einer möglichen deutschen Einwirkung auf Crèvecœurs Texte ebensowenig die gebührende Aufmerksamkeit finden kann wie die Frage nach Crèvecœurs möglicher Wirkung auf deutsche Autoren über den Zeitraum von 1782 bis etwa 1809 hinaus. Dabei handelt es sich tatsächlich um Problemkreise, die bisher noch nicht erfaßt wurden und, das ist aus der Lektüre Crèvecœurs abzusehen, in Zukunft einer ganz ausführlichen und gründlichen Bearbeitung bedürfen.

Ein Jahr vor Goezes Übersetzung hatte Crèvecœur in Paris die erweiterte Ausgabe von *Cultivateur* in drei Bänden veröffentlicht. In dem autobiographischen Kapitel «Dublin, 30 décembre 1780» blickte der frankoamerikanische Autor von der ersten Station seiner Europareise zurück auf seine Zeit im New Yorker Gefängnis und erinnerte sich daran, wie er draußen die hessischen Wachen der Briten Lieder in der Sprache ihrer

Heimat hatte singen hören. Er verstand gut die ambivalente Rolle der Deutschen in der Zeit des Unabhängigkeitskriegs, die in großer Zahl auf beiden Seiten an dem Geschehen teilnahmen, oft ohne ihre Rolle dabei frei bestimmen zu können. In einem anderen Kapitel, «La femme allemande», stellte er das Schicksal einer deutschen Siedlerfamilie dar, deren Vater als Soldat Washingtons fällt und von den Briten seiner Frau tot zurückgebracht wird. «Nachbar Johann» versucht ihr in ihrem Leid beizustehen:

> Jamais la connaisance de la langue allemande ne m'avoit été aussi utile. — Hélas, qu'aurois-je fait; — quels services aurois-je pu rendre à cette malheureuse femme, si elle ne m'eût pas entendu (3:44)?

Ob der Autor von *Cultivateur* selbst soviel Deutsch gesprochen hat, wie sein Erzähler, ist eine andere Frage.[28] Aber als er später Zuflucht in Hamburg suchte, nachdem 1794 seine Bemühungen um eine Rückkehr in die USA gescheitert waren, und während seiner Jahre in München eine Dekade darauf kam er sicher auch ohne Kenntnisse der Landessprache aus. Für Personen, die Crèvecœur hier traf, in Hamburg beispielsweise Christoph Daniel Ebeling, in München den König von Bayern, war es selbstverständlich, Französisch zu sprechen. König Maximilian lieferte im übrigen ein gutes Beispiel für den Grad der Bekanntheit, den der franko-amerikanische Schriftsteller noch in napoleonischer Zeit unter Deutschen genoß. In der *Vie* 1883 ist wiedergegeben, wie ein Freund Anfang Oktober 1806 den zurückhaltenden 71jährigen Autor des *Farmer* zu einem Besuch der königlichen Residenz überredete:

> Au lieu d'entrer dans les appartements d'en bas, à mon grand étonnement je fus conduit à ceux du second [...] Nous arrivons à une longe galerie, nous pénétrons dans une pièce [...] En entrant je vois un grand et bel homme, que je crois être le gouverneur du château, lorsque, s'approchant de moi avec une physionomie souriante, il me dit: «Monsieur de Crèvecœur, vous ayant en vain invité, par l'extremise de M. Otto, à venir me voir à Nymphenbourg, j'ai pris le parti de vous recevoir dans mon cabinet en simple particulier» (236).

Während Crèvecœurs Biograph in der *Vie* hier direkt aus einem bis heute unveröffentlichten Manuskript zitiert, in dem der Autor sich selbst äußert, schließt sich daran eine Zusammenfassung an, die indirekt das Gespräch zwischen Maximilian und Crèvecœur schildert:

> Tout d'abord fort surpris et un peu troublé, Crèvecœur se remit bientôt, grâce à l'extrême bienveillance du Roi. Celui-ci lui fit voir en détail les tableaux de son cabinet et lui parla très aimablement des *Lettres d'un Cultivateur,* qu'il avait, disait-il, lues en anglais

et en français. Une invitation à dîner à Nymphenbourg suivit de près cette première entrevue (236).

Die freundliche Neugier, mit der Maximilian den alten Crèvecœur empfing, illustriert die Popularität, die der *Farmer* und *Cultivateur* dem franko-amerikanischen Autor eingetragen hatten. In breiten Kreisen hatten seine Bücher offensichtlich aufmerksame deutsche Leser gefunden, vom *Farmer* bis zu *Pensylvanie.* Nicht nur in deutschen Übersetzungen fand Crèvecœur hier seine Verbreitung, sondern durchaus «en anglais et en français». Wie weit seine Verbreitung indes tatsächlich reichte, macht die Popularität einzelner Stoffe oder Themen Crèvecœurs deutlich.

Im Kapitel IX des *Farmer* erzählte der Autor die Geschichte eines Schwarzen in South Carolina, der zum Tode verurteilt in einem Käfig aufgehängt wurde, in dem er vor Durst langsam stirbt und dabei Vögeln ausgeliefert ist, die ihn, noch lebendig, bereits wie Aas verzehren. In seinem Buch *Briefe zur Beförderung der Humanität* ließ Johann Gottfried Herder, der wahrscheinlich selbst kein Originalwerk Crèvecœurs kannte, die eindringliche Szene aus dem kolonialen Süden in deutschem Blankvers erscheinen:

«Ach!
Rief jenes Aechzen wieder, *Gift*
Darein thun, Gift! du weisser Mann!
Ich kann nicht sterben.»
Zitternd reicht'
Ich ihm den Wassertrank: «Wie lang'
O Unglückselger, bist du hier?» —
«*Zwei Tage; und nicht sterben! Ach,*
Die Vögel! Wespen! Schmerz! o Weh!»
(17:225)

Wenn Herder solche amerikanischen Szenen von Crèvecœur übernahm, wie er sie in einem Buch eines anderen deutschen Autors vorfand, illustriert dies, daß Stoffe aus dem *Farmer* und *Cultivateur* im deutschen Sprachraum auf populärer Ebene eine Verbreitung gehabt haben könnten, die bereits einen Teil des Erfolgs amerikanischer Autoren des 19. Jahrhunderts wie Irving oder Poe vorwegzunehmen scheint.

Ein anderes Beispiel, bei dem Herder von einem kurzen Stoff aus *Cultivateur* Gebrauch machte, soll den hier angestellten Überblick abrunden, bevor einzelne Aspekte von Crèvecœurs deutscher Rezeption näher dargestellt werden. In einem weiteren Gedicht seiner *Humanität* erzählt Herder unter dem Titel «Der Geburtstag» eine Geschichte von dem Quäker Mifflin und seinem Negersklaven Jakob. Mifflin, eigentlich eine historische Figur, geriet Crèvecœur offenbar zu einer seiner erfolgreichsten Gestalten, denn nach seiner Verwendung durch Herder erschien er mit beträchtlichem Erfolg auch als Hauptfigur eines Dramas von August Friedrich von Kotzebue, *Die Quäker*. «Ha! welche Menschen!» sagt bei Kotzebue zum Schluß der britische General Howe über die Amerikaner, «Könnt' ich diesen Welttheil erobern, würde ich so glücklich sein als Walther Mifflin?» (27:135). Bereits an dieser Stelle wird mithin deutlich, daß Crèvecœurs bekannt großer Erfolg beim europäischen Publikum neben der vielzitierten Landeskunde eine durchaus erzählerische Komponente hatte.

Der Farmer *als literarische Unterhaltung*

Als Crèvecœurs erstes Buch 1782 in London erschien, machte es sofort in britischen Zeitungen Aufsehen. Dem trug in Deutschland zuerst eine Zeitschrift aus dem Kurfürstentum Hannover Rechnung. Die *Göttingischen Anzeigen von gelehrten Sachen,* die in der Universitätsstadt unter Aufsicht der Akademie der Wissenschaften gerade im zweiten Jahr erschienen, widmeten Crèvecœur noch am 7. Dezember des Jahres eine ausführliche Besprechung. «Dieser Brief», begann der erste deutsche Rezensent des *Farmer* seine Beurteilung, «enthalten mancherley zerstreute Anmerkungen über Nordamerica, vorzüglich aber über die glückliche Lage und Lebensart der dortigen Landleute, welche in den mittleren und nördlicheren Provinzen vom Ackerbau leben.» Der Akzent lag hier von Anfang an nicht auf den ambivalenten Kapiteln IX und XII, sondern auf Amerika als dem Land, in dem einfache Leute in Glück zu leben verstanden, wobei der Rezensent hinzuzufügen wußte «und die vielen eingestreuten und individuellen Züge beweisen, daß sie [i.e. die Anmerkungen] wirklich an Ort und Stelle gemacht sind» (1201).

Charakteristisch für die zeitgenössische Manier der Buchrezensionen war die ausführliche Zusammenfassung des Inhalts, die in Crèvecœurs Fall schon früh dazu beigetragen haben mag, die Essays und Erzählungen des neuen amerikanischen Autors den Umrissen nach unter deutschen Lesern in Umlauf zu bringen. Der amerikanische Unabhängigkeitskrieg hatte in Europa und besonders im deutschen Sprachraum ein enormes Interesse wachgerufen und wurde überall als «Revolution» und Jahrhundertereignis erfaßt. Die maßgebliche bibliographische Untersuchung von Dippel hat allein für den Zeitraum 1770 bis 1800 rund tausend Buchveröffentlichungen aus dem deutschen Sprachraum (und deutscher Drucke aus dem Ausland) ermitteln können, die sich mit dem neuen Thema Amerika beschäftigten. Aber wenige Autoren schrieben aus der Sicht eigener Erfahrungen, und Crèvecœurs *Farmer* stieß, im Original wie in Übersetzung, in eine weit offene Marktlücke für amerikanische Darstellungen, die «wirklich an Ort und Stelle gemacht» waren. Abgesehen von Ausnahmen wie Benjamin Franklin waren amerikanische Schriftsteller ein Novum, und der Rezensent der *Göttingischen Anzeigen* erwartete von J. Hector St. John kaum schöne Literatur. Doch er wurde um so eher mit literarischem Gespür auf die Fiktionalität hinter dem dokumentarischen Anstrich von Crèvecœurs Sachprosa aufmerksam: «Überhaupt sind diese zwölf Briefe verschiedenen Inhalts nur für Liebhaber einer angenehm unterhaltenden, als unterrichtenden Lectüre geschrieben» (1201).

Hauptsächlich beurteilte der Göttinger Rezensent den *Farmer* jedoch nach seinen Meriten als ein Sachbuch über die Neue Welt. Vom Kapitel IX wollte er, vor allem wegen der langen Tirade über Charlestown, wenig wissen, denn davon seien «bessere Beschreibungen vorhanden, als wir sie hier lesen» (1204). Die Kapitel X und XI über Kolibris, amerikanische Schlangen und den Botaniker Bartram seien kaum besser geschrieben, «ohne irgend den Leser durch neue oder interessante Nachrichten zu befriedigen» (1204). Dagegen erkannte der deutsche Kritiker das abschließende Kapitel XII sofort in seiner Relevanz, während es wegen der Äußerungen über «this unfortunate Revolution» (*Farmer* 207) von vielen anderen Rezensenten damals wie auch später mit Schweigen übergangen wurde. Dabei wird ein eher distanzierter moderner Leser Crèvecœurs heute den Sarkasmus des Göttinger Rezensenten vielleicht zu schätzen wissen. Er fand, Crèvecœurs Schilderungen der Gefahren an der Grenze

> lassen sich sehr gut lesen, nur ist der Verf. hier wie in allen seinen Beschreibungen außerordentlich geschwätzig, und wir zweifeln, daß eine von diesen Briefen angekündigte deutsche Übersetzung ihr Glück machen werde, weil vielleicht wenige Leser Geduld und Muße haben möchten, die wenigen Goldkörner von den vielen Schlacken zu sondern (1204).

Anzumerken bleibt an dieser Stelle, wie wenig Sinn ein durchaus wohlinformierter und wohlwollender deutscher Leser hier für die literarischen Bestrebungen des neuen amerikanischen Autors zeigt («geschwätzig», «nur für Liebhaber einer angenehm unterhaltenden [...] Lectüre»). Bemerkenswert ist auch, wie er die Chancen für einen großen Erfolg des Buchs und seines Autors in den kommenden Jahren verkennt.

Indes zeigt die Göttinger Besprechung abschließend, daß einem zeitgenössischen Leser deutlicher als den meisten modernen Kritikern auffiel, welches Gewicht der franko-amerikanische Autor auf «Marthas Weinberg» und vor allem auf die «unterhaltende Beschreibung der kleinen, meist von Quäkern bewohnten Insel Nantucket» (1203) legte. In seiner Untersuchung zur deutschen Rezeption Crèvecœurs stellte Shelley 1938 fest, daß die Nantucket-Essays für die Zeitgenossen zu einem klassischen Text über die Inselkultur wurden.

Crèvecœurs Nantucket faszinierte die deutschen Zeigenossen so weit, daß die Darstellung der glücklichen Inseln als erster Crèvecœur-Text überhaupt ins Deutsche übertragen wurde. Bereits 1783, als in London und Dublin gerade die zweite Druckauflage des *Farmer* erschien und Samuel Ayscough sich noch darüber entrüstete, wieviel Erfindung und wie wenig Wahrheit das Bild enthalte, das J. Hector St. John von Amerika zeichne, erschienen die Nantucket-Kapitel in Deutschland. Damit setzte die Rezeption Crèvecœurs in deutscher Übersetzung früher ein als selbst in Frankreich, wo Lacretelle um diese Zeit im *Mercure* erst eine französische Version des *Farmer* ankündigte. Johann Reinhold Forster und Matthias Sprengel, die Crèvecœurs Text über Nantucket in ihrer Reihe *Beyträge zur Völker- und Länderkunde* veröffentlichten, teilten ohne Zweifel die Ansicht eines deutschen Rezensenten, der zu Nantucket in der Zeitschrift *Allgemeine Deutsche Bibliothek* seinen Eindruck vermerkte: «Vermutlich hat sich der Verfasser dort eine geraume Zeit aufgehalten, weil er sogar die kleinsten Umstände anführt» (494).

Fiktionalität als Mangel

Im Jahr 1784, als die erste Ausgabe von *Cultivateur*, außerdem niederländische und deutsche Übersetzungen des *Farmer* und die entsprechende Zahl neuer Rezensionen in Zeitschriften erschienen, gelangte Crèvecœurs literarischer Erfolg auf seinen europäischen Höhepunkt, der bis zum Ende des Jahrzehnts anhalten sollte. Nachdem Forster und Sprengel bereits einen Teil des Buchs auf Deutsch veröffentlicht hatten, gab jetzt Karl Gottfried Schreiter, ein junger Hochschullehrer in Leipzig, dem *American Farmer* eine deutsche Stimme. *Sittliche Schilderungen von Amerika* erschien, ohne den Namen des Übersetzers, im Verlag von David Siegert in Liegnitz und Leipzig, ohne Abstriche am Text (der in Oktav auf Deutsch 462 Seiten ausmachte), aber auch ohne den Index der Londoner Ausgabe von 1783 oder die Karten der beiden Inseln Martha's Vineyard und Nantucket, die zur Ausstattung der Erstausgabe gehört hatten. Auch wenn sein Name auf dem Titelblatt nicht genannt wurde, war Schreiter doch mit Mitte 20 bereits ein erfahrener Übersetzer, der einige der herausragenden englischen und französischen Bücher des 18. Jahrhunderts eingedeutscht hatte. Von Schreiter, einem promovierten Philosophen, stammen deutsche Übersetzungen von David Hume, *Gespräche über die natürliche Religion,* vier Bände *Geist der Gesetze* von Montesquieu mit einem Apparat ausführlicher Anmerkungen, Rousseaus *Geständnisse* («nebst den Selbstbetrachtungen des einsamen Naturfreundes») und unter anderen Texten auch Mirabeaus *System der Natur.*

Die Zeitschrift *Allgemeine deutsche Bibliothek* widmete Schreiters Übersetzung nichtsdestoweniger 1785 eine eher übellaunige Besprechung, die das deutsche Debüt des *Farmer* ins Licht einer gewissen Voreingenommenheit bringen sollte. «Die Einkleidung macht vieles unwahrscheinlich», urteilte der Rezensent mit dem Kürzel Kz. über das, was spätere Kritiker als Crèvecœurs zentrale ästhetische Leistung erkannt haben, die gekonnte Fiktionalität.[29] Wie wenig das den Erwartungen mancher zeitgenössischer Leser entsprochen haben mag, ist an der Reaktion von Kz. erkennbar:

> Der Verfasser will durchaus ein Guthsbesitzer oder Pflanzer seyn, der nur lesen und schreiben gelernt hatte, gleichwohl strotzen seine Briefe zuweilen von gelehrten Floskeln, lateinischen Sentenzen, und von Schwulst; die Namen der Oerter und Personen von welchen er spricht, verschweigt er fast durchgängig [...] (493).

Im letzten Punkt wird man dem deutschen Rezensenten Recht geben müssen, denn Crèvecœurs erst ab der zweiten Hälfte der 80er Jahre schwächer werdende Angewohnheit, Namen nur durch Initialen anzudeuten, nahmen seinen Texten häufig gerade einen Gutteil der Authentizität, die sie für die Zeitgenossen so attraktiv machte. Zum Schlußstück des Buchs, «Klagen eines Gränzbewohners», meinte Kz., das Kapitel sei «wohl etliche Jahre nach 1774 aufgesetzt worden: übrigens macht dieser [Brief] als der aller unnatürlichste mit der dabei befindlichen Nachschrift einen lächerlichen Kontrast» (494). Die ganze Ambivalenz von Crèvecœurs *Farmer* fand mithin bei einem deutschen Leser wenig Anklang, der zwischen dem Enthusiasmus des amerikanischen «Guthsbesitzers» und seinen Klagen als «Gränzbewohner» nur einen «lächerlichen Kontrast» zu sehen vermochte.

Cultivateur *als «Nahrung für gefühlvolle Herzen»*

Die deutschen Reaktionen auf Crèvecœurs englische und französische

Texte überschnitten sich 1784 und 1785, als eine Zeitschrift noch Schreiters Übersetzung der Essays im *Farmer* besprach und eine andere bereits die Publikation von *Cultivateur* in Paris vermerkte, «bey Cuchet» zum Preis von «8 Livres 10 sols». Die *Allgemeine Deutsche Literatur-Zeitung,* die erst seit Jahresbeginn 1785 erschien, ein ambitioniertes Vorhaben von Herausgebern in den Universitätsstädten Jena und Leipzig, fand noch im ersten Quartal Gelegenheit zu einer ausführlichen Besprechung des neuen französischen Amerika-Buchs. Die neue Zeitschrift, die beinahe täglich gedruckt wurde, erschien im Heft unter der Datumszeile «Dienstags, den 25. März 1785» mit der *Cultivateur*-Besprechung als Aufmacher. Die Neuerscheinung war der Rubrik «Geschichte» zugeordnet. Der namentlich nicht genannte Verfasser, der zum internen Stab der Zeitschrift gehört haben wird, ging sofort auf Schreiters Übersetzung ein. Er bemerkte, es solle sie besser nicht geben, damit eine Übersetzung der verbesserten Version des *Farmer* gewährleistet sei, für die er *Cultivateur* hielt. Die Bemerkung könnte tonangebend gewesen sein, denn von nun an, kein Jahr nach Schreiters Veröffentlichung und erst drei Jahre nach der Londoner Erstausgabe, war die deutsche Rezeption des *Farmer* so gut wie beendet, und alle Aufmerksamkeit begann sich auf die wesentlich umfangreicheren Bände von *Cultivateur* zu richten. Eine Erklärungshilfe für diesen Umstand mag darin liegen, daß manche deutschen Kritiker stets gern die Gleichung Umfang gleich Gründlichkeit gleich Tiefe aufgestellt haben. Oder vielleicht wirkte der französische Ton auf deutsche Leser vertrauter als der ungewohnte amerikanische Originalton im *Farmer.*

«Schwerlich», fand der Rezensent der *Allgemeinen Deutschen Literatur-Zeitung,* «wird es viele solche Schriften geben, die außer dem Anziehenden ihres Gegenstandes auch noch so viel Nahrung für weiche und gefühlvolle Herzen vereinigen als gegenwärtige» (297). Wenngleich der empfindungsreiche Firnis eines an den Ratschlägen von Sophie d'Houdetot wieder frankophon orientierten Crèvecœur auch ein auffälliges Merkmal seines Buchs darstellte, bewies der deutsche Leser doch genügend Scharfblick für den völlig amerikanischen Inhalt seiner Lektüre. Ihm fielen in den Essays Qualitäten einer Art literarischer Prägeanstalt für Glücksvorstellungen auf. Damit würden sich die Vereinigten Staaten von nun an gegenüber Europa in verheißungsvollem Licht zeigen:

> Es ist die Geschichte der wunderbaren Fortschritte eines arbeitsamen Mannes von der äußersten Dürftigkeit zum höchsten Überfluß, von der Unterdrückung zur Freiheit, von der Verachtung und Niedrigkeit zum Stand der Erhöhung und Achtung; nicht eine von den günstigen Launen der Dame Fortuna mischte sich dabei ins Spiel, sondern allein Fleiss und Rechtschaffenheit wirkten dies alles (297).

Genau so, wie der deutsche Rezensent an dieser Stelle die Laufbahn zusammenfaßte, die «Andrew, the Hebridean» in seiner französischen Version als «Histoire d'André l'Hebridéen» in Pennsylvanien durchmachte (*Cultivateur* 1:81-108), erlebte das kontinentale Publikum seit und durch Crèvecœur, was den Menschen, der mit seinem Schicksal unzufrieden war, in Nordamerika erwartete: die «Freiheit», im «höchsten Überfluß» leben zu können.

Mit Freiheit war keine abstrakte oder intellektuelle Bedeutung des Begriffs gemeint, sondern eine materielle Freiheit. Diese Freiheit, im «höchsten Überfluß» leben zu können, wie die von Crèvecœur übernommene Übersteigerung lautet, meint nicht den Begriff einer späteren Überflußgesellschaft, sondern eine Vorstellung von Freiheit, die den arbeitsamen Mann dazu berechtigt, verdienten Lohn für «Fleiss und Rechtschaffenheit» zu empfangen — ohne Ansehen seiner Klasse. Dieses Leistungsprinzip entsprach keinesfalls geltenden Vorstellungen, gerade nicht in Deutschland, wo der arbeitsame Mann mit seinem Einsatz nur dann den «Stand der Erhöhung und Achtung» erreichen konnte, falls die gesellschaftlichen Strukturen ihn wegen seiner Klassenzugehörigkeit nicht von vornherein mit «Verachtung und Niedrigkeit» belegten. Dann halfen ihm freilich «allein Fleiss und Rechtschaffenheit» überhaupt nichts. Crèvecœur, man merkt es dem Enthusiasmus seines Rezensenten an, traf mit Geschichten wie der von Andrew mitten ins Herz von Lesern, die in ihrer Unzufriedenheit sehnsüchtig mit Amerika das Bild einer idealen Gesellschaft verknüpfen wollten. Dort sollte ein Mann von Stand nicht anders an seinen Fähigkeiten gemessen werden als einer, der in «der äußersten Dürftigkeit» seiner Verhältnisse erst «allein Fleiss und Rechtschaffenheit» vorzuweisen hatte. Ans deutsche Gemüt appellierte auch die Bemerkung des Rezensenten, «nicht eine von den günstigen Launen der Dame Fortuna» sei dabei vonnöten, auf amerikanische Weise, also mit den eigenen Händen sein Glück zu machen.

Man muß wohl auch im Auge behalten, hier im Land des deutschen Michels zu sein, wenn mit solcher Inbrunst darauf hingewiesen wird, «Rechtschaffenheit» und «Fleiss» allein vermöchten dem braven Mann «zum höchsten Überfluß» zu verhelfen. Am Beispiel dieser maßgeblichen zeitgenössischen Besprechung läßt sich die Vermutung erhärten, daß neben die Exotik der Neuen Welt jetzt das große Anziehungsmoment eines handfesten Erfolgsversprechens trat, womit das Amerikabild weniger eine Ergänzung als die für die Zukunft entscheidende Umwertung erfuhr. «This happy settlement [...]», betonte Crèvecœur, als er von seinem Modell Nantucket sprach, «drew its origin from necessity on the one side, and from good will on the other» (96). «Good will», zuversichtliche Rechtschaffenheit, ist eines der beiden zentralen *catch-words,* auf die schon Crèvecœurs deutscher Rezensent sofort ansprach. Mehr noch als *good will* wird Fleiß, *industry,* zu einem immer wieder verwendeten Schlüsselbegriff des franko-amerikanischen Autors. Bereits in «Spanish Colonies», dem frühen Text über Amerika als *source of freedom to all the world* und künftige Großmacht «which will change the present political sistem of the world» (160), betonte Crèvecœur immer wieder den Fleiß als die eigentlich wohltätige Maxime im Leben Amerikas. In der Ausbreitung dieser Vorstellungen von Amerika, wie sie gerade die Besprechung von *Cultivateur* beispielhaft illustriert, liegt ein zentraler Aspekt jeder Art von Rezeption Crèvecœurs.

Goeze über «Erdichtung» als Wahrheit

Nach dem Erscheinen der beiden ersten Bände von *Cultivateur* 1784 gewann Crèvecœur in Deutschland stark an Popularität, wahrscheinlich, weil französische Erfolge sich weitaus stärker beim deutschen Publikum auswirkten als andere. Besprechungen verbreiteten durch ausführliche Resümees schnell den Inhalt des neuen Amerika-Buchs, verstärkt durch Auszüge aus den Essays des amerikanischen Landmanns, die zunächst auf Französisch erschienen. Der Herausgeber der Reihe *Litteratur und Völkerkunde,* Johann Wilhelm von Archenholz, einer von vielen deutschen Amerika-Enthusiasten, veröffentlichte eine Übersetzung des Kapitels «Anecdote d'un chien sauvage» (*Cultivateur* 1 : 199-211), die Johann August Ephraim Goeze auf Crèvecœur aufmerksam machte. Goeze, dessen Nachname auch gedruckt als «Götze» erscheint, ein Bruder des notorischen Hamburger Hauptpastors, wurde zum effektivsten deutschen Verbreiter des franko-amerikanischen Schriftstellers. Er war ein protestantischer Geistlicher, der mit Fleiß als Übersetzer arbeitete und sich vor allem als Naturhistoriker einen Namen machte. Gleich Archenholz unterstützte er in Deutschland die amerikanische Unabhängigkeit. Wie durchweg alle deutschen Crèvecœur-Leser, die schriftlich als zeitgenössische Kritiker des franko-amerikanischen Autors in Erscheinung traten, wurde Goeze durch sein Interesse an den USA zu *Cultivateur* geführt. Aber unabhängig von seinem landeskundlichen Informationswert erfaßte er schnell die literarischen Qualitäten des Texts:

> Man hat dem V[erfasser] den Vorwurf gemacht, als habe er sich verstellt und einen Layen affektieren wollen, da er sich doch durch verschiedene eingemischte Dinge selbst wi-

dersprochen. Dies ist wahr; ich kann aber die Absicht des V. nicht entscheiden. Ob manche Schilderungen übertrieben oder erdichtet sind, kann ich eben so wenig darthun. So viel aber ist gewiß, wenn man sie unbefangen prüft, daß das Herz selbst für ihre Wahrheit spricht, und die Szenen der Natur der Umstände, der Personen der Wilden so angemessen sind, daß fast keine Erdichtung stattfinden kann (1 : v).

Goeze kannte die Verwirrung der ersten deutschen Leser über Diskrepanzen zwischen Buchinhalt, dem Autor selbst und seiner Erzählstimme und wehrte den Vorwurf, Crèvecœur habe sich «verstellt», als unzutreffend ab. Er drückte sein Urteil über die amerikanischen Schilderungen so aus, «daß das Herz selbst für ihre Wahrheit spricht» und gestand dem Schriftsteller aus Amerika zu, daß er durchaus «Erdichtung» betreiben dürfe wie ein europäischer Autor: «Wäre sie es auch [i.e. die Erfindung]; so würde durch diese Täuschung Moral und Menschlichkeit nichts verlieren» (1 : v). Dafür war Goeze auch bereit, dem Amerikaner «den oft zu schwülstigen und deklamatorischen Stil» nachzusehen. Goeze gibt von vornherein an, den Stil frei übersetzt, sich dabei «aber an seinen Sinn gehalten» zu haben (v-vi). So gibt der Übersetzer des *Landmanns* dem Verfasser zu, Amerika literarisch auch anders als durch reine Dokumentation, also fiktional, i.e. für Goeze als den ersten «Hofdiaconus der St.-Servatii-Kirche zu Quedlinburg» eben durch «das Herz selbst», gültig repräsentieren zu können. Mit der nötigen Einschränkung läßt sich sagen, daß bis zu einem gewissen Grad schon während der 80er Jahre die Briefe des amerikanischen Landmanns als Literaur, nicht als Sachbuch gelesen wurden. Eine Einschränkung muß man in Hinsicht auf die zeitgenössischen Begriffe von Literatur machen, die Kategorien wie «Sachbuch» noch nicht enthielten. Der Grad, wie empfänglich ein Leser wie Goeze für Fiktionales war, war begrenzt durch seine Idee einer höheren «Wahrheit». Gegen solche «Wahrheit», die «das Herz selbst» definierte, wollte Goeze die «Erdichtung» abgegrenzt wissen.

Nachdem Goeze 1788 in Leipzig die beiden ersten Bände seiner Übersetzung veröffentlicht hatte, erhielt er rechtzeitig genug die dreibändige französische Ausgabe von 1787, um seiner deutschen Übersetzung schon 1789 einen dritten Band anzufügen. Goeze übertrug darin, neben einer vollständigen Übersetzung von Crèvecœurs neuem Band, auch alle jene Kapitel, die Crèvecœur 1787 den beiden ersten Bänden von 1784 hinzugefügt hatte. Das Ergebnis der sorgfältigen Übersetzungsarbeit von Goeze war, daß ab 1789 das gesamte veröffentlichte Werk Crèvecœurs in deutscher Übersetzung vorlag, sowohl der ursprüngliche *American Farmer* als auch *Cultivateur* in beiden Versionen von 1784 und 1787. Daraus ergibt sich ein verblüffender Schluß, auf den auch jene Kritiker noch nie hingewiesen haben, die über die Arbeit von Schreiter und Goeze sorgfältig Buch geführt haben. Crèvecœur fand in deutscher Sprache eine so vollständige Verbreitung, wie es in keinem anderen Land der Fall war.

Hamburg 1795-96

Weder auf Englisch noch auf Französisch konnten sich Crèvecœurs zeitgenössische Leser ein so komplettes Bild von seinen Veröffentlichungen machen wie auf Deutsch. Als der franko-amerikanische Schriftsteller 1801 sein Alterswerk *Pensylvanie* veröffentlichte, blieb dieser Zustand durch Tiedemanns deutsche Übertragung, obgleich sie stark gekürzt war, im wesentlichen bestehen. Auch in den zwei Jahrhunderten seither hat sich daran kaum etwas geändert, wenngleich es seit den 1960er Jahren englische Übersetzungen von *Pensylvanie* gegeben hat. Wenn die europäische Verbreitung der französischen Sprache in den meisten Ländern des Kontinents auch *Cultivateur* eine bestimmte Durchschlagskraft vermittelt haben dürfte, bleibt doch erwähnenswert, daß schon 1784 eine niederländische Übersetzung von Crèvecœurs *Farmer* erschien. Sie stammt wahrscheinlich von Francis Adriaan van der Kemp (der später selbst als Emigrant in den USA einen Bauernhof betrieb), und wurde unter einem veränderten Titel in Maastricht nachgedruckt. Diese Anmerkungen illustrieren den vielfältigen Charakter der europäischen Verbreitung von Crèvecœurs Büchern in den 1780er Jahren, doch vor ihrem Hintergrund wird auch erst deutlich, daß die Breite der deutschen Rezeption eben in keiner anderen europäischen Sprache erreicht wurde. Einen Nebenaspekt im Verhältnis Crèvecœurs zu Deutschland, der allerdings wohl kaum Einfluß auf seine Rezeption hatte, stellen seine beiden Aufenthalte in Hamburg und München dar.

Seinen Aufenthalt in Hamburg, der vor allem Altona — damals ein selbständiger Ort — betraf, wo er zwischen Mai 1795 und April 1796 lebte, sollte Crèvecœur nicht in guter Erinnerung behalten. Sein Sohn Ally lebte seit der Zeit des Terrors in Frankreich hier, wo er bei einem Bankhaus Arbeit hatte. Die meiste Zeit, die sein über 60 Jahre alter Vater bei ihm verbringen wollte, war Ally allerdings auf Geschäftsreisen, so daß Crèvecœur auf die Gesellschaft von Menschen angewiesen war, mit denen er sich vor allem gelangweilt zu haben scheint. Bemerkenswert an seinem Hamburger Aufenthalt ist trotzdem die Tatsache, daß Crèvecœur hier Chistoph Daniel Ebeling kennenlernte, der selbst viel über Amerika publizierte und die Gelegenheit nützte, sich mit Crèvecœur über das Land zu unterhalten, das der Autor des *Farmer* so gut kannte.

Neben Ebeling lernte Crèvecœur in Hamburg auch Mary Wollstonecraft kennen, an deren Gesellschaft er in jeder Hinsicht mehr Freude gehabt zu haben scheint, als an der des deutschen Amerika-Gelehrten, dessen Eindruck in den Anmerkungen der *Vie* 1883 völlig blaß geblieben ist. Mary Wollstonecraft, Mitte 30, Lektorin und selbst Autorin verschiedener radikaler Texte über die Rechte der Frau, gehörte zu den herausragenden Denkern im politischen literarischen Leben des späten 18. Jahrhunderts. Sie hielt sich wie viele andere politische Emigranten in Hamburg auf, weil die Stadt während der krassen Auseinandersetzungen, die Europa in den 90er Jahren belasteten, zu einem Zufluchtsort geworden war. Crèvecœur und Mary Wollstonecraft sahen sich häufig zum Essen, und Amerika wird dabei genügend Gesprächsstoff abgegeben haben, umso mehr, als Gilbert Imlay ein ehemaliger Freund von Wollstonecraft war. Er hatte in seinem Amerika-Buch *A Topographical Description of the Western Territory of North America* 1792 den *American Farmer* als Modell benutzt.

Zwei Gedichte von Herder mit amerikanischen Themen

Als Mary Wollstonecraft, seine Freundin aus den Monaten in Hamburg, 1797 starb, lebte Crèvecœur bereits wieder in Frankreich und hatte mit den Vorbereitungen zu seinem letzten Amerika-Buch begonnen. Im selben Jahr erschien in Riga von Johann Gottfried Herder der letzte Abschnitt, die «zehnte Sammlung», seines Werks *Briefe zur Beförderung der Humanität,* in dem er unter anderem seine Gedichte «Die Frucht am Baume» und «Der Geburtstag» veröffentlichte, die auf Themen aus dem Kapitel IX des *Farmer* und der «Anecdote de Walter Mifflin» aus *Cultivateur* beruhten. Auf der Ebene der deutschen Klassik ist Crèvecœurs Einfluß sicher ebenso gering anzusetzen wie das kritische Aufsehen, das die eher durchschnittlichen Gedichte Herders beanspruchen dürfen. Doch die detaillierte Art, mit der der Autor des *Cid* hier seine amerikanischen Vorlagen nacharbeitete, ist ein bemerkenswerter Hinweis auf die unterschwellig durchdringende Verbreitung der Bücher Crèvecœurs im deutschen Sprachraum. Herder kannte nämlich selbst weder den *Farmer* noch *Cultivateur,* obwohl ihm die einprägsamen Kurzerzählungen aus Crèvecœurs amerikanischen Texten ein Begriff waren. Die Vermittlung von Crèvecœurs Texten spielte sich hier auf einer ungleich weniger anspruchsvollen Ebene ab, von der aus Herder seine Anregungen bekam.

Herder arbeitete nach einem Buch von Johann Ernst Kolb, *Erzählun-*

gen von den Sitten und Schiksalen der Negersklaven, verlegt 1789 in Bern. Kolb selbst gab darin Crèvecœurs Material in Prosafassungen wieder. Es war inhaltlich unverändert, was sich auch in Herders Versfassung von «Die Frucht am Baume» spiegelt, die alle Details der amerikanischen Vorlage über den Neger bewahrt, den seine Quäler in einem Käfig ausgesetzt haben.[30] Nachdem Herders Erzähler wie bei Crèvecœur auf den Wunsch des Sterbenden reagierte und ihm Wasser zu trinken gab, nimmt das Geschehen bei Herder eine Wendung, mit der Crèvecœurs Original auf gelungene Weise verwandelt wird:

> Ich eilte fort und fand das Haus
> Des Herrn im Tanz, in heller Luft.
> Und als ich nach dem Aechzenden
> Behutsam fragte, höret' ich
> Daß man dem Jünglinge die Braut
> Verführen wollen; und wie Er
> Das nicht ertragend, sich gerächt.
> Dafür dann büße nun sein Stolz
> Die Keckheit und den Uebermuth.
> «Und der Verführer?» fragt ich.
> — «Trinkt
> «Dort an der Tafel» (16-17).

Diese Pointe stammt von Herder, der den Aufseher, einen «Verführer», den Crèvecœurs Schwarzer getötet hatte, weil er «dem Jünglinge die Braut» hatte nehmen wollen, «dort an der Tafel» Platz nehmen läßt. Wollte Crèvecœur die Entsetzlichkeit darstellen, mit der im Süden die Sklavenhalter selbst ihre Justiz in die Hand nahmen, so ist Herder doch mehr gelungen: ihm wird der «Neger» zum «Jüngling», einem Menschen, der ungeachtet seines fremden und geschundenen Äußeren nur das tat, was ein anderer junger Mann ganz ähnlich hätte tun können. Herder setzt das Herrenhaus mit poetischen Mitteln viel wirkungsvoller gegen die Lage des Opfers ab. «Oppressed with the reflection which this shocking spectacle afforded me», erzählt im *Farmer* Crèvecœurs Figur des Südstaaten-Besuchers, «I mustered strength enough to walk away, and soon reached the house at which I intended to dine» (178). Der amerikanische Erzähler hat unverändert die Absicht, mit den Sklavenhaltern zu dinieren und erspart sich genauere Bemerkungen über die Herren seines Opfers, gibt er doch nur implizit seiner Verachtung Ausdruck, als er die Argumente seiner Gastgeber so zusammenfaßt:

> They told me that the laws of self-preservation rendered such executions necessary; and supported the doctrine of slavery with the arguments generally made use of to justify the

practice; with the repetition of which I shall not trouble you at present.
Adieu (178).

Philbrick verstand es, diese vielzitierte Passage genau zu kennzeichnen, wenn er davon sprach, diese ruhigen Worte hätten den Unterton völliger Verachtung für die Formeln, mit denen die Besitzer der Plantagen sich zu rechtfertigen suchten (47). Abgesehen davon findet Herder aber mit den beiden Zeilen «ich eilte fort und fand das Haus/des Herrn im Tanz, in heller Luft» stärkere Bilder, in denen Crèvecœurs Ideen mit poetischem Können besser ausgeführt sind, als es im *Farmer* selbst der Fall ist. Herders Formulierung hat insofern mehr Kraft, als Philbrick bereits auf die Intention des Erzählers hinwies, seiner völligen Verachtung für die Rechtfertigung der Plantagenbesitzer Ausdruck zu geben. Freilich kommt dies nicht so klar zum Ausdruck, wenn sich Crèvecœurs Erzähler erklärtermaßen im Haus des Herrn zum Essen niederlassen will. Herder dagegen skizziert eine Gesellschaft, die sich «in heller Luft» am Nachmittag mit Tanz die Zeit vertreibt, und er zeigt den Aufseher «dort an der Tafel». Da wirkt es folgerichtig, daß Herders Erzähler «schaudernd floh», um zu dem gequälten Opfer zurückzukehren:

Er war gestorben. — Hatte dich,
Unglücklicher, mein Trank zum Tode
Gestärket, o so gab ich dir
Das reichste süßeste Geschenk (17).

Bei dem geistlichen Protestanten Herder verwundert es kaum, Christus-Assoziationen wie «Trank zum Tode Gestärket» oder «das reichste, süßeste Geschenk» der Erlösung anklingen zu hören. Doch festzustellen bleibt, daß sich sein Gedicht in seiner Emphase am Ende von der Vorlage auch inhaltlich und nicht nur formal entfernt. In Crèvecœurs Amerika war das Leben eher vom Willen zum Überleben geprägt, als daß der Tod wie eine wünschenswerte Erlösung hätte erscheinen können. In der sächsischen Provinz, in der Herder lebte, mag dies dagegen der Fall gewesen sein.

Für diese frühen Beispiele einer Verarbeitung amerikanischer literarischer Einflüsse gilt, daß Herder genuin Amerikanisches wie «die ruhigen Worte» Crèvecœurs in deutsche poetische Münze umgeprägt hat, die deutsche Leser anzunehmen bereit waren. Deutlicher wird dies noch in «Der Geburtstag»:

Der Schwarze drückt die Hand
Des guten *Walter Miflins* an sein Herz:
«So lange dieses schläget, schlägts für Euch!

Nur heute feiren wir; und morgen frisch
Zur Arbeit. Freud' und Fleiß ist unser Fest» (36).

Aus Crèvecœurs schwarzem Amerikaner ist hier ein Mann mit der Arbeitseinstellung geworden, wie sie in Deutschland sehr geschätzt wurde: zwar ist er eben erst freigelassen worden, doch er will gleich wieder «zur Arbeit», denn «Freud' und Fleiß ist unser Fest». Man muß Herder zugute halten, daß Crèvecœurs Vorlage in *Cultivateur* (1 : xiv-xxi) eine vergleichbare Reaktion des Schwarzen schildert, doch ohne den spezifischen Zungenschlag. Crèvecœur, vertraut mit dem amerikanischen Milieu, hat einen Sinn dafür, was unter Mifflins Landsleuten als typisch erwartet werden kann. Mifflin hat einen anderen Schwarzen verkauft, weil er mit ihm nicht zurecht gekommen sein soll. Der Sklave kommt nach Jamaika, «où le nerf de bœuf le rendit bientôt plus docile & plus sage» (xx). Erst als Mifflin davon erfährt, macht er sich daran, seinen Mitmenschen von seinem Sklavenschicksal zu erlösen, holt ihn selbst aus Jamaika zurück und gibt ihm in Pennsylvanien die Freiheit. Zwischen der Milde des pennsylvanischen Quäkers, wie Crèvecœur sie realistisch darstellt, und Herders «Neger-Idylle» liegt die Distanz zwischen praktischer Erfahrung und dem humanen Idealismus eines deutschen Intellektuellen.[31]

Tiedemann über Pensylvanie *als «Fiktion»*

Crèvecœurs deutscher Schwiegersohn aus Baden, Louis-Guillaume Otto, arbeitete im auswärtigen Dienst Frankreichs, zuerst im *Ancien régime*, dann während der Revolution und schließlich unter Napoleon. Zu Beginn des 19. Jahrhunderts war er in London federführend mit den Verhandlungen beschäftigt, die 1801 zu dem kurzfristigen Frieden zwischen Briten und Franzosen führten, der als der «Frieden von Amiens» bekannt wurde. Crèvecœur hatte Ende 1800 die drei Bände von *Pensylvanie* soweit abgeschlossen, daß er bereits durch seinen neuen Pariser Verlag Maradan Druckabzüge erhielt, die er nach London schickte, wo Ottos Frau, Frances-America St. John de Crèvecœur, sie lesen sollte. Sie und ihr Mann kümmerten sich darum, für Crèvecœurs neues Buch einen Verleger in London zu finden, der eine englische Übersetzung unternehmen würde. Wenn Otto auch maßgeblich am Erfolg der Friedensverhandlungen beteiligt war, scheint sein diplomatisches Geschick bei dieser Aufgabe merklich weniger Erfolg gehabt zu haben: « [...] les épreuves furent communiqués à plusiers libraires et quelques négociations furent entamées. L'affaire ne put cependant pas se conclure» (*Vie* 224). Dagegen fand sich sehr schnell in Deutschland ein Verlag, der *Pensylvanie* in einer Übersetzung veröffentlichen wollte.

In der Vossischen Buchhandlung erschien 1802 in Berlin *Reise in Ober-Pensylvanien und im Staate Neu-York, von einem adoptirten Mitgliede der Oneida-Nation.* Das Buch war, wie der Untertitel mitteilte, «herausgegeben von dem Verfasser der Briefe eines amerikanischen Landwirthes». Die einbändige Ausgabe enthielt auf 472 Seiten eine gekürzte Bearbeitung der drei Bände von *Pensylvanie*, die Maradan im Vorjahr in einem Umfang von zusammen 1270 Seiten veröffentlicht hatte. «Aus dem Französischen übersetzt und mit Anmerkungen begleitet», war die deutsche Ausgabe von «Dietrich Tiedemann, Fürstlich-Hessischem Hofrath und Professor der Philosophie in Marburg». Nicht sein Titel als «Hofrath», aber seine Arbeiten auf den Gebieten der Philosophie, Pädagogik und Psychologie lassen deutsche Standardenzyklopädien Tiedemann nach wie vor einen kurzen Eintrag einräumen. In bescheidenerer Hinsicht war Tiedemann durchaus Herder zu vergleichen, mit dem ihn nicht nur der lebenslange Plan einer Weltgeschichte zu verbinden scheint, sondern auch der beträchtliche Umfang seiner Veröffentlichungen, dazu eine theologische Disposition und ein starkes Interesse an der Eigenart fremder Völker. Der Marburger Philosophie-Professor war ein Jahrzehnt jünger als Crèvecœur, damit aber dem franko-amerikanischen Autor an Lebensjahren um einiges näher, als es der 28jährige Übersetzer der *Schilderungen von Amerika* gewesen war. In seinem Urteil über den Verfasser von *Pensylvanie* mahnte Tiedemann ohne falschen Enthusiasmus «Wiederholungen» an, sprach von der Notwendigkeit der «Ueberspringung mehrerer anderswoher ziemlich bekannter Raisonnements, die am Ende doch kein einigermaßen sicheres Resultat geben» und von der «Wegschneidung mancher zu üppigen Auswüchse der Deklamation und Empfindeley» («Vorrede» xiii).

Ähnlich wie Goeze entwickelte auch Crèvecœurs deutscher Leser Tiedemann nach einer ausführlichen Lektüre von *Pensylvanie* dafür ein Gefühl, daß der «Autor der Briefe eines amerikanischen Landwirths» der Autor eines als Sachbuch verkleideten fiktionalen Textes war. «Die ganze Reise scheint nicht wirklich gemacht zu sein: sondern es sind mehrere zerstreute, unmittelbar nicht verbundene Nachrichten durch diese Fiktion zu einer erträglichen Einheit gebracht» (xi). Dabei hatte Tiedemann den Eindruck, daß der franko-amerikanische Autor durch seine literarischen Eigenschaften zu einem Sonderfall wurde, vermittelten seine Texte doch Amerikanisches in einer noch ungewohnten Authentizität, in einer Perspektive zudem, die dem Land selbst entstammte: «Die sehr detaillierten Beschreibungen mancher Gegenden, Aussichten, Orte, können in der Stube und aus Buechern unmoeglich gemacht seyn» (x).

Tiedemann empfahl dem deutschen Publikum der Goethezeit *Pensylvanie* mit dem Hinweis, das Buch sei «durch die Darstellung in vorzüglichem Grade interessant, [...] denn der Verfasser mahlt Natur-Scenen mit ausnehmender Geschicklichkeit, und besser als ich sie in irgend einer andern Reisebeschreibung gemahlt gesehen habe» (xi). Da Tiedemann *Pensylvanie* in einer Verlagsreihe mit Reisebeschreibungen publizierte, war es umso bemerkenswerter, daß ein Kenner wie er in dem amerikanischen Buch einen besonderen Stil und außergewöhnlich gute Beschreibungen fand. Andererseits wollte er mit diesen Feststellungen vielleicht den Eindruck verwischen, daß es sich gar nicht um eine regelrechte Reisebeschreibung handelte, sondern um eine «Fiktion», wie er selbst zugab.

Den hervorstechenden literarischen Aspekt, obwohl Crèvecœur darin «freilich manchmal etwas zu weit» ginge, fand Tiedemann ansprechend: «Er [i.e. Crèvecœur] weiß ferner in die Erzählungen dadurch ungemein viel Anziehendes zu bringen, daß er die Begebenheiten von einer rührenden und mancherlei abwechselnde Empfindungen erregenden Seite darstellt» (xi).

Wie vor ihm Goeze hat auch Tiedemann der Crèvecœur-Kritik des 20. Jahrhunderts vorgegriffen, die, wie Adams, die fiktionalen Qualitäten des Buchs erarbeitet hat. Allerdings ging der deutsche Übersetzer dabei auch nur soweit, wie es der zeittypisch gesteckte Rahmen seines Interesses zuließ. An erster Stelle suchte er in Crèvecœurs Buch, wie seine Leser, amerikanische Landeskunde, und so empfahl er seine Übersetzung in der «Vorrede» denn auch Freunden der Geschichte, Statistik und Geographie. Dem kam der franko-amerikanische Autor durchaus entgegen, hatte er sein Buch doch mit einer großen Zahl von Anmerkungen ausgestattet, außerdem mit Karten und Illustrationen.

München 1806-1809

Crèvecœur selbst hatte im letzten Abschnitt seines Lebens noch die Möglichkeit, ein eigenes Kapitel seiner Beziehungen zu Deutschland zu schreiben. Über seine ausführlichen Notizen und Manuskripte der Jahre in München 1806-09 teilte die *Vie* 1883 mit: «Lettres, notes, opuscules, on ferait plus d'un volume avec ce qu'il a écrit dans ces trois années» (223). Dieses ganze Material, darunter auch sein fast vollendetes Tirol-

Buch *Voyage aux grandes salines tyroliennes* (1809), zuletzt aufgeführt durch *Christie's* 1979 (61-63), ist noch unveröffentlicht.

Sein Schwiegersohn Louis-Guillaume Otto war der Botschafter für Napoleons Kaiserreich in der bayrischen Hauptstadt geworden, und seit 1806 lebte Crèvecœur dort bei seiner Tochter und ihrem Mann. Die Grundlage jeder Erörterung seines Aufenthalts dort sollten die umfangreichen Aufzeichnungen bilden, die der Autor des *Farmer* während seiner drei Jahre in München schrieb, aber solange diese Manuskripte nicht zugänglich sind, bleibt man auf Crèvecœurs ersten Biographen angewiesen, dem für seine *Vie* 1883 soviel Material aus dem Nachlaß zur Verfügung stand, wie es aller Voraussicht nach nie wieder der Fall sein wird. «Grâce à ses relations», bemerkt er über das Aristokratenmilieu zwischen bayrischer Residenz und französischer Botschaft, «Crèvecœur fut bientôt en rapports avec tout ce que Munich comptait d'hommes instruits» (244). Die Zahl der Personen von einiger historischer Relevanz, die Crèvecœur in seinen Münchener Jahren sprach, ist tatsächlich verblüffend, legt aber mehr ein Zeugnis für die umfangreichen Interessen des alten Schriftstellers auf den Gebieten der Technik, Naturwissenschaft und Politik ab, als daß darin literaturgeschichtlich Bemerkenswertes enthalten wäre. Der Autor des *American Farmer* hatte das Amerika des 18. Jahrhunderts hinter sich gelassen und war fasziniert von den Entwicklungen, die Europa in der Zeit Napoleons wieder zum Focus geschichtlicher Vorgänge machten. Durch seinen Schwiegersohn, den Botschafter Otto, war er unmittelbar mit dem Informationsfluß auf allen Ebenen verbunden, der die diplomatischen und politischen Knotenpunkte des Kaiserreichs miteinander verband. So ist in seinen späten Aufzeichnungen viel die Rede von Menschen, die im militärischen oder machtpolitischen Bereich eine Rolle spielten — Offiziere, Generale, Emigranten, Regierungsmitglieder, Diplomaten und Kuriere —, die Crèvecœur durch seine Verbindung zu Otto kennenlernte. Sein Sohn Louis, der selbst eine Existenz als amerikanischer Farmer begonnen hatte, war schließlich napoleonischer Offizier geworden. Er stand mit seinem Vater von allen Orten in Korrespondenz, an die ihn die französischen Operationen führten.

In Crèvecœurs Aufzeichnungen spielte Amerika zu dieser Zeit notwendigerweise nur noch eine untergeordnete Rolle. Ein Artikel, der in einer Münchener Zeitung von ihm anonym erschien, setzte sich gegen die bayrischen Vorurteile über die amerikanische Erfindung des Blitzableiters ein. Ein anderer von ihm veröffentlichter Zeitungsartikel behandelte eine Reise, die er nicht in Pennsylvanien, sondern nach Reichenhall unternommen hatte. Crèvecœur war fasziniert von den technischen Innovationen, die das Leben der Menschen zunehmend zu verändern begonnen hatten. Er war Zeuge, wie mit der Lithographie ein modernes Verfahren der Vervielfältigung aufkam, er versuchte sich selbst bei der Herstellung von Brot aus Kartoffeln und wurde zum enthusiastischen Verbreiter der neuentwickelten Dampfreinigung. Wenn er noch für Publikum schrieb, dann beispielsweise für seine kleine Enkelin Sophie Otto, der er eine orientalische Erzählung widmete, «The Three Sultans», die unveröffentlicht ist, zuletzt erwähnt durch *Christie's* 1979 (63). — «Il y a ici un fonds de talents» stellte Crèvecœur laut der *Vie* 1883 über die kulturellen Verhältnisse in Bayern fest, «qui ne demandent pour éclore qu'un peu d'encouragement» (246). Er fügte hinzu, wie ernst es ihm damit war: «J'ai pris la liberté d'en parler au Roi tous les fois que j'ai pu convenablement introduire ce sujet» (246). Während er unter der Aristokratie nur bestimmte Bekanntschaften pflegte, stand er mit zahlreichen bürgerlichen Wissenschaftlern und Technikern in Kontakt, deren Arbeit ihn interessierte. «Il insiste d'abord sur la ligne de démarcation qui sépare les differentes classes», beschrieb ihn sein Biograph in der *Vie* in seinem Verhältnis zu den historischen Klassengegensätzen, «ligne pour ainsi dire infranchissable» (242). Zurückhaltend implizierte der (selber adelige) Biograph, daß Crèvecœur den Umgang mit der Aristokratie mied und das Bürgertum vorzog. Der frühere New Yorker Bürger empfand mit 70 Jahren in Europa Enttäuschung darüber, wie wenig die Alte Welt sich der Vision einer Gleichberechtigung für alle annäherte, die er im *Farmer* und in *Cultivateur* beschrieben hatte. — Mit der militärischen Eskalation der napoleonischen Jahre bekam der Autor noch einmal die Erfahrung vermittelt, die in seinem Leben seit Québec 1759 eine maßgebliche Rolle gespielt hatte: er floh vor der Gewalt. Zusammen mit Otto und Fanny verließ er München im April 1809, als österreichische Truppen unmittelbar in die Nähe der Hauptstadt vorgerückt waren, «even in Bavaria violence intruded», wie Philbrick festgehalten hat (39). Die Jahre in der bayrischen Hauptstadt, mit Crèvecœurs zahlreichen Kontakten zu Wissenschaftlern, Erfindern und Männern des politischen Geschäfts, können nur in Umrissen skizziert werden, bis vielleicht Crèvecœurs eigene Manuskripte ein ungleich relevanteres und vollständigeres Bild von diesem letzten Kapitel in den Beziehungen zwischen dem Autor des *American Farmer* und dem deutschen Sprachraum ermöglichen werden. Deutlich erkennbar ist an dieser Stelle jedoch, daß Crèvecœur in seiner deutschen Rezeption ein entscheidendes Bild von der Komplexität vermittelt, mit der sein zweisprachiges Werk im europäischen Bewußtsein dafür die Grundlage bilden konnte, welche Vorurteile, Utopien und bleibenden Begriffe man sich von Amerika machen würde.

Crèvecœur hatte selbst als junger Mann in Kanada das Kartenzeichnen gelernt und besaß eine Vorliebe für Landkarten. Seine Berichte im dritten Band von *Cultivateur* strotzten nur so von ausgesuchten Bezeichnungen und Anspielungen auf die nordamerikanische Geographie. Diese Karte (zum Ausfalten), die seinem Buch in der Ausgabe von 1787 beigegeben war, war in Paris hergestellt worden und orientierte sich an zwei Vorlagen aus den USA und Großbritannien. In manchem ist sie ungenau, doch in groben Zügen vermittelt sie ein zutreffendes Bild der frühen USA: links ist wenig außer dem Namen einiger indianischer Völker eingezeichnet, während an der Küste (rechts) schon ein Netz von Landstraßen, Verkehrswegen und Ansiedlungen besteht. Am Küstenverlauf schließt die Karte rechts mit Rhode Island ab, im Norden mit einem Teil Kanadas und der Stadt Montréal.

6. Kapitel

Gesamtüberblick
zur Editionslage und Forschung

Manuskripte

Die Lage der Crèvecœur-Manuskripte ist heute unübersichtlich und gibt teilweise zu Besorgnis Anlaß. Ursprünglich war es eher umgekehrt, denn bereits 1883 wurde der große Umfang der Manuskripte im Nachlaß des Autors deutlich, die von der Familie St. John de Crèvecœur Forschern dann für Untersuchungen zugänglich gemacht wurden. Als erster konnte Robert St. John de Crèvecœur für seine Biographie 1883 natürlich ungehindert in den Nachlaß seines Urgroßvaters greifen, so daß seine Darstellung weitgehend auf dem Studium von Briefen, Notizen und Essays des Autors basierte, die bis heute unveröffentlicht blieben. Die zahlreichen Angaben von Zitaten und Titeln in der *Vie* 1883 machen diese erste Crèvecœur-Darstellung nach wie vor zu einem unersetzlichen Hilfsmittel für jede Untersuchung, die sich nicht von vornherein strikt auf die Buchveröffentlichungen beschränkt.[32]

Durch den Fund von Bourdin 1922 ist der Umfang der Crèvecœur-Manuskripte entscheidend erhöht worden, und ein Jahrzehnt später hat Rice für seine Arbeit in einer Weise die Papiere im Besitz der Familie einsehen können, wie das seitdem nie wieder möglich war. Rice vermerkte genau den mehrbändigen Umfang der erhaltenen Buchmanuskripte, und unter seinen zahlreichen Detailbeobachtungen fiel besonders auf, welche Diskrepanz er zwischen dem Text der bekannten Buchausgaben des *American Farmer* und den Manuskripten von der Hand des Autors feststellen konnte. In dem halben Jahrhundert danach hat sich für die Forschung die Lage grundlegend verändert. — «I have not been able,» gab Plumstead 1977 an, «to consult the holograph manuscripts in France» (225n.). An diesem Problem hat sich bis heute nichts gebessert, denn obwohl über die Existenz der Manuskripte nach wie vor kein Zweifel bestehen kann, ist doch der Zugang zu ihnen vollends unmöglich geworden, seit sie sich im einschlägigen Handel befinden. In dem Jahr nach Plumsteads Äußerung verkaufte ein Mitglied der französischen Familie St. John de Crèvecœur den gesamten Korpus der Familienpapiere an einen Händler in Paris, Pierre Beres. Mit dieser Figur haben die Aussichten der Forschung einen Tiefpunkt erreicht, denn so «mightily uncooperative», wie ein Fachmann bemerkte, hat sich noch kein Besitzer von Crèvecœur-Unterlagen verhalten. «We are not aware of publicity surrounding the sale», teilt die Kongreßbibliothek in Washington ihre Beobachtungen beim Verkauf der Manuskripte mit und stellt die vorsichtige Mutmaßung an: «There could be any number of reasons for this» (B). Einer anderen Mitteilung der *Library of Congress Manuscript Division* zufolge begannen ab 1979 Stücke aus dem Crèvecœur-Nachlaß in den Katalogen amerikanischer Händler zu erscheinen, «and were sold off piecemeal by auction or outright sale» (B). Seitdem zirkuliert das unterschiedlichste Crèvecœur-Material im internationalen Autographenhandel zwischen New York und London, darunter vor allem die kommerziell sehr einträglichen Originale aus Crèvecœurs Korrespondenz mit bekannten Amerikanern seiner Zeit. Dabei ist auffällig, daß noch in keinem Fall Handschriften einzelner Essays oder ganzer Bücher darunter waren, von denen anzunehmen ist, daß sie so lange zurückgehalten werden, bis zahlreiche kleinere Stücke verkauft worden sind und der Name Crèvecœur einen Marktwert erlangt hat, der mit der tatsächlichen Bedeutung des franko-amerikanischen Autors für die historische und literaturkritische Forschung korrespondiert und den Verkauf ganzer Buchmanuskripte lukrativ erscheinen läßt.[33] Man muß demnach die Aussichten pessimistisch beurteilen, sowohl von den englischen wie den französischen Büchern Crèvecœurs über Amerika demnächst verbesserte und vollständigere kritische Editionen zu erhalten.

Für einen Teil der englischen Texte läßt sich dieser Pessimismus allerdings durch einen Hinweis abschwächen, den Plumstead 1977 gab und in dem nicht nur eine bisher so gut wie unbekannte Information mitgeteilt, sondern textkritisch auch bessere Aussichten eröffnet wurden: «I am indebted to Everett Emerson for pointing out to me a bound, two-volume set of the carbons of Henri Bourdin's typescript of the manuscripts in the Smith College Library» (225n.). Diese Typoskriptbände in der *Smith College Library* in Northampton, Massachusetts, enthalten auch die bisher unveröffentlichten englischen *Sketches* von Crèvecœur, deren Titel in der kritischen Literatur seit längerem bekannt waren. Dabei handelt es sich um «Rock of Lisbon», «Sketches of Jamaica & Bermudas & Other Subjects», «The Commissioners», «Ingratitude Rewarded» und «An Happy Family Disunited by the Spirit of Civil War». Eher zu vorsichtig formuliert Plumstead seine Ansichten über die Beziehung, die zwischen dem *American Farmer* und den *Sketches,* veröffentlichten wie unveröffentlichten, besteht, wenn er davon spricht, es handele sich sicher um «one of the most complicated editing challenges of eighteenth-century American literature» (219).

Der von *Christie's* 1979 veröffentlichte Katalog für die New Yorker Auktion am 20. April, «including an important archive of St. John de Crèvecœur», dokumentiert auf eine bisher noch beispiellose Weise den Umfang unveröffentlichter französischer Texte des franko-amerikanischen Autors. Daneben wurden aus seiner Korrespondenz mit George Washington, Benjamin Franklin, Thomas Jefferson und zahlreichen anderen berühmten Zeitgenossen viele Autographen angeboten, die zu entsprechend hohen Preisen Käufer fanden.[34] Ein Brief Washingtons an den Autor des *Farmer* erzielte beispielsweise 6000 Dollar, und für vergleichbare Stücke hat sich seit 1979 noch eine nicht unerhebliche Wertsteigerung feststellen lassen.[35] Bei der Auktion wurden aber auch biographisch zentrale persönliche Unterlagen Crèvecœurs verkauft, darunter nicht genau bekannte Dokumente über die Taufe seiner Kinder und Urkunden, die ihm in der Zeit vor 1781 im Kriegsgeschehen das Überleben sichern sollten. Zahlreiche Manuskripte, die teils sicher, teils vermutlich als literarisch einzuordnen sind, häufig Arbeiten aus Crèvecœurs letztem Lebensabschnitt und fast durchweg auf Französisch, wurden bei der Auktion nicht verkauft. Weder die *Vie* 1883 noch Rice haben den Umfang vieler unveröffentlichter Crèvecœur-Texte so exakt festgestellt wie dieser sorgfältige Auktionskatalog, der wissenschaftlichen Ansprüchen genügt. Dabei wurde allerdings deutlich, daß sich der Umfang unveröffentlichter französischer Texte auf mehrere hundert Seiten beläuft, darunter kurze Stücke, die mitunter aus der Literatur dem Titel nach schon bekannt waren, aber auch Texte in Buchlänge, die sich noch kaum einschätzen lassen.[36]

Die Lage der englischen Texte ist noch nicht abschließend geklärt, gibt aber gegenüber den französischen Texten zu mehr Zuversicht Anlaß. In einem in Deutschland veröffentlichten Aufsatz merkte Emerson 1981 an, seine Untersuchungen stützten sich auf die Grundlage der beiden Typoskriptbände von Bourdin, wobei er sie einstufte als «very carefully prepared». Zu den Originalmanuskripten äußerte er sich: «While the manuscripts are now inaccessible, M. Jean St. John de Crèvecœur has kindly permitted me to quote from the unpublished essays» (45, n. 6). Da hier kaum urheberrechtliche Schwierigkeiten anzunehmen sind, darf man den Hinweis mehr als eine Form der Höflichkeit gegenüber einem späten Nachfahren des Schriftstellers werten (die Mitglieder der Familie sind nachzuschlagen im *Nobiliaire de France,* 1:412). Was abschließend die

Frage des Standorts von Crèvecœurs Buchmanuskripten betrifft, so läßt sich mit Sicherheit sagen, daß sämtliches Material nicht mehr in Frankreich, sondern in den Vereinigten Staaten aufbewahrt wird. Die genaue Lage ist so ungeklärt, daß selbst die Manuskriptabteilung der Kongreßbibliothek nur folgende Feststellung treffen kann:

> We have no way of knowing whether the various Crèvecœur book manuscripts are currently in the possession of commercial dealers, institutional curators, or private collectors in this country (B).

Auf eine entsprechende Suchanzeige in einem amerikanischen Fachblatt für Manuskripte und Autographen trafen bis zur Drucklegung keine neuen Informationen ein. Alles weitere muß an dieser Stelle offen bleiben, und diese Ungewißheit hat Kritiker umso betroffener zu machen, als die umfangreichen Manuskripte zuerst mit so viel Glück ihren Weg über mehr als anderthalb Jahrhunderte in die Gegenwart gefunden hatten, um dann auf eine so sinnlose Art der Forschung entzogen zu werden.

Moderne Ausgaben

Die erste Taschenbuchausgabe von *Letters from an American Farmer* und *Sketches of Eigtheenth-Century America*, die Stone 1963 im Verlag New American Library herausgab, trug wesentlich dazu bei, Crèvecœur im Bewußtsein einer neuen, zahlreichen Leserschaft zu dem literarischen Gründervater zu machen, als den ihn Fachleute seit langem kannten. Nachdem diese einzige wohlfeile Ausgabe von Crèvecœurs englischen Texten lange Zeit vergriffen war, gab Stone 1981 in New Yorks Penguin American Library eine neue Fassung seiner Edition heraus, die nicht nur seinen maßgeblichen Aufsatz von 1962 in einer ergänzten Version als Vorwort einschloß, sondern mit den *Sketches* nun auch den Text «Susquehanna» in ganzer Länge enthielt, ein «mini-*Letters*», wie Stone treffend anmerkte (24), von Bourdin und Williams in den 20er Jahren mißverständlicherweise getrennt in zwei Teilen veröffentlicht als «The Wyoming Massacre» in *Sketches* und als «Crèvecœur on the Susquehanna 1774-1776» in *The Yale Review*. Die übrigen von Bourdin und Williams 1925-26 verstreut veröffentlichten englischen Texte Crèvecœurs sind in Stones Ausgabe nach wie vor nicht enthalten, darunter immerhin Crèvecœurs bemerkenswerte frühe Übung in amerikanischer Ideologie, «Sketch of a Contrast between the Spanish & English Colonies». Emerson hat in den vergangenen Jahren zudem mehrfach auf den seit der Erwähnung bei

Rice lange vergessenen Umstand hingewiesen, daß es daneben weitere englische Texte Crèvecœurs gibt, die Bourdin zwar transkribierte, aber nicht veröffentlichte.

Obwohl diese Texte in Form der Originalmanuskripte nicht zugänglich sind, scheint prinzipiell wegen der sorgfältigen Vorarbeit durch die Transkription von Bourdin dem Plan nichts entgegenzustehen, neben dem *Farmer* und *Sketches* einen dritten Band englischer Texte von Crèvecœur herauszugeben, der alle verstreut oder noch überhaupt nicht veröffentlichten Stücke aus der Zeit vor 1781 enthielte.

Es gibt unter dem, was der Autor des *Farmer* nach seiner Ankunft in Frankreich 1781, während der 80er Jahre in den USA und sogar noch zu Anfang des 19. Jahrhunderts geschrieben hat, eine Anzahl womöglich eher marginal einzustufender kurzer englischer Texte, über deren Inhalt sich kaum etwas sagen läßt, solange das Problem der Manuskripte nicht gelöst ist. Damit hängt auch die Frage zusammen, wann es möglich sein wird, den Text des *American Farmer* nach dem erhaltenen Originalmanuskript so zu rekonstruieren, daß die Forschung eine textkritisch verläßliche Grundlage erhält und der genuin amerikanische Aspekt in Crèvecœurs Vokabular und Idiomatik wieder in einem Umfang sichtbar wird, der durch die Arbeit des Londoner Lektors erheblich eingeschränkt wurde (abgesehen davon, daß die teilweise erheblichen Kürzungen des Lektors einen zusätzlichen Unsicherheitsfaktor bei der Lektüre geschaffen haben).

Obwohl die erste zuverlässig besorgte Ausgabe des *Farmer* von Blake 1912 nach wie vor lieferbar ist, haben Kritiker sie schon seit längerem kaum noch für Zitate herangezogen. Unter zahlreichen modernen Drucken des Texts, unter anderem bis nach Indien, gab es noch in den 60er Jahren keine wirklich verläßliche Edition, so daß Kritiker häufig auf die Originalausgaben des 18. Jahrhunderts in Bibliotheken zurückgriffen, meist den (vielleicht tatsächlich von Crèvecœur verbesserten) Druck London 1783, aber häufig auch die Erstausgabe London 1782 oder sogar den Druck, den Mathew Carey in Philadelphia 1793 besorgte.

Abgesehen von der Vielfalt unter den zeitgenössischen Drucken von Crèvecœurs Büchern macht die Tatsache zusätzliche Schwierigkeiten, daß der gewünschte Druck mitunter schwer zu beschaffen ist, denn wenn es auch in den USA zahlreiche nachgewiesene Standorte gibt, läßt sich das umgekehrt für Europa nicht sagen, und etwa im Leihverkehr deutschsprachiger Länder ist noch kein englischer Crèvecœur-Druck aus dem 18. Jahrhundert nachgewiesen.[37] Da es schon Beispiele dafür bei anderen Titeln in Zusammenhang mit dem franko-amerikanischen Autor gibt, wäre eine Mikrofilmaufnahme des *Farmer* in den Ausgaben von 1782 oder 1783 in den *Books on Demand* von *University Microfilms International* erwägenswert. Die Frage hat aber an Bedeutung eingebüßt, seit der Verlag Peter Smith 1968 in der Reihe seiner wissenschaftlichen Reprints eine Ausgabe des *Farmer* vorgelegt hat, der unter allen handelsüblichen Editionen unbedingt als zitierfähig der Vorzug gegeben werden muß, zumal zutreffend angemerkt wird: «This reprinting is based on the original edition of 1782 and retains the idiosyncrasies of Crèvecœur's spelling» [«Note on this edition»]. Nur hier erhalten Leser annähernd eine Wiedergabe der zeitgenössischen Schreibweise, während beispielsweise die Ausgabe von Stone 1981 eine durchweg modernisierte Orthographie aufweist. Schwerer wiegen im letzteren Fall allerdings sinnentstellende Druckfehler (schlimm der falsche Zusammenhang durch «other people», 106, statt «their people», oder die irrige Fußnote zur Auflösung von «North West», 58 n.), die es nicht anraten lassen, sich in jedem Fall auf diese Ausgabe zu stützen.

Wenn Leser auch in der Edition von Peter Smith auf jede hilfreiche Erläuterung zu verzichten haben, finden sich auch in anderen Editionen nur Vorworte und Anmerkungen, die von beschränktem Nutzen sind. Dabei wäre eine ausführlich und fachkundig kommentierte Ausgabe der englischen Texte schon deshalb dringend notwendig, weil Crèvecœur-Leser heute notgedrungen schon aus der großen historischen Distanz zum Autor zu Fehlschlüssen gelangen. Lesern stehen heute weder die Zeit noch die Mittel zur Verfügung, um auch nur die zahlreichen Namen und Bezeichnungen in Bezug auf den Text klären zu können, von denen der Autor laufend Verwendung macht. Abgesehen davon wird Crèvecœurs fiktionaler Text auch immer wieder noch für reale Münze genommen. Ein Kommentar könnte etwa erklären, um wen es sich bei der Figur von John Bertram handelt, der in Kapitel X des *Farmer* erscheint (nämlich um den durchaus historischen John Bartram), oder es ließe sich vermeiden, daß ein Leser der *Sketches* das pennsylvanische Dorf Wyoming mit dem erst viel später etablierten Bundesland der USA verwechelt (wie Cutting 1977, 54).

Bei den französischen Texten Crèvecœurs hat sich die Editionslage erst unlängst etwas verbessert, weil Kritiker noch bis vor kurzem darauf angewiesen waren, *Cultivateur* und *Pensylvanie* nur in den Erstausgaben in Bibliotheken konsultieren zu können, was nicht eben zur Verbreitung einer fortgeschrittenen Textkenntnis beitrug. *Cultivateur* ist mittlerweile als Reprint 1979 bei Slatkine in Genf publiziert worden, leider liegt der Edition aber ein recht obskurer Druck, «l'édition de Paris 1785», zugrunde, doch ist damit gleichwohl eine halbwegs zitierfähige Textgrundlage zur Hand. Neben einer Einleitung, die eher durch einige Ungenauigkeiten irritiert, fehlt hier wiederum jede kommentierende Lesehilfe. Im Fall der dreibändigen Version von Crèvecœurs Buch, *Cultivateur* 1787, besteht der alte Zustand unverändert fort, daß man auf die zeitgenössischen Drucke in Bibliotheken angewiesen bleibt (in der Bundesrepublik steht kein Exemplar im Leihverkehr).[38] Was *Pensylvanie* anbelangt, kann allerdings leicht auf *Books on Demand* zurückgegriffen werden, da *University Microfilms International* alle drei Bände samt Karten auf Anforderung sowohl als Mikrofilm wie auch als gebundenen Reprint liefern. Vorher erwähnte Schwierigkeiten fallen hier fort, weil es nur einen einzigen Druck des französischen Buchs, Paris 1801, gibt, der sowohl dem Mikrofilm wie allen Zitaten in der Kritik zugrundeliegt. Bei den Übersetzungen ist die Lage hingegen ungleich komplizierter und das besonders bei *Pensylvanie.*

Amerikanische Kritiker haben es immer wieder als hilfreich empfunden, die englischen Übersetzungen von *Pensylvanie* heranziehen zu können. Obwohl Bostelmann 1964 eine komplette englische Übersetzung vorlegen konnte, sind dabei gegenüber der stark verkürzten Übersetzung, die Adams 1961 herausgab, doch Einschränkungen zu machen. Bostelmann ist nicht ohne Grund der Vorwurf gemacht worden, sie übersetze stellenweise weder genau, noch im übrigen stets wohlinformiert (*Times Literary ry Supplement,* 11 June 1964:506).

Adams öffnet mit seiner ausführlichen Einleitung einen besseren Zugang zu *Pensylvanie* als Bostelmann, die ohne Anmerkungen und Index auskommt. Außerdem bieten die von Adams 1961 ausgewählten Kapitel einen mit sehr viel Sachkenntnis übersetzten, leicht faßlichen Überblick des voluminösen Originaltexts, den Adams seit seiner Dissertation in Austin 1946 womöglich gründlicher kennt als jeder andere Kritiker.

Beide englischen Übersetzungen sind nicht mehr im Buchhandel greifbar, und Bostelmanns Übersetzung läßt sich am ehesten noch über amerikanische Antiquariate besorgen. Die Übersetzung von Adams bleibt dagegen auf Anforderung bei *University Microfilms International* erhältlich.

Die italienische Ausgabe des *American Farmer,* die Camalero 1965 lieferte, bleibt gegenwärtig die einzige moderne Übersetzung im Handel. Dagegen gibt es weder eine moderne deutsche Übertragung, noch sind im übrigen die deutschen Übersetzungen des 18. Jahrhunderts leicht zugänglich. Dippel gibt zwar in seiner Bibliographie für Schreiters *Schilderungen* den Standort Wien an, dort ist der Band aber mittlerweile nicht mehr auffindbar, so daß Dippels Hinweis auf Göttingen für Goezes *Amerikanischen Landmann* eine der wenigen Möglichkeiten bietet, im deutschen Raum eine zeitgenössische Crèvecœur-Übersetzung zu erhalten.

Was Schreiter angeht, wird man auf absehbare Zeit auf das Exemplar der *Bibliothèque Nationale* angewiesen bleiben. Die deutsche Übersetzung von *Pensylvanie* durch Tiedemann ist häufiger vorhanden, so auch in der Universitätsbibliothek der Karl-Marx-Universität.[39] Die hier vorgetragenen Angaben sind jedoch in keiner Weise dazu bestimmt, einen gründlichen Standortnachweis zu erbringen, wie ein fachgerechter bibliothekarischer Ansatz ihn liefern könnte, der gleichwohl einer späteren Forschungsarbeit überlassen bleiben muß. Zunächst sollte nur dem fast vollständigen Vakuum an einschlägiger Information abgeholfen werden.

Crèvecœurs Status in der deutschen Fachkritik

Der Status, der St. John de Crèvecœur von der Fachkritik in den USA oder auch in Frankreich für die Anfänge amerikanischer Literatur zugemessen wird, hat sich in einem Zeitraum von hundert Jahren tiefgehend verändert. Aber es fehlt bisher an einem Gesamtüberblick, in dem die vielfältigen Linien der Untersuchungen zu Crèvecœur zusammengefaßt und besprochen sind. Während die kommentierte Bibliographie von Cutting nur bis 1974 reicht, läßt gerade der Grad von Spezialisation, den die Verfasserin darin stellenweise erreicht, deutlich werden, daß es für den deutschen Sprachraum überhaupt keine derartige Information gibt, zumal Sekundärliteratur zu Crèvecœur fast ausschließlich auf Englisch oder zu einem geringeren Teil auch auf Französisch, aber so gut wie gar nicht auf Deutsch vorhanden ist. Salopp gesagt, hat die moderne Fachkritik der deutschsprachigen Länder Crèvecœurs Funktion für die amerikanische Kulturgeschichte regelrecht verschlafen, was umso erstaunlicher wirkt, als der franko-amerikanische Schriftsteller gerade im Deutschland des 18. Jahrhunderts in mehrfacher Hinsicht gründlicher rezipiert wurde als in jedem anderen Land.[40]

Obgleich der Autor in den siebzig Jahren zwischen seinem Tod 1813 und der ersten Monographie über sein Leben und Werk 1883 keineswegs so vollständig vergessen war, wie bisweilen angemerkt wird, ändern diese verstreuten Erwähnungen und Zitate nichts an der Tatsache, daß sein zentraler Text, der *American Farmer* von 1782, erst in den USA der Jahrhundertwende wiederentdeckt wurde, ausgelöst durch die Publikation der *Vie*

1883. Mehr noch als der *Farmer* wurden die französischen Texte Crèvecœurs, *Cultivateur* und *Pensylvanie*, erst durch moderne Forschungen wieder ein Gegenstand der Lektüre. Allerdings können sich zum gegenwärtigen Zeitpunkt seine gründlichen Leser immer noch nur bedingt gegen die Reputation durchsetzen, die Crèvecœur unter einer ungleich größeren Zahl von Lesern genießt, die dazu gezwungen sind, sich auf eine flüchtige oder auf eine Textkenntnis aus zweiter Hand zu stützen. Das ist auch in der deutschen Amerikanistik der Fall, wo bisher nur selten Verfasser von Crèvecœur Notiz genommen haben.

Ein allererster deutscher Beitrag ist nachzuschlagen in *Kindlers Literaturlexikon*, wo Popp 1967 den *Farmer* ideologiekritisch einzuordnen versuchte und dabei bemerkenswerterweise einem Aspekt wie der geradezu soziologischen Interviewtechnik gerecht zu werden verstand, mit der Crèvecœur amerikanisches Leben seiner Zeit realistisch darstellte. Da der Verfasser sich jedoch auf die Kenntnis eines Kapitels im *Farmer* beschränkte, macht dieser Lexikonartikel einen nachhaltig verzerrten Eindruck. Im Zusammenhang mit seinen Arbeiten zum amerikanischen Essay hat sich dann Christadler 1972 mit Passagen im *Farmer* beschäftigt und konnte feststellen, wie das «Ich» des *Farmer* von einer Essay-Stimme zu der eines Erzählers wird, womit Crèvecœurs Essays relevant für die Anfänge des amerikanischen Romans werden und bereits Züge des Initiationsmusters aufweisen, antizipiert doch der Pessimismus von James nach seinen Erfahrungen im Unabhängigkeitskrieg das Thema des amerikanischen Adam und dem Verlust eines paradiesischen *American Dream.* Mit einem an Symbolik und Allegorie orientierten Ansatz wurde Christadler in Kapitel II des *Farmer* fündig, in dem er in der Erzählung von den Bienen und dem *kingbird* eine Parabel auf den Kampf der amerikanischen Kolonisten gegen die britische Monarchie erkannte, dem er die deutsche Übersetzung für *kingbird* hätte hinzufügen können, i.e. *Königstyrann,* um seiner Argumentation eine verstärkte Note zu geben (die in ihrer Direktheit indes zweifelhaft bleibt, schreibt Crèvecœur hier doch vor Kriegsbeginn und enthusiasmiert sich noch dafür, in Pennsylvanien oder New York Untertan des Königs von England zu sein).

Jüngere Amerikanisten wie Hansen 1979 in seiner Habilitationsschrift und zuletzt Raeithel 1981, mit einem Satz, haben sich in anderem Zusammenhang kurz zu Crèvecœur geäußert. Greift man aber Darstellungen amerikanischer Literaturgeschichte aus deutscher Sicht auf, kennen die Verfasser den zentralen amerikanischen Autor des 18. Jahrhunderts nicht einmal beim Namen. Schließlich hat Franklins *Autobiography* erst aus späterer Sicht Eingang in die amerikanische Literaturgeschichte gefunden, war den Zeitgenossen im Gegensatz zu *Farmer* oder *Cultivateur* aber fast völlig unbekannt, und schon für seine Wirkung auf die Grundlegung des europäischen Bilds von den USA kommt Crèvecœur literarisch eine andere Rolle zu als Franklin. Wenn Franklin gegenwärtig deutschen Kritikern noch so viel besser bekannt ist als der Autor des *Farmer*, wird man darin nicht zuletzt die Reflektion typisch zu nennender Wissensinhalte über Amerika sehen müssen. Ein gutes Beispiel dafür gaben Schönfelder und Wirzberger 1977 in einem nicht zuletzt wegen seiner Handlichkeit verbreiteten Taschenbuch. Sie wollten zwar die «Literatur der USA im Überblick» vermitteln, erwähnen Crèvecœur aber weder unter dem «Schrifttum der Kolonialzeit» noch unter den Rubriken «Aufklärung» beziehungsweise «Revolutionsperiode» mit einem Wort. Handelte es sich dabei noch um eine Veröffentlichung aus der DDR, findet sich doch auch bei einem Verfasser aus der Bundesrepublik Vergleichbares, wenn Link 1980 seine Geschichte der amerikanischen Erzählkunst erst mit dem 19. Jahrhundert einsetzen und es mit einem Hinweis auf Charles Brockden Brown als Vorläufer bewenden läßt. Dagegen hatte schon Haas 1972 im ersten Band seiner amerikanischen Literaturgeschichte ein allerdings knappes Kapitel «De Crèvecœur und das amerikanische Landleben: Idyllisches Gegenstück zu *The Sotweed Factor*?», das man immerhin als Indiz dafür werten kann, daß der *American Farmer* in seiner Bedeutung für den Beginn einer amerikanischen Tradition in der Literatur der Neuen Welt nicht von allen deutschen Fachleuten verkannt wird.

Erste Untersuchungen: Die Vie *1883 und der Beginn der Forschung in den USA*

Die ersten kritischen Äußerungen über Crèvecœur wurden zu Lebzeiten des Autors meist in Reaktionen auf seine Bücher schriftlich festgehalten, in Besprechungen, Vorworten, darunter gerade auch denen seiner Übersetzer, in Pamphleten für oder gegen *Farmer* und *Cultivateur*, in Form von Hinweisen in den Amerika-Büchern anderer Autoren und schließlich nicht selten in Briefen. So war der erste bekannte Leser, der Crèvecœur ausführlich politisch und inhaltlich begutachtete, der britische General James Pattison, der sich dazu in einem langen Dienstschreiben an seinen Vorgesetzten vom 8. Juli 1779 aus New York äußerte. Die Reihe der zahlreichen Rezensionen zu Crèvecœur setzte ein, als der *American Farmer* Anfang 1782 in London erschien, und hielt als stete Folge mit den diversen nachfolgenden Veröffentlichungen auf Französisch und den Übersetzungen bis in die späten 80er Jahre unvermindert an. Nach der Französischen Revolution machte Crèvecœur nur noch wenig Aufsehen, und erst das Erscheinen von *Pensylvanie* 1801 führte noch einmal zu verschiedenen Besprechungen, die gleichzeitig aber einen Abschluß der zeitgenössischen Kritik markierten, zumal der Autor bis zu seinem Tod 1813 fast ganz aus dem öffentlichen Bewußtsein verschwand. In der Folgezeit wurden einzelne Abschnitte seiner Bücher zwar immer wieder zu Themen wie John Bartram und Philadelphias botanischem Garten herangezogen, Crèvecœur selbst aber war im 19. Jahrhundert ein Autor, der wohl als obsolet empfunden wurde. Die zeitgenössische Kritik über ihn bis zum 19. Jahrhundert ist in den maßgeblichen modernen Untersuchungen später in großem Umfang gesichtet und aufgearbeitet worden. Dieses neue, wissenschaftliche Interesse läßt sich rückblickend aber erst von 1883 an datieren, als *Saint-John de Crèvecœur: sa vie et ses ouvrages* erschien. Der Verfasser war ein Urenkel des Schriftstellers, der im Besitz der zahlreichen Manuskripte aus dem Nachlaß war, Robert St. John de Crèvecœur (1833-96), neben seiner Tätigkeit im *Conseil d'état* der Dritten Republik auch ausgewiesen als Autor mehrerer historischer Veröffentlichungen. Plotkin hat dargestellt, daß Crèvecœurs *Vie* 1883 in Frankreich folgenlos blieb, aber in den USA, nachdem Trent an der Columbia-Universität aufmerksam darauf geworden war, zur ersten modernen Neuveröffentlichung des *Farmer* 1904 und schließlich zu der Dissertation von Mitchell 1916 führte. «This was the beginning», meint Plotkin (390-91), «of the current interest in Crèvecœur.»

Als Tyler 1897 seine Literaturgeschichte der Jahre 1763 bis 1783 veröffentlichte, schloß er Crèvecœur bereits in einer Weise ein, die deutlich macht, warum Tylers Standardwerk weit über die übliche «Lebensdauer» für Sekundärliteratur hinaus von Fachleuten eine bleibende Bedeutung zugemessen wird. Nicht die Idylle, sondern den Verlust der Illusion eines friedlichen und humanen Amerika griff Taylor aus den Essays des *Farmer* heraus, um die Komplexität der Texte an den Beispielen über Charlestown und die Sklaverei beziehungsweise den Klagen eines Grenzbewohners zu erläutern: «By its inclusion of these sombre and agonizing aspects of life in America, the book gains, as is most obvious, both in authenticity and in literary strength» (357). Tylers Einsicht nahm eher auf Jahrzehnte die Erkenntnisse späterer Arbeiten vorweg, als daß sie unmittelbar auf das Verständnis von Crèvecœur in dieser Zeit gewirkt hätte. Typischer für den Stand der Zeit war die Darstellung von Crèvecœurs Leben und Werk, die der Thoreau-Biograph Sanborn 1906 lieferte. Sie enthält neben einigen Ungenauigkeiten immer noch wertvolle Hinweise, die in späteren Arbeiten kaum weiter verfolgt, sondern eher verschüttet wurden. Sanborn, der noch ohne *Sketches* zu kennen den annähernden Gesamtumfang von Crèvecœurs veröffentlichtem Werk ausrechnete, kam mit seinem Resultat («six volumes») zu der Erkenntnis: «They are a far more valuable contribution to American history, topography and social conditions, from 1757 to 1800, than any other contemporary author has left us» (273). Im Detail nach wie vor relevant bleibt sein Hinweis darauf, wie Emily Pierpont Delesdernier in ihrem Roman *Fannie St. John: A Romantic Incident of the American Revolution* (New York: Hurd & Houghton, 1874) Crèvecœurs Rückkehr in die USA vom Herbst 1783 verarbeitete und damit ein Beispiel für die Popularität dieses Stoffs lieferte, der offensichtlich in trivialer Form im 19. Jahrhundert eine gewisse amerikanische Verbreitung erreichte, wie zuletzt Fess 1944 unterstrich.

In Frankreich setzte Fourier de Bacourt 1908 die Linie popularisierender biographischer Crèvecœur-Darstellungen fort mit einem Pamphlet von nur wenigen Seiten, das durch die Verbindung des Verfassers zur Familie St. John de Crèvecœur aber bemerkenswerte Details enthielt. Bacourt machte auf den merkwürdigen Umstand aufmerksam, daß Crèvecœurs erste Publikation genaugenommen nicht in England, sondern in Frankreich stattfand, wo der Autor des *Farmer* 1781 nach seiner Rückkehr auch auf Etienne François Turgot traf (einen Bruder des bekannten Ökonomen Turgot), der Crèvecœur dazu brachte, einen Aufsatz über den Anbau von Kartoffeln zu schreiben. Zu diesem Zeitpunkt handelte es sich dabei in einer europäischen Region wie der Normandie noch um eine enorme landwirtschaftliche Innovation. Bacourt strich mithin zu Recht heraus, daß Crèvecœurs erste Publikation, datiert aus Caen am 1. Januar 1782, «deux ans avant le traité de Parmentier», mehr als nur auf der Höhe der Zeit war (5). Effektiv stellt dieser *opuscule* die erste Veröffentlichung Crèvecœurs dar, erschien doch sein *American Farmer* in London erst einige Wochen später. — In der komparatistischen Reihe der Columbia-Universität veröffentlichte Mitchell 1916 ihre Dissertation, die gegenüber Beiträgen wie denen von Sanborn oder Bacourt nicht nur den Kenntnisstand, sondern auch das Niveau der Diskussion um eine Stufe anhob. Obgleich ihr Kapitel über Crèvecœur in Kanada auf Annahmen basierte, die sich im Nachhinein als unzutreffend erwiesen, stellt ihre Studie nach wie vor die gründlichste Auseinandersetzung mit dem Leben Crèvecœurs dar, nicht zuletzt, weil die Verfasserin konsequentes Quellenstudium betrieb, das zahlreiche Passagen der *Vie* 1883 entweder korrigieren oder entscheidend zu vertiefen half. Eine Biographie des frankoamerikanischen Schriftstellers hat es seither nicht mehr gegeben, obwohl

Bourdin 1925, Rice 1933 und Rey 1942 zusätzliches Material ermittelten, und es heute notwendig erscheint, den Kenntnisstand stellenweise gezielt zu erweitern oder mindestens zu durchforsten.

Kritik und Forschungen der 20er bis 30er Jahre: Bourdin und Rice

«Thus», lautet in dem früheren der beiden Essays, die David Herbert Lawrence 1917 und 1922 über Crèvecœur schrieb, eine Schlußfolgerung des englischen Romanciers, «the *Letters from an American Farmer* are in reality most sophisticated» (58). Dieses «most sophisticated» von Lawrence hat seitdem eine verhältnismäßig geringe Zahl von Kennern von der Nachhut jener Leser abgesondert, die bis in die jüngste Zeit ihr Unverständnis für den franko-amerikanischen Autor dokumentiert haben. Andererseits war es auch Lawrence, der bereits triftige Einwände gegen den (vorübergehenden) Verlust von Realitätssinn vorbrachte, der mit jeder literarischen Verarbeitung des amerikanischen Traums korrespondiert. Er bemerkte über Crèvecœur: «He *will* have life according to his own prescription, come what may. And life actually is *not* according to his prescription» (67). Lawrence unterstreicht seinen Punkt mit dem in der Kritik oft wiederholten Bild, statt in die Wälder der Neuen Welt, wie es James in Kapitel XII des *Farmer* vorhat, habe sich der Autor selbst in das Milieu von Paris geflüchtet: «He goes back to France, and figures in the literary salons, and is a friend of Rousseau's Madame d'Houdetot. Also he is a good business man, and arranges a line of shipping between France and America. It all ends in materialism, really» (66).

Die Aufmerksamkeit, die Bourdin und Williams in den 20er Jahren auf die neuen *Sketches* zu lenken versuchten, fand ein Echo in den Versuchen, die Moore 1925 und 1927 zur «Rehabilitation» Crèvecœurs unternahm, wobei sich allerdings schnell herausstellte, daß das Konzept vom Autor des *Farmer* als einem Thoreau des 18. Jahrhunderts schon einer oberflächlichen Lektüre nicht standhielt. Dabei ist bis heute völlig in Vergessenheit geraten, daß es auf tieferer Ebene in bestimmten Abschnitten des *Farmer* durchaus Parallelen, Gemeinsamkeiten, aber auch fruchtbare Gegensätze gegenüber *Walden* gibt. Trotzdem wurde Crèvecœur in den 20er Jahren zu einem Begriff für die amerikanische Literaturgeschichte, wie er sich in den Beobachtungen über die *frontier* niederschlug, die Parrington 1927 in seiner Synthese *Main Currents in American Thought* anstellte. In diesen Kontext gehören auch die Thesen über Crèvecœur und das Privateigentum, die Parringtons Schülerin Hazard 1927 aufstellte.

Dagegen spiegeln die Äußerungen, die Fairchild 1928 in seiner Romantik-Studie über den Edlen Wilden zu Crèvecœur machte, deutlich wider, daß ein positivistischer Ansatz keine befriedigende Interpretation von Texten des franko-amerikanischen Autors ermöglichen würde. Doch gaben die faktensammelnden Forschungen der 30er Jahre letzten Endes erst das Fundament an nötiger Information, von dem aus spätere Kritiker wie Philbrick eine ästhetisch differenzierte Interpretation einleiten konnten.

Das Standardwerk über Crèvecœur bleibt nach einem halben Jahrhundert unverändert die Studie von Rice, die dieser amerikanische Student im Paris der Jahre 1928 bis 1932 auf Französisch verfaßte, in Kontakt zur Komparatistik der Sorbonne, besonders zu Baldensperger und van Tieghem. Nach der Publikation 1933 wurde die Studie ob der enormen Belesenheit von Rice zum reichhaltigen Steinbruch für mehrere Generationen von Kritikern Crèvecœurs. Wenn diese französisch geschriebene Untersuchung rechtzeitig über Fachkreise hinaus genügend Verbreitung gefunden hätte, wären im weiteren Umfeld der Auseinandersetzung mit Crèvecœur sicher eine große Zahl vorschneller Ansichten nie zum Tragen gekommen, die sich, ohne die Transparenz, mit der Rice sich im Hintergrund des 18. Jahrhunderts auskannte, letztlich nur an einer oberflächlichen Lektüre des *Farmer* orientierten. Eine weitere Untersuchung der 30er Jahre, der etwas unübersichtliche Aufsatz, den Shelley 1938 der deutschen Rezeption Crèvecœurs widmete, kann als eine notwendige Ergänzung zu Rice aufgefaßt werden. Der Verfasser trug erstmals die Gedichte Herders zusammen, in denen Material von Crèvecœur zu deutschen Blankvers wiederverarbeitet erschien.

Seit Beginn der 40er Jahre gab es praktisch keine neuen Untersuchungen zu Crèvecœur mehr — bis auf eine bemerkenswerte Arbeit aus dem besetzten Frankreich, wo Rey 1942 einen Aufsatz publizierte, mit dem er seine geplante Edition *Correspondance générale de Saint Jean de Crèvecœur, premier consul de France à New York* ankündigte, die indes mit dem Herausgeber im Zweiten Weltkrieg verschollen zu sein scheint. Rey setzte sich erstmals außerhalb der Literaturwissenschaft gründlich auf historische Weise mit Crèvecœurs Aufenthalt in den USA zwischen 1783 und 1790 auseinander, wobei er zahlreiches unveröffentlichtes Material konsultieren konnte.

Adams, Stone und die veränderten Sehweisen der 60er Jahre

Mit der gründlichen Untersuchung von *Pensylvanie,* deren Ergebnisse

Adams 1947, 1948, 1949, 1953 und zuletzt in seiner Übersetzung 1961 publizierte, begann in den 50er Jahren eine neue Linie der Crèvecœur-Forschung, in der zunehmend Interesse an der Zweisprachigkeit von Crèvecœurs Werk entwickelt wurde, so daß endgültig mit der Übersetzung von Bostelmann 1964 der Text von Crèvecœurs Spätwerk auch in das Bewußtsein solcher Kritiker trat, für die ein intensives Studium der Quellen in der Art von Rice nicht möglich war. Später hat etwa die Dissertation von Rapping 1970 eine Verbindung zu ziehen gesucht zwischen einer gründlichen Information über den Autor und sein französisches Werk und dem eher am Text orientierten Ansatz einer lange Zeit vorherrschenden Gruppe werkimmanenter Kritiker.

In seiner Studie über den amerikanischen Westen als Mythos suchte Smith 1950 die kulturgeschichtlich zentrale Funktion von «What is an American?» nachzuweisen. Allerdings hat erst die tiefgehende Untersuchung von Lemay dazu später Gewißheit schaffen können. Smith erläuterte die so zeittypischen Ansichten Crèvecœurs über die Ausbreitung der Amerikaner nach Westen auch mit Passagen aus *Cultivateur.* Dabei deutete Smith an, wie stark der Autor hier als Katalysator von außerliterarischen Einflüssen aus dem Leben der frühen USA gewirkt habe, ein Punkt, den Murdock 1951 in einem sonst eher diskursiven Aufsatz so formulierte: «Virtually everything he had said had been said before in this country but he sometimes clothed familiar ideas more attractively than his predecessors had» (133).

«As the voice of our national consciousness», mit diesen Worten leitete Stone 1962 für die weitere Geschichtsschreibung amerikanischer Literatur einen Umbruch ein, «American literature begins in 1782 with the first publication of *Letters from an American Farmer*» (197). Dabei wollte Stone Komplexität und Ambiguität als kennzeichnende Eigenschaften des literarischen Kunstwerks verstanden wissen, an denen gemessen das Buch «an American classic» sei (204). Zuvor schien dies bereits Bewley 1957 in seinem an Symbolik ausgerichteten Aufsatz ähnlich angedeutet zu haben. Doch bis zu Stone hatte kein Kritiker deutlich ausgesprochen, daß es der *American Farmer* und die *Sketches* sind, an denen der Beginn einer wirklich nachkolonialen Literatur der Vereinigten Staaten zu messen ist. In einem *close reading* bestimmter Passagen kam Stone zu dem Ergebnis: «Crèvecœur to a remarkable extent laid the ground plan for later literature» (213). Die Volkssprache, wie sie der Frau von James eigen ist, «right down to the final authentic 'real'», stehe am Anfang einer solchen Tradition bis zum Connecticut Yankee «and other spoofers of Europe» (205). Am Beispiel der Episode mit dem *kingbird* werde deutlich, daß der franko-amerikanische Autor besonders darin von Zeitgenossen wie Woolman oder Bartram absteche, wie er Sprache auf eine entscheidend andere, imaginative Art verwende. Bevor nach Stone jedoch Crèvecœur von einer ästhetisierenden Kritik ganz mit Beschlag belegt werden konnte, verstand es Marx 1964, über den literarischen Bereich hinaus in den englischen Texten die «essentielle Modernität» kenntlich zu machen, von der bereits frühere sozialgeschichtlich bewanderte Leser wie Parrington wußten. Haben auch die Ausführungen von Marx über das pastorale Ideal später einen an Unverbindlichkeit grenzenden Grad der Verbreitung gefunden, bleibt doch seine direkt ökologische Beobachtung zentral, Crèvecœur «admires improved nature, a landscape that is a made thing, a fusion of work and spontaneous process» (112). Besser als Marx strich Plotkin 1964 heraus, was er vor allem in *Sketches* als «vigorous social criticism» ausmachte (403), ein Thema, das eine Kritik unter scheinbar ästhetischem Primat vorher nur wenig angesprochen hatte. Charakteristisch für Plotkins knappe Ausführungen bleibt jedoch, daß die kritische Lektüre von Crèvecœurs Texten oft in vielversprechenden Ansätzen stecken geblieben ist, ohne daß sich die Hoffnung darauf erfüllt hätte, vergleichbare Fragestellungen weiter auszuführen. Meistens, wie Rapping 1967, aber auch Babuscio 1969 und Mohr 1970, sparten sich Leser ein konsequentes Studium der historischen Zusammenhänge, die freilich erst den Blick für Crèvecœurs Relevanz wirklich schärfen, läßt sie sich doch nicht immer so am Text festmachen, wie Stone 1962 oder Philbrick 1970 zeigen zu können hofften.

Konnte Plotkin 1964 noch behaupten: «He no longer interests Europeans at all!» (391), änderte sich das doch bereits, als Wainstain 1965 einen vielversprechenden Anfang machte, bei dem die Italienerin sich der französischen und deutschen Kritik als um ein rundes Jahrzehnt voraus erwies. Aus europäischer Sicht bestätigte Wainstain den Eindruck von Crèvecœurs «sorprendente modernità» (14) und erkannte, was amerikanische Leser beim Blick auf das Publikationsdatum 1782 häufig übersahen, daß die Briefe des amerikanischen Landmanns «descrivono in sostanza la fine di un periodo storico» (12), literarisch nicht nur am Anfang einer Tradition, sondern historisch am Abschluß der Zeit vor 1776 stehen. Wainstain wies darauf hin, ein besonderer Vorzug des von ihr in italienischer Übersetzung herausgegebenen Buchs bestehe in seiner «polivalenza», der Mehrwertigkeit, die sich schon aus dem Kontrast der Gewaltvorstellungen, von denen James am Ende auf drastische Weise beherrscht wird, zu den Naturschilderungen ergebe (cf. 8). Was Wainstain als den «dosaggio degli effetti» bei Crèvecœur bezeichnet (12), erweist sich als die ästhetische Fortschrittlichkeit des franko-amerikanischen Autors:

> Crèvecœur dunque non è un pensatore, ma la fermezza e la coerenza che gli mancano sono pienamente raggiunte sul piano artistico, dove le sue *Lettere* palesano una meditata, rigorosa struttura [...] (11).

Bis heute sind diese an sich offensichtlichen Eigenschaften von Crèvecœurs englischen Texten von meist konventionell eingestellten Kritikern übersehen oder kaum erkannt worden, sagt Wainstain doch an dieser Stelle zutreffend, daß nicht die Schlüssigkeit aufgeklärter Argumentation, kein Verweis auf bekanntes Wissen über Leitgedanken des 18. Jahrhunderts, sondern die literarisch fortschrittliche Idee des Autors dem *Farmer* seine Relevanz gibt, im Duktus seiner «Briefe» das Idiom der kolonisierten Nation zu emanzipieren (cf. 10).

Die Ausweitung der Forschung in den 70er Jahren

Die Publikation von Philbricks *St. John de Crèvecœur* 1970 hat nicht nur deutlich gemacht, wie sich die Stellung Crèvecœurs im Bewußtsein der amerikanischen Kritik seit den 60er Jahren veränderte, sondern diese erste Monographie seit der Arbeit von Rice steht gleichzeitig am Beginn einer ausgeweiteten Forschung in den 70er Jahren, als Crèvecœurs Texte in den anglophonen Ländern zunehmend neue kritische Leser fanden und sich auf dem europäischen Kontinent nach ersten Vorarbeiten durch Christadler und Haas auch französische Kritiker für den Autor von *Farmer* und *Cultivateur* zu interessieren begannen. Philbricks Studie legte einen Hauptakzent auf die komplexe Kunstfertigkeit des franko-amerikanischen Autors und war besonders erfolgreich darin, Anregungen, die Stone 1962 in kurzer Form gegeben hatte, aufzunehmen und originell fortzuentwickeln. Bei seinem *close reading* bestimmter Passagen vor allem im *Farmer* war Philbrick darum bemüht, einen Begriff von der Ästhetik zu formulieren, die Crèvecœur in seiner kolonialen Situation zur Verfügung stand, mit der er aber gleichzeitig vergleichbare amerikanische Literatur der Zeit bereits zu transzendieren vermochte. Dabei fehlte Philbrick nicht der Blick für die Relevanz biographischer und, in geringerem Maß, historischer Bezüge, die er in einer Reihe treffsicherer Schlußfolgerungen zum Tragen brachte, mit denen er biographische Fakten textrelevant zu interpretieren verstand, die seit Bourdin und Rice eher wie lose Enden vorgelegen hatten. Mit einer Erörterung darüber, welche Rolle der Staat New York in Zusammenhang mit Crèvecœur gespielt hat, fügte Philbrick 1976 seinen Ergebnissen zusätzliche Details unter einem bewußt regionalen Aspekt hinzu. Seine Monographie enthält jedoch demgegenüber nach wie vor zentrale Leitsätze für die weitere Auseinandersetzung mit Crèvecœur. Sie insistiert zumindest vom Ansatz her auf der Zweisprachigkeit seines Werks und hebt zum Schluß heraus, wie genau das Amerika-Bild des *American Farmer* und von *Cultivateur* zu dem Zeitpunkt auf die Alte Welt wirkte, «when the European image of America was caught and fixed» (161).

Der erste Versuch, das umfangreiche französische Werk vor dem Hintergrund französischer Literatur über Amerika im 18. und 19. Jahrhundert in einen bewußt romanistischen Bezug zu stellen, wurde von Zimra 1974 gemacht, die dabei eine breite Grundlage von Vergleichmaterial zu *Cultivateur* und *Pensylvanie* einbrachte. Zimra schien Crèvecœurs Besonderheiten gegenüber anderen frankophonen Autoren aber eher mehr als weniger deutlich zu machen. Eine andere große Lücke schloß Cutting 1976, deren kommentierte Bibliographie zu Crèvecœur zum ersten Mal viele der zeitgenössischen Rezensionen des 18. und 19. Jahrhunderts, aber auch die meisten Resultate moderner Forschung bis etwa 1974 in geraffter Form zugänglich machte. Allerdings ergibt eine nähere Prüfung, daß es Cutting nicht immer möglich war, in der gebotenen Kürze relevante Ergebnisse kenntlich zu machen oder auch nur vollständig zu bibliographieren, so daß gewisse Versäumnisse und Lücken mittlerweile eine aktuellere Übersicht zumindest als Ergänzung wünschenswert erscheinen lassen. Cuttings Sammlung wird aber stets eine wichtige Informationsquelle für verstreute Crèvecœur-Forschungen bleiben, darunter mehrere frühe Dissertationen, die nur dort erfaßt sind. Die häufig nuancierten und immer an kolonialer Alltagserfahrung geschulten Frauendarstellungen bei Crèvecœur wurden von Cutting 1977 erstmals ansatzweise untersucht. Einen anderen neuen Ansatz zeigte Hedin 1975 auf, der in seiner Dissertation den Autor des *Farmer* mit Charles Brockden Brown in einen Zusammenhang zu bringen versuchte und dafür «First-Person Narratives» zur Grundlage nahm. Aber nicht nur das Vordringen zur Diskussion von Crèvecœurs Texten unter gezielten Einzelaspekten wie der Frauen-Darstellungen oder Vergleichsmöglichkeiten zu Brown war typisch für die 70er Jahre, sondern vielleicht mehr noch die große Zahl von Lesern, die Crèvecœur jetzt «entdeckten» und die bei anderen vermutete Wissenslücke prompt durch einen *reappraisal* zu füllen suchten, eine Randerscheinung der Forschung, die sie schon begeitete, als Moore 1927 seine «Rehabilitation of Crèvecœur» verkündete. Ein Beispiel unter anderen dafür gab Kehler 1975, der dabei in seiner Beschreibung des *Farmer* aufmerksam machte auf «the strong emphasis on British oppression» (211). Wie zuvor Plotkin erkannte er ein Mißverständnis darin, wie vorschnell manche Verfasser Crèvecœur als «Tory» oder «Loyalisten» für einen Konservatismus mit Beschlag belegt haben, den der emanzipierte Autor tatsächlich nie geteilt hat.

Unter den Einzelfragen, die bei zunehmender Diversifikation der Forschung kritische Aufmerksamkeit erhielten, lieferten gerade jene Passagen Crèvecœurs besonders ergiebigen Diskussionsstoff, die den Autor als einen ungewöhnlich weitblickenden Beobachter ethnischer Verhältnisse in den frühen USA ausweisen, i.e. als den Erfinder der Metapher von *melting-pot.* Ein erster Versuch in dieser Richtung, den Aubéry 1975 und noch einmal in ergänzender Form 1978 durchexerzierte, scheiterte vor allem am Mangel historischer Kenntnisse. Von außerhalb der Literaturwissenschaft lieferte dagegen Zitomersky 1976 einen schlüssigen Aufsatz über die ethnische Dimension der amerikanischen Revolutionsperiode, der Crèvecœurs Thesen aus «What is an American?» anhand demographischer Fakten nachging und präzise ermittelte, was sie nach den historischen und biographischen Bedingungen des Autors nur sein konnten: humane Ideale dafür, wie Amerika hätte sein können oder zumindest sein sollen (indes aber nicht war). Der neue Mensch, als den Crèvecœurs Erzähler James Amerikas kommenden Menschenschlag bezeichnet, war nach Zitomerskys Ermittlungen ein Mensch, der sich, war er nicht selbst anglophon, doch in einer anglo-amerikanischen Kultur assimilieren mußte, die von vornherein in der Bevölkerung ein enormes Übergewicht besaß, stellte sie doch selbst im multiethnischen Musterstaat Pennsylvanien volle 60 Prozent der Einwohner (23). Die Figur von James gibt mithin kein Beispiel für Crèvecœurs Anglomanie ab, sondern entspricht seinem Blick dafür, was sich als charakteristisch amerikanisch bezeichnen ließ. — Als Teil seiner umfassenden Untersuchungen zu Crèvecœur (von denen Maurice Couturier in seinem Frankreich-Beitrag in *American Literary Scholarship* 1979 sprach, die aber erst zu einigen knappen Aufsatzpublikationen geführt haben) widmete Béranger 1978 auch dem ethnischen Bewußtsein im *Farmer* einige Aufmerksamkeit. Aus der Sicht des Literaturkritikers arbeitet seine Untersuchung im wesentlichen die ethnischen Gruppen heraus, i.e. Engländer, Schotten, Iren, Deutsche sowie Afrikaner und Indianer, auf die bereits Zitomersky die Vielfalt der Gruppen eingeschränkt wissen will, die historisch nachweisbar weniger zur Verschmelzung als zu parallelen Gesellschaften oder der totalen Assimilation an einen britisch-amerikanischen *mainstream* führte.

Der von Bertier de Sauvigny herausgegebene Reprint markierte das neue französische Interesse an Crèvecœur, der in seinem Geburtsland nie vergessen, aber doch lange vernachlässigt wurde. Im Zusammenhang mit mehreren franko-amerikanischen Kolloquien erschienen in den 70er Jahren verschiedene Arbeiten, die nun zwar das Bild Crèvecœurs in binationaler Hinsicht zu verschieben bemüht waren, doch über eine Bestandsaufnahme zahlreicher spätestens seit Rice bekannter Tatsachen hinaus noch kein klares Ziel für notwendige Ergänzungen steckten. Bei dem Kolloquium in Toulouse über Europa und die amerikanische Revolution gaben Crèvecœurs Texte erstmals zum Thema der amerikanischen Gründerzeit den zentralen Gesprächsstoff für die Diskussion zwischen Vertretern ganz unterschiedlicher Fachrichtungen ab (wie sie in den publizierten Aufzeichnungen festgehalten wurde). Hier referierte Béranger 1979 vor allem für ein französisches Publikum den zweisprachigen Aspekt der zwei Ausgaben von *Cultivateur* und *Farmer.* Bereits 1977 hatte Béranger dem *Farmer* eine strukturelle Analyse gewidmet, in der er besonders gründlich die funktionale Charakterisierung einzelner Figuren im *Farmer* betrieben hatte, vor allem von «F.B.» und dem Erzähler James selbst. Einzelne französische Leser hatten gegenüber Béranger beträchtliche Startschwierigkeiten bei der Lektüre von *Cultivateur,* so Mercier 1977 mit seinen Überlegungen zur Rolle von *Cultivateur* im Kontext der französischen Aufklärung. Er wiederholte hier einige der Irrtümer der ersten amerikanischen Kommentare aus dem 19. Jahrhundert, zum Beispiel die «Naivität» Crèvecœurs. Auch die Bemerkungen, die Moraud 1977 zu *Cultivateur* machte, waren durch Kenntnisse der französischen Aufklärung inspiriert, konnten in diesem Fall aber nicht eine gewisse Ferne zum Text verleugnen. Von Ausnahmen abgesehen, hat in den 70er Jahren bei französischen Lesern noch kein Anschluß an das fortgeschrittene Niveau der Diskussion in englischer Sprache stattgefunden, doch sind die Aktivitäten der französischen Forschung immer noch weitaus zahlreicher gewesen als in anderen europäischen Ländern, etwa der Bundesrepublik.

Gegen Mitte der 70er Jahre waren die englischen Texte vor allem in den Vereinigten Staaten im Kanon klassischer amerikanischer Literatur fest etabliert, so daß mit der zunehmenden Leserzahl ein Bedarf an wiederholter ***explication de texte*** besonders des *Farmer* entstand, um sich in großen Zügen mit der Biographie des Franko-Amerikaners und dem Inhalt seiner Essays vertraut zu machen. Dafür gaben Cunliffe 1975 und Plumstead 1976 Beispiele, die bei ihrem Überblick jeweils zu unterschiedlichen Ergebnissen aus britischer und amerikanischer Perspektive kamen. Das Dilemma von Crèvecœurs Protagonisten im amerikanischen Unabhängigkeitskrieg ließ Plumstead auf einen eher unpolitischen Humanitätsbegriff rekurrieren, während Cunliffe politisch präzise erkannte: «His agony was that he had no defined position» (135). In seiner Anthologie über die amerikanische Literatur der «revolutionären Jahre 1764 bis 1789» schloß Emerson 1977 auch einen Beitrag von Plumstead über Crèvecœur ein, wobei er einleitend zum *American Farmer*, «attractive but troubled», bemerkte, darin finde sich «probably the most striking and penetrating view of America» (213). Plumstead berichtet hier über seine Ermittlungen zum Gesamtumfang der englischen Texte, die sich noch über die publizierten *Sketches* hinaus als reichhaltiger erwiesen, als bis dahin zu vermuten war. Der *American Farmer*, postulierte Plumstead, sei ein klassenbewußtes Buch, in dem Crèvecœur dem Ethos der Arbeit essentielle Bedeutung beigemessen habe.

Während Kulungian 1977 neue Aufmerksamkeit auf die mittlerweile ausführlich bearbeitete Ästhetik des *Farmer* gelenkt wissen wollte, beantwortete Rucker 1978 von neuem die Frage nach der Bedeutung der Aufklärung für Crèvecœur, die aus französischer Sicht bereits Mercier und Moraud gestellt hatten, auf eine ähnlich problematische Weise: «Crèvecœur refused to acknowledge intellectually or emotionally that love for America and its values had, for many immigrants and natives, actually displaced love for England» (209). Auch zu diesem späten Zeitpunkt ließ sich hier eine Kritikerin durch Crèvecœurs französische Herkunft zu dem Versuch verleiten, Amerika und den Autor des *Farmer* trennen zu wollen und Crèvecœur einer vermeintlich unamerikanischen Aufklärung in Europa zuzuschlagen. Auch der erneute Fehlschluß konnte nicht ausbleiben, Crèvecœur im Vergleich zu Franklin für weniger amerikanisch als den Autor der *Autobiography* auszugeben, womit Beidler 1978 allerdings nicht überzeugen konnte. Der Zugriff auf die Darstellung des Kriegs in *Sketches* führte dagegen bei Larson 1978 zu differenzierten Einsichten, treten darin doch die sonst vernachlässigten Durchschnittsmenschen der Revolutionsjahre erstmals in den Vordergrund. Die Revolution zerstört nach Larson für den franko-amerikanischen Autor die reale Möglichkeit der Utopie in der Neuen Welt, «the American Revolution becomes a war like any other war. Crèvecœur's vision corrects the sanitized, bloodless versions of the conflict which form the stuff of popular legend» (10). Im Anschluß daran hat Jehlen 1979 noch einmal die Frage aufgenommen, wie amerikanisch Crèvecœur mit seiner im Sinne von Cunliffe undefinierten Position gewesen sei: «His sincerity and loyality to America were beyond question» (204). Jehlen schlug vor, den Autor des *Farmer* als «Monarcho-Anarchisten» einzustufen.

Mit dem in mehrfacher Hinsicht herausragenden Aufsatz, in dem Lemay 1978 analysierte, wie «What is an American?» die Bewohner an der Grenze der Besiedlung durch die Umwertung des Begriffs *frontier* zum

Inbegriff nationalen Heldentums machte, wurde gegenüber älteren Interpretationen von Crèvecœurs Beitrag zum westlichen Mythos Amerikas ein Informationsniveau neuen Stils erarbeitet, das frühere Beiträge mehr oder weniger obsolet zu machen schien. «I don't want to give the impression that Crèvecœur alone is responsible for the change. It would have happened if he had never written» (197), sagte Lemay, aber letztlich ginge auf Crèvecœurs Konto das entschiedende Paradigma amerikanischer Geschichte, «what came to be the standard interpretation of civilization's progress in America» (211). Lemay stuft es vor allen übrigen Modellen ein, die sich ohnehin bis über die klassische These der *frontier* bei Turner hinaus als «versions of Crèvecœur's» (211) herausstellten. Besonders überzeugend geriet Lemay seine belesene Argumentation für den Nachweis, auf welchen Wegen Crèvecœurs Gedanken über Benjamin Rush, Brissot de Warville, Thomas Jefferson und andere Zeitgenossen ihren Weg in den kulturellen *mainstream* des amerikanischen Selbstverständnisses nahmen.

Wenn französische Äußerungen der 70er Jahre seiner Aufmerksamkeit auch entgangen zu sein scheinen, gelang es Robinson 1981 doch, einen ungefähren Überblick zu geben, wie sich die Standpunkte innerhalb der amerikanischen Kritik zu Problemen der erzählerischen und ästhetischen Struktur in Crèvecœurs englischen Texten differenziert haben. Wo er vor allem die «dunkleren» Briefe des amerikanischen Landmanns diskutiert, schlägt Robinson vor, auf das zweifellos vorhandene tragische Moment nicht stärkeren Nachdruck als auf die zuversichtliche Seite zu legen «a greater balance between the dark and the light side of the human experience, even in the concluding letters» (552).

Substantiell Neues teilte Emerson 1981 zu Crèvecœur mit, als er ein vorläufiges Resultat seiner langen Auseinandersetzung mit der Frage der englischen Manuskripte vorlegte und überraschende Aussichten für die zukünftige Kritik eröffnete: «Based on my study of the transcripts, I believe that the unpublished pieces include some of Crèvecœur's best work and should be published» (51). Emerson gibt nicht nur einen informierten Einblick in die drei Bände von *Cultivateur* («these volumes deserve more attention than they usually have received», 46), sondern faßt Ergebnisse aus seiner Lektüre der unveröffentlichten englischen Essays zusammen, die der Autor des *Farmer* im Unabhängigkeitskrieg schrieb. Er zitiert eindringliche Passagen, die seine Thesen über die Bedeutung dieser Manuskripte vollständig unterstützen, sodaß von Emersons noch ausstehenden Publikationen ein ungleich differenzierteres Bild des franko-amerikanischen Autors erwartet werden darf, als Robinson es dargestellt hat. Zu weiteren Arbeiten, die bis zur Drucklegung noch im Vorbereitungsstadium waren, gehört das franko-amerikanische Vorhaben von Asselineau und Allen, eine neue Biographie von Crèvecœur zu liefern, nachdem die letzte Lebensdarstellung fast siebzig Jahre alt ist. Chevignard, der 1980 den Reprint von *Cultivateur* besprach, arbeitet ebenfalls über Crèvecœur. Über neuere Dissertationsprojekte in den USA ließ sich für die 80er Jahre noch nichts Genaues sagen. Zusammenfassend kann man gegenwärtig feststellen, daß in den hundert Jahren seit dem Erscheinen der *Vie* die kritische Auseinandersetzung mit Crèvecœur einen spezialisierten und umfangreichen Grad erreicht hat. Die stark komparatistisch relevanten Verflechtungen im Werk des Autors stellen für die Zukunft eine zunehmend kulturgeschichtlich fundierte Neubewertung Crèvecœurs in Aussicht, der sich als *der* signifikante Schriftsteller der frühen USA erweisen wird. Neben den zahlreichen unveröffentlichten Manuskripten in englischer und französischer Sprache fehlt auch für seine publizierten Schriften noch jede Ausgabe nach modernen textkritischen Maßstäben, so daß für die Zukunft die Forderung nach einer kritischen Gesamtausgabe zu den wichtigsten Zielen der Kritik gehören wird.

Sophie d'Houdetot auf einem Stich von 1786, als sie 56 Jahre alt war. Die Gräfin war «keineswegs schön», fand Jean-Jacques Rousseau, der sie als junge Frau kannte, doch «ihr zugleich lebhaftes und sanftes Antlitz war ungemein anziehend» (Übs. von Ernst Hardt, *Bekenntnisse,* Leipzig: Insel, 1955, S. 560). Jacques Pierre Brissot de Warville, später ein Führer der girondistischen Revolutionäre, urteilte knapp, sie sei «alt, häßlich, wohl geistreich, doch voller Vorurteile.» Über das Verhältnis der Gräfin zu Crèvecœur, das den Lebensweg und die Veröffentlichungen des Schriftstellers über mehrere Jahrzehnte bestimmte, meinte Brissot: «Sie war stolz darauf, einen ‹amerikanischen Wilden› ihr eigen zu nennen und wollte ihn regelrecht erziehen, um ihn so in die Große Welt zu schicken» (beide Zitate übersetzt nach: Chevignard 1982).

In seinem posthum veröffentlichten Essay über «Erinnerungen, gewidmet dem Andenken an Frau von Houdetot» (1813) beschrieb Crèvecœur, wie die Gräfin ihn nach seiner Ankunft in Paris 1782 in das Milieu bekannter Pariser Adelsfamilien und Intellektueller einführte. Crèvecœur, der nach 27 Jahren in Nordamerika kaum noch einen Satz Französisch sprechen oder schreiben konnte, lernte bei ihr den Konversationston der Salons kennen und wurde mit dem Naturhistoriker Buffon, dem Dichter St. Lambert und zahlreichen anderen Größen der Zeit bekannt gemacht. Er gewann bald Geschmack am Leben der vorrevolutionären Adelsgesellschaft, wo er als «wilder Amerikaner» auf Neugier und Interesse stieß. Als er 1784 in die USA zurückkehrte, übernahm er den Posten eines französischen Konsuls in New York, der ihm durch Frau von Houdetot vermittelt worden war.

La Comtesse d'Houdetot
1786

ZUSAMMENFASSUNG

[1. Kapitel] Der erste und einer der nachhaltigsten literarischen Erfolge eines amerikanischen Autors in Europa waren die erzählerischen Essays in englischer und französischer Sprache von Michel-Guillaume Jean de Crèvecœur, vor allem sein Band *Letters from an American Farmer* (London 1782), in dem er die wesentlichen Grundmuster des modernen Mythos vom «Amerikanischen Traum» vorprägte, deren ganze Wirkung sich erst im späten 19. und 20. Jahrhundert voll entfaltete.

Dieser Franko-Amerikaner, geboren in der Normandie, der als 20jähriger nach Nordamerika gekommen war, sich mit 30 in New York als «John Hector St. John» einbürgern ließ und als schriftstellender Bauer seinen Hof *Pine Hill* bewirtschaftete, bleibt trotz zunehmender Aufmerksamkeit der Fachkritik ein weithin unbekannter Klassiker der frühen amerikanischen Literatur. Mehrere Jahre vor der Unabhängigkeit der USA antizipierte er, wie eine zukünftige amerikanische Großmacht das politische System der Welt verändern würde. Um die Figur des Autors und seinen historischen Hintergrund aus europäischer Sicht einzuführen, wird Crèvecœur zunächst in den Zusammenhang eingeordnet, wie Europas älteres, lateinamerikanisch dominiertes Amerikabild 250 Jahre nach Kolumbus durch die Vereinigten Staaten überlagert wurde.

[2. Kapitel] Im Kern der Untersuchung geht es jedoch um spezielle Probleme beim Verständnis Crèvecœurs, für deren Lösungsgang eine ausführliche Argumentation nötig wird, die sich neben den englischen und französischen Texten auch detailliert historischer Indizien bedient. Zuerst wird die bisher ungelöste Frage untersucht, wie der Franzose Crèvecœur über Kanada in die archetypisch nordamerikanische Existenz des Einwanderers fand, der in jeder Hinsicht darum bemüht ist, seine europäische Herkunft vergessen zu lassen und die amerikanischen Verhältnisse zu assimilieren. Obwohl die Quellen dafür bereits seit 1933 (allerdings stark und mißverständlich verkürzt) bekannt sind, wurde dieses grundlegende biographische Problem nie weiter verfolgt. Thematisch ergibt sich am Beispiel Kanadas beispielhaft die strukturelle Komplexität des zweisprachigen Werks. Biographisch gesehen fand Crèvecœur in Kanada über den Verlust seiner Heimat und des sicheren Gefühls für seine Herkunft und gesellschaftliche Stellung hinweg in die Neue Welt. An der grundverschiedenen Art, wie Kanada jeweils in seinen Büchern erscheint, wird wiederum deren strukturelle Differenziertheit deutlich und gleichzeitig der Grad, in dem sie voneinander abhängig sind.

Zentral ist aber, daß sich Crèvecœurs Hinwendung zu Amerika herausstellt als die überzeugte Ablehnung des militärisch-aristokratischen Kastensystems im französisch regierten Kanada. Er wurde in Québec zum Pazifisten. So wird auch die oft mit Unverständnis oder Verblüffung betrachtete Distanz verständlich, die Crèvecœur später im Krieg um die amerikanische Unabhängigkeit bewahrte. Für die Ziele der Revolution, des Fortschritts oder der Freiheit konnte einem Mann mit seinen persönlichen Erfahrungen und seiner pazifistischen Überzeugung nicht jedes Mittel recht sein.

[3. Kapitel] Nachdem die Entstehung Crèvecœurs singulärer frankoamerikanischer Situation geklärt werden konnte und ihre Auswirkungen zunächst an einzelnen Themen seiner Bücher verfolgt wurden, werden ihre allgemeinen Folgen für das Gesamtwerk analysiert. Das zweisprachige Werk muß sowohl im Verhältnis der Bücher untereinander als auch im Aufbau der einzelnen Bücher selbst als problematisch gelten. Zum ersten Mal erhält der deutsche Leser präzise Inhaltserläuterungen nicht nur der englischen, sondern auch der französischen Texte, unterstützt durch eine Diskussion kaum bekannter oder doch an Hand von Quellen neu ermittelter biographischer Fakten aus dem Zeitabschnitt *vor* Crèvecœurs ersten Veröffentlichungen.

[4. Kapitel] Kanada führte Crèvecœur auch in eine Problematik, die letztlich tiefer geht als die der Struktur seiner Bücher: aus seiner «Konversion» zu Amerika heraus gelang ihm literarisch die Katalyse des handfest politischen Patriotismus seiner Landsleute und der Vorstellungen europäischer Intelektueller zu einem idealisierten Bild gesellschaftlicher Chancengleichheit und Selbstverwirklichung in selbstbestimmter Arbeit, das in den Jahrhunderten nach Crèvecœur enorme ideologische Schubkraft bewiesen hat. Der Hauptteil der Untersuchung geht von der Annahme aus, bei Crèvecœur die «Erfindung» eines Amerika nachweisen zu können, das (an Stelle älterer religiöser Vorstellungen eines «neuen Kanaans») die Erwartungen europäischer Leser in Zukunft fest auf ein Land richtete, von dem die «vollkommenste Gesellschaft der Welt» erwartet werden konnte. Doch dieser Nachweis schlüge fehl, wollte man ihn an Crèvecœurs bekannter Schilderung vom glücklichen Leben des amerikanischen Landmanns durchführen, die sich als wesentlich nachdenklicher und gebrochener erweist, als manche Kritiker einzusehen bereit waren. Ins Zentrum seines *Farmer* stellt er aber mit den ausführlichen Kapiteln über Nantucket bewußt die Schilderung eines amerikanischen Ideals, das sich als eine mit Mitteln der dokumentarischen Sachprosa geschickt getarnte Insel der Glückseligkeit erweisen könnte. Was beim ersten Lesen bloß als idealisierte Regionalgeschichte erscheint, trägt, wie ein Vergleich zu *Utopia* von Thomas Morus deutlich macht, alle Züge der Schilderung einer Schönen Neuen Welt. In dem Versäumnis früherer Kritiker, diese Essays kritisch zu lesen, spiegelt sich die Spannung zwischen scheinbarer Dokumentation und untergründiger Fiktionalität in Crèvecœurs Texten. Mit textimmanenten und historischen Mitteln läßt sich an diesem ausgewählten Beispiel *pars pro toto* die These beweisen, daß der Autor des *Farmer* mit geschickt recherchierten Daten ein erdachtes Land als beispielhaft für Amerika ausgab, obwohl er die Ambivalenz der Realität selbst am besten kannte. Diese Argumentation läßt sich durch bisher unbekannte biographische Fakten untermauern.

[5. Kapitel] Eine vorläufige Zusammenfassung der Untersuchungsergebnisse wirft die Frage auf, wie rezeptiv sich europäische Leser gegenüber erzählerischen Strukturelementen amerikanischer Literatur verhielten, als die Literatur der Vereinigten Staaten im öffentlichen Bewußtsein noch kaum definiert war. Von Zeitgenossen wurde sie ausdrücklich auf Politik, Philosophie und Naturwissenschaft eingegrenzt, denn Amerika habe noch «keinen Dichter» hervorgebracht. Erstmals läßt sich in den Äußerungen deutscher Kritiker, Herausgeber und Übersetzer Crèvecœurs verfolgen, daß das Verständnis für die fiktionalen Strukturelemente («die Anfänge des amerikanischen Romans») weit entwickelt war. Obwohl diese Elemente nicht immer gebilligt wurden, weil mancher Rezensent Dokumentationen und keine Erzählungen aus Amerika erwartete, überwog im ganzen der Erfolg Crèvecœurs. Dabei tritt die bemerkenswerte Tatsache zutage, daß die Grundlage der deutschen Rezeption Crèvecœurs breiter als in allen anderen Sprachen Europas war. Es gab weder französische Ausgaben seiner englischen Texte noch umgekehrt, während von der Beschreibung Nantuckets (Übs. 1783) über den *Farmer* (Übs. 1784) bis zu Tiedemanns Bearbeitung von *Pensylvanie* (1802) fast alle Publikationen vom «Verfasser der Briefe eines amerikanischen Landwirths» in deutscher Sprache erschienen.

[6. Kapitel] So sehr deutsche Leser der Goethe-Zeit mit Crèvecœur auch vertraut gewesen zu sein scheinen, so sehr fehlt heute die Möglichkeit, sich von deutscher Seite über die einschlägige Forschung zu informieren. Abschließend werden daher ausführliche bibliographische Informationen gegeben. In einem Gesamtüberblick der Editionslage und Sekundärliteratur wird die Geschichte der Kritik seit Erscheinen der *Vie* 1883 in ihren Entwicklungen und gegenwärtigen Tendenzen vollständig zusammengefaßt und kommentiert. Im Literaturverzeichnis wird versucht, alle relevante Literatur über Crèvecœur zu erfassen, soweit sie bis zur Drucklegung bekannt war.

Résumé

[1er chapitre] Les essais narratifs de Michel-Guillaume Jean de Crèvecœur en langue française et anglaise, en particulier ses *Letters from an American Farmer* (Londres 1782) constituèrent le premier — et l'un des plus retentissants — succès d'un auteur américain en Europe. L'auteur façonnait dans cet ouvrage les traits essentiels du mythe du «rêve américain», un mythe qui ne connaîtra son apogée que vers la fin du XIXe et au XXe siècle.

Cet auteur franco-américain, né en Normandie, arrivé en Amérique du Nord à l'âge de 20 ans, qui devint citoyen de New York à 30 ans sous le nom de «John Hector St. John» et s'établit sur ses terres de *Pine Hill* comme écrivain-paysan, demeure, en dehors du cercle de quelques critiques spécialisés, un des classiques encore très méconnus des débuts de la littérature américaine. Plusieurs années avant l'indépendance des États-Unis il anticipait déjà sur la façon dont une grande puissance américaine pourrait transformer le système politique sur le plan international. Afin de resituer Crèvecœur dans son contexte historique du point de vue européen, il est tout d'abord mis en lumière comment l'ancienne image européene de l'Amérique — une image essentiellement dominée jusque-là par l'Amérique Latine — se trouva 250 ans après C. Colomb recouverte par l'image des États-Unis. [Chapitre 2] Le noyau central de cette étude est cependant constitué par les problèmes spécifiques d'interprétation de l'œuvre de Crèvecœur elle-même qui nécessitent une interprétation faisant appel, au-delà des textes français et anglais, à des indications historiques précises. Il est tout d'abord tenté d'apporter une réponse à la question — encore non-résolue — de savoir comment Crèvecœur, par le Canada, s'intégra dans l'archétype de l'existence d'un immigrant nord-américain s'efforçant sur tous les plans de faire oublier son origine européenne et de s'intégrer dans la vie américaine. Bien que les sources concernant cette question soient connues depuis 1933 (dans une version considérablement et très mal abrégée), ce problème biographique fondamental n'a encore jamais été analysé. Sur le plan thématique, l'exemple du Canada permet de retracer toute la complexité structurelle de cette œuvre bilingue. Sur le plan biographique, Crèvecœur trouva sa propre voie dans le nouveau monde par le truchement du Canada, oubliant la perte de sa mère-patrie et elle de sa position sociale. À travers les modes de représentation extrêmement variés du Canada dans son œuvre, c'est la variété structurelle de celle-ci qui est mise en lumière, et la façon dont ses livres sont liés les uns aux autres.

Le fait que Crèvecœur affirme son attachement à l'Amérique comme un refus ouvert du système de caste militaro-aristocratique prévalant dans le Canada français, s'avère constituer ici un élément central. C'est au Québec que Crèvecœur devint pacifiste. Ainsi s'explique cette distance — sujet bien souvent d'étonnement et d'incompréhension — que Crèvecœur conserva plus tard vis-à-vis de la Guerre d'Indépendance américaine. Pour un homme emprunt d'expériences personnelles et de convictions pacifistes, tous les moyens ne pouvaient être considérés comme également valables pour avancer sur le chemin de la Révolution, du Progrès et de la Liberté.

[Chapitre 3] Après avoir étudié la genèse de la situation franco-américaine singulière de Crèvecœur et ses répercussions à travers quelques thèmes pris dans différents ouvrages, il est procédé, à l'analyse de ses conséquences générales pour l'ensemble de l'œuvre. Cette œuvre bilingue revêt un caractère problématique, tant en ce qui concerne la relation des différents livres entre eux qu'en ce qui concerne la construction propre de chacun de ces ouvrages. Pour la première fois, le lecteur allemand reçoit des indications précises sur le contenu non seulement des textes anglais, mais également des textes français. Ces précisions nouvelles sont étayées par une discussion portant sur des données biographiques concernant l'époque qui a *précédé* les premières publications pratiquement ignorées jusqu'ici ou bien éclairées par des sources sous un jour nouveau. [Chapitre 4] Le Canada a entraîné aussi Crèvecœur au sein d'une problématique qui va en définitive bien au-delà de celle de ses livres: à partir de sa «conversion» à l'Amérique il parvient sur le plan littéraire à opérer une catalyse entre le patriotisme de ses compatriotes et les conceptions des intellectuels européens pour élaborer une *image* idéalisée d'une société garantissant l'égalité des chances et l'auto-réalisation de chacun à travers un travail librement choisi: cette image va s'avérer posséder, pendant les siècles postérieurs, une force idéologique considérable. La partie principale de cette étude se fonde sur le postulat d'une invention de l'Amérique (remplaçant les anciennes conceptions religieuses d'un «nouveau Canaan») qui focalise les attentes des futurs lecteurs européens sur un pays où devrait se concrétiser la «société la plus parfaite du monde». Mais ce postulat ne saurait être prouvé par les célèbres descriptions de la vie heureuse du fermier américain livrées par Crèvecœur, tableaux qui s'avèrent beaucoup moins monolithiques et beaucoup plus nuancés que ce que bien des critiques ont annoncé jusqu'ici. Au centre du portrait du fermier américain qu'il trace dans le *Farmer* se trouve un idéal américain que met volontairement en cause Crèvecœur à travers ses chapitres sur Nantucket: un idéal qui ressemblerait à une île des bienheureux camouflée derrière l'emploi d'une prose documentaire. Ce qui peut paraître après première lecture comme une simple histoire régionale idéalisée, revêt, à travers une comparaison avec l'*Utopia* de Thomas More, tous les traits de la description d'un Nouveau Monde idéal. L'absence d'une lecture critique de ces essais de la part des critiques littéraires jusqu'à aujourd'hui témoigne de cette tension existante entre un caractère apparemment documentaire et la fictionnalité latente traversant le texte de Crèvecœur. Avec des outils d'analyse puisés tant dans l'analyse textuelle que dans l'analyse historique, il s'avère possible de prouver de façon paradigmatique et *pars pro toto* que l'auteur du *Farmer* a constitué, à l'aide d'une soigneuse documentation, un pays produit de son invention, susceptible de servir de modèle pour l'Amérique — bien qu'il ait été lui-même parfaitement conscient de l'ambivalence de la réalité. Cette argumentation a pu être étayée grâce à des données biographiques jusqu'ici inconnues.

[Chapitre 5] Une synthèse provisoire des premiers résultats permet de dégager la question de la réceptivité des lecteurs européens vis-à-vis des éléments structurels narratifs de la littérature américaine, alors que cette littérature était à peine entrée dans la perception de l'opinion publique et que ses contemporains la limitaient explicitement aux seuls domaines de la politique, de la philosophie et des sciences naturelles, l'Amérique n'ayant pas encore 'enfanté' de poète! C'est chez les critiques, éditeurs et traducteurs allemands de Crèvecœur que l'on trouve pour la première fois une prise en considération des élements fictionnels de la structure de ses textes. Bien que ces éléments n'aient pas toujours été admis, car bien des critiques de l'époque attendaient de la littérature venue d'Outre-Atlantique des textes documentaires et non pas narratifs, l'œuvre de Crèvecœur connut en définitive un succès certain. Ceci amène à souligner cette particularité intéressante, à savoir que les fondements de la réception allemande de Crèvecœur furent plus larges que celle dans toutes les autres langues européennes. Il n'existe aucune édition française de ses textes anglais et réciproquement. Par contre, on trouve presque toutes les publications de «L'Auteur des Lettres d'un paysan américain» publiés en langue allemande, de la description de Nantucket (traduction en 1783) à l'adaptation de *Pensylvanie* (1802) par Tiedemann en passant par le *Farmer* (traduction en 1784).

[Chapitre 6] Si les lecteurs allemands de l'époque de Goethe ont pu avoir une bonne connaissance de l'œuvre de Crèvecœur, il n'existe aujourd'hui aucune publication en langue allemande offrant une information sur l'état de la recherche se rapportant cet écrivain. D'où la nécessité d'établir une bibliographie détaillée et complète. À travers une vue d'ensemble des éditions et des études critiques existantes, c'est toute l'histoire de la critique depuis la parution de la *Vie* en 1883 qui se trouve résumée et commentée de façon exhaustive jusqu'à ses plus récents développements. Cette bibliographie a tenté de rassembler ainsi l'ensemble des études critiques sur Crèvecœur connues jusqu'à la mise sous presse de ce travail.

SUMMARY

The publication of Michel-Guillaume Jean de Crèvecœur's narrative essays, first in English and later in French, represents the first literary success by an American author in Europe. In his volume, *Letters from an American Farmer* (London, 1782), he sculpted the basic pattern for what came to be known as the American dream, a national image that did not fully develop as a full-blown myth until the nineteenth and twentieth centuries. While his status as a classic of Early American literature is now recognized by experts in the field, he himself remains largely unknown to the general reader.

A French immigrant from Normandy, Crèvecœur came to America at the age of twenty. He served in the French Canadian forces and then left Québec for New York, where he adopted a new English-American name, John Hector St. John. In 1765, at the age of thirty, he became a citizen of the New York province. A few years later, he began to write during his spare moments on a farm he had acquired in Orange county.

The effect of Crèvecœur's writings must be placed within the context of the earliest European images of America. For the first two hundred and fifty years following Columbus's first expedition, South America and the Caribbean dominated the Old World's image of the New. The appearance of Crèvecœur's books were instrumental in shifting attention to the emergence of the United States. It was Crèvecœur who — several years before the Declaration of Independence — clearly foresaw America's development into a world power and the change which that development would have on «the entire political system of the World.»

Following an introductory section, which places his writings in a historical context, this study deals with specific problems in comprehending Crèvecœur's various works in English and in French. An initial problem involves two biographical questions: Why was the French-born Crèvecœur so intent upon shedding his European roots? And what led him, as a young soldier in Canada, to adopt the archetypically North American existence of an immigrant emulating the lifestyles that had established themselves there? Detailed historical information is required to provide adequate answers to such questions. Some of the relevant evidence was discussed by Rice in 1933, although in a form so abridged as to be seriously misleading. A completely new reading of the eigtheenth-century sources allows for a better, though still incomplete, understanding of Crèvecœur's motivation for making the transition from Québec to New York.

His Canadian experience during the summer of 1759, when he witnessed the siege and finally the battle of Québec, left Crèvecœur a pacifist. This conclusion contradicts previously accepted opinions and enables us to read many passages in *Farmer* and *Cultivateur* in a new way. Within this context, it becomes clear why Crèvecœur maintained his distance from both opposing factions in the War of Independence, a stand which has baffled many critics of his *Sketches*. For a man like Crèvecœur, revolutionary ends such as progress and liberty simply did not justify the use of violent means.

From a comparative perspective, this study attempts to link biographical problems to questions about the structure of Crèvecœur's bilingual work. As a literary theme, Canada can be traced from mere hints in the *Farmer* to a more elaborate treatment in the *Sketches* and, finally, to several quite telling passages in *Cultivateur* and *Pensylvanie*. The very different ways in which Crèvecœur's books allude to, or deal with, Canada demonstrate their degree of mutual dependency.

What is the relationship among the different books? And how is each of them structured? Such questions are treated in the following chapter, where the contents of the *Farmer, Cultivateur,* and *Pensylvanie* are discussed in detail and compared with each other, due respect being paid to the bilingual character of the author's entire *œuvre*. The discussion places new emphasis on the years before Crèvecœur became a published author. Little informationn about this phase of his life is available, but a careful examination of the existing documentation enhances a critical reading of the *Farmer*. Less of a truly unified structure can be found in the book than many recent critics have claimed. However, textual and historical evidence do support the claim that, although Crèvecœur presented his books as works of fact, they were intentionally fictionalized accounts that he disguised as documentary prose, or even travel writing, to fulfill the expectations of a European reading audience unaccustomed to «fictions from the New World.»

He also consciously idealized American society, portraying it as a community characterized by the principles of equal opportunity and self-determination. In literary terms, he combined the down-to-earth political patriotism of his countrymen and the more theoretical concepts of such European intellectuals like Raynal. If the image of America promulgated by Crèvecœur's books was not his own creation in political terms, it most certainly did express his own literary imagination, or even 'invention'. An analysis of the Nantucket chapters in the *Farmer* clearly puts this hypothesis to a test.

In all Crèvecœur's books, his description of the rewarding life on American farms, of successful immigrants, and of businessman whalers who owed their enourmous wealth not to social rank but to sheer industry, helped coin a new image of America — a land of opportunity from which had supposedly sprung «the most perfect society in the world.» This image, which was due in no small part to Crèvecœur's literary success, gained a strong and lasting ideological thrust in the following centuries.

To modern critics, Crèvecœur's well-known depictions of the American farmer's happy life appear much more ambivalent that the Nantucket chapters. If it was Crèvecœur's intention that the Nantucket chapters should form the heart of the book, it is perhaps in these chapters that he fully defined his concept of an ideal American society. Literary critics have treated the Nantucket chapters as regional history, but it is significant to note that historians have never done so. In actuality, the historical information in the passages serves mainly as a vehicle for expressing something other than history. Indeed, the apparent genre of travel writing and documentary prose is used to hide the utopian quality of the island he describes, for in certain definable ways it has more in common with the island republic in Thomas More's *Utopia* (1516) than it does with the historical Nantucket.

In Crèvecœur's work, a critical tension between what is fictional and what is not has often been responsible for a reading of the Nantucket chapters as basically historical writing. Curiously, these chapters function better as an idealized version of America than do his farmer's letters, because he knew first-hand the life of a farmer, especially under the strained conditions of the Revolutionary War, which he called a civil war. Is Crèvecœur's Nantucket so different from the Nantucket of history — especially during the war years beginning in 1775 — because he had never actually been to the island? To be sure, his facts were carefully researched. But they were placed into a frame which he crafted according to his own literary ‹invention› . Although he knew the ambivalence of life in America, he remained a firm believer in the country's ideal and its positive qualities, even after James Monroe effectively prevented him from returning to the country in 1794.

If the fictional aspect of Crèvecœur's work has been treated so far from the perspective of modern criticism, it still remains to ask whether his contemporary readers grasped this aspect of the American Farmer's books. Crèvecœur's reception in German-speaking Europe affords a relatively fresh opportunity to study the way in which his books were received by his contemporaries. From the «Beschreibung» of Nantucket (trans. 1783) through complete translations of the *Farmer* (trans. 1784) and *Cultivateur* (trans. 1788—89), and Tiedemann's edited version of *Pensylvanie* (1802), every book by Crèvecœur and even some of his articles were soon republished in German. His reception here turns out to have been exceptionally broad based, and this may have been due, at least in part, to the appeal of his writings as fiction, a term that was applied to his books by both French and German critics at the time. Some notable critics at that time limited American literature to the areas of politics, philosophy, and science; one German writer even stated that America had «no poets yet.» But those in the German-speaking countries who had actually read Crèvecœur, his contemporary critics, editors, and translators, can be shown to have had a far more developed understanding of the fictional overtones in his work than might have been excepted.

In the age of Goethe, German readers may have been well-acquainted with Crèvecœur, but today hardly any information reflecting the present state of scholarship on him is available in German. Starting with the 1883 publication of the *Vie* and including a discussion of the vexed questions about his manuscripts, the development of modern criticism on Crèvecœur has been organized chronologically. There has been a careful attempt to include all relevant Crèvecœur literature in the list of works cited.

ANMERKUNGEN

1
Was ist ein «literarischer» Autor? Mit dieser Qualifikation soll berücksichtigt werden, daß Crèvecœur als der erste Autor von fiktionalen Texten eingeordnet wird, dem ein europäischer Bucherfolg gelang. Bereits im 17. Jahrhundert wurden in Europa mit Erfolg Bücher von Amerikanern verbreitet, doch handelte es sich dabei um Sachtexte, etwa die Schilderung britischer Kolonien durch John Smith, die theologischen Überlegungen von John Cotton oder die alchimistischen Geheimlehren von George Starkey. Der Publikation des *Farmer* gingen auch im 18. Jahrhundert zahlreiche politische, philosophische und wissenschaftliche Schriften aus Nordamerika voraus. Dabei hatten beispielsweise Bücher von John Dickinson, Benjamin Franklin oder John Bartram an vielen europäischen Verlagsorten Erfolg. Daneben gab es seit dem 16. Jahrhundert in Europa Veröffentlichungen aus der Neuen Welt in spanischer und französischer Sprache, die der frühen amerikanischen Literatur zweifelsohne in mancher Hinsicht vergleichbar sind.

2
Thomas Paine brachte das Kunststück fertig, während der Französischen Revolution Mitglied der Nationalversammlung zu sein, ohne auch nur Französisch zu sprechen. Er wandte sich gegen die Hinrichtung der Königs, und als sich die Lage unter dem revolutionären Regime verschärfte, kam er Ende 1793 für elf Monate in Haft.

Mit Blick auf Crèvecœur (seit 1791 in Paris) und seine Korrespondenz aus dieser Zeit erwähnt die *Vie* 1883 «un prisonnier mystérieux, dont il est question pour la première fois dans une lettre du 9 décembre 1793; et qui est designé sous le simple prénom de Thomas.» In seinem charakteristischen Stil fährt der Biograph fort: «Ce malheureux dévore les faibles ressources de Crèvecœur. C'est 25, puis 50 livres par mois qu'il faut payer pour lui; on lui donne des vêtements, des draps, des couvertures, de l'argent, et encore il est mécontent. Cet homme si peu reconnaissant, dont son bienfaiteur ne parle qu'avec un dégoût mal deguisé, ne serait-ce pas Thomas Paine [...]» (191)? Auch in dieser Hinsicht bleibt die *Vie* bis heute die einzige Quelle der Information. Die biographische Forschung hat seitdem nichts mehr dazu beitragen können. Das ist umso bedauerlicher, als der Verfasser der *Vie* seine Kenntnis einer Bekanntschaft zwischen Paine und Crèvecœur andeutet: «Crèvecœur l'avait beaucoup connu autrefois: peut-être l'avait-il vu plus intimement depuis ces dernières années. Mais ce n'est là qu'une simple présomption, dénuée de toutes preuves» (191). Allerdings gibt die *Vie* als das erste Datum bereits den 9. Dezember an. Paine kam erst Ende Dezember ins Gefängnis. Ein Druckfehler der *Vie* 1883?

3
Meine Übersetzung. Der Text lautet original:

Ouch hat man sydt in portigall
Und inn Hispanyen uberall
Golt/inslen funden/und nacket lüt
Von den man vor wust sagen nüt/[...].

Das Zitat folgt einer Reproduktion der Textstelle im Wolfenbütteler Katalog aus einem Druck von 1506 (44).

4
Dieses und das folgende Zitat (cf. Anm. 6), mit denen in der *Vie* 1883 die militärische Laufbahn Crèvecœurs erläutert werden, sind die Grundlage für alle Angaben, Vermutungen und Urteile der Fachkritik. Andere Quellen sind nicht bekannt. Aus diesem Grunde wurde hier auch darauf verzichtet, das spärliche Material paraphrasiert zu verkleiden, wie es Kritiker sonst häufiger getan haben. Man kann nur mutmaßen, welche Resultate Nachforschungen in Pariser Bibliotheken und Archiven bringen könnten. Die Stichproben von Rice 1933 allein förderten bereits die zuvor erwähnte Karte zutage.

5
Nachem Crèvecœur 1782 die Bekanntschaft von Sophie d'Houdetot gemacht hatte (er war 47, sie 52), entwickelte sich mit zunehmendem Alter zwischen ihnen eine feste Freundschaft. Die Gräfin wurde seine literarische Ratgeberin, kümmerte sich um seine Söhne, während er als Konsul in New York arbeitete, und war maßgeblich daran beteiligt, daß Crèvecœur und sein Buch *Cultivateur Américain* in Paris zu einem großen Erfolg wurden. Für das Verhältnis des franko-amerikanischen Autors zu Amerika und damit auch für diese Untersuchung, spielt sie indes keine Rolle. Soweit die französischen Texte Crèvecœurs berührt werden, soll der nicht unbeträchtlichte Einfluß der Gräfin noch zur Sprache kommen. Im übrigen waren die Gräfin und ihr Freundeskreis aber bereits Gegenstand zahlreicher Untersuchungen. Mit 18 hatte sie einen General geheiratet, unterhielt später berühmte Freundschaften mit Saint-Lambert und Rousseau (die Hauptfigur in *La Nouvelle Heloïse* trägt ihre Züge) und wurde schließlich in der Mitte ihres Lebens selbst zu einer prominenten Figur im vorrevolutionären Milieu der Pariser Philosophen, Wissenschaftler und Schriftsteller. Im Alter war Crèvecœur ihr Nachbar in Sarcelles bei Paris. Nach ihrem Tod Anfang 1813 kümmerte er sich sorgfältig um ihren Nachlaß, vor allem ihre Gedichte, bevor er Ende des Jahres selbst starb.

6
Der Redakteur der *Gazette de France* erweckt den mißverständlichen Eindruck, als sei Crèvecœur zugleich Pionier, i.e. *ingénieur*, und Offizier im Regiment der Saar gewesen. Solange Crèvecœur *dans le génie* war, war er nicht einmal Mitglied der französischen Streitkräfte. Vielmehr gehörte er seit 1755 zu den «Truppen der Kolonie», und damit zählte er zu den Kanadiern, die sich militärisch, juristisch und kulturell deutlich von den Franzosen unterschieden. Über die Beziehungen seines Vaters bekam er 1758 ein französisches Offizierspatent, doch konnte er diese Stelle kaum antreten, bevor die Ernennung nicht in Versailles abgezeichnet und (vielleicht durch Bougainville) nach Kanada expediert worden war. Das war erst 1759 der Fall (cf. *Lévis* 3:149). Als Oberleutnant im französischen Heer erwartete Crèvecœur nicht mehr der Zeichentisch, sondern unmittelbarer Einsatz im Gefecht. In der Notiz der *Gazette* überlagerte sich Crèvecœurs Arbeit als Kartograph mit seinem neuen Dienstgrad, der bereits mehrere Monate lang bekannt gewesen sein könnte. Im denkbar ungünstigsten Fall blieben Crèvecœur in Wirklichkeit aber nur wenige Monate oder sogar Wochen, um sich von seiner gewohnten Umgebung aus einheimischen Nordamerikanern auf das Mileu adeliger Franzosen umzustellen, dem er seit langem entfremdet war.

7
Sicher muß der Versuch, historische Ereignisse zu rekonstruieren, in einer spezialisierten literaturwissenschaftlichen Arbeit etwas waghalsig anmuten. Was den 13. September 1759

angeht, gibt es über die Schlacht von Québec jedoch umfangreiche und zahlreiche Literatur. Meine Rekonstruktion ist sowohl an historischen Augenzeugenberichten als auch an entsprechender Sekundärliteratur orientiert, vor allem den Äußerungen französischer Offiziere in der Sammlung *Lévis* und der detaillierten Darstellung von Lanctot, die sich auf eine große Zahl britischer und französischer Quellen stützt und sehr detaillierte Angaben macht. Allerdings geht es mir nur darum, den Sachverhalt in Bezug auf Crèvecœur darzustellen, so daß ich die komplexe Vielfalt historischer Details durchaus biographisch gefiltert habe. Auf diese Weise wird meine Rekonstruktion sicher von gewohnten Darstellungen, gerade aus der Sicht anglophoner Verfasser, etwas abweichen.

8

Chartier de Lotbinière ist nur insofern von Interesse, als er der erste Kronzeuge dafür war, mit dem Bourdin 1925 (q.v. *Sketches* 15n.) den Nachweis erbringen konnte, daß Crèvecœur 1759 in Québec war. Vierzig Jahre zuvor hatte der Verfasser der *Vie* 1883 diesen Brief zwar bereits gekannt, wohlweislich aber nicht zitiert (cf. 12n.). In diesem Brief, den Bourdin 1925 zitierte, schrieb Lotbinière 1790 an Nicolas Renaud d'Avène, besser bekannt als M. de Méloizes (wie auch die Adresse lautet), er habe in den USA die Tochter des berühmten St. *Jean* de Crèvecœur kennengelernt. Zu dieser Zeit, als Lotbinière und Méloizes Offiziere unter Montcalm waren, habe er ja eine eher unrühmliche Figur gemacht, denn die Kampagne von Québec sei doch wohl auf heftiges Betreiben der Leutnantsgrade des Saar-Regiments für ihn die letzte gewesen.

Vielleicht hatte der Autor der *Vie* mit seiner familiär verständlichen Zurückhaltung nicht einmal Unrecht, denn die beiden Franko-Kanadier Lotbinière und Méloizes stellen recht zwielichtige Zeugen dar. Beide waren tief in die Affäre um den korrupten Verwaltungschef von Québec verwickelt, und in dem folgenden Gerichtsverfahren 1763 bewahrte beide nur ihr Adelsprädikat vor langen Haftstrafen (cf. Lanctot 256-57). Während Crèvecœur als *ingénieur* bei den Pionieren bekanntermaßen Erfolg hatte, machte Lotbinière eine so schwache Figur, daß er sich den persönlichen Unwillen von Lévis zuzog, vor dem ihn nur sein Onkel, der kanadische Gouverneur, in Schutz nehmen konnte (*Lévis* 8:26).

Als Crèvecœur 1787 Lotbinière auf einem Schiff nach Amerika wiedersah, war der kanadische Adelige auf dem Weg nach New York, um dort Ansprüche auf eine *seigneurie* geltend zu machen, die ihm als Marquis im Süden von Kanada gehört hatte. Ebenfalls an Bord war ein 16 Jahre alter Amerikaner, Samuel Breck, der in seinem Reisetagebuch einige Bemerkungen macht über «a French Canadian marquis, whose name I have forgotten» (85). Dem interessierten Leser soll dieses unbekannte Kleinod nicht vorenthalten bleiben:

> The Canadian marquis had a seigniory in Canada, and was a man of some consequence there. He was a great economist, and to save paper wrote a copious account of our voyage on a single half sheet in a handwriting too small to be read without a magnifying glass; and to save washing (being an extravagant snuff-taker), he hung on the shrouds every night his filthy flag of abomination, which after being well rubbed next morning, was pocketed for the day's use (86).

Einmal abgesehen von der Vorliebe des Marquis für Schnupftabak und sein schreckenerregendes Tuch, wird man an der geübten kleinen Schrift unschwer den vormaligen Kollegen des Kartenzeichners Crèvecœur erkennen.

9

«Die Maske des Bauern», schreibt Schöpp mit Bezug auf die Vertreter der amerikanischen Revolution (190), «durch die hindurch der Autor spricht, erhöhte sein Wirkungspotential; denn gerade der Bauer verkörperte Werte und Ideen, um die es den Revolutionären vor allem zu tun war.» Damit bezieht sich Schöpp auf die zeittypischen Essays, in denen in mehr oder minder ausgeprägter Briefform ein «amerikanischer Landmann» die Bedeutung der kolonialen Landwirtschaft für das britische Mutterland hervorhob. Gleichzeitig wurden die Bauernbriefe für kritische Amerikaner ein Instrument politischer Emanzipation, was Schöpp besonders am Beispiel von Dickinsons *Pennnsylvania Farmer* deutlich macht, in dem die Denkart der späteren Unabhängigkeitserklärung bereits um 1766 vorgeprägt wurde («Let these *truths* be indelibly impressed on our minds — *that we cannot be* HAPPY, without being FREE», Zitat bei Schöpp 196).

Mit Crèvecœurs *American Farmer* erreichte nach Ansicht von Schöpp das Genre der Bauernbriefe seinen künstlerischen Höhepunkt (199). Schöpps Urteil kommt dabei umso mehr Gewicht zu, als er das Genre nicht nur zu definieren hilft, sondern einer gründlichen historischen Kritik unterzieht. Sein Aufsatz macht deutlich, daß Schlüsselwörter wie «industry», «virtue» und «liberty» im geistigen Klima der Kolonien bestimmend waren, als Crèvecœur an seinen Essays arbeitete. Die wichtigste Leistung sieht Schöpp allerdings in der eigentlich ästhetischen oder literarischen Eigenschaft des *American Farmer*: Crèvecœur hat seinen «impliziten Leser» so weit entaktualisiert (im genauen Gegensatz zur Tradition des Genres etwa bei John Dickinson oder Benjamin Franklin), daß er «entpragmatisiert», was er schildert: «Genau diese Entpragmatisierung aber ist es, die die Brieffolge mit Eigenschaften des Fiktionalen ausstattet; als Fiktivtext will sie rezipiert werden und bedient sich dazu entsprechender Strategien» (197). Um seinen Standpunkt noch stärker zu verdeutlichen, verfällt Schöpp allerdings in den Irrtum, «John de Crèvecœur» (Schöpps Schreibweise) tue alles, «um den Gedanken an eine Identität zwischen Autor und Schreiber erst gar nicht aufkommen zu lassen» (198). Das Gegenteil ist der Fall.

10

Kein Leser Crèvecœurs hat bisher darauf aufmerksam gemacht, daß in der Geschichte um den mittellosen Schotten Andrew und seine Familie in idealisierter Weise eine frühe amerikanische Variante der Leibeigenschaft beschrieben wird, für die die historischen Bezeichnungen ***indentured servitude*** und ***redemptioner system*** geläufig sind. Die Bezeichnung *redemptioner* läßt sich mit dem alten deutschen Ausdruck «Auslösling» übersetzen. Betroffen waren europäische Einwanderer, die ihre Überfahrt nicht bezahlen konnten und die Kosten dann in Amerika abdienten. Sie wurden im Zielhafen beim Kapitän ihres Schiffs gegen den Preis der Überfahrt von Käufern «ausgelöst». «Every day Englishmen, Dutchmen and High-German people from the city of Philadelphia [...],» beschrieb Gottlieb Mittelberger, ein deutscher Schullehrer, die Situation um die Mitte des 18. Jahrhunderts, «go on board the newly-arrived ships [...] and select among the healthy persons such as they deem suitable for their business, and bargain with them how long they will serve for their passage money [...]» (26). In einem Artikel über die Rolle dieses Systems für die deutsche Auswanderung auch zur Zeit Crèvecœurs hat Moltmann 1982 klargemacht, daß es sich bei den Verträgen zwischen Einwanderern und Dienstherren durchaus um reguläre Rechtsgeschäfte handelte, die nicht wie bei Sklaven über den Kopf des Betroffenen hinweg abgeschlossen wurden (31-32). Crèvecœurs skizzierte Erzählung über Andrew im Kapitel III seines *Farmer* beschreibt einen typischen Moment, wenn der Erzähler James, selbst ein wohlhabender Hofbesitzer, gemeinsam mit einem Freund unter den blassen Ankömmlingen Andrew «aussucht» und dann an einen weiteren Hofbesitzer «vermittelt». Tatsächlich bestand das Wesen des mit einem «Auslösling» geschlossenen Vertrags darin, daß er für eine festgelegte Frist seine persönlichen Freiheiten aufgeben mußte und so weder seine Arbeitsstelle noch seinen Arbeitgeber selbst wechseln konnte. Einige rechtliche Bestimmungen im kolonialen Amerika gaben ihm dabei noch einen gewissen Schutz. Tatsächlich war die Arbeit nicht selten aber von der denkbar schwersten Art: beispielsweise Holzfällen, Land roden oder Baumstümpfe auswurzeln. Die vereinbarten Fristen, in denen die Überfahrt abgedient wurde, beliefen sich durchweg auf mehrere Jahre. Durch eine Verfehlung konnte der Auslösling schnell in die Lage geraten, zusätzliche Jahre arbeiten zu müssen. Zudem wurde er auch ohne Einspruchsrecht weiterverkauft. Besonders schwer wogen die Regeln, nach denen Verwandte und Eheleute auch die zusätzliche «Schuld» von Angehörigen abzuarbeiten hatten, die bereits auf der Überfahrt gestorben waren.

Moltmann ruft die Tatsache ins Bewußtsein, daß ein Auslösling mit seinem Vertrag großes Glück haben konnte und dann nach Maßstäben behandelt wurde, die auch für Meister und Lehrjungen galten, oder daß er großes Unglück zu ertragen hatte, ganz danach, welche menschlichen Eigenschaften seinen amerikanischen Herren auszeichneten (32). Ein *redemptioner* konnte nach dem Ablauf seiner Dienstzeit mit einem gewissen Startkapital rechnen und sich durchaus auf die Weise wie Crèvecœurs Figur Andrew eine eigene Existenz aufbauen. Er trug kein soziales Stigma wie ein freigelassener Sklave. Zu bestimmten Zeiten produzierten die massiven europäischen und amerikanischen Kapitalinteressen hinter dem Menschenhandel einen solchen Überfluß an *redemptioners*, daß die Einwanderer bei ihrer Ankunft nur die schlechtesten Möglichkeiten geboten bekamen. Der extreme Grad der Ausbeutung brachte Organisationen zum Schutz der Einwanderer hervor, vor allem die *German Societies* (1764 in Philadelphia, 1784 in New York). Das System der Schuldversklavung von «ausgelösten» Einwanderern war unter Deutschen so verbreitet, daß zu Crèvecœurs Zeit allein fünfzig bis sechzig Prozent *aller* deutschen Einwanderer davon betroffen waren (Moltmann 32).

11

«It was Crèvecœur», hat Cutting 1976 in ihrer Bibliographie hervorgehoben, «who first brought together all the elements of the Bartram myth and gave it a literary form» (ix). John Bartram, geboren 1699, dessen Nachnamen Crèvecœur «Bertram» schrieb, war einer der herausragenden Naturwissenschaftler seiner Zeit. Als Botaniker der Kolonien für König Georg III. war er zugleich mit seinem Freund Benjamin Franklin einer der Gründer der *American Philosophical Society*. Auf seinen weiten Forschungsreisen in Nordamerika nahm er auch an einem Treffen von Häuptlingen der Sechs Nationen teil, das in Crèvecœurs *Pensylvanie* einen späten Widerhall gefunden hat, wo ein entsprechendes Indianertreffen am Beginn der Handlung steht. Bartram führte eine umfangreiche Korrespondenz mit europäischen Kollegen, die ihn, wie etwa die Schweden Peter Kalm und Karl von Linné, als bedeutenden Fachmann lobten. Das Gelände des Botanischen Gartens, der im *Farmer* beschrieben ist und für den Bartram berühmt wurde, ist heute ein Park.

Abgesehen davon, wie Crèvecœur sich selbst und sein Leben auf *Pine Hill* in die teils imaginative, teils fiktionale Welt seiner Essays einzuarbeiten verstand, bietet John Bartram das womöglich beste Beispiel dafür, wie der Autor des *Farmer* Menschen seiner eigenen Zeit in Figuren seiner Bücher verwandelte. Ähnliche Beispiele finden sich etwa in den Gestalten von Warner (bei Crèvecœur «Walter») Mifflin oder Nantuckets Sheriff und Arzt, Tupper. Crèvecœurs Verwendung von Typen wie Bartram stellt ein besonderes, noch kaum erforschtes Merkmal seiner Arbeitsweise dar, daß sich vom *Farmer* bis in die letzten Kapitel von *Pensylvanie* verfolgen läßt. Bartrams Leben verkörperte spezifisch amerikanische, aber auch allgemein aufklärerische Ideale seiner Zeit, die Crèvecœur in besonderem Maße teilte.

Im *Farmer* prägte Crèvecœur das Bild von Bartram als einer exemplarischen Existenz, einem Mann, der zuerst Quäker und Bauer war, bis ihn beim Pflügen der Anblick einer gewöhnlichen Blume auf dem Feld so «inspirierte», daß er sich von einem Pfarrer Latein beibringen ließ und als Autodidakt zu einem bedeutenden Wissenschaftler wurde. Obwohl ihn die Gemeinde der Quäker für seine eigenmächtige Unabhängigkeit zu verstoßen versuchte, besuchte er weiter den Gottesdienst, lebte auf seinem Hof nach den genügsamen Regeln seiner Religion und blieb ein entschlossener Gegner der noch überall verbreiteten und akzeptierten Sklaverei, der die Sklaven in seinem Haus emanzipierte und mit ihnen zu Tisch aß. Dieser Mythos ist für den Ruf Bartrams nicht weniger ausschlaggebend gewesen als seine wissenschaftlichen Leistungen, meinte Cutting 1976 und zitierte einen Kenner der historischen Materie mit der Bemerkung: «We have little source material that in any way contradicts the myth of the model citizen» (ix). Mit anderen Worten gelang es Crèvecœur im *Farmer*, eine literarische (und gegenüber dem realen Vorbild möglicherweise wenig historische) Figur «John Bertram» zu schaffen, die mit Erfolg ihr Vorbild überlagert hat. Als Crèvecœurs Buch 1782 erschien, war Bartram bereits seit fünf Jahren tot, obwohl diese Tatsache mit keinem Wort darin erwähnt wurde. Ob der franko-amerikanische Autor «the celebrated Pennsylvania botanist» selbst gekannt hat, muß als äußerst zweifelhaft gelten. Der Leser wird der Darstellung von «John Bertram» am ehesten gerecht, wenn er in der Figur abgelöst von Bartram eine Idealfassung des Erzählers James selbst erkennt.

12

«Mais il est un personnage qu'on cherche sans cesse, et que l'on retrouve toujours avec un nouveau plaisir, c'est l'auteur lui-même;» wiederholte Lacretelle in seinen *Œuvres diverses* 1802 die Bemerkungen über Crèvecœur, die fünfzehn Jahre zuvor als Einleitung der dreibändigen Ausgabe von *Cultivateur* erschienen waren, «c'est cet homme d'un charactère si simple, d'une ame si énergique, d'une vie si active» (3:478).

Lacretelle sah in den erzählenden Passagen von Crèvecœurs Buch nicht von vornherein eine autobiographische Verlängerung der übrigen, sehr dokumentarisch getönten Artikel über Geographie und Gesellschaft der Neuen Welt. Er stellte zwar einige Seiten zuvor fest (3:465), Amerika habe noch keine Dichter, entdeckte dann jedoch die literarische Komponente Crèvecœurs: «[...] il est le poète de l'Amérique, comme il en est l'historien» (3:474). Dabei übersah Lacretelle den autobiographischen Zug der erzählenden Kapitel keineswegs, machte darin aber nur ein besonderes Qualitätsmerkmal von Crèvecœurs Art zu schreiben aus. Häufig, schrieb Lacretelle (3:479), gebe Crèvecœur in seinen Erzählungen kaum verhüllt eigene Erlebnisse wieder und mißachte dabei die Konvention, als der Autor selbst im Text nicht zu deutlich sichtbar zu werden («l'art de se cacher dans ses recits») und bringe sich, mit einigem Vergnügen, als eigene Figur ein («l'envie de se montrer»).

Bereits Anfang der 80er Jahre, als Lacretelle in der Zeitschrift *Mercure* die ersten französisch geschriebenen Passagen von Crèvecœur vorstellte, sah er die eigenartigen Merkmale im Stil des franko-amerikanischen Autors als Vorzüge: «[...] il me semble que ce ton un peu étrange, plaira dans un ouvrage qui doit intéresser bien plus par la naiveté que par l'élégance» (*Cultivateur* 1:xxiii). Mit seinen zahlreichen ungewohnten Ausdrücken und Redensarten, Anglizismen und Altertümlichkeiten entsprach Crèvecœurs Französisch keineswegs den Maßstäben, die er bei seinen Pariser Freunden kennengelernt hatte. Aus dieser kleinen Gruppe von einem halben Dutzend Personen hatte er den Anstoß dazu erhalten, überhaupt mit der französischen Bearbeitung seines *Farmer* und der noch unveröffentlichten *Sketches* zu beginnen. Sophie d'Houdetot hatte ihn mit Lacretelle bekanntgemacht, der selbst erst vier Jahre zuvor nach Paris gekommen war und seitdem sowohl durch seine fortschrittlichen Denkschriften zu strafrechtlichen und rechtsphilosophischen Fragen wie durch seine Mitarbeit bei der Zeitschrift *Mercure de France* eine prominente Figur im literarisch führenden «Milieu» geworden war. Lacretelle machte von der Zeitschrift immer wieder Gebrauch, um das Interesse an Crèvecœurs *Cultivateur* zu wecken und wachzuhalten. Neben ihm gehörten auch Gui Jean Baptiste Target, ebenfalls ein Jurist, und Jean François de Saint-Lambert, ein bekannter Lyriker, zu dem engen Freundeskreis von d'Houdetot und Crèvecœur.

Als der franko-amerikanische Autor im Herbst 1783 seine Stelle als Konsul in New York anzutreten hatte, etwa vierzehn Monate vor Veröffentlichung seines französischen Buchs, betreute er Lacretelle damit, sich um das Manuskript zu kümmern. Ihm sollten Target und Saint-Lambert dabei helfen, *Cultivateur* für den Druck durchzusehen und mit dem Verlag Cuchet eine günstige Abmachung zu treffen. In diesem Fall scheinen viele (zugegeben: hochkarätige) Köche den Brei eher verdorben zu haben, denn abgesehen von den vielen Unregelmäßigkeiten, die das Buch bei seinem Erscheinen Ende 1784 auch inhaltlich kennzeichneten, steckte es voller Druckfehler.

Der Freundschaft zwischen Crèvecœur und Lacretelle tat dies offensichtlich keinen Abbruch, denn der New Yorker Konsul vermittelte seinem Lektor 1785 die Ehrenrechte, «freedom of the city», des Hochschulorts New Haven in Neuengland und ließ ihn in *Cultivateur* 1787 erneut mit einem langen Essay zu Wort kommen. Lacretelle bezeichnete darin den Inhalt des Buchs als bemerkenswerten Wechsel von Hell und Dunkel und merkte Vorzüge wie den authentischen Ton von Crèvecœurs Figuren, aber auch stilistische Mängel an. Dabei verkniff er sich nicht, den gemeinsamen Freund Saint-Lambert für die eigentlich ganz künstliche Amerika-Exotik seiner lyrischen Produktionen lobend hervorzuheben. Lacretelle nahm den von Crèvecœur geprägten Mythos auf, daß eine alte Westwanderung der Kultur in Amerika ihre Fortsetzung fände, und er bewunderte den Traum vom selbsterarbeiteten amerikanischen Lebensglück. Sein Loblied auf Amerika als das freiheitliche Land der Zukunft zeigte ihn zwar als typischen Leser Crèvecœurs, blieb aber doch insgesamt diffus.

Der jüngere Bruder von Lacretelle machte in den folgenden Jahren und Jahrzehnten eine aufsehenerregende Karriere als Autor von historischen Werken, aber auch als unverbesserlicher Royalist. Lacretelle selbst, der darin weniger mit seinem Bruder als mit Crèvecœur gemein hatte, blieb seinen aufgeklärten und liberalen Ansichten auch dann treu, als er dafür 1792 von seinem Abgeordnetenplatz in der gesetzgebenden Versammlung vertrieben wurde. Seine Reputation als Schriftsteller ließ ihn 1803 für LaHarpe in das *Institut de France* nachrücken. Als 1817 der Autor Benjamin Constant zusammen mit Freunden eine neue Zeitschrift gründete, *La Minerve Française*, suchte man Lacretelles Mitarbeit in der Redaktion. Noch 1820 handelte er sich als angesehenes Mitglied der Akademie für das Verlegen einer oppositionellen Zeitschrift einen Monat Gefängnis ein, der ihm nur auf königliche Anweisung erspart blieb.

13

Wie viele der von Crèvecœur verwendeten Charaktere ist auch seine Figur «Walter Mifflin» einem realen Vorbild nachempfunden, einem bekannten Gegner der Sklaverei, dem Quäker Warner Mifflin (1745-1798), der im heutigen Stadtgebiet von Philadelphia lebte. Mifflin hatte als Sohn eines Plantagenbesitzers und Sklavenhalters aus Virginia beschlossen, selbst nie mehr Sklaven zu halten. Er wurde bekannt, als er 1774-75 seine Sklaven freiließ und ihnen auch den Lohn für die Jahre nachzahlte, die sie bei ihm gearbeitet hatten. Crèvecœur verarbeitete dies zu einer der besonders populären Erzählungen in *Cultivateur.*

Rund 15 Jahre nach Crèvecœur hat Johann Gottfried Herder in «Der Geburtstag», einem seiner Gedichte mit amerikanischen Motiven, die Mifflin-Geschichte in Verse gesetzt. Wie die verschiedenen anekdotischen Erzählungen über Mifflin in der deutschen Literatur fortgewirkt haben, hat bereits Shelley 1938 ausführlich erläutert. Der Erfolgsautor Friedrich August Kotzebue veröffentlichte 1812 ein Theaterstück mit dem Titel *Die Quäker*, in dem dargestellt wurde, wie der streng pazifistische Mifflin im amerikanischen Unabhängigkeitskrieg unbewaffnet und ohne Passierscheine eine Delegation durch die Frontlinien führte, um den Briten-General Howe zu bitten, er möge anerkennen, daß die Quäker nicht zu den Waffen griffen. Diese Episode, für die der historische Warner Mifflin 1777 unter vielen Landsleuten Ansehen gewonnen hatte, war von Crèvecœur ebenfalls in *Cultivateur* verarbeitet worden. Übrigens wurden sowohl Herders Gedicht wie Kotzebues Stück im 19. Jahrhundert wiederum ins Englische übersetzt.

Warner Mifflin setzte sich engagiert und mit Nachdruck für seine politischen Überzeugungen ein. In den 1790er Jahren verlegte er selbst mit Erfolg in Philadelphia seine eigenen Aufsätze gegen die Sklaverei und die Anfeindungen seiner Gegner. Ein Leser Crèvecœurs, Ferdinand Marie Bayard, besuchte Mifflin 1791 und zog einen positiven Vergleich zwischen der mittlerweile in Frankreich durch *Cultivateur* populären Figur Crèvecœurs und ihrem realen Vorbild. Bayard (1763-1818), selbst wie Crèvecœur anfänglich als Techniker beim Militär, gab seine lebhafte Schilderung Mifflins in einem Reisebericht wieder, *Voyage dans l'intérieur des États-Unis* (zuerst 1797). Mit diesem Buch, das durch *Cultivateur* angeregt worden war, hatte Bayard Erfolg, wurde bald nachgedruckt und begann eine Laufbahn als Schriftsteller. Mifflin starb 1798 zu einem Zeitpunkt, als ihn eine Neuauflage von Bayards Buch in Paris noch bekannter machte.

14
Meine Schreibweise der Kapitelüberschrift weicht von der sonst im Text für die ersten beiden *Cultivateur*-Bände verwendeten Ausgabe 1784 ab und gebraucht die Form, die in der Ausgabe 1787 wiedergegeben ist.

15
Meine Schreibweise behandelt den von Larson 1978 geprägten Ausdruck «Crèvecœur's War Sketches» wie den Titel einer selbständigen Veröffentlichung. Bisher liegt keine gesonderte Veröffentlichung der *War Sketches* vor, sie stellen meiner Ansicht nach aber einen eigenen Abschnitt in Crèvecœurs Werk dar, dessen Charakter die hervorgehobene Schreibweise rechtfertigt.

16
«Walöl», das zentrale Produkt der Industrie, wird sonst üblicherweise als *Tran* bezeichnet. Die fette Flüssigkeit, zu Crèvecœurs Zeit weithin als Leuchtmaterial in Gebrauch, wird regelrecht aus dem Speck der geschlachteten Wale gekocht. Dabei ist das Öl um so heller, je besser seine Qualität ist, und das Öl der Händler von Nantucket stand in dem Ruf, besonders klares und rauchloses Licht zu geben.

Die Kolonie der Quäker auf Nantucket hatte 1690 einen erfahrenen Walfänger als Ausbilder eingestellt und damit begonnen, eine eigene Fangkapazität aufzubauen, zunächst für den Walfang durch kleine Boote unmittelbar vom Ufer aus. Im Lauf des 18. Jahrhunderts schoben sich die Amerikaner im internationalen Walfang, der zunächst noch durch die Niederländer dominiert wurde, langsam nach vorne, vorbei an Spaniern, Franzosen und Briten. «The period from 1750 to 1784» schrieb Starbuck 1878, «was the most eventful era to the whale fishery that it has ever passed through» (36). Unterstützt durch die starke Entwicklung des amerikanischen Schiffbaus gab es bald eine wachsende Flotte von Walfängern, die von Häfen wie New Bedford, Williamsburg, Long Island und Rhode Island aus operierten. Das Schwergewicht des amerikanischen Walfangs lag jedoch auf Nantucket (78 Schiffe

1762, 125 Schiffe 1770), während im Vergleich dazu die Nachbarinsel Martha's Vineyard nur ein kleiner Walfanghafen blieb. In den Jahren nach dem Siebenjährigen Krieg wurden die Quäker-Walfänger zur Vormacht einer Industrie, in der laufend verbesserte Technik, hohe Investitionen und ständig ausgeweitete Fanggründe den Ausschlag für steile Gewinne gaben. Mit ihrem Öl von Pottwalen brachten die Amerikaner ein gefragtes Produkt auf den europäischen Markt, für das sie fast ein Monopol besaßen, hatten sie doch systematisch Daten über das Vorkommen der Wale gesammelt, die ihnen gerade in fernen, bisher verschonten Gebieten wie dem Südatlantik Fangfahrten ermöglichten, die mehrere Jahre in Anspruch nehmen konnten. Technisch war dies seit den 60er Jahren durch besondere Öfen auf den Fangschiffen machbar geworden, mit denen sich die Wale direkt auf See zu Öl verarbeiten ließen, das dann in Fässern gelagert wurde. Im Durchschnitt erbrachte eine Fahrt 150 Faß Öl, wobei *sperm oil*, das Spitzenprodukt von Nantucket, mit bis zu 60 Pfund Sterling je Faß bezahlt wurde. Als das Londoner Parlament Anfang der 70er Jahre Gesetze zum wirtschaftlichen Nachteil der Amerikaner erließ, erhielt Nantucket noch vorübergehend Erleichterungen. Doch der einsetzende Wirtschaftskrieg führte bald zu einer verhärteten Lage, in der die Kolonien Gesetze dagegen erließen, daß britische Schiffe in amerikanischen Häfen Nachschub und Proviant erhielten. Die Engländer verloren allein durch die Behinderung des Walfangs schließlich rund eine halbe Million Pfund Sterling an Einnahmen.

Etwa die Hälfte der gesamten nordamerikanischen Walfangindustrie war 1774-75 auf Nantucket konzentriert, von wo aus rund 150 von 360 Schiffen operierten. Addiert man die Tonnage, so hatte die Quäker-Insel ein für die Zeit enormes Potential von 15 000 Schiffstonnen aufgebaut. Der Unabhängigkeitskrieg zerstörte die amerikanischen Fangkapazitäten fast vollständig, und danach gelang es den Briten, genügend Kapital aufzubringen, um mit angeworbenen Nantucket-Amerikanern selbst die Führung im südatlantischen Walfang zu übernehmen (44 Schiffe 1790, 95 Schiffe 1794).

Eine andere Gruppe von Quäker-Walfängern ging auf Einladung der Regierung Ludwigs XVI. ins französische Dünkirchen und legte dort nach bewährtem Muster einen Walfanghafen an, von dem aus schließlich rund zwei Dutzend Schiffe in Betrieb gehalten wurden. Weil Crèvecœurs Essays die Quäker aus Nantucket überall bekannt und beliebt gemacht hatten, wurde diesen Amerikanern unter Leitung von William Rotch in Frankreich ein freundlicher Empfang bereitet. Als sie 1791 bei der revolutionären Nationalversammlung für ihr Unternehmen in Dünkirchen vorsprachen, erkannte man nicht nur ihre Anwerbung durch Ludwig XVI. als rechtmäßig an, sondern setzte auch die vor der Revolution vereinbarte Walfangförderung aus Staatsmitteln fort, bei der für jedes eingebrachte Faß Öl eine Zusatzprämie von 30 *livres* gezahlt wurde, etwas mehr als zwei Pfund Sterling. Obwohl sich ihre Heimat bald von den Kriegsfolgen erholte und die Nantucket-Amerikaner nicht für immer in Frankreich und Großbritannien blieben, wurde die Insel erst im Verlauf des 19. Jahrhunderts wieder zu dem bedeutenden Walfangzentrum, das in Romanen wie *The Narrative of Arthur Gordon Pym* 1838 von Poe oder *Moby-Dick* 1851 von Melville dargestellt wurde. Die meisten der historischen Themen, die in dieser Anmerkung gestreift wurden, hat Starbuck 1878 umfassend behandelt, seitdem haben aber eine ganze Reihe neuerer Studien einzelne Aspekte vertieft, beispielsweise den Wettbewerb zwischen Briten, Amerikanern und Franzosen um die Fanggründe im Südatlantik, den Stackpole 1972 in einer enzyklopädischen Monographie untersucht hat. Was Nantucket selbst betrifft, so verlor die Insel im 19. Jahrhundert sowohl ihre besondere Quäker-Kultur wie ihre wirtschaftliche Stellung. Später wurde Nantucket ein Ferienort und stellt mit seinem historischen Stadtbild, den weiten Sandstränden und einem geräumigen Hafen bis heute ein berühmtes Ausflugsziel dar.

17

Auf eine theoretische Diskussion der utopischen Tradition wird hier wohlweislich ver-

verzichtet, gehören doch Utopie, Staatsroman und, ohnehin, die Reiseliteratur zu den am gründlichsten bearbeiteten Gebieten der Forschung, wie der von Piechotta herausgegebene Band stellvertretend zeigt. *Utopia* von Thomas Morus wird genannt, um gegenüber Crèvecœurs Text das klassische Muster einer typischen Utopie in Erinnerung zu bringen. In seinem lateinisch geschriebenen Buch verband der englische Autor Anfang des 16. Jahrhunderts Merkmale philosophischer Sachprosa mit denen der Erzählung und gebrauchte Amerika als den Ort einer besseren Gegenwelt zu Europa, in der Korruption, Unterdrückung und Unehrlichkeit keinen Platz finden. Als *Utopia* erschien, war die Bezeichnung «Amerika» allerdings noch nicht allgemein geläufig, und bei Morus findet sich nur «Neue Welt». In der ersten Hälfte des Buchs werden in einer langen, lebhaften Unterhaltung die Mißstände der Alten Welt angesprochen. In der zweiten Hälfte berichtet ein Reisender dann von seinem Aufenthalt auf einer idealen amerikanischen Insel. Die Gesellschaft lebt dort in einem Gemeinwesen ohne Fürst und Adel, in dem weitreichende Gleichberechtigung gilt, nicht zuletzt für die Frauen. Eine gute allgemeine Ausbildung, handfeste Arbeit und ein strenges Verantwortungsbewußtsein der Bürger untereinander prägen das Leben der Menschen. Mode gilt als überflüssig, und äußere Schlichtheit der Erscheinung ist die Norm. Alle teilen die gleichen frommen Grundüberzeugungen, die sich nicht zuletzt in Sittenstrenge und einer ausgeprägten Monogamie der Beziehungen niederschlagen.

Utopia macht das angesprochene Muster besser deutlich als gattungsgeschichtliche Definitionen und begriffshistorische Erklärungsversuche, über die Koselleck 1982 in anderem Zusammenhang bemerkt, sie kämen schwerlich zur Deckung (25). Die Verzeitlichung der Utopie, die Koselleck erläutert, geschah erst zu Crèvecœurs Zeit, in den 70er Jahren des 18. Jahrhunderts.

18

Der Autor selbst hatte, vielleicht schon seit seiner Schulzeit bei den Jesuiten, für Glaubensdinge wenig Sinn, was er hinter einer wohlwollenden Anteilnahme für diverse Glaubensbekenntnisse verbarg, die er, selbst eher unchristlich aufgeklärt, am liebsten friedlich konkurrieren sah. In den Nantucket-Essays stellt der Erzähler angenehm berührt fest, daß die institutionalisierte Kirche im System der Insel so gut wie keinen Platz gefunden zu haben scheint:

> There are but two congregations in this town. They assemble every Sunday in meeting houses as simple as the dwelling of the people; and there is but one priest on the whole island. What would a good Portuguese observe? — But one single priest to instruct a whole island, and to direct their consciences! It is even so; each individual knows how to guide his own, and is content to do it, as well as he can (143).

Wenn jeder sich selbständig um sein Seelenheil kümmern darf, ist das ganz im Sinn der Beschreibung des idealen Gemeinwesens, dessen Quäker, wie der Erzähler gleich hinzufügt, ganz ohne Priester auskommen, während die Presbyterianer noch einen Mann ihrer Kirche auf der Insel beschäftigen.

Crèvecœur meint mit dem «guten Portugiesen» den Katholizismus, wie er ihm vermutlich 1755 als jungem Mann in Lissabon auf dem letzten europäischen Halt seiner Fahrt nach Nordamerika in Erinnerung blieb. Obwohl die frankophone Bevölkerung Kanadas den Katholizismus auch in der Neuen Welt vertrat, spielte die römische Glaubensrichtung in Amerika insgesamt eine so untergeordnete Rolle, daß ihn «St. John» später als Amerikaner als durchaus fremd zu empfinden vorgeben konnte. Doch als er nach seiner Ankunft in Frankreich 1781 damit begann, *Cultivateur* zu schreiben, hatten ihn im Königreich Seiner Allerchristlichen Majestät die Zustände der Alten Welt wieder: «Il n'y a à Nantucket qu'un seul prêtre pour instruire tant d'hommes, pour diriger, pour conduire tant de consciences?» (2:175-76). Im katholischen Frankreich bleibt für den Erzähler bloß der nichtssagende Hinweis «un bon P.»

19
Die Insel Nantucket liegt an der Küste von Massachussetts vierzig Kilometer südlich von Cape Cod im Atlantik auf 41 Grad 16 Minuten nördlicher Breite und 70 Grad 3 Minuten westlicher Länge oder mit anderen Worten, weit südlich von Boston, von den Bermudainseln ganz zu schweigen. Eine historisch akkurate Formulierung mit vergleichbaren Angaben bietet Crèvecœurs Zeitgenosse Ebeling in seinem Handbuch (1:367).

20
Es handelt sich um einen Beitrag, der nie in der Forschung bekannt wurde. Im elften Jahrbuch der Historischen Gesellschaft von Nantucket ist das Referat eines anonymen Verfassers festgehalten (s. *Nantucket Historical Society*), der auf dem Treffen vom 18. Juli 1905 über die Essays im *American Farmer* sprach, in denen die Insel geschildert wird. Anlaß dafür gab die erste Neuausgabe des *Farmer* seit dem 18. Jahrhundert, die im Vorjahr in New York erschienen war. Ausgehend davon, daß zuvor bereits einheimische Zweifel an den Essays existierten, wird die Frage diskutiert, ob der franko-amerikanische Autor Nantucket selbst gekannt hat. Auffällig sei, daß abgesehen von dem Buch selbst nichts in den bekannten historischen Unterlagen auf einen Besuch Crèvecœurs hinweise: «It does indeed seem strange that a man of such parts should have come and gone leaving no record in local traditions as to his visit, and Nantucketers of those days were in the habit of keeping careful diaries» (41). Der Verfasser schlägt jedoch vor, St. John könne unter einem anderen Namen gereist sein und gibt das Jahr 1777 als wahrscheinliches Datum an, ohne dies näher zu erläutern (42). Allerdings spreche die bizarre Opium-Episode gegen eine solche Annahme. Sanford, ein bekannter Amerikanist, der selbst über Crèvecœur arbeitete, soll im Exemplar des *Farmer* in der Bibliothek des *Nantucket Atheneum* notiert haben: «It was only an old man's whim, and none other on the island» (43). Etwas abrupt kommt der Verfasser zu dem Schluß, Crèvecœur sei ohne Zweifel auf der Insel gewesen, und sein Name werde den Einwohnern auch in Zukunft angenehm in Erinnerung bleiben. — [Ohne die Hilfe von Patricia Oster in Cambridge, Mass., wäre mir dieser entlegene Beitrag von der Bundesrepublik aus nicht zugänglich gewesen (D.E.).]

21
Der Bericht einer amerikanischen Germanistin macht deutlich, daß die Inseln vor Massachussetts bis heute eine Eigenart aufweisen, die offensichtlich anregend auf das literarische Gemüt wirkt. Sigrid Bauschinger zufolge bleibt Martha's Vineyard auch 1982 eine «ideale Insel», Wohnort für zahlreiche Künstler, Politiker und Schriftsteller: «Kein Wunder, daß es eine Buchhandlung gibt, um die manche Großstadt die Insel beneiden könnte, und ein ganz exquisites Antiquariat. Die wundervolle ‹Vineyard Gazette›, die vornehme Inselzeitung, berichtet an erster Stelle von der Besetzung eines New Yorker Cheflektorenpostens als Nachricht von nationaler Bedeutung.»

22
Angenommen, Crèvecœur hat die von ihm so geschickt verarbeiteten Fakten tatsächlich von einem «angesehenen Mann» der Insel in New York erfahren, dann steckt vermutlich Benjamin Tupper dahinter, von dem Guba und die Bibliothek des *Nantucket Atheneum* annehmen, daß er Crèvecœur die Episode vom Opium-Essen auf Nantucket erzählt hat. Tup-

per war ein Mann, der auf Nantucket für seine pro-britische Einstellung im Unabhängigkeitskrieg bekannt war und folglich als «Tory» galt. Er war einer der beiden Ärzte, die in den 1770er Jahren auf der Insel arbeiteten, und für einige Zeit Sheriff. Im *Farmer* erwähnt der Erzähler einen prominenten Bürger der Insel, Arzt und Sheriff, der ihm über das Opium-Essen berichtet, gibt ihm aber keinen Namen (155). Wenn Crèvecœur in New York, wo er sich gern zu Besuchen aufhielt, wirklich Tupper für längere Zeit gesehen hat, geschah dies aller Wahrscheinlichkeit nach, bevor die Briten die Stadt 1776 besetzten. So wird verständlich, warum Crèvecœur im *Farmer* 1782 zahlreiche Angaben machte, die zu dieser Zeit bereits rund zehn Jahre alt und gründlich überholt waren (cf. 132). Es bleibt aber ungeklärt, wie Crèvecœur an Daten gelangte, die beispielsweise den 1777 abgeschlossenen Bau des Landhauses von Keziah Coffin und ihrem Mann betrafen.

23
Obwohl Senator Monroe als frankophil galt und zu den Freunden von Thomas Jefferson gehörte, sprach er selbst doch kein Französisch und bekam den Posten in Paris 1794 wohl unter anderem deshalb, weil er sich als ein Gegner des US-Präsidenten Washington hervorgetan hatte. Ähnlich wie Jefferson war er in Amerika für die demokratischen Ideale eingetreten, die er durch die konservativen Vertreter einer stärkeren Bundesgewalt bedroht sah. Monroe sah nach seiner Ankunft in Paris Mitte August häufig Crèvecœur und den französischen Diplomaten Otto. Otto war mit Crèvecœurs amerikanischer Tochter Fanny verheiratet, die seit längerem mit Monroes Frau befreundet war. Da auch Monroes Sekretär kein Französisch konnte, war es dem Botschafter mehr als angenehm, daß Crèvecœur sich ihm zur Verfügung stellte. Nach Darstellung von Crèvecœurs erstem Biographen in der *Vie* 1883 kümmerte sich der Autor des *American Farmer* um zahlreiche Angelegenheiten Monroes, etwa darum, ein passendes Landhaus zu finden. James Monroe, geboren 1758, war damals 36 Jahre alt, Crèvecœur dagegen bereits 59. Am stärksten symbolisch wirkt es, wie Crèvecœur für die Botschaft die Herstellung und Beschaffenheit amerikanischer Nationalfahnen und Stander (für Monroes Wagen) beaufsichtigte. Das wichtigste Stück darunter war eine amerikanische Flagge, die auf Beschluß der revolutionären Nationalversammlung im Sitzungssaal zusammen mit der Trikolore aufgepflanzt wurde, um die Allianz der Französischen Republik mit den republikanischen Amerikanern darzustellen. «Sie ist wunderbar geraten», meinte Crèvecœur seinem Biographen zufolge (200), «vierzehn mal sieben Fuß, dazu fünfzehn leuchtende, stolze Sterne, und ganz aus Seide!»

Etwa einen Monat später hatten sich seine Hoffnungen zerschlagen, mit Hilfe von Monroe eine Möglichkeit zur Ausreise in die Vereinigten Staaten zu erlangen. Trotz seiner regulären Einbürgerung 1765 in der alten Provinz New York scheint Monroe den frankoamerikanischen Autor eher zu einer für Paris typischen Gruppe gerechnet zu haben, «les pseudo-Américains, et il y en avait beaucoup alors, les citoyens honoraires des Etats-Unis» (*Vie* 187).

24
Als Autor eines zweisprachigen Werks macht Crèvecœur es seinen Kritikern besonders schwer, ihn national einzuordnen. Tatsächlich war Crèvecœur in erster Linie Amerikaner, denn nach übereinstimmender Meinung wissenschaftlicher Kritiker zeigen ihn seine englisch geschriebenen Texte als einen besseren Autor als seine französischen Texte. Im Französischen standen Crèvecœur weder die Idiomatik noch das Vokabular zur Verfügung, mit der seine Figur James im *Farmer* das Bild vom eigenen Land zeichnet. Man muß sich vergegenwärtigen, daß Crèvecœur wahrscheinlich bereits 1754 seine normannische Heimat verlassen hatte und erst 1781 vorübergehend dorthin zurückkehrte. Es steht fest, daß er große Mühe

damit hatte, Französisch wieder aktiv zu beherrschen. Wie an anderer Stelle zitiert, hat gerade auch Lacretelle auf die spezifischen Schwierigkeiten des Autors beim Schreiben von *Cultivateur* hingewiesen. Als Autor hatte Crèvecœur seine ganze Entwicklung von ersten Notizen und Versuchen bis zur Veröffentlichung seiner Essays 1782 in einer anglophonen Umgebung durchgemacht. Obwohl seinen englischen Texten bisweilen anzumerken ist, daß er kein *native speaker* war, zeigen sie nicht die Probleme mit der eigenen Schreibfähigkeit, die *Cultivateur* sichtbar werden läßt. Erst mit *Pensylvanie* scheint er später wieder sicheren Boden unter den Füßen gewonnen zu haben. Natürlich kann das sprachliche Moment nur einer der Faktoren dafür sein, Crèvecœur als einen Amerikaner einzuordnen. Auch die Erzählperspektive in seinen Werken ist nie die eines Ausländers, schon gar nicht die eines Franzosen. Man muß davon ausgehen, daß die Entfremdung von Frankreich für Crèvecœur in mehrfacher Hinsicht ein irreversibler Prozeß gewesen ist.

25
Im Sinn der komparatistischen Imagologie läßt sich an dieser Stelle provokativ die Frage stellen, ob Crèvecœur nicht ein Beispiel dafür ist, daß es in gewisser Hinsicht immer Ausländer gewesen sind, die es besonders gut verstanden haben, das *image* einer fremden Nation zu prägen und oft zum *mirage* zu verklären. Der etwas aufwendig gemünzte Terminus Imagologie (keine Verbindung zum «Imago» der Psychoanalyse) soll nur das verzeichnen, was nach Rüdiger ein traditionelles Thema der Vergleichenden Literaturwissenschaft ist: das «Bild» einer Nation im Spiegel der Literatur einer anderen Nation zu untersuchen (11). Boerner hat dazu eine neuere Definition gegeben: «The fundamental feature of a national image is that it reflects how a nation as a whole, or at least how representative parts of that nation, are viewed by other nations, or by influential segments of them» (365). Tatsächlich hat es aber so gut wie keine Versuche gegeben, Crèvecœur unter imagologischen Aspekten zu behandeln, obwohl beispielsweise Rice in engem Kontakt zu den französischen Vorbereitern der Imagologie stand und Echeverria unter dem sprechenden Titel *Mirage in the West* das Bild Amerikas im Frankreich zur Zeit Crèvecœurs behandelt hat. Weder Rice noch Echeverria sehen Crèvecœur als fremden Beobachter. Wer sich näher mit Crèvecœur auseinandersetzt, erkennt, daß er weniger mit Autoren wie Madame de Staël oder Alexis de Tocqueville gemeinsam hat, als zunächst angenommen werden könnte. Während Madame de Staël noch zu Lebzeiten Crèvecœurs ihr Buch über Deutschland veröffentlichte und darin ein neues, romantisches Nachbarland «erfand», prägte Tocqueville ein halbes Jahrhundert nach dem *Farmer* ein Amerikabild, das sich in politischer und kultureller Hinsicht als zukunftsweisend erwies. Im Gegensatz zu de Staëls Buch über Deutschland sind Crèvecœurs Amerika-Bücher die häufig idealisierte Darstellung des eigenen Landes durch einen seiner Bürger, der sich in maßgeblicher Weise der Landessprache bedient. Und auch *Cultivateur* und *Pensylvanie* sind weit von der Blickweise eines europäischen Beobachters in Amerika entfernt, die Tocqueville an den Tag legt. Wie ich zu zeigen versuche, handelt es sich bei Crèvecœurs «Berichten» häufig um getarnte erzählerische Fiktionen. Seine «europäischen Beobachter», Figuren wie Iwan oder Herman, bleiben marginale Erscheinungen.

26
Der Hinweis auf Mercier stützt sich in erster Linie auf Überlegungen, die Koselleck 1982 zur Verzeitlichung der Utopie angestellt hat. Louis-Sébastien Mercier (1740-1814) war ein beinahe gleichaltriger Zeitgenosse Crèvecœurs. Sein Roman *L'An 2440* war die erste Utopie in Form des Zukunftsromans. Mercier antizipierte darin 1770 ein aufgeklärtes Frankreich freier Bürger ohne Monarchie und Adel. Als er für sein erfolgreiches Buch nach 1789 reklamierte, er sei der wahre Prophet der Französischen Revolution gewesen, übersah er nach Kosellecks Einschätzung, was die Revolution zutage förderte, ohne daß er es bemerkt hätte:

die terroristischen Implikationen seiner tugendsamen Wünsche (26). Unabhängig von Rousseau hat Crèvecœur das ambivalente Ideal der *perfectibilité* geteilt, das Rousseau-Adepten wie Mercier optimistisch umdeuteten. Auch für Crèvecœurs Amerika scheint zu gelten, daß die Idee von der Vervollkommnung der menschlichen Gesellschaft die negativen Implikationen verloren hat, die Rousseau noch bedacht zu haben scheint (25).

27
Man kann davon ausgehen, daß Crèvecœur wie Schöpf unter einem Dichter einen lyrischen Autor verstand. Joel Barlow war beispielsweise ein «amerikanischer Dichter» nach dem Geschmack der Zeit. Barlow war Mitglied der gebildeten «Connecticut Wits» (einer frühen Gruppe amerikanischer Literaten von der Universität Yale) und veröffentlichte 1787 *The Vision of Columbus*, ein Gedicht von 4700 Versen, das in klassizistischer Manier die Regeln des englischen Dichters Pope zum Vorbild nahm, um die USA patriotisch zu glorifizieren. In einem Essay über die Zunahme amerikanischer Errungenschaften auf kulturellem Gebiet wies Crèvecœur mit einem seiner typischen Anglizismen («Columbus» statt «Colomb») in *Cultivateur* 1787 ausdrücklich auf Barlows «Vision de Columbus» hin (3:512n.).

Barlow, ein ehemaliger Militärgeistlicher, kam als geschickter Geschäftsmann nach 1787 für Jahre nach Europa, um Käufer für Grund und Boden in der Neuen Welt zu finden. So war er beispielsweise für eine Gesellschaft tätig, die Land am Ohio verkaufte, wo Bedingungen herrschten, an denen zahlreiche Auswanderer (darunter viele Franzosen) schließlich bitter scheiterten. Agenten wie Barlow hatten bei ihnen falsche Vorstellungen geweckt. Als Werbeschrift diente dafür ein Essay, veröffentlicht in *Cultivateur* 1787, in dem Crèvecœur das Ohio-Gebiet als den Inbegriff für zukunftsträchtiges Land in Amerika ausmalte. Wahrscheinlich beruhte seine eigene Kenntnis des Gebiets auf einer Ohio-Expedition, die bereits 20 Jahre zurücklag. Im Paris der Revolutionszeit hatte Crèvecœur häufig Umgang mit Barlow, der für ihn oft Briefe nach Hamburg brachte, wo Crèvecœurs Sohn Ally arbeitete. Als Barlow 1811 als Botschafter der Vereinigten Staaten nach Frankreich zurückkehrte, fand er in dem 76jährigen Crèvecœur einen unvermindert wißbegierigen und alten Freund.

28
Crèvecœurs Urteil über die deutschen Siedler in Pennsylvanien im *Farmer* und seine Erzählung «La femme allemande» in *Cultivateur* 1787 geben Anlaß zu der Vermutung, daß ihm die Deutsch-Amerikaner gut vertraut waren. In Pennsylvanien lag der mutmaßliche Anteil der deutschen Bevölkerungsgruppe zu Crèvecœurs Zeit bei mehr als 200000 Menschen. Sein Hinweis, «Stofler» sei geläufig als «Abbréviation allemande du nom de Christophe» (*Cultivateur* 3:41, n. 2), läßt indes Zweifel an der Akkuratesse seiner Sprachkenntnisse aufkommen. Die Tatsache, daß Crèvecœur (ganz ähnlich übrigens wie später Alexis de Tocqueville) im Alter eine starke Affinität zu Deutschland entwickelte, erlaubt allerdings den Schluß, daß er mit der deutschen Sprache und ihren Trägern in Amerika schon früh gute Erfahrungen gemacht hatte.

29
In glattem Gegensatz zu dem Rezensenten der Zeitschrift *Allgemeine deutsche Bibliothek* hatte Schreiter in seinem «Vorbericht» zur Übersetzung des *Farmer* geschrieben, es sei «sicher keine nachteilige Empfehlung», daß der franko-amerikanische Autor «wirklich das seyn soll, wofür er sich ausgiebt, — ein an Ort und Stelle lebender amerikanischer Guthsbesitzer». Das deutsche Publikum war an feudalistische Maßstäbe gewohnt und hatte keinen Begriff davon, was ein amerikanischer *freeholder* war. Man konnte sich nur einen quasiadeligen Gutsbesitzer darunter vorstellen, und Schreiter wußte genau, daß seine Leser einen

regelrechten «amerikanischen Landmann» nur schwer als Buchautor akzeptieren konnten. «Überraschen muß es hierbey», bemühte er sich, Crèvecœurs literarische Qualitäten herauszustreichen, «sogar Sprache und Ausdruck, Dinge in Ansehung welcher man einem Schriftsteller dieser Art das Wenigste zutrauen wird, in diesen Briefen von einer solchen Beschaffenheit zu finden, daß selbst ein Schriftsteller vom Handwerk es schwerlich besser gemacht haben könnte» (v). Dies ist eine bemerkenswert frühe Äußerung, vielleicht die erste in Europa, in der Crèvecœur nach seinem Stil und seiner Ausdrucksfähigkeit als ernstzunehmender Autor eingestuft wurde.

30
«Die Frucht am Baume», wie Herder den gequälten Schwarzen in seinem Gedicht-Titel unfreiwillig schaurig nennt, ist dicht von großen Vögeln umgeben, die ihr Opfer wohl bei lebendigem Leib fressen. Dabei wird man an Crèvecœurs alte Frucht vor Kannibalismus erinnert. In Crèvecœurs Vorlage für Herder ist als Ort die Umgebung von Charleston, South Carolina, angedeutet. Als der Erzähler einen Schuß abfeuert, geben die Vögel ihr Opfer mit einem dramatischen Effekt frei. Auch ihre Beschreibung als groß und räuberisch in Verbindung mit ihrer animalischen Hemmungslosigkeit (dem Opfer sind beide Augen ausgehackt), läßt sie wie Kreationen aus der Phantasie des Autors erscheinen, dem hier der Umgang mit besonders intensiven stilistischen Mitteln gelingt. Doch unter Umständen war Crèvecœur realistischer, als es die zahlreichen Kritiker dieser Szene anzunehmen bereit waren. Grund genug für diese Annahme gibt der kurze Absatz, den Schöpf 1788 schrieb: «Nirgends findet man die Buzzards in so großer Anzahl als in und um die Stadt Charleston. Da sie sich blos von Aesern nähren, so wird ihnen kein Leid zugefüget; sie verzehren, was man zu faul ist wegzuschaffen». Wie zur Verdeutlichung fügt Schöpf an, man bilde sich in South Carolina ein, «daß ihr feiner Geruch sie schon die künftige Leiche wittern lasse» (2:308).

31
Die Angaben über Kotzebue und Herder können nur einen bescheidenen Anfang darstellen für eine bisher fehlende Untersuchung amerikanischer Themen in der deutschen Literatur des 19. Jahrhunderts auf mögliche Einflüsse Crèvecœurs hin. Das hier vorliegende Kapitel zu Aspekten der deutschen Rezeption des ersten amerikanischen Erzählers gibt ausreichenden Anlaß zu der Vermutung, daß Crèvecœur, vor allem durch seine deutschen Übersetzer, aber auch durch Almanache, die seine kürzeren Erzählungen aufgriffen, unter deutschen Lesern typische Sprachklischees und Vorstellungsweisen über Nordamerika, seine Grenzbewohner und die Urbevölkerung vorgeprägt hat. Es sind seine Bücher, in denen Leser mit Vokabeln wie «Manitu», «Wigwam», «Grenzer» oder «Friedenspfeife» vertraut wurden, also der Grundstock für das literarische Inventar eines später romantisierten Amerika gelegt wurde, das erst mit James Fenimore Cooper und (in Deutschland) Karl May breite Wirkung im öffentlichen Bewußtsein erlangte. In größerem Rahmen müßte eine solche vergleichende Untersuchung auch Schriftsteller wie François René Chateaubriand einbeziehen, die unmittelbar durch Crèvecœurs Bücher inspiriert wurden.

Der Entwicklungsprozeß des literarischen Amerikabildes im 19. Jahrhundert, der durch Crèvecœurs Bücher vorgegeben wurde, ist weitaus mehr durch internationale Querwirkungen gekennzeichnet, als hier aufgeführt werden kann. So läßt sich nur am äußersten Rand auf Crèvecœurs Nachwirkungen in einem Land wie Schweden hinweisen, wo populäre kurze Erzählungen von ihm durch *Samlingar för Hjertat och Snillet,* «Sammlungen für Herz und Geist» in Almanachform, volkstümlich wurden (cf. Elovson 1930, 159). Die eigene Art der Auseinandersetzung, die italienische Autoren seit der Romantik mit Crèvecœur betrieben, ist bisher völlig unbekannt, und ich habe vor, darüber zu einem späteren Zeitpunkt Genaueres mitzuteilen.

32
In dem reichhaltigen Appendix der *Vie* 1883 sind, häufig in Übersetzung, Briefe von und an Crèvecœur veröffentlicht worden, die zur Frage der Korrespondenz schnell einen Überblick ermöglichen und meist auch die einzige Information über mittlerweile durch den Handel verstreute Autographen bieten.

Im Rahmen einer literaturwissenschaftlichen Arbeit ist hier darauf verzichtet worden, neben der Editionslage von Crèvecœurs eindeutig literarischer Produktion auch auf solche Texte einzugehen, die mit Sicherheit oder doch wahrscheinlich nicht Teil seines literarischen Werks sind. Auf jeden Fall muß dazu der größte Teil seiner Briefe gerechnet werden, außerdem die Handschriften aus seiner Zeit als Konsul, von denen mehrere zuletzt durch Rice 1933 in Pariser Archiven nachgewiesen wurden (237) und die ohne Zweifel von beträchtlichem biographischen Informationswert sind. Letzten Endes muß auch ein großer Teil der seit neuestem im Autographenhandel angebotenen Manuskripte aus dem Verkauf der Crèvecœur-Papiere im April 1978 zu dieser Kategorie gezählt werden, da gerade der Katalog von Christie's 1979 vieles davon als Notizen auswies, über deren Relevanz mit Hinsicht auf das literarische Werk noch nichts gesagt werden kann.

33
Bei der Versteigerung von 1979 gelangten zwei Manuskripte Crèvecœurs in die New Yorker *Pierpont Morgan Library*. Dabei handelte es sich um den Text «Esquisse de ma vie depuis ma sortie de prison à New York le 17 Septbre 1779 jusque'à mon retour dans la même ville comme consul de France de 18 Novbre 1783» und einen zweiten autobiographischen Essay mit dem Titel «Souvenirs consacrés à la mémoire de Mme la Comtesse de Houdetot».

Beide Texte sind seitdem für die Veröffentlichung vorbereitet worden, zuerst die «Souvenirs» für die französische Jahresschrift *Dix-huitième siècle,* die durch Chevignard 1982 mit wohlinformierten Anmerkungen eingeleitet wurden. Dort wurde mitgeteilt, daß sich «les volumineuses archives du Cultivateur américain» (244) bis zu ihrem Verkauf in Südfrankreich befanden, im Schloß von La Plagne bei Montesquiou, einen kleinen Ort in der Gascogne (Departement Gers). Chevignard macht auf den großen Umfang der erhaltenen Manuskripte aufmerksam, die durch den Händler Pierre Beres zunächst in die Schweiz verbracht wurden und seitdem amerikanischen Bibliotheken zu Preisen angeboten wurden, die Chevignard als «schwindelerregend» (245) bezeichnet. Der Herausgeber der «Souvenirs», der an der Universität von Dijon tätig ist, hat die Veröffentlichung des zweiten Text, «Esquisse», für die Zeitschrift *Annales de Normandie* angekündigt und weist zugleich darauf hin, daß bei der New Yorker Auktion 1979 nur ein Bruchteil von dem wahren Umfang der Crèvecœur-Manuskripte zum Vorschein gekommen sei: «[...] cette grande collection, dont la destination ultime reste des plus incertaine» (245).

34
Es wird aber auch mit völlig marginalen Stücken gehandelt, ein Kennzeichen des einschlägigen Markts, der sich als eine Folge der Wirtschaftslage der vergangenen Jahre stark ausgeweitet hat und gegenwärtig in Bereiche eindringt, die bislang nur für die Forschung interessant waren. Dem Verfasser wurde beispielsweise die Abschrift eines Protokolls mit Crèvecœurs Unterschrift als Konsul und dem königlichen Dienstsiegel, New York 1790, in der Hand des *chancellier,* für mehr als 200 Dollar angeboten, obgleich die Unterschrift des franko-amerikanischen Schriftstellers keineswegs als rar gelten kann. Allerdings ist diese Preisvorstellung durchaus nicht als unüblich zu bewerten.

35
In diesem Zusammenhang waren innerhalb kurzer Zeit nennenswerte Wertsteigerungen feststellbar. Am 5. Mai 1982 wurde etwa in London bei Christie's ein kurzer Brief versteigert, den Washington 1788 an Crèvecœur geschrieben hatte. Der erzielte Preis lag mit 1100 Pfund noch zwanzig Prozent über dem Schätzwert von Christie's und erheblich über dem Betrag von 1700 Dollar, den der Brief erbrachte, als er bei Christie's 1979 das erste Mal versteigert wurde. Man erkennt an dem Beispiel, wie rege zahlreiche Stücke aus den Crèvecœur-Papieren im Handel umlaufen und wie wenig dabei die Tatsache ins Gewicht fällt, daß sie eigentlich Teile eines zusammenhängenden Briefwechsels mit dem Autor des *Farmer* waren.

Viel Material wurde unterdessen schon vor dem Verkauf von 1978 für Forschungszwecke archiviert, so daß es keineswegs an einem Grundstock für weitere wissenschaftliche Arbeiten mangelt. Die Unterlagen der Kongreßbibliothek zu Crèvecœur bestehen hauptsächlich aus den Transkripten, die Mitchell für ihre Dissertation von Crèvecœurs Korrespondenz angefertigt hatte und der Bibliothek im Oktober 1922 schenkte. Darunter sind im Umfang von 130 Seiten Briefe, die Crèvecœur an den Grafen Rochefoucauld schrieb, mithin aus der Zeit nach 1781. In den Sammlungen der Bibliothek befinden sich außerdem Briefe von und an Crèvecœur unter den Papieren von Benjamin Franklin, William Short, John Fitch und George Washington. Ein Mikrofilm mit 81 Briefen an Crèvecœur enthält viele Stücke, deren Originalvorlagen 1979 versteigert wurden.

36
Hier finden sich auch Texte, von denen zusätzliche Informationen zur Entstehung des Konzepts zum *American Farmer* zu erwarten sind, etwa «Esquisse de ma vie depuis ma sortie de prison à New York le 17 Septbre 1779 jusqu'à mon retour dans la meme ville comme consul de France le 18 Novbre 1783.» Der Text wird durch Bernard Chevignard ediert werden. Bei «Un Soir à Munich» handelt es sich um eine von den kürzeren Arbeiten, die Crèvecœur während seiner Jahre in München für bayrische Publikationen schrieb, wovon bereits in der *Vie* 1883 ein Eindruck vermittelt wurde (250-51).

Crèvecœurs späterer Plan, seine süddeutschen Eindrücke in einem neuen Buch zu verarbeiten, waren offenbar im Manuskriptstadium bereits weit fortgeschritten. Erwähnt wird als Versteigerungssache mit der Nummer 178 ein ungefähr 200 Seiten starkes Manuskript mit dem Titel *Voyage aux grandes salines tyroliennes de Reichenhall fait avec Monsr. le baron de Hompesh.*

37
Die Universitätsbibliothek von Bonn verfügt als Geschenk der US-Regierung über die «Library of American Civilization», rund 15000 Titel zu den unterschiedlichsten Aspekten amerikanischen Lebens, reproduziert in Mikrofiches, darunter auch die Erstausgabe London 1782 des *American Farmer,* von der der Verfasser ausgiebigen Gebrauch machen konnte. In Mikrofiche-Reproduktion ist der *Farmer* in dem Druck von London 1782 mithin in Bonn nachgewiesen; außerdem gibt es von dem Druck Philadelphia 1793 eine Reproduktion nach dem Verfahren «Microcard» (Worchester, Mass. 1963), die von Köln aus in der Fernleihe bestellt werden kann. Im übrigen gibt es im gesamten Leihverkehr der Bundesrepublik keine Möglichkeit, den *Farmer* in einer zeitgenössischen Ausgabe zu erhalten. Für andere Länder deutscher Sprache läßt sich diese Feststellung nur mit Einschränkung wiederholen, da eine vollständige Prüfung nicht erfolgte.

38
Ein Exemplar in der Universitätsbibliothek Bonn wurde 1944 zerstört. Diesem eklatanten

Mangel wäre eigentlich leicht durch eine Verbreitung der Ausgabe *Cultivateur* 1787 in Mikrofilm zu begegnen, da die Fernleihe nur das Exemplar aus Bordeaux beschafft, das ganz erhebliche Schäden aufweist.

39
Für Tiedemanns Übersetzung wurden keine Standorte in der Fernleihe ermittelt, da für diese Arbeit ein Exemplar der Cleveland Public Library zur Verfügung stand. Der Standort in der DDR wurde aus Leipzig mitgeteilt. Nach längerem Suchen fand sich auch ein irreführend signiertes Exemplar im Magazin der Bonner Universitätsbibliothek.

40
Ziel ist hier, Umfang und Entwicklung der Sekundärliteratur zu Crèvecœur kommentierend deutlich zu machen. Leicht erreichbare Arbeiten, auch die wichtigeren Beiträge, sind meist nur knapp angeführt, während entlegene oder noch nie bibliographierte Titel meist mit größerer Ausführlichkeit behandelt wurden.

Das Titelblatt der dreibändigen Ausgabe von Crèvecœurs Buch *Lettres d'un Cultivateur américain,* die fünf Jahre nach dem *Farmer* erschien. Der Verlag Cuchet hatte 1784 bereits die erste Ausgabe von *Cultivateur* in zwei Bänden besorgt. Bewußt nimmt der französische Titel das Vorbild von *Letters from an American Farmer* auf. Im Unterschied zur englischen Vorlage wird hier mit den Buchstaben «Wm. S...on» auf William Seton angespielt. Dieser bekannte New Yorker Notar und Geschäftsmann war ein Freund Crèvecœurs, der in beiden Ausgaben von *Cultivateur* häufig erwähnt wird. Dagegen erwähnt ihn der *Farmer* an keiner Stelle, ebensowenig wie den Namen «Crèvecœur». Der Autor wurde im *Farmer* nur mit seinem angenommenen Namen «St. John» erwähnt. Das vorliegende Titelblatt nennt erstmals den neuen Doppelnamen, der nun suggerieren sollte, daß alle hier gedruckten Berichte und Erzählungen nichts als die authentischen Erlebnisse ihres Verfassers wiedergäben. Sowohl der Bezug, der mit den Jahreszahlen im Untertitel gesetzt wurde, als auch die Zeile «Übersetzt aus dem Englischen» waren aber Teil von Crèvecœurs literarischer Fiktion.

LETTRES
D'UN CULTIVATEUR
AMÉRICAIN

addreßées à Wm S... on Esqr

depuis l'Anneé 1770 jusqu'en 1786.

PAR M. St JOHN

DE CREVE CŒUR,

Traduites de l'Anglois.

Keen feelings inspire resistless thoughts.

TOME I.

Ex empto Academiae.

A PARIS.

Chez Cuchet Libraire, Rue et Hôtel Serpente.

1787.

Anhang

Crèvecœur In New York 1779—1780

Ein unveröffentlichtes Manuskript

«Warum werde ich wie ein Verbrecher behandelt?» fragt der Erzähler in Crèvecœur's Buch *Cultivateur Américain,* als man ihn ins Gefängnis eingeliefert hat. Zur Antwort erhält er, ganz ohne Zweifel *sei* er ein Verbrecher, denn: «Warum schickt man Sie sonst her?» (1:421; alle Zitate in Übersetzung durch den Verfasser). Wie unschuldig der Gefangene auch sein mochte, so bestand sein strafwürdiges Verbrechen doch schon darin, überhaupt in das britische Militärgefängnis eingewiesen worden zu sein — und zwar in den Augen jener, die dazu selbst den Befehl gegeben hatten.

Crèvecœurs Aufenthalt in New York vom Jahresanfang 1779 bis zum Sommer 1780, ungefähr anderthalb Jahre, war eine kritische Zeit für den Schriftsteller. Politisches Mißtrauen bei den aufständischen Amerikanern im nicht besetzten Hinterland der Hafenstadt und gleichermaßen bei den britischen Besatzern, Denunziation, Haft, Krankheit, Entlassung und das lange Warten auf eine Schiffspassage nach Europa bedeuteten für Crèvecœur eine große körperliche und seelische Belastung. Der junge französische Forscher Bernard Chevignard, der sich intensiv mit Crèvecœur befaßt, hat 1983 ein bisher unveröffentlichtes Manuskript publizieren können, in dem zum ersten Mal die einschneidende Veränderung deutlich wird, die das New Yorker Erlebnis sowohl für den Charakter wie für die Arbeitsweise des Schriftstellers bedeutet hat («St. John de Crèvecœur à New York en 1779—1780», *Annales de Normandie* 33, [1983]:161—73). Nachdem der vorliegende Band der *Literaturwissenschaftlichen Monographien* bereits abgeschlossen war, konnte der romanistische Herausgeber der Reihe, Thomas M. Scheerer, den CMZ-Verlag dafür gewinnen, den neuen Crèvecœur-Text in deutscher Übersetzung als Anhang zu veröffentlichen. In diesem Zusammenhang ist vor allem Bernard Chevignard selbst sowie der Redaktion der *Annales de Normandie* und der Leitung der *Pierpont Morgan Library*, vertreten durch Herbert Cahoon, für ihre Kooperation zu danken. Die New Yorker Bibliothek besitzt das Original des Manuskripts.

Die technischen Umstände, unter denen dieser Anhang dem Buch hinzugefügt wurde, machen es nötig, hier solche Erläuterungen und dokumentarischen Quellenangaben zu sammeln, die nicht mehr in die Anmerkungen und das Literaturverzeichnis aufgenommen werden konnten. Dabei soll vor allem auf die Erläuterungen zurückgegriffen werden, die Chevignard selbst in seiner Edition macht.

Der ursprüngliche Titel der folgenden, von Crèvecœur im Original französisch verfaßten «Skizze» lautete «Séjour à New York depuis ma sortie de prison jusques à mon départ pour l'Irlande le 1er septembre 1780». Wahrscheinlich fand die Niederschrift unter diesem Titel 1796—97 statt. Nicht lange bevor Crèvecœurs Sohn Ally 1806 starb, hat der Autor dann seinen Text noch einmal durchgesehen und abgeändert. Vielleicht fügte er dabei den neuen Titel hinzu, «Esquisse de ma vie depuis ma sortie de prison à New York le 17 septembre 1779 jusques à mon retour dans la même ville comme consul de France le 17 novembre 1783». Die Änderung des Titels deutet darauf hin, daß Crèvecœur den hier begonnenen autobiographischen Text bis zu seiner Rückkehr in die USA im Herbst 1783 fortführen wollte. In Wirklichkeit stellt der Text aber nur Ereignisse aus der Zeit zwischen Crèvecœurs Entlassung aus der Haft im Sommer 1779 und den ersten Monaten des folgenden Jahres dar. Die Vorgeschichte seiner Abreise im September 1780 und alle folgenden Ereignisse sind nicht mehr dargestellt. Handelt es sich bei der «Esquisse» auch nur um ein Fragment, so gibt der Text doch auf ganz wesentliche Weise über die Persönlichkeitsveränderung Aufschluß, die Crèvecœur im geschilderten Zeitraum durchgemacht zu haben scheint. «Ich vermochte nun lange über einen Gegenstand nachzudenken, ohne mich ablenken zu lassen», schreibt Crèvecœur und präzisiert: «Mehr noch, ich vermochte auch, mit mir selbst ins Gespräch zu treten und kam dabei auf Einfälle, wie sie mir ein bloßes Nachsinnen nicht vermittelt hätte.» Mit Blick auf eine literarische Arbeit gibt er den Hinweis: «Schließlich gelang es mir auch, diese Einfälle in ruhigen Momenten auf Papier festzuhalten.»

In seiner neuesten Veröffentlichung bietet Chevignard hierzu die biographisch relevante Schlußfolgerung an, der schiere Streß von Krankheit und Kriegssituation habe den Autor erst zu jenem Mann gemacht, der die vielfältigen Notizen seines «Journals» in die weitgehend reflektierte Form zu bringen verstand, die 1782 als der *American Farmer* erschien (q.v. «St. John de Crèvecœur in the Looking Glass: *Letters from an American Farmer* and the Making of a Man of Letters», *Early American Literature,* (19, [1984]: 173—90).

Zur Lektüre der folgenden Übersetzung seien an dieser Stelle noch einige Erläuterungen zusammengefaßt. In der Ehe mit Mehitable Tippet hatte Crèvecœur drei Kinder, von denen America-Frances (genannt «Fanny», geb. 1770) und Philip Lewis (geb. 1774) zum Zeitpunkt der Erzählung bei ihrer Mutter im County Orange waren, während William Alexander (geb. 1772; im Text mit dem Kosennamne «Ally» erwähnt) mit seinem Vater nach New York gekommen war. Er begleitete seinen Vater nach Frankreich, wo er aufwuchs, nachdem Crèvecœur selbst in die USA zurückgekehrt war. Als Erwachsener lebte Ally einige Zeit in Deutschland, wo er bei einer Bank in Hamburg arbeitete. Am 26. Juni 1798 heiratete er in Cagny, im Calvados, Gabrielle-Narcisse Mesnage de Cagny. Es gibt unter Crèvecœurs letzten und unveröffentlichten Essays mehrere Texte, die «Madame Narcisse St. John» gewidmet sind und das enge persönliche Verhältnis zwischen dem alten Schriftsteller und seiner Schwiegertochter bezeugen, das die beiden verband, nachdem Ally überraschend früh 1806 gestorben war.

Im Text der «Esquisse» wird die Ausgabe von *Cultivateur Américain* erwähnt, die 1787 erschien. Doch der Bericht von Crèvecœurs Haft erscheint darin nicht im dritten Band, wie die «Esquisse» angibt, sondern im ersten Band. Auch die Ereignisse in Bezug auf Ally, der während der Haft seines Vaters zu einer Familie auf Long Island in Pflege kam, sind entgegen der «Esquisse» im ersten Band dargestellt.

Wenn der Autor vom «Einfall» des Generals Burgoyne spricht, bezieht er sich darauf, wie britische Truppen im Mai 1777 aus Kanada in den Norden des Staats New York eindrangen, wo sie schließlich durch die Amerikaner eingekreist wurden, so daß ihr Befehlshaber, General John Burgoyne, am 17. Oktober 1778 bei Saratoga kapitulieren mußte. Dagegen lag die Stadt New York selbst bereits seit Oktober 1776 unter britischer Besatzung. King's Bridge, das im Text genannt wird, verbindet die Insel Manhattan im Norden mit dem Festland. Corlear's Hook bezieht sich dagegen auf die Südspitze der Insel am East River bei Crown's Point.

Crèvecœur erwähnt auch den Brand von New York, der bereits am 21. September 1776 stattgefunden hatte. In der Ausgabe von *Cultivateur* aus dem Jahre 1787 wird der «Schutthaufen» in Erinnerung gerufen, den der Erzähler im New York der Kriegsjahre gesehen hatte: «Ich fand diese Stadt, die vormals so blühend und sauber ausgeschaut hatte, in einem Zustand, wie ich ihn kaum schildern kann: elfhundert Häuser waren abgebrannt [...] Viele Häuser hatten weder Türen noch Fußböden, Zwischendecken, Balken oder Fenster [...]» (3:254).

William Seton war einer der auffälligsten und am besten bekannten Geschäftsleute der Stadt (Mitchell macht ausführliche Angaben über ihn, cf. 88—92). Im November 1783 war er es, der Crèvecœur bei seiner Rückkehr in Empfang nahm, «dieser großmütige Freund, der zur Zeit meiner Haft gewagt hatte, an das [britische] Hauptquartier zu schreiben, für meine Freilassung eine Kaution zu stellen und so eigentlich meine Entlassung erst bewerkstelligte» (*Cultivateur* 3:253).

Für ihre fachkundige Beratung bei der Übertragung der «Esquisse» ins Deutsche dankt der Verfasser Bernard Chevignard (Dijon) und Professor János Riesz (Bayreuth).

«Man hat mir vorgeworfen, ich sei weder Franzose noch wirklich ein Amerikaner. Ist denn in London unbekannt, daß wohl ein Viertel derer, die dazu beitrugen, die Engländer aus den Dreizehn Vereinigten Staaten zu vertreiben, dort gleichfalls nicht geboren waren? Sie sind deshalb ihrer neuen Heimat um nichts weniger verbunden.»

Crèvecœur in der Zeitschrift *Courrier de l'Europe*,
9. Mai 1783

Abriß meines Lebens

Seit ich am 17. September 1779 zu New York aus dem Gefängnis entlassen ward, bis zu meiner Rückkehr in selbige Stadt als Konsul Frankreichs am 17. November 1783

Ohne Zweifel lebt der Mensch nur deshalb auf der Erde, damit ihm dort jede Art von Unglück zustoße, und wenn der unglückselige Menschenschlag es besser wüßte und vorhersehen könnte, was die Zukunft ihm beschert, er hätte sich wohl bereits sein eigenes Ende bereitet. Nur die Blindheit vor der Zukunft verlängert unsere Tage auf Erden. Was mag sich der Schöpfer dabei gedacht haben, als er den Menschen auf dieser Bühne des Elends und des Unglücks ausgesetzt hat? Hätte ich an jenem Tag, da ich das Gefängnis verlassen konnte, und den ich so herbeigesehnt hatte, bereits gewußt, was mich erwartete — jene lange Folge der Entbehrungen mit ihren heißen Sorgen und bitteren Schmerzen — dann hätte ich solche schrecklichen Aussichten wohl keinesfalls auszuhalten vermocht. Ich hätte lieber den Tod erlitten, vor dem uns die Natur gleichwohl eine solche Furcht eingegeben hat, als solle unser Unglück so noch größer werden.

Indessen habe ich überlebt, und mir wäre selbst die Erinnerung an diese Übel nicht mehr gegenwärtig, wäre ich nicht bestrebt, sie für diese Erzählung wieder zu erwecken. Auch könnte diese Erzählung eines Tages jenes meiner Kinder interessieren, das diese Erfahrungen mit mir geteilt hat und sie mir dabei häufig durch seine unschuldigen Gedanken und seine Fähigkeit versüßte, das Unglück nicht kommen zu sehen. Auch werden meine beiden anderen Kinder diese Erzählung über einen Teil meines Lebens nicht ohne Interesse lesen, da dieser Teil doch ihr Leben in so vielem beeinflußt hat. Wie verschieden wäre ihr Geschick gewesen, wäre ich unterlegen oder gar gestorben, bevor ich nach Frankreich zurückkehren konnte!

Wenn ich über diese lange Folge von Ereignissen, Umständen und Zwischenfällen nachdenke und dabei Vorteil und Nachteil abwäge, in der Unsicherheit, vergeblich vorausschauen zu wollen, dann bin ich davon überzeugt, daß wir nur Spielzeuge und Opfer eines blinden Schicksals sind, dessen Ratschluß unwiderruflich erscheint. Nichts weniger war vonnöten, als die unwiderstehliche Kraft, wie sie von dieser ewigen Verkettung aus Ursachen und Wirkungen ausgeht, um mich von meinem Pflug fortzureißen, fort von meinem kleinen Hof und mich auf eine so gänzlich neue Bühne zu stellen, mich auf ein so stürmisches Meer ausfahren zu lassen, das voller Gefahren war. Hatte ich eben noch meine Felder bestellt, befand ich mich im nächsten Augenblick bereits in einem Militärgefängnis, falsch beschuldigt vor ein Kriegsgericht gestellt, als wäre ich ein Soldat oder ein Werkzeug der Aufständischen.

Ich werde so schreiben, wie ich auch abends am Kamin die Fragen meiner Kinder zu beantworten pflege. Ich spreche ihnen gegenüber dabei nur das aus, was ich für besonders wissenswert erachte. Eine andere Ausdrucksweise habe ich nie gekannt, auch damals nicht, als ich — jünger noch — durch merkwürdige Umstände in London und Paris mit Verlegern zusammenkam und zum Schriftsteller wurde, wie noch zu berichten sein wird.

Die Begebenheiten, die ich im weiteren schildern werde, mögen als die Weiterführung meiner *Briefe eines amerikanischen Landmanns* gelten, die ich mit meiner Entlassung aus dem Gefängnis beschloß. Ich möchte nun damit fortfahren, die Umstände meiner Rückkehr nach New York zu schildern. Dort langte ich am 17. November 1783 wieder an, nunmehr als Konsul Frankreichs für die Staaten New York, New Jersey und Connecticut. Mich, einen schlichten Landmann aus dem County Orange, hatte ein ungewöhnliches Schicksal zunächst härtesten Prüfungen unterworfen, um mich dann mit einem um so glücklicheren Los zu bedenken. Ich wäre nie so kühn gewesen, dieses Amt etwa für mich zu fordern, nahm es aber um so mehr voll Dankbarkeit und Freude an, als es mir die Erziehung meiner geliebten Kinder ermöglichte. Denn auf diese Weise erst hätte ich sie mit der Welt bekannt machen, sie dem Sonnenschein aussetzen, ihnen Freunde und Beschützer und wertvolle Kenntnisse vermitteln können. Und diese innigsten Wünsche wären mir auch erfüllt worden, ich hätte meine Kinder sicher zu ihrem Vorteil in die Welt entlassen können, hätte nicht eine weitere Revolution stattgefunden. Sie war weitaus furchterregender als jene, die mich 1778 von meinem Pflug fortriß, und sie zerstörte alle meine Hoffnungen und die bescheidene Unabhängigkeit, die ich mir für meine alten Tage erworben zu haben glaubte. Diese Revolution stürzte uns auf Irrwege schmerzlicher und beschämender Täuschungen und hinterließ auch im Leben meiner Kinder Folgen, denen sie nie entkommen werden, so lange sie auch leben.

So wurde ich zum Opfer der Begleitumstände zweier Revolutionen, die zwangsläufig das Antlitz der ganzen Welt verändern werden. Ihre Wirkungen werden sich überall bemerkbar machen, wo Menschen leben. Mir hingegen bescherte der Abbruch meiner Laufbahn das Los derer, die bis in ihr Grab von jener Furcht und Bedrückung heimgesucht werden, wie sie ein solcher Zustand hervorruft. Eine alles so erschütternde und dabei soldatische Form der Herrschaft zeitigt notwendig derartige Folgen, setzt sie doch das Leben selbst in seiner freien Äußerung, persönlichen Sicherheit und damit Hab und Gut äußerster Gefahr aus.

Meine Geschichte teile ich mit Millionen anderer Menschen. Demnach scheint es auch für Europa, das so lange noch nicht zivilisiert genannt werden kann, das Los zu sein, in eine Barbarei zurückzufallen. Sie tritt uns als eine Epoche entgegen, die unter dem Vorwand der Volksherrschaft dem ganzen Schrecken anarchischer und räuberischer Zustände ausgeliefert wird. Aber wenn Kunst und Wissenschaft, von denen die Menschen einen so schlechten Gebrauch gemacht haben, darin umkommen, werden sie doch eines Tages neu geboren werden.

Nordamerika wird in dieser langen Zeit des Unglücks, das Europa betrübt, durch seine Ablösung zusehends gewinnen. Gleich Italien nach dem Fall von Konstantinopel, so wird Amerika sich bevölkern und befestigen, es wird den Unglücklichen als Heimstatt dienen, die Europa verlassen können, und Amerika wird zum Schaden unserer Privilegien klug werden. Im Schutz tiefer amerikanischer Wälder bleibt dem Menschengeschlecht seine einzige Hoffnung, noch geschützt vor den falschen Lehren und Vorsätzen des Dämons, der uns eigen ist.

Im dritten Band meiner *Briefe eines Amerikanischen Landmanns* sprach ich davon, wie ich zwei Wochen bei Herrn Henry Perry verbrachte. Er war Menschenfreund genug gewesen, auf Long Island nach Ally suchen zu lassen. Herr Hallet, der Ally aufgenommen hatte, pflegte ihn wie sein eigenes Kind, aber nach Hallets Tod war Ally krank geworden.

Nach zwei Wochen bei Perry kehrte ich nunmehr nach New York selbst zurück, wo ich bei einem gewissen John Pickering unterkam. Er stammte aus Wales, und vor dem Unabhängigkeitskrieg hatte er im County Albany von seinem Beruf als Schneider gelebt. Er stand ganz auf der königlichen Seite und hatte sich daher mehrfach darauf eingelassen, während dieser Zeit, als der General Burgoyne seinen Einfall machte, für diesen die Depeschen bis ins Hauptquartier zu bringen, das in New York gelegen war. Zu seinem Pech wurde er bei seiner letzten Unternehmung entdeckt und verfolgt, wobei ihm ein Gewehrschuß die Schulter zerschmetterte. Nur unter allergrößter Mühsal vermochte er den Nachstellungen seiner Gegner zu entkommen und gelangte bis King's Bridge. Vor lauter Furcht hatte er aber die Depeschen sämtlich zerstört, damit sie nicht in die Hände seiner Verfolger gelangten. So gewährte man ihm nun keine weitere Entschädigung, als ihn ins Krankenhaus zu schicken. Bald nach seiner Entlassung stieß auch seine Frau zu ihm, die man aus ihrem Heim verjagt hatte. Durch ihren schieren Fleiß verbesserten sie ihr Los und begannen eben, ein bescheidenes Auskommen zu finden, als ich sie durch Zufall kennenlernte. Die braven Leute hatten ein so hartes Geschick kaum verdient. Sie wohnten zur Miete in einer Zeile von Häusern, wo sie in einer kleinen Unterkunft Zuflucht gefunden hatten.

Die untere Hälfte ihrer Wohnung hatte zuvor als Pferdestall gedient, die obere dagegen als Heuboden. Den Pferdestall, ungemein niedrig und feucht, verwendeten sie, wie sie es nannten, als Zimmer. Sie selbst wohnten im oberen Geschoß, wo es trockener, heller und wohl auch der Gesundheit zuträglicher war. Dort hatten sie sich sogar einen Kamin eingerichtet. Um von einem Geschoß in das andere zu gelangen, brauchten sie eine Leiter.

New York, heute eine ansehnliche und große Stadt, schien damals ein bloßer Trümmerhaufen zu sein. Eintausendsiebenhundert Häuser waren an dem Tag abgebrannt, als der General Cornwallis die Stadt erobert hatte, und beinahe noch einmal so viele hatten unter der mitlitärischen Willkür starken Schaden genommen.

Wiewohl diese guten Leute selbst erst ein geringes und schwankendes Auskommen hatten, luden sie uns gleichwohl mit einem solchen Nachdruck ein, bei ihnen zu wohnen, als schwömmen sie im Überfluß. So abgesondert und verloren, wie es uns ging, hätten wir nicht gewußt, wo wir unser Haupt hätten betten sollen, und ich nahm ihr Angebot voller Freude an. Unbequem wie diese Unterkunft auch sein mochte, schien sie mir doch bequem und köstlich, denn sie bot eine Zuflucht gegen die Kälte, den Regen und den Wind, die wir bitterlich brauchten. Mein guter und großzügiger Freund, Herr Seton, der selbst viel Unglück auszustehen hatte, konnte uns nämlich nicht helfen, gab es in seiner kleinen Wohnung doch bereits keinen Platz mehr. Er hatte die Sorge für eine Frau mit sechs Kindern übernommen, die er vor dem Elend gerettet hatte, und denen es wie uns an allem fehlte, selbst Kleidern, um ihre Nacktheit zu bedecken.

Meine Nächte brachte ich nun in dem vormaligen Pferdestall zu, wo mir die guten Leute ein Schnürbett aufstellten, welches sie selbst geliehen hatten. Tagsüber hielt ich mich bei ihnen auf. Die beiden Rationen, die zugeteilt wurden, ernährten schlecht und recht uns alle, obwohl sie oft verdorben waren. Die gute Quäkersfrau machte sie mit Hilfe von Essig, Knoblauch und Zwiebeln eßbar. Häufig ging ich den Soldaten bei Corlear's Hook dabei zur Hand, wenn sie alte Schiffe ausschlachteten, und dafür wurde ich mit einigen Scheiten Holz entlohnt, die ich nach Hause brachte, wo sie uns dazu dienten, unseren Kessel zum Kochen zu bringen und uns zu wärmen. Bisweilen gaben mir auch einige alte Freunde vom Lande etwas Kohl und Rüben, kostbare Gaben, die ich mit nach Hause brachte. Ally mangelte es aber, viel mehr noch als mir, an solcher Kleidung, wie sie der Jahreszeit angemessen gewesen wäre, die Tag für Tag kälter wurde. Der Gedanke, daß mein Kind regelrecht nackt war, brachte mich zur Verzweiflung. Hätte ich nur selbst einen Gehrock besessen, hätte ich mich mit Freude davon getrennt und ihn zu einem warmen Anzug für Ally umarbeiten lassen. Nun wohnte aber in unserer Nachbarschaft ein junger Offizier, der eines Tages vorbeikam, um sich einen Rock anfertigen zu lassen. Während Pickering Maß nahm, fiel der Blick des Offiziers auf Ally, und er fragte, zu wem das Kind gehöre. Pickering gab ihm daraufhin die Geschichte unseres traurigen Schicksals zur Antwort. Dem wackeren jungen Mann machte dies einen solchen Eindruck, daß er den Schneider auf der Stelle anwies, ausreichend Loden zu kaufen, um den Jungen davon gänzlich einzukleiden.

Ich bekam erst am Abend Nachricht von dieser Wohltat. Obgleich ich alles nur vom Hörensagen erfuhr, genügten doch Allys Bericht und der Anblick wie sich dabei in seinen Augen Tränen und Freude vermischten, um auch meine Augen feucht werden zu lassen und mich mit Freude und Dankbarkeit zu erfüllen. Ich habe diesem braven jungen Mann nie die Hand geben können, ihn nicht einmal gesehen und heute ist mir selbst sein Name entfallen. Er ist bald darauf nach Brunswick in New Jersey gegangen, und ich weiß nicht, was aus ihm geworden ist.

Was hatte er meinem Jungen für ein Geschenk gemacht! Ally konnte jetzt, in seinem grünen Wams ausreichend warm gekleidet, unbesorgt ins Freie gehen und sogar Ausflüge machen, um mit seinem Vater zusammen etwas Spaß zu haben.

Als die Zeit verfloß, kam der Winter mit seiner ganzen Strenge näher. Ich steckte mich mit dem Fieber an, das vom englischen Heer überall dort verbreitet wurde, wo es sich aufhielt. Gerade wenn man krank ist, spürt man noch brennender die ganze Verzweiflung der eigenen Armut. Gewiß hätte ich dieses Fieber auch vermeiden können, hätte es mir nicht an besserer Nahrung gefehlt, hätte ich hin und wieder auch nur etwas Madeira-Wein zu trinken gehabt.

Die Fieberanfälle waren schon deshalb um so anhaltender und heftiger, als mich die Beklemmung und Todesangst meiner Gefangenschaft sehr geschwächt hatten. Das Fieber entzündete sich mit solcher Gewalt, daß ich in wenigen Tagen völlig ausgezehrt zusammenbrach. Vor allem nachts schien sich die Stärke des Fiebers noch zu verdoppeln. Immer noch stehen mir die Nächte im Gedächtnis, wie sie mich mit ihren Schattenlichtern und schrecklichen Träumen heimsuchten.

Ach, was stellt der Mensch schon dar? So stolz und voller Vertrauen, während er sich seiner Gesundheit erfreut, so machtlos, dumm und schwach fühlt er sich auch, sobald die Hitze des Fiebers und die Gärung der Körpersäfte sein Blut entzünden, und es immer rasender durch die Gefäße seines Körpers treiben... Tag für Tag sah ich mich dem Grabe näher. Und ich hätte es mit ruhigem Blick ins Auge gefaßt und sogar als einen Ort der Ruhe erachtet, ein Ende aller Schmerzen, wäre mir nicht das Los meiner Frau und unserer beiden kleinen Kinder vor Augen gestanden, mit denen ich sie im County Orange zurückgelassen hatte. Was hätte aus ihnen und Ally werden sollen, Ally, der erst acht Jahre alt war, schwach und elend wie es ihm ging, sobald ich nicht mehr da sein würde? Was sollte aus ihnen werden inmitten eines Bürgerkrieges, dessen Ausgang ich nicht vorhersah und dessen Gefahren mir unberechenbar erschienen? Diese Gedanken gingen mir als bedrückende Überlegungen unablässig durch den Kopf und verzögerten meine Heilung für lange Zeit.

Ich besaß damals zwei Freunde, von denen einer Herr William Seton war, von dem ich bereits gesprochen habe. Der andere war Herr Gilchrist, ein Fregattenleutnant. Wenn sie mich besuchten, hörten sie mich mit der Geduld an, die das Zeichen wahrer Anteilnahme ist. Sie sicherten mir zu, sich um Ally kümmern zu wollen. Besonders Herr Seton schwor mir feierlich, indem er meine erhitzten Hände drückte, daß er Ally wie eines seiner Kinder aufziehen wolle und den Jungen in seinem Kontor unterbringen werde, sobald wieder Frieden herrsche und er das Glück habe, wieder seinen Geschäften nachgehen zu können. Unser langes und ausführliches Gespräch beruhigte mich sehr, und schon auf den anderen Tag zog ich daraus Stärkung. Mein Appetit kehrte zurück, und ich fand wieder Schlaf, ohne daß ich andere Medizin dazu gebraucht hätte als einige Beruhigungsmittel. Doch auf das Fieber folgte eine zweite Art der Entkräftung, die ich zuvor nie erlebt hatte. Ich litt an Nervenschmerzen, wie sie die erfahrensten Ärzte der Stadt noch nicht erlebt hatten. Das neue Leben, das mir geschenkt war, schien doch mit Bitternis erfüllt. Ich wurde ein anderer Mensch, weil die Unmöglichkeit, weder das Lachen noch die Fröhlichkeit meiner Umgebung teilen zu können, mir solche Scham verursachte, daß ich die Gesellschaft meiner engsten Freunde mied.

Die Einsamkeit eröffnete mir aber gleichzeitig Freuden, die ich zuvor nicht gekannt hatte. Ich vermochte nun lange über einen Gegenstand nachzudenken, ohne mich ablenken zu lassen. Mehr noch, ich vermochte auch mit mir selbst ins Gespräch zu treten und kam dabei auf Einfälle, wie sie mir ein bloßes Nachsinnen nicht vermittelt hätte. Schließlich gelang es mir auch, diese Einfälle in ruhigen Momenten auf Papier festzuhalten. Die Hitze des folgenden Sommers machte diese neuen Freuden bald zunichte und ließ meine Denkfähigkeit regelrecht erlöschen. Meine Nervenschmerzen verdoppelten ihre Heftigkeit, so daß mich die geringste Anstrengung in Schweiß ausbrechen ließ. Schon die einfache Überlagerung zweier Gedanken vermochte mich so unruhig zu machen, daß mein Herz in seinem Schlag auf ganz unglaubliche Weise durcheinander geriet. Um die Stärke dieser Herzschläge zu verdeutlichen, genügte es, wie ich es selbst desöfteren geprüft habe, ein Ei auf ein waagerecht gehaltenes Brett gelegt meinem Herzen zu nähern. Der Einfluß meiner Herzschläge wirkte so stark, daß davon das Ei über die Länge des Bretts zurückrollte. Es gab schier keine Form der Erkrankung, in der sich meine Nervenanfälle nicht ausgedrückt hätten. War es einmal ein Fieber, das in ausgeprägter Weise alle drei Tage auftrat, also mit Hitze und Schüttelfrost, so war es das andere Mal ein Seitenstechen. Mehrfach waren es auch ungewöhnliche Kopfschmerzen, die sich kaum bestimmen ließen, und häufiger noch waren es Zahnschmerzen von einer Art, die einen vor Zorn zur Raserei trieb.

Eines Tages war ich beim Obersten Watson, einem Gardehauptmann, zum Mittagessen eingeladen. Als durch eine Verspätung statt um drei erst um sechs Uhr aufgetragen wurde, hatten Mangel und Auszehrung eine so große Wirkung auf das schwache Räderwerk meines Körpers, daß mich, gleich einer Epilepsie, mitten bei der Mahlzeit ein allgemeines Zittern erfaßte. Es brauchte die Hilfe zweier Soldaten, damit ich überhaupt den Doktor Bard erreichte.

«Doktor», sagte ich zu ihm unter Schmerzen, «wenn Eure Patienten sterben, tun sie das für gewöhnlich im eigenen Bett und zuhause; da meine Lage hier aber nicht ihresgleichen findet, werde ich bei Euch sterben.»

Nachdem er mir den Puls gefühlt hatte, lief er schnell, um mir eine Dosis vom Öl der *Assa foetida* zu holen, das ich herunterschluckte, ohne auch nur zu fragen, worum es sich handle. Während das Zittern zunächst noch unverwandt anhielt, so verstrichen doch kaum zwanzig Minuten, bis die Ruhe wieder in mich einkehrte, begleitet von einer solchen Erschöpfung, wie ich sie seit den Tagen meiner härtesten und fleißigsten Arbeit nicht mehr gekannt hatte. So unglaublich dies anmutet, hat es sich doch so zugetragen. Ich spürte, wie mich neue Heiterkeit ergriff. Nun vermochte ich mich wieder zu unterhalten und die Gesellschaft von Bards Familie zu genießen. Ich nahm bei ihm mein Abendessen mit solchem Appetit und Verlangen ein, als es nur ein vollständig gesunder Mann vermocht hätte. Merkwürdiges Räderwerk meines Körpers! Nach solch langer und heftiger Aufregung war er dazu imstande, von neuem in ein ebenso starkes Gleichgewicht zu verfallen.

Meine Krankheit hat mich gleichwohl seit jenem Erlebnis nie mehr verlassen, und es vergehen nur wenige Tage, an denen ich nicht einige Rückschläge erleide, doch bereitet es unvergleichlich weniger Schmerzen, sie auszuhalten, als es beim ersten Mal der Fall war.

Unterdessen bin ich seitdem oft schamrot geworden bei dem Gedanken an die geringen Mittel, über die mein verehrenswerter Gastgeber für seinen Lebensunterhalt verfügte, aß ich doch Tag um Tag das Brot eines Mannes, der selbst wenig genug davon besaß und aus Not oft auch noch seine Nächte mit Arbeit zubringen mußte. Ich selbst verfügte nur über das geringe Talent der Landvermessung und des Kartenzeichnens. Als ich davon hörte, daß der Hafenmeister, Herr Anthony Van Dam, von seiner Anlage nur einen sehr alten und obendrein verrußten Plan besaß, schlug ich ihm vor, davon nach einem Maßstab, den er vorschlagen sollte, einen neuen Plan zu zeichnen. Da er ein ausgesprochen liebenswürdiger Mann war, nahm er meinen Vorschlag ohne zu zögern an, ohne auch nur zu fragen, was ich für meine Mühe wohl forderte. Meinerseits hatte ich keinesfalls daran gedacht, ein Geschäft daraus zu machen oder sogleich einen Preis vorzugeben. Voller Vertrauen auf seine Großzügigkeit holte ich das Original ab und machte mich den folgenden Tag ans Werk. Ich brachte es sauber und elegant zu Ende, er war es zufrieden und gab mir zwei goldene Dublonen.

Dieser kleine Erfolg beflügelte mich. Unter dem Drang von Zahlungsaufforderungen und Geldknappheit und weil mir schließlich der schiere Mangel zu ein wenig Mut verhalf, erlangte ich von den Presbytern der Dreifaltigkeitskirche den Auftrag, mich in den Ruinen jener Häuser umzusehen, die auf dem Grund und Boden dieser wohlhabenden Gemeinde lagen. Es galt, zunächst die Winkel der Mauerecken ausfindig zu machen und dann, so gut ich es vermochte, die alten Grundrisse nachzuzeichnen. Welch ein Glück für mich, denn ein derartiges Unternehmen nahm längere Zeit in Anspruch und sollte sich als nützlich erweisen.

Mit welcher Freude kam ich des Abends zu meinen Gastgebern, um ihnen mitzuteilen, daß ich im Begriff war, Arbeit für mehrere Monate übertragen zu bekommen und folglich nicht mehr von ihnen versorgt werden müßte. Sie waren aber weit davon entfernt, mich nun zu ermutigen und mir Glück zu wünschen. Ihre mitmenschliche und besorgte Art trieb sie vielmehr dazu an, mir nun alles Erdenkliche aufzuzählen, das mich von meinem, wie sie meinten, mühseligen Unterfangen abbringen mochte. Sie brachten ihre Furcht zum Ausdruck, daß mich von neuem das Fieber ergriffe.

«Wir sind kurz davor», sagten sie, «für Sie eine doppelte Ration zu erlangen, die Ally täglich abholen wird. Einem Kind wird man eher einige ausgesuchte Stücke zuteilen, wie man sie einem Erwachsenen verweigern würde. Schließlich müssen wir Ihnen die ganze Wahrheit sagen: bedenken Sie, daß Sie uns krank sicher mehr Arbeit machen werden als bei guter Gesundheit.»

Ich bestand jedoch auf meiner Arbeit und begann tags darauf, von zwei Handlangern unterstützt, meine Aufgabe auszuführen, die mir in der Folgezeit eine gute und ehrlich verdiente Entlohnung einbrachte. Beinahe wäre ich dabei allerdings meiner eigenen Arbeit zum Opfer gefallen. Um nämlich die Grundrisse abzustecken, bediente ich mich weißer Tücher, die ich an Markierungspfosten festmachte. Als einige Matrosen betrunken des Wegs kamen, sahen sie in den Tüchern französische Schiffsflaggen. Gereizt durch eine solche Dreistigkeit, nahmen sie bald vor mir Aufstellung, beleidigten mich erst und schlugen mich endlich sogar. Hätte ich nicht einen Wachsoldaten bemerkt, der mir zu Hilfe kam, dann wäre ich womöglich das Opfer meiner kleinen Unachtsamkeit geworden.

Das Erste, worauf ich meinen Verdienst verwendete, war, mir einen guten Mantel zu verschaffen und Ally vollständig einzukleiden. Das Zweite war dann, einen Zuckerhut und dazu einige Pfund Tee zu kaufen, einen Luxus, wie ihn meine Gastgeber nicht mehr gekannt hatten, seit sie ihr Zuhause hatten verlassen müssen. Ich ließ ihnen alles durch einen Fremden zustellen, einfach unter dem Hinweis, dies komme von einem Freund. Sie folgerten jedoch schnell, daß dieses kleine Geschenk von mir stammte.

Frau Pickering, die so gebildet war, wie es die meisten Quäkerinnen sind, kannte sich soweit in der Redekunst aus, daß sie es sogar unternahm, mich zu tadeln und mir den Nachweis führte, ich hätte ihrem Mann und ihr Unrecht getan. Ihre ganze Religion bestehe nur daraus, Gutes tun zu wollen, und sie befolge dies mit nicht weniger Eifer, als ihn die Katholiken auf die Kindereien und lachhaften Zeremonien ihrer Religion verwendeten.

Als ich bald darauf bei Herrn Seton zum Essen war, erzählte ich ihm von meinen Gastgebern, in der Hoffnung, ihn für sie einnehmen zu können. Mit allen Einzelheiten berichtete ich ihm von den gefahrvollen Fährnissen, wie sie Pickering widerfahren waren, und von dessen Leidenschaft für die Sache des Königs, der er all sein Hab und Gut geopfert hatte. Ich vergaß dabei auch jenes Unglück nicht, daß Pickering bei seinem letzten Unternehmen widerfahren war, als er einen Gewehrschuß abbekommen hatte und sich gezwungen sah, die ihm aufgetragenen Depeschen zu zerstören, worauf er am Ende keine andere Anerkennung beim Hauptquartier empfangen hatte, als daß man ihn ins Krankenhaus schickte.

«Kann er das alles auch beweisen?» fragte mich Seton.

«Ganz gewiß», gab ich ihm zurück.

«Gut, dann soll er morgen hier erscheinen und seine Zeugen gleich mitbringen.»

In seiner Eigenschaft als königlicher Notar stellte Seton dem Pickering ein Zeugnis aus, das mit allem versehen war, um an der Echtheit keinen Zweifel zu lassen. Diese Handlung, zu der mich meine lebhafte Dankbarkeit gegenüber Pickering getrieben hatte, verschaffte ihm in der Folgezeit ein kleines Vermögen.

Zwei Jahre später erfuhr ich in London, wie Pickering nach der Rückkehr in seine Heimat sein Zeugnis einem Mitglied des Parlaments vorgezeigt hatte, dem er zu Diensten gewesen, worauf der Abgeordnete ihm bei der Regierung alsbald eine Leibrente von sechzehn Guineen erwirkte.

Als ich Pickering damals zu Herrn Seton führte, dachte ich nicht einen Augenblick daran, daß ihm das Zeugnis in England jemals zu etwas anderem nützen möge, als seiner Eigenliebe zu schmeicheln und zu beweisen, welch ein loyaler und hingebungsvoller Untertan er gewesen war.

LITERATURVERZEICHNIS

Crèvecœurs Werke werden mit Kurztiteln wie *Cultivateur* oder «Spanish Colonies» zitiert. Sind zu einem Werk mehrere Drucke erwähnt, gibt es im Literaturverzeichnis unter dem Kurztitel einen gesonderten Verweis auf die zitierte Ausgabe. Als Grundlage kamen nur Ausgaben in Frage, die hinreichend qualifiziert *und* problemlos zu beschaffen sind. Für die einzeln in Zeitschriften veröffentlichten *Sketches* sowie für die Buchveröffentlichung 1925 standen nur die Erstdrucke zur Wahl. Für den *Farmer* konnte dagegen aus einer großen Zahl von Editionen der Reprint des Verlags Peter Smith ausgewählt werden. Die ersten beiden Bände von *Cultivateur,* die der Fassung des Buchs von 1784 entsprechen, werden nach dem Reprint von Slatkine zitiert. Zitate aus dem dritten Band von *Cultivateur* folgen dagegen der Ausgabe von 1787. Für Zitate aus *Pensylvanie* wurde auf den Mikrofilm von *UMI* der Erstausgabe 1801 zurückgegriffen.

Die Einträge von Crèvecœurs Werken wurden insgesamt der Reihenfolge nach geordnet, in der sie vermutlich vom Autor fertiggestellt wurden, und Rezensionen und Übersetzungen werden jeweils direkt dem entsprechenden Text nachgeordnet. So erscheinen die posthum veröffentlichten *Sketches* (beendet vor oder bis 1781) eher als der *Farmer,* der erst 1781 oder 1782 endgültig fertiggestellt wurde. Im Anschluß an den betreffenden Druck folgen zusätzliche Ausgaben. Dabei werden nur diejenigen Texte und Ausgaben Crèvecœurs aufgeführt, die für diese Arbeit von Belang waren, nicht zahlreiche kürzere Texte von Crèvecœur, die Mitchell 1916 und Rice 1933 bereits erfaßt haben. Zudem ist an dieser Stelle auf eine ganze Reihe kurzer Veröffentlichungen Crèvecœurs hinzuweisen, die zwar in älteren Quellen erwähnt werden, bis heute aber nicht wieder nachgewiesen wurden. Davon abgesehen existieren noch zahlreiche unveröffentlichte Texte von Crèvecœur, die für diese Arbeit prinzipiell nicht konsultiert werden konnten.

Für den Namen des franko-amerikanischen Schriftstellers verwende ich die Schreibweise «Michel-Guillaume Jean de Crèvecœur», aber wo es nötig war, gebe ich zusätzlich einige der vielen phantasievollen Schreibweisen an, die der Autor, aber auch spätere Herausgeber und Kritiker entworfen haben. Allerdings wird bibliographisch nicht weiter berücksichtigt, daß einige zeitgenössische Ausgaben den Namen des Autors umschrieben oder gar nicht erst erwähnten.

Aus meiner Arbeitskorrespondenz wurden einige Briefe in das Literaturverzeichnis aufgenommen, die im Text mit dem Hinweis «(B)» zitiert werden.

Das Verzeichnis wurde zum Jahresbeginn 1983 abgeschlossen und danach nur um einige Titel erweitert, die im Text nicht mehr verarbeitet werden konnten.

Quellen und ältere Literatur

Adair, James. *The History of the American Indians.* London: Dilly, 1775.

Allgemeine deutsche Bibliothek. Siehe Crèvecœur, M.G.J. de, *Schilderungen von Amerika,* Rez.

Allgemeine deutsche Literatur-Zeitung. Siehe Crèvecœur, M. G. J. de, *Cultivateur* 1784, Rez.

American Farmer. Siehe Crèvecœur, M. G. J. de, *Letters from an American Farmer,* Rpt. Peter Smith 1968.

Ayscough, Samuel. *Remarks on the Letters from an American Farmer; or a Detection of the Errors of Mr. Hector St. John; Pointing out the pernicious Tendency of these Letters to Great Britain.* Pamphlet. London: John Fielding, 1783.

Bartram, William. *Travels through North and South Carolina, Georgia, East and West Florida, the Cherokee Country, the Extensive Territories of the Muscogulges, or Creek Confederacy and the Country of the Choctaws.* [Zuerst 1791]. London: Johnston, 1792.

Bayard, Ferdinand-Marie. *Voyage dans l'intérieur des États-Unis, à Bath, Winchester, dans la vallée de Shenandoah etc. Pendant l'Été de 1791.* [Zuerst 1797]. «2nde édition». Paris: Batilliot, [an VIe] 1798.

Bernier, Commissaire des guerres. Briefe. Siehe Lévis, François Gaston duc de.

Bostelmann, Clarissa. Siehe Crèvecœur, M. G. J. de, *Journey into Northern Pennsylvania.*

Boswell, James. *Life of Johnson.* Oxford Standard Authors edition. [«Based on the third edition, 1799»]. 1904; Rpt. London: Oxford University Press, 1953.

Brant, Sebastian. Siehe Wolfenbüttel, Ausstellung der Herzog August Bibliothek.

Breck, Samuel. *Recollections of Samuel Breck, with Passages from his Notebooks.* Hg. H. E. Scudder. Philadelphia: Porter & Contes, 1877.

Brissot de Warville, Jacques Pierre. *The Commerce of America with Europe; particularly with France and Great Britain.* Engl. Übs. anonym. London: Jordan, 1794.

Camalero, Ornella. Siehe Crèvecœur, M. G. J. de, *Lettere di un agricoltore americano.*

Carver, Jonathan. *Travels through the Interior Parts of North America, in the Years 1766, 1767, and 1768.* [«The 3d edition, to which is added, some account of the author, and a copious index».] London: Dilly, 1781.

Christie's, [Auktionshaus.] *Printed Books and Manuscripts including an important Archive of St. John de Crèvecœur (1735-1813).* New York: Christie, Manson & Woods International, 1979.

Clinton, George. *Public Papers of George Clinton, First Governor of New York, 1777-1795, 1801-1804; Volume 1: Military.* [«Published by the State of New York»]. Einf. Hugh Hastings, State Historian. New York: Wynkoop Hallenbeck Crawford, 1899.

Collections of the New York Historical Society. Siehe Pattison, James.

Crèvecœur, Alexandre. *Observations d'un ancien officier, ennemi connu de l'ancien régime, au sujet de la suppression de la Croix de Saint-Louis.* Pamphlet. Paris: [kein Verlag], 1792.

Crèvecœur, Michel-Guillaume Jean de. *Landscapes.* Siehe Crèvecœur, M. G. J. de, *Sketches.*

—. «Sketch of a Contrast between the Spanish & the English Colonies». Hg. Henri L. Bourdin u. Stanley T. Williams. *University of California Chronicles* 28 (1926): 152-63.

—. «The Grotto: An Unpublished Letter from the American Farmer». Hg. Henri L. Bourdin u. Stanley T. Williams. *The Nation* 121 (1925): 328-30.

—. «Hospitals (during the Revolution): An Unpublished Essay by J. Hector St. John de Crèvecœur». Hg. Henri L. Bourdin u. Stanley T. Williams. *Philological Quarterly* 5 (1926): 175-65.

—. «Crèvecœur on the Susquehanna 1774-1776». Hg. Henri L. Bourdin u. Stanley T. Williams. *The Yale Review* 14 (1925): 552-84.

—. *Sketches of Eighteenth Century America, More Letters from an American Farmer.* Hg. Henri L. Bourdin, Stanley T. Williams u. Ralph H. Gabriel. 1925; Rpt. New York: Benjamin Blom, 1972.

—. *Letters from an American Farmer; describing certain provincial situations, manners, and customs, not generally known; and conveying some idea of the late and present interior circumstances of the British Colonies in North America.* [«Written for the Information of a friend in England, By J. Hector St. John, A Farmer in Pennsylvania»]. London: Printed for Thomas Davies in Russel Street Covent-Garden, and Lockyer Davis in Holborn, 1782.

Rez. in *Göttingische Anzeigen von Gelehrten Sachen unter der Aufsicht der Königlichen Gesellschaft der Wissenschaften.* «Der zweyte Band auf das Jahr 1782, 148. Stück». 7. Dezember 1782, 1201-204.

—. *Letters from an American Farmer.* [«A new edition, with an accurate index»]. London: Printed for Thomas Davies, in Russell Street, Covent-Garden; and Lockyer Davis, in Holborn, 1783.

—. *Letters from an American Farmer.* [«By J. Hector St. John»]. Philadelphia: From the Press of Mathew Carey, 1793.

—. *Letters from an American Farmer.* [Von «J. Hector St. John Crèvecœur».] Hg. William P. Trent. Einf. Ludwig Lewisohn. New York: Fox, Duffield, 1904.

Crèvecœur, Michel-Guillaume Jean de. *Letters from an American Farmer.* [Von «J. Hector St. John de Crèvecœur»] Hg. Warren Barton Blake. London: Dutton, 1912.

—. *Letters from an American Farmer.* 1782; Rpt. Gloucester, Mass.: Peter Smith, 1968.

—. *Letters from an American Farmer and Sketches of 18th-Century America.* [Von «J. Hector St. John de Crèvecœur»]. Hg. u. Einf. Albert E. Stone. New York: The Penguin American Library, 1981.

—. «St. Johns Beschreibung der beyden Nordamerikanischen Inseln, Nantucket und Marthas Weinberg». Übs. anonym. In *Beiträge zur Völker und Länderkunde.* Hg. M.C. Sprengel u. J.R. Forster. Dritter Teil. Leipzig: Weygand, 1783, 89-132.

—. *Sittliche Schilderungen von Amerika, in Briefen eines Amerikanischen Guthsbesitzers an einen Freund in England.* [«Von J. Hektor St. John, Aus dem Englischen», i.e. Übs. Karl Gottfried Schreiter]. Liegnitz und Leipzig: bey David Siegert, 1784.

Rez. in *Allgemeine deutsche Bibliothek.* Berlin und Stettin, 1785. «Des drey und sechzigsten Bandes zweytes Stück», 493-94.

—. *Lettere di un agricoltore americano.* Übs. Ornella Camalero. Einf. Lia Wainstain. Roma: Edizioni di storia e letteratura, 1965.

—. *Lettres d'un Cultivateur américain, écrites à W.S. Ecuyer, Depuis l'année 1770, jusqu'à 1781.* Zwei Bände. Paris: Cuchet, 1784.

Rez. in *Allgemeine Literatur-Zeitung.* «Dienstags, den 29ten März, 1785, No. 72», 297-99.

—. *Lettres d'un Cultivateur américain.* Hg. u. Einf. G. Bertier de Sauvigny. Zwei Bände. [«Réimpression de l'édition de Paris, 1785»]. Genève: Slatkine, 1979.

Rez. von Bernard Chevignard in *Dix-huitième siècle* 12(1980):496-97.

—. *Lettres d'un Cultivateur Américain adressées à Wm. S...on Esqur. depuis l'Année 1770 jusqu'en 1786.* Drei Bände. Paris: Cuchet, 1787.

Rez. in *Journal encyclopédique* 8(1787):76-98.

—. *Briefe eines Amerikanischen Landmannes an den Ritter W. S. in den Jahren 1770 bis 1781.* [«Aus dem Französischen übersetzt und mit einigen Anmerkungen begleitet von Johann August Ephraim Götze, erstem Hofdiaconus der St. Servatii-Kirche zu Quedlinburg»]. Übs. J.A.E. Goeze. Drei Bände. Leipzig: Siegfried Lebrecht Crusius, 1788-89.

—. *Voyage dans la Haute Pensylvanie et dans l'état de New-York, Par un membre adoptif de la Nation Onéida.* Drei Bände. Paris: Maradan, 1801. [*University Microfilms International* Nr. AC80994].

Rez. in *Mercure de France.* «Floréal an IX». 4(1801): 193-202 u. 265-76.

Crèvecœur, Michel-Guillaume Jean de. *Pensylvanie.*

Rez. in *Magasin encyclopédique ou Journal des sciences, des lettres et des arts* 7(1801): 58-79.

Rez. in *La Décade philosophique, littéraire et politique.* «20 thermidor an IX». 8. August 1801, 280-90.

Rez. in *Le Spectateur du Nord.* Nr. 10-11 (Okt., Nov. 1801): 32-46 u. 157-74.

—. *Reise in Ober-Pensylvanien und im Staate Neu-York, von einem adoptirten Mitgliede der Onéida-Nation.* [«Aus dem Französischen übersetzt und mit Anmerkungen begleitet von Dieterich Tiedemann, Fürstlich-Hessischem Hofrath, und Professor der Philosophie in Marburg»]. Magazin von merkwürdigen neuen Reisebeschreibungen, 23. Berlin: In der Vossischen Buchhandlung, 1802.

—. *Crèvecœur's Eigtheenth-Century Travels in Pennsylvania and New York.* Hg. u. Übs. Percy G. Adams. Lexington: University of Kentucky Press, 1961 [*University Microfilms International* Nr. AG4-2050928].

—. *Journey into Northern Pennsylvania and the State of New York.* Übs. Clarissa Spencer Bostelmann. Ann Arbor: University of Michigan Press, 1964.

Rez. in *Times Literary Supplement,* 11. Juni 1964, 506.

—. «Souvenirs consacrées à la mémoire de Mme la Comtesse de Houdetot.» *Dix-huitième siècle* 14(1982): 246-62.

Crèvecœur, Robert de. *Saint John de Crèvecœur: sa vie et ses ouvrages.* Paris: Librairie des bibliophiles, 1883. [*University Microfilms International* Nr. AG3-OP33821].

Cultivateur, Bände 1 und 2, siehe Crèvecœur, M. G. J. de, *Lettres d'un Cultivateur américain,* Rpt. Slatkine, 1979.

—. Band 3, siehe Crèvecœur, M. G. J. de, *Lettres d'un Cultivateur américain,* (Paris: Cuchet, 1787).

Dickinson, John. *Letters from a Farmer in Pennsylvania to the Inhabitants of the British Colonies.* [«The third edition»]. Philadelphia: Printed by William and Thomas Bradford, 1769.

Ebeling, Christoph Daniel. *Erdbeschreibung und Geschichte von Amerika.* Band 1. Hamburg: Bohn, 1793.

Farmer. Siehe Crèvecœur, M. G. J. de, *Letters from an American Farmer,* Rpt. Peter Smith 1968.

Göttingische Anzeigen. Siehe Crèvecœur, M. G. J. de, *Letters from an American Farmer* 1782, Rez.

Goeze, Johann August Ephraim. «Vorrede des Übersetzers». In *Briefe eines Amerikanischen Landmanns an den Ritter W. S. in den Jahren 1770 bis 1781.* Von M. G. J. de Crèvecœur. Band 1. Leipzig: Siegfried Lebrecht Crusius, 1788, iii-vi.

Grimmelshausen, Hans Jacob Christoph von. *Der Abentheuerliche Simplicissimus Teutsch und Continuatio des abentheuerlichen Simplicissimi.* 1669; Hg. Rolf Tarot. Tübingen: Niemeyer, 1967.

Herder, Johann Gottfried, «Die Frucht am Baume». Siehe J. G. Herder, *Briefe.*

—. «Der Geburtstag». Siehe J. G. Herder, *Briefe.*

—. *Ideen zur Philosophie der Geschichte der Menschheit: Erster bis Vierter Teil.* Riga und Leipzig: Schmieder, 1784-91.

—. *Briefe zur Beförderung der Humanität: Zehnte Sammlung* [1797]. In *Sämmtliche Werke,* Band 17. Hg. Bernhard Suphan. 1883; Rpt. Hildesheim: Olms, 1977.

Jefferson, Thomas. *The Papers of Thomas Jefferson.* Band 8. Hg. J. P. Boyd. Princeton: University of Princeton Press, 1953.

Kane, Harry Hubbell. *Opium-Smoking in America and China.* New York: Putnam's, 1882.

Kotzebue, August von. *Theater.* 40 Bände. Leipzig: Kummer, 1840-41.

Lacretelle, Pierre Louis. *Œuvres diverses de P. L. Lacretelle (Ainé).* Drei Bände. Paris: Treuttel et Würtz, 1802.

Lazarus, Emma. «The New Colossus». In *America, the Melting Pot.* Hg. Peter Bischoff. Paderborn: Schöningh, 1978, 16.

Lévis, François Gaston duc de. *Collection des Manuscrits du Maréchal de Lévis.* 12 Bände. Hg. Henry Raymond Casgrain. Québec: Demers, 1889-95.

Mittelberger, Gottlieb. *Gottlieb Mittelberger's Journey to Pennsylvania.* Engl. Übs. Carl Th. Eben. Philadelphia: J. J. McVey, 1898.

More, Thomas. *Utopia.* 1516; Engl. Übs. u. Einf. Paul Turner. Middlesex: Penguin, 1965.

Morris, Gouverneur. *A Diary of the French Revolution by Gouverneur Morris (1752-1816), Minister to France during the Terror.* Hg. Beatrix Cary Davenport. Zwei Bände. Boston: Houghton Mifflin, 1939.

Morus, Thomas. Siehe More, Thomas.

Pattison, James. Brief an Sir Henry Clinton, 8. Juli 1779. In *Collections of the New York Historical Society for the Year 1875.* Band 8. New York: Printed for the Society, 1876, 90-91.

Pensylvanie. Siehe Crèvecœur, M. G. J. de, *Voyage dans la Haute Pensylvanie.*

Raynal, Guillaume Thomas François. *A Philosophical and Political History of the British Settlements and Trade in North America.* Engl. Übs. anonym. Edinburgh: Denovan, 1779.

—. *Histoire Philosophique et Politique des Établissemens et du Commerce des Européens dans les deux Indes.* Zehn Bände. Genève: Jean-Leonhard Pellet, 1780

Schöpf, Johann David. *Reise durch einige der mittleren und südlichen vereinigten nordamerikanischen Staaten nach Ostflorida und den Bahama-Inseln in den Jahren 1783 & 84.* Zwei Bände. Erlangen: Palm, 1788.

Schreiter, Karl Gottfried. «Vorbericht». In *Sittliche Schilderungen von Amerika.* Von M. G. J. de Crèvecœur. Liegnitz u. Leipzig: bey David Siegert, 1784, iii-vi.

—. *De Horatio Platonis aemulo, eiusque epistolae ad Pisones cum huius Phaedro comparatione.* Vortrag an der Universität Leipzig, 22. August 1789. Pamphlet. Leipzig: Taeubel, 1789.

Sketches. Siehe Crèvecœur, M. G. J. de, *Sketches of Eighteenth Century America.*

Sprengel, M. C. u. J. R. Forster. Siehe Crèvecœur, M. G. J. de, «St. Johns Beschreibung».

St. John, J. H. Siehe Crèvecœur, M. G. J. de.

Tiedemann, Dietrich. «Vorrede». In *Reise in Ober-Pensylvanien und im Staate Neu-York.* Von M. G. J. de Crèvecœur. Berlin: In der Vossischen Buchhandlung, 1802, iii-xiv.

Times Literary Supplement. Siehe Crèvecœur, M. G. J. de, *Journey into Northern Pennsylvania und the State of New York,* Rez.

Vie 1883. Siehe Crèvecœur, Robert de.

Wolfenbüttel, Ausstellung der Herzog August Bibliothek. «Die neu erfundenen Inseln — First References to the New World». In *Die Neue Welt in den Schätzen einer alten europäischen Bibliothek.* Von Yorck A. Haase u. Harold Jantz. Kataloge der Bibliothek, 17. Wolfenbüttel: Herzog August Bibliothek, 1976, 43-45.

Forschungsliteratur und moderne Quellen

Adams, Percy G. «Crèvecœur and Franklin». *Pennsylvania History* 14(1947):273-79.

—. «Notes on Crèvecœur». *American Literature* 20(1948):327-33.

—. «Crèvecœur, Realist or Romanticist?» *French American Review* 2(1949):115-34.

—. «The Historical Value of Crèvecœur's *Voyage*». *American Literature* 25(1953):150-68.

—. «Introduction». In *Crèvecœur's Eighteenth-Century Travels in Pennsylvania and New York*. Von M. G. J. de Crèvecœur. Hg. u. Übs. P. G. Adams. Lexington: University of Kentucky Press, 1961, xiii-xliv.

—. *Travelers and Travel Liars, 1660-1800.* Berkeley: University of California Press, 1962.

—. *Travel Literature and the Evolution of the Novel.* Lexington: University of Kentucky Press, 1984.

Aldrige, A. Owen. *Early American Literature: A Comparatist Approach.* Princeton: Princeton University Press, 1982.

L'Amérique des Lumières: Partie littéraire du Colloque du bicentenaire de l'indépendance américaine. Hg. Université de Brest. Genève: Droz, 1977.

De l'Armorique à l'Amérique de l'indépendance américaine: deuxième partie du Colloque du bicentenaire de l'indépendance américaine. Rennes: Université de Haute-Bretagne, 1977.

Aronson, Nicole. «Chastellux et Brissot: deux images de l'Amérique au dix-huitième siècle». French Review 49(1975-76):960-71.

Aubéry, Pierre. «St. John ou Crèvecœur? L'ambiguité des *Lettres d'un Cultivateur américain*». *Dix-huitième siècle* 7(1975):275-87.

—. «St. John de Crèvecœur: A Case History in literary Anglomania». *French Review* 51(1978):565-77.

Babuscio, Jack. «Crèvecœur in Charlestown: The Negro in the Cage». *Journal of Historical Studies* 2(1969-70):283-86.

Batten, Charles L. *Pleasurable Instruction: Form and Convention in Eighteenth-Century Travel Literature.* Berkeley: University of California Press, 1978.

Bauschinger, Sigrid. «Sommerglück auf amerikanisch: Martha's Vineyard oder Wie eine kleine Insel Karriere macht». *Frankfurter Allgemeine Zeitung*. Nr. 126, 3. Juni 1982. R 4.

Beidler, Philip D. «Franklin's and Crèvecœur's Literary Americans». *Early American Literature* 13(1978):50-63.

Béranger, Jean F. «The Desire of Communication: Narrator and Narrattee in *Letters from an American Farmer*». *Early American Literature* 12(1977):73-85.

—. «Conscience ethnique et frontière chez Crèvecœur». *Annales du Centre de Recherches sur l'Amérique Anglophone* 4(1978):65-80.

—. «Un auteur, deux publics: étude des éditions française et anglaise des *Lettres d'un Cultivateur américain* de St. John de Crèvecœur». In *La Révolution américaine et l'Europe: Actes du Colloque international à Toulouse, 1978.* Paris: Centre National de la Recherche Scientifique, 1979, 309-23.

Berthold, Fritz. *Das Glück vom einfachen Leben: Siedlerkulturen in den USA.* München: Herbig, 1979.

Bertier de Sauvigny, G. «Présentation» In *Lettres d'un Cultivateur américain.* Von M. G. J. de Crèvecœur. Band 1. Genève: Slatkine, 1979, o. S.

Bewley, Marius. «The Cage and the Prairie: Two Notes on Symbolism». *The Hudson Review* 10(1957):403-14.

Blake, Warren Barton. «Introduction» u. «Notes». In *Letters from an American Farmer.* Von M. G. J. de Crèvecœur. London: Dutton, 1912, vii-xxiii u. 233-52.

Blum, Jerome, Hg. *Die bäuerliche Welt: Geschichte und Kultur in 7 Jahrhunderten.* Übs. Karl-Heinz Siber u. Ursula Irsigler. München: Beck, 1982.

Bischoff, Peter, Hg. *America, the Melting Pot.* Texts for English and American Studies, 3. Paderborn: Schöningh, 1978.

Bissell, Benjamin. *The American Indian in English Literature of the Eighteenth Century.* Yale Studies in English, 68. New Haven: Yale University Press, 1925.

Boerner, Peter. «National Images and their Place in Literary Research: Germany as Seen by Eighteenth-Century French and English Reading Audiences». *Monatshefte* 67(1975): 358-70.

Bourdin, Henri L. «The Crèvecœur Manuscripts». In *Sketches of Eighteenth Century America.* Hg. Henri L. Bourdin, Ralph H. Gabriel, Stanley T. Williams. 1925; Rpt. New York: Benjamin Blom, 1972, 14-24.

Bourdin, Henri L. u. Stanley T. Williams. «The Unpublished Manuscripts of Crèvecœur». *Studies in Philology* 22(1925):425-32.

Bruck, Peter, Hg. *The Frontier and the American West.* Texts for English and American Studies, 8. Paderborn: Schöningh, 1980.

Brumm, Ursula. «Koloniale Literatur in Amerika als amerikanische Literatur». In *Literaturen in englischer Sprache: Ein Überblick über englischsprachige Nationalliteraturen außerhalb Englands.* Gesamthochschule Wuppertal Schriftenreihe Literaturwissenschaft, 5. Bonn: Bouvier, 1976, 54-65.

Canby, Henry Seidel. «Michel Guillaume St. Jean de Crèvecœur». In *Classic Americans: A Study of eminent American writers from Irving to Whitman, with an Introductory Survey of the Colonial Background of our National Literature.* 1931; Rpt. New York: Russel & Russell, 1959, 45-49.

Čajanov, Aleksandr Vasil'evič. *Reise meines Bruders Alexej ins Land der bäuerlichen Utopie.* Übs. Christiane Schulte u. Rosalinde Sartori. (Russische Ausgabe 1920). Hg. Kristzina Mänicke-Gyömgyösi. Frankfurt am Main: Syndikat, 1981.

Callenbach, Ernst. *Ecotopia: The Notebooks and Reports of William Weston.* New York: Bantam, 1975.

Carlsson, Anni. *Die deutsche Buchkritik, Band 1: Von den Anfängen bis 1850.* Stuttgart: Kohlhammer, 1963.

Chevignard, Bernard. Rez. von *Lettres d'un Cultivateur américain* (Genève: Slatkine, 1979) in *Dix-huitième siècle* 12 (1980): 496-97.

—. «Les Souvenirs de Saint-John de Crèvecœur sur Mme de Houdetot.» *Dix-huitième siècle* 14 (1982): 243-45.

—. «St. John de Crèvecœur in the Looking Glass: *Letters from an Americvan Farmer* and the Making of a Man of Letters.» *Early American Literature* 19 (1984) [in Vorbereitung.]

Chinard, Gilbert. *L'Amérique et le rêve exotique dans la littérature française au XVIIe et au XVIIIe siècle.* Paris: Hachette, 1913.

—. *L'éxotisme américain dans l'œuvre de Chateaubriand.* Paris: Hachette, 1918.

Christadler, Martin. «St. John de Crèvecœur's *Letters from an American Farmer* und die Anfänge des amerikanischen Romans». In *Geschichte und Fiktion: Amerikanische Prosa im 19. Jahrhundert.* Hg. Alfred Weber u. Hartmut Grandel. Göttingen: Vandenhoeck, 1972, 42-63.

Couturier, Maurice. «French Contributions». In *American Literary Scholarship: 1979.* Hg. James Wordress. Durham, North Carolina: Duke University Press, 1981, 472-81.

Cunliffe, Marcus. «Crèvecœur Revisited». *Journal of American Studies* 9(1975): 129-44.

Curtius, Ernst Robert. «Europäische Literatur» in *Europäische Literatur und lateinisches Mittelalter.* Zweite Auflage 1953; Rpt. Bern: Francke, 1978, 13-26.

Cutting, Rose Marie. *John and William Bartram, William Byrd II and St. John de Crèvecœur: A Reference Guide.* Reference Guides in Literature, 12. Boston: Hall, 1976.

—. «Pre-Revolutionary and Revolutionary Women in the Writings of Crèvecœur». *Modern Language Studies* 7.2(1977): 52-58.

Davidson, Cathy N. «Ambivalence and Form in the Early American Sentimental Novel.» *Studies in American Fiction* 10.1 (1982): 17-39.

Davidsohn, Marshall B. *The American Wing: A Guide.* New York: The Metropolitan Museum of Art, 1980.

Dewandt, Alexander. *Metaphern für Geschichte: Sprachbilder und Gleichnisse im historisch-politischen Denken..* München: Beck, 1978.

Dippel, Horst. *Americana Germanica 1770-1800: Bibliographie deutscher Amerikaliteratur.* Stuttgart: Metzler, 1976.

—. *Germany and the American Revolution.* Engl. Übs. Bernhard Uhlendorf. Einf. R. R. Palmer. Wiesbaden: Steiner, 1978.

—. Brief an den Verfasser. Hamburg, 19. April 1982.

Douglas-Lithgow, R. A. *Nantucket: A History.* New York: Putnam's, 1914.

Echeverria, Durand. *Mirage in the West: A History of the French Image of American Society to 1815.* 1957; Rpt. New York: Octagon, 1966.

Eisermann, David. «Erfundenes Amerika: Strukturelle und biographische Probleme im zweisprachigen Werk von St. John de Crèvecœur (1735-1813).» [Unveröffentliches Typoskript]. Diss. Rheinische Friedrich-Wilhelms-Universität Bonn, 1983.

Eisermann, Gottfried. «Ideologie und Utopie» in *Wirtschaft und Gesellschaft.* Stuttgart: Enke, 1964, 148-89.

Elliott, Emory. *Revolutionary Writers: Literature and Authority in the New Republic 1725-1810.* New York: Oxford University Press, 1982.

Ellis, John M. *The Theory of Literary Criticism: A Logical Analysis.* Berkeley: University of California Press, 1974.

Elovson, Harold. *Amerika i Svensk Litteratur, 1750-1820: En studie i komparativ Litteraturhistoria.* Lund: C. W. K. Gleerups Förlag, 1930.

Emerson, Everett, Hg. *Major Writers of Early American Literature.* Madison: The University of Wisconsin Press, 1972.

Emerson, Everett, Hg. *American Literature 1764-1789: The Revolutionary Years.* Madison: The University of Wisconsin Press, 1977.

—. «Hector St. John de Crèvecœur and the Promise of America». In *Forms and Functions of History in American Literature.* Hg. Winfried Fluck, Jürgen Peper u. Willi Paul Adams. Berlin: Schmidt, 1981, 44-55.

—. Brief an den Verfasser. Amherst, Mass., 27. März 1982.

Fairchild, Hoxie Neale. *The Noble Savage: A Study in Romantic Naturalism.* New York: Columbia University Press, 1928.

Faÿ, Bernard. *L'Esprit révolutionnaire en France et aux États-Unis à la fin du XVIIIe siècle.* Paris: Champion, 1925.

Fess, G. M. «Catherine Sedgwick and Crèvecœur». *American Literature* 15(1944):420-21.

Fischer, Manfred S. *Nationale Images als Gegenstand vergleichender Literaturgeschichte: Untersuchungen zur Entstehung der komparatistischen Imagologie.* Bonn: Bouvier 1981.

Fourier de Bacourt, Etienne. «Un colon normand au XVIIIe siècle: Saint-John de Crèvecœur (1735-1813)». *Revue catholique de Normandie* 17(1907-08):258-66.

Franklin, H. Bruce. *Future Perfect: American Science Fiction of the Nineteenth Century.* [Zuerst 1966; «Revised edition»] London: Oxford University Press, 1978.

Gabriel, Ralph H. «Crèvecœur and his Times». In *Sketches of Eighteenth Century America.* Von M. G. J. de Crèvecœur. Hg. H. L. Bourdin, S. T. Williams u. R. H. Gabriel. 1925; Rpt. New York: Benjamin Blom, 1972, 1-14.

Galinsky, Hans. «Tradition und Neuanfang als eine Grunderfahrung der frühamerikanischen Literatur: koloniale Antworten, ihre literarische Nachwirkung und heutiges literarhistorisches Urteil». In *Geschichtlichkeit und Neuanfang im sprachlichen Kunstwerk.* Hg. Peter Erlebach, Wolfgang G. Müller u. Klaus Reuter. Tübingen: Narr, 1981, 129-61.

Gilmore, Michael T., Hg. *Early American Literature: A Collection of Critical Essays.* Englewood Cliffs, New Jersey: Prentice-Hall, 1980.

Giltrow, Janet. «Westering Narratives of Jonathan Carver, Alexander Henry, and Daniel Harmon». *Essays on Canadian Writing* 22(Summer 1981):21-41.

Guba, Frederick. *Nantucket Odyssey: A Journey into the History of Nantucket.* Waltham, Mass.: Published by the Author, 1965.

Guicciardi, Jean-Pierre. «Longchamps, Mably, Raynal et les autres: quelques images de l'Amérique révolutionnaire». In *L'Amérique des Lumières: Partie littéraire du Colloque du bicentenaire de l'indépendance américaine.* Hg. Université de Brest. Genève: Droz, 1977, 175-202.

Haas, Rudolf. *Amerikanische Literaturgeschichte.* Band 1. Heidelberg: Quelle & Meyer, 1972.

Hansen, Klaus P. «Die retrospektive Mentalität: Historische Funktionen eines ideologischen Irrtums am Beispiel der amerikanischen Epik des 19. Jahrhunderts.» Habilitationsschrift. [Unveröffentlichtes Typoskript]. Essen, 1979.

Hawkins, R. L. «Une Vingtaine de lettres inédites (Suite et fin)». *Revue d'Histoire littéraire de la France* 43(1936):224-26.

Hazard, Lucy Lockwood. *The Frontier in American Literature.* 1927; Rpt. New York: Ungar, 1966.

Hedin, Raymond William. «The First-Person Narratives of Crèvecœur, Franklin and Brown: Versions of the Nature and Fate of the Self in America». *Dissertation Abstracts International* 36:6099A (University of Virginia, 1975).

Hershkowitz, Philip. *Catalog of Living Whales.* Smithsonian Institution Bulletins, 246. Washington: Museum of Natural History, 1966.

Hönnighausen, Lothar. *Grundprobleme der englischen Literaturtheorie des 19. Jahrhunderts.* Darmstadt: Wissenschaftliche Buchgesellschaft, 1977.

Hoyt, Edwin P. *Nantucket: The Life of an Island.* Brattleboro, Vermont: The Stephen Greene Press, 1978.

Jacobs, Jürgen. *Prosa der Aufklärung: Kommentar zu einer Epoche.* München: Winkler, 1976.

Jehlen, Myra. «J. Hector St. John de Crèvecœur: A Monarcho-Anarchist in Revolutionary America». *American Quarterly* 31(1979):204-22.

Jehmlich, Reiner. «Phantastik, Science Fiction, Utopie». In *Phantastik in Literatur und Kunst.* Hg. Christian W. Thomsen u. Jens Malte Fischer. Darmstadt: Wissenschaftliche Buchgesellschaft, 1980, 11-13.

Jones, Howard Mumford. *Revolution and Romanticism.* Cambridge, Mass.: Harvard University Press, 1974.

Karl-Marx-Universität, Universitätsbibliothek. Brief an den Verfasser. Leipzig, 29. April 1982.

Kehler, Joel R. «Crèvecœur's Farmer James: A Reappraisal». *Essays in Literature* 3(1975):206-13.

Kennett, Lee. *The French Armies in the Seven Years' War: A Study in Military Organization and Administration.* Durham, North Carolina: Duke University Press, 1967.

—. *The French Forces in America, 1780-1783.* Einf. Jacques Godechot. Westport, Connecticut: Greenwood Press, 1977.

Koppen, Erwin. *Laclos'* «Liaisons dangereuses» *in der Kritik (1782-1850): Beitrag zur Geschichte eines literarischen Mißverständnisses.* Wiesbaden: Steiner, 1961.

Korn, Sarah Harris. «The Puritan Devil: Thomas Morton, the Colonial Romance and the Implications of Historiographical Distortions». [Unveröffentlichtes Typoskript]. B. A. Thesis Wesleyan University, 1980.

Kongreßbibliothek. Siehe *Library of Congress.*

Koselleck, Reinhart. «Die Verzeitlichung der Utopie am Beispiel von Louis-Sébastien Merciers *Das Jahr 2440*». *Neue Zürcher Zeitung,* Fernausgabe Nr. 179, 6. August 1982. 25-26.

—. «Die Verzeitlichung der Utopie». In *Utopieforschung: Interdisziplinäre Studien zur neuzeitlichen Utopie.* Hg. Wilhelm Voßkamp. Band 3. Stuttgart: Metzler, 1983, 1-14.

Kulungian, Harold. «The Aestheticism of Crèvecœur's American Farmer». *Early American Literature* 12(1977): 197-201.

Lanctot, Gustave. *Histoire du Canada: Du Traité d'Utrecht au Traité de Paris 1713-1763.* Montréal: Beau chemin, 1964.

Lange, Victor. «Visitors to the Lake Oneida: An Account of the Background of Sophie von la Roche's Novel *Erscheinungen am See Oneida*». 1948; Rpt. in *Deutschlands literarisches Amerikabild.* Hg. Alexander Ritter. Hildesheim: Olms, 1977.

Larson, David. «The Expansive Sensibility of Michel-Guillaume Jean de Crèvecœur». *Exploration: Journal of the MLA Special Session on the Literature of Exploration and Travel* 2(1974): 36-51.

—. «Sentimental Aesthetics and the American Revolution: Crèvecœur's War Sketches». *Eighteenth-Century Life* 5.2(Winter 1978): 1-12.

Lawrence, David Herbert. «Hector St. John de Crèvecœur». [Erste Fassung, 1917] In *The Uncollected Versions of Studies in Classic American Literature.* Hg. Armin Arnold. London: The Century Press, 1962, 54-70.

—. Hector St. John de Crèvecœur». [Zweite Fassung, 1922]. In *Studies in Classic American Literature.* 1922; Rpt. New York: Doubleday, 1953, 31-43.

Lemay, J. A. Leo. «The Frontiersman from Lout to Hero: Notes on the Significance of the Comparative Method and the Stage Theory in Early American Literature and Culture». *Proceedings of the American Antiquarian Society* 88(1978): 187-223.

Lewisohn, Ludwig. «Introduction». In *Letters from an American Farmer.* Von M. G. J. de Crèvecœur. Hg. W. P. Trent. New York: Fox, Duffield, 1904, ix-xxv.

Library of Congress Manuscript Division. Briefe an den Verfasser. Washington, 1. April, 19. April u. 11. Juni 1982.

Link, Franz H., Hg. *Amerika, Vision und Wirklichkeit: Beiträge deutscher Forschung zur amerikanischen Literaturgeschichte*. Frankfurt am Main: Athenäum, 1968.

Link, Franz H., *Geschichte der amerikanischen Erzählkunst im 19. Jahrhundert*. Stuttgart: Kohlhammer, 1980.

Lüsebrink, Hans-Jürgen. «Strategies d'intervention, identité sociale et présentation de soi d'un 'défenseur de l'humanité': la carrière de l'abbé Raynal (1713-1796).» In *La Rhétorique du discours, objet d'histoire (XVIIIe au XXe siècle)*. Hg. Jacques Guilhaumou. Bulletin du Centre d'Analyse du discours, 5. Lille: Pubs. de l'Université de Lille, 1981, 28-64.

—. «Histoire Philosophique et Politique des Etablissemens et du Commerce des Européens dans les deux Indes, par Guillaume-Thomas Raynal». In *Encyclopédie philosophique, vol. 3: Œuvres*. Paris: Presses Universitaires de France, 1985 [In Vorbereitung].

Marx, Leo. *The Machine in the Garden: Technology and the Pastoral Ideal in America*. New York: Oxford University Press, 1964.

Mercier, Roger. «Voyages et réflexion politique: le relativisme vrai ou supposé des Lumières». In *Modèles et moyens de la réflexion politique au XVIIIe siècle: Actes du colloque international (16 au 19 oct. 1973)*. Hg. Jacques Decobert. Band 1. Lille: Pubs. de l'Université de Lille, 1977, 29-31.

—. «Le modèle américain: Les Lettres d'un Cultivateur américain de Saint-John de Crèvecœur». In *Modèles et moyens de la refléxion politique au XVIIIe siècle* [siehe oben]. Hg. Jacques Decobert. Band 1. Lille: Pubs. de l'Université de Lille, 1977, 99-115.

Meyer, Hildegard. *Nord-Amerika im Urteil des Deutschen Schrifttums bis zur Mitte des 19. Jahrhunderts*. Hamburg: de Gruyter, 1929.

Mitchell, Julia Post. *St. Jean de Crèvecœur*. New York: Columbia University Press, 1916.

Mohr, James C. «Calculated Disillusionment: Crèvecœur's Letters Reconsidered». *South Atlantic Quarterly* 69(1970):354-63.

Moltmann, Günter. «German Migration to America in the Colonial Period and the Redemptioner System». Engl. Übs. Robert W. Culverhouse. In *Germans to America: 300 Years of Immigration 1683-1983*. Hg. G. Moltmann. Stuttgart: Institut für Auslandsbeziehungen, 1982, 26-34.

Moore, John Brooks. «Crèvecœur and Thoreau». *Papers of the Michigan Academy of Science, Arts and Letters* 5(1925):309-33.

—. «The Rehabilitation of Crèvecœur». *Sewanee Review* 35(1927):216-21.

Moraud, Yves. «De La Hontan à Chateaubriand: L'Amérique ou l'exigence utopique de l'unité». In *Modèles et moyens de la refléxion politique au XVIIIe siècle.* Hg. Jacques Decobert. Band 1. Lille: Pubs. de l'Université de Lille, 1977, 1-21.

Murdock, K. B. «Woolman, Crèvecœur, and the Romantic Vision of America». In *Literature of the American People.* Hg. A. H. Quinn. New York: Appleton Century Crofts, 1951, 124-35.

Nantucket Atheneum, The. Bibliothek. Briefe an den Verfasser. Nantucket, Mass., 16. Februar u. 30. April 1982.

Nantucket Historical Association. «An American Farmer's Letters from Nantucket». *Proceedings of the Nantucket Historical Association* 11(1905):38-46.

Nobiliaire de France, Le. Hg. M. DuGast Rouillé. Band 1. Nantes: M. Du Gast Rouillé, 1979.

Nye, Russel B. «Michel Guillaume St. John de Crèvecœur». In *Landmarks of American Writing.* Hg. Hennig Cohen. New York: Basic Books, 1969, 32-45.

—. *American Literary History: 1607-1830.* New York: Knopf, 1970.

Parrington, Vernon Louis. *Main Currents in American Thought, Vol. 1: The Colonial Mind, 1620-1800.* New York: Harcourt, Brace, 1927.

Pfaff, William. «On Barbie: Reliving A Bad Past». *International Herald Tribune,* 21. Februar 1983.

Philbrick, Thomas. *St. John de Crèvecœur.* New York: Twayne, 1970.

—. «Crèvecœur as New Yorker». *Early American Literature* 11(1976):22-30.

Piechotta, Hans Joachim, Hg. *Reise und Utopie: Zur Literatur der Spätaufklärung.* Frankfurt am Main: Suhrkamp, 1976.

Pitcher, Eduard W. «The 'Fragment' in Early American Literature: A Response.» *Studies in Short Fiction* 19.2 (1982):169-71.

Plotkin, Norman A. «Saint John de Crèvecœur Rediscovered: Critic or Panegyrist?» *French Historical Studies* 3(1965):390-404.

Plumstead, A. W. «A 'Man of Sorrows' and the American Revolution». *The Massachusetts Review* 17(1976):286-301.

—. «Hector St. John de Crèvecœur». In *American Literature 1764-1789: The Revolutionary Years.* Madison: The University of Wisconsin Press, 1977, 213-31.

Popp, Klaus J. «Letters from an American Farmer». In *Kindlers Literaturlexikon.* Zürich: Kindler, 1967, 3:1242-44.

Raeithel, Gert. *'Go West': Ein psychohistorischer Versuch über die Amerikaner.* Frankfurt am Main: Syndikat, 1981.

Rapping, Elayne Antler. «Theory and Experience in Crèvecœur's America». *American Quarterly* 19(1967):707-18.

—. «Harmonic Patchwork: The Art of Hector St. John de Crèvecœur». [Unveröffentliches Typoskript]. Diss. University of Pittsburgh, 1970.

Révolution Américaine et l'Europe, La. «Actes du Colloque international 21-25 février 1978, Paris-Toulouse». Paris: Centre Nationale de la Recherche Scientifique, 1979.

Rey, Leon. «Saint Jean de Crèvecœur: Consul de France à New York et la première ligne de paquebots entre la France et les Etat-Unis d'Amérique». *Revue d'Histoire diplomatique* 56(1942):60-83.

Rice, Howard Crosby. *Le Cultivateur américain: étude sur l'œuvre de Saint John de Crèvecœur.* Paris: Champion, 1933.

—. «Some Notes on the American Farmer's Letters». *Colophon* (1934), o.S.

—. Hg. *Travels in North America in the Years 1780, 1781 and 1782 by the Marquis de Chastellux.* Engl. Übs. u. Einf. H. C. Rice. Zwei Bände. Chapel Hill: University of North Carolina Press, 1963.

—. *Jefferson's Paris.* Princeton: Princeton University Press, 1976.

Robinson, David. «Crèvecœur's James: The Education of an American Farmer». *Journal of English and Germanic Philology* 80(1981):552-70.

Rucker, Mary E. «Crèvecœur's *Letters* and Enlightenment Doctrine». *Early American Literure* 13(1978):193-212.

Rüdiger, Horst. «*Literatur* und *Weltliteratur* in der modernen Komparatistik». In *Weltliteratur und Volksliteratur.* Hg. Albert Schaefer. München: Beck, 1972, 36-54.

—. «Grenzen und Aufgaben der Vergleichenden Literaturwissenschaft». In *Zur Theorie der Vergleichenden Literaturwissenschaft.* Hg. Horst Rüdiger. Berlin: de Gruyter, 1971, 1-14.

Savage, Henry. *Discovering America 1700-1875.* New York: Harper and Row, 1979.

Sanborn, Franklin Benjamin. «The American Farmer: Saint-John de Crèvecœur and His Famous Letters». *Pennsylvania Magazine of History and Biography* 30(1906):257-287.

Schmitt, Albert. *Herder und Amerika.* 's-Gravenhage [Den Haag]: Mouton, 1967.

—. «Neues zum deutschen Amerikabild von 1775-77». *Modern Language News* 91(1976):397-423.

Schönfelder, Karl-Heinz u. Karl-Heinz Wirzberger. *Literatur der USA im Überblick.* Frankfurt am Main: Röderberg, 1977.

Schöpp, Joseph C. «Angloamerikanische Bauernbriefe des 18. Jahrhunderts: Genese und Funktion eines literarischen Genres». *Amerika Studien* 21(1976):187-200.

Shaw, Peter. *American Patriots and the Rituals of Revolution.* Cambridge, Mass.: Harvard University Press, 1981.

Shelley, Phillip A. «Crèvecœur's Contribution to Herder's 'Negeridyllen'». *Journal of English and Germanic Philology* 37(1938):48-69.

Silver, Marylin Brick. «The Farmer in American Literature, 1608-1864». *Dissertation Abstracts International* 37:5128A (Ohio State University, 1976).

Silverman, Kenneth. *A Cultural History of the American Revolution: Painting, Music, Literature, and the Theatre in the Colonies and the United States from the Treaty of Paris to the Inauguration of George Washington, 1763-1789.* New York: Thomas Y. Crowell, 1976.

Smith, Henry Nash. *Virgin Land: The American West as Symbol and Myth.* New York: Vintage, 1950.

Stackelberg, Jürgen von, Hg. *Europäische Aufklärung III.* Band 13 in *Neues Handbuch der Literaturwissenschaft.* Wiesbaden: Akademische Verlagsgesellschaft Athenaion, 1980.

Stackpole, Edouard A. *The Sea-Hunters: The New England Whalemen During Two Centuries 1635-1835.* Philadelphia: J. B. Lipincott, 1953.

—. *Whales and Destiny: The Rivalry between America, France and Britain for Control of the Southern Whale Fishery, 1785-1825.* Amherst, Mass.: The University of Massachusetts Press, 1972.

—. Brief an den Verfasser. Nantucket, Mass., 25. Februar 1982.

Starbuck, Alexander. *History of the American Whale Fishery from its earliest Inception to the Year 1876.* 1878; Rpt. New York: Argosy-Antiquarian, 1964.

—. *The History of Nantucket: County, Island and Town.* 1924; Rpt. Rutland, Vermont: Tuttle, 1969.

Stevens, William Oliver. *Nantucket, The Far-Away Island.* New York: Dodd, Mead, 1936.

Stone, Albert E. «Crèvecœur's *Letters* and the Beginnings of an American Literature». *Emory University Quarterly* 18(1962):197-213.

—. «Foreword». In *Letters from an American Farmer; and Sketches of Eigtheenth-Century America.* Von M. G. J. de Crèvecœur. New York: New American Library, 1963, vii-xxvi.

Stone, Albert E. «Introduction». In *Letters from an American Farmer and Sketches of Eighteenth Century America.* Von M. G. J. de Crèvecœur. New York: The Penguin American Library, 1981, 7-25.

Swigg, Richard. *Lawrence, Hardy and American Literature.* London: Oxford University Press, 1972.

Techtmeyer, Wolfgang. «Die Rolle Brissot de Warvilles als Publizist und Philosoph». In *Neue Beiträge zur Literatur der Aufklärung.* Hg. W. Krause u. W. Dietze. Berlin, DDR: Rütten und Loening, 1964.

Tucker, Bruce. «Politics, Culture, and Personal Life in 18th-Century America». *Eighteenth-Century Studies* 13(1979):414-26.

Tyler, Moses Coit. *The Literary History of the American Revolution.* Band 2. New York: Putnam's, 1897.

Vajda, György M., Hg. *Le Tournant du siècle des Lumières 1760-1820: Les genres en vers des Lumières au Romantisme.* Band 3 in *Histoire Comparée des littératures de langues européennes.* Budapest: Akadémiai Kiadó, 1982.

Wainstain, Lia. «Prefazione» u. «Note». In *Lettere di un agricoltore americano.* Von M. G. J. de Crèvecœur. Roma: Edizioni di storia e letteratura, 1965, 7-14 u. 239-64.

Weber, Paul C. *America in Imaginative German Literature.* 1926; Rpt. New York: AMS Press, 1966.

Weis, Eberhard. *Der Durchbruch des Bürgertums 1776-1847.* Band 4 in *Propyläen Geschichte Europas.* Frankfurt am Main: Propyläen, 1978.

Williams, S. T. Siehe auch Bourdin, Henri L.

—. «Crèvecœur as a Man of Letters». In *Sketches of Eighteenth Century America.* Von M. G. J. de Crèvecœur. Hg. H. L. Bourdin, S. T. Williams u. R. L. Gabriel. 1925; Rpt. New York: Benjamin Blom, 1972, 25-35.

—. «Crèvecœur, Michel-Guillaume Jean de». *Dictionary of American Biography.* London: Oxford University Press, 1930, 4:542-44.

Winston, Robert Paul. «From Farmer James to Natty Bumppo: The Frontier and the Early American Romance (Crèvecœur, C. B. Brown, Pailding, Byrd, Cooper)». *Dissertation Abstracts International* 40:4601A (The University of Wisconsin — Madison, 1979).

Wolf, Heinz Jürgen. *Französische Sprachgeschichte.* Heidelberg: Quelle & Meyer, 1979.

Yvon, Paul. «Un Américain de Normandie: Hector Saint-John, ou Saint-John de Crèvecœur». *Normannia* 7(1934): 1-10.

Zimra, Clarisse. «America as the French Perceived it: A Study of the Search for an American Form in French Literature with Special Reference to Crèvecœur». [Unveröffentlichtes Typoskript]. Diss. University of Washington (Seattle), 1974.

Zitomersky, Joseph. «The Ethnic Dimension to the American Revolution». In *La France el l'ésprit de '76: Actes du Colloque de Chavaniac-Lafayette.* Clermont-Ferrand: Pubs. de l'Université de Clermont-Ferrand, 1976, 15-34.

REGISTER
Ausgewählte Namen und Sachbegriffe